J.R.M. Lenz als Alternative?

Positionsanalysen zum 200. Todestag

Herausgegeben und
eingeleitet

von

Karin A. Wurst

1992

BÖHLAU VERLAG KÖLN WEIMAR WIEN

Die Deutsche Bibliothek – CIP-Einheitsaufnahme

J.R.M. Lenz als Alternative? : Positionsanalysen zum
200. Todestag / hrsg. und eingeleitet von Karin A.
Wurst. – Köln ; Weimar ; Wien : Böhlau, 1992
  ISBN 3-412-11391-3
NE: Wurst, Karin A. [Hrsg.]

Copyright © 1992 by Böhlau Verlag GmbH & Cie, Köln
Umschlaggestaltung unter Verwendung der Bleistiftzeichnung Heinrich
Pfennigers, J.R.M. Lenz, um 1777, mit freundlicher Genehmigung des
Archivs für Kunst und Geschichte, Berlin.

Alle Rechte vorbehalten

Ohne schriftliche Genehmigung des Verlages ist es nicht gestattet, das Werk unter Verwendung mechanischer, elektronischer und anderer Systeme in irgendeiner Weise zu verarbeiten und zu verbreiten. Insbesondere vorbehalten sind die Rechte der Vervielfältigung – auch von Teilen des Werkes – auf photomechanischem oder ähnlichem Wege, der tontechnischen Wiedergabe, des Vortrags, der Funk- und Fernsehsendung, der Speicherung in Datenverarbeitungsanlagen, der Übersetzung und der literarischen oder anderweitigen Bearbeitung.

Druck: Offsetdruck Horst Kranich, Erpel

Printed in Germany
ISBN 3-412-11391-3

IN MEMORIAM
Prof. Dr. Henry J. Schmidt
(1943-1990)

J.R.M. Lenz als Alternative?
Positionsanalysen zum 200. Todestag

Inhalt

Karin Wurst,
  Einleitung: J.M.R. Lenz als Alternative?
  Positionsanalysen zum 200. Todestag ... 1

Sigrid Damm,
  UNRUHE. Anläßlich der Verleihung des Lion-Feuchtwanger-
  Preises der Akademie der Künste der DDR 1987 ... 23

Ottomar Rudolf,
  Lenz: Vater und Sohn: Zwischen patriarchalem
  Pietismus und pädagogischem Eros ... 29

Alan Leidner,
  Zur Selbstunterbrechung in den Werken von J.M.R. Lenz ... 46

David Hill,
  Stolz und Demut, Illusion und Mitleid bei Lenz ... 64

Helga S. Madland,
  Lenzens Sprachwahrnehmung in Theorie und Praxis ... 92

Peter Horst Glaser,
  Bordell oder Familie?
  Überlegungen zu Lenzens „Soldatenehen" ... 112

Edward McInnes,
  „Kein lachendes Gemälde" Beaumarchais, Lenz und die
  Komödie des gesellschaftlichen Dissens ... 123

Carsten Zelle,
  Ist es eine Komödie? Ist es eine Tragödie?
  Drei Bemerkungen dazu, was bei Lenz gespielt wird ... 138

Thomas Salumets,
  Von Macht, Menschen und Marionetten: Zur Titelfigur
  in Lenz' „Der Hofmeister" ... 158

Hans H. Hiebel,
  Das „offene" Kunstwerk als Signum der Moderne ... 179

Karin Wurst,
  J.M.R.Lenz' Poetik der Bedingungsverhältnisse: *Werther,*
  die „Werther-Briefe" und *Der Waldbruder ein Pendant zu*
  Werthers Leiden ... 198

Henry J. Schmidt,
  J.M.R. Lenz' ‚Der neue Menoza'. Die Unmöglichkeit einer
  Geschlossenheit ... 220

Bibliographie ... 229

J.M.R. Lenz als Alternative?
Positionanalysen zum 200. Todestag

> Nein, m.H., geben Sie das einzige erste Principium nur ganz dreist in allen Wissenschaften auf, oder lassen Sie uns den Schöpfer tadeln, daß er uns nicht selbst zu einem einzigen Principium gemacht hat.
> „Versuch über das erste Principium der Moral"[1]

Hans Mayers Essay „Lenz oder die Alternative," der die zweibändige Auswahlausgabe von Titel und Haug, die den Zugriff auf das Lenzsche Werk für Forschung und Lehre wesentlich erleichterte[2], als Nachwort[3] begleitete, regte mit seiner umfassenden und teilweise provokativen Fragestellung, eine erste wichtige Lenz-Renaissance in den siebziger Jahren an. Der zunächst provokativ intendierte Rückgriff auf Mayers Essay soll als symptomatische Folie für eine ganze Forschungstradition miteinbezogen werden, vor der sich das neuerliche Interesse an Lenz an der Schwelle der neunziger Jahre kontrastiv abzeichnet.

Mayer sieht diese Möglichkeit einer Alternative als gescheitert an: „Vielleicht war in J.M.R. Lenz die wirkliche **Alternative** zur Weimarer Klassik möglich. Aber sie ist nicht Wirklichkeit geworden."[4] Ein merkwürdiges Zögern, Lenz auf eine bestimmte Position festzulegen durchzieht den gesamten Essay und findet sich auch in allen differenzierteren Arbeiten zu Lenz. Man spürt das Unbehagen und eine gewisse Unsicherheit über die Einschätzung des Gesamtwerkes. In literaturwissenschaftlichen Untersuchungen, in denen der literaturtheoretischen Konvention der Zeit entsprechend versucht wurde, einen Autor auf die eine bestimmte künstlerisch einheitliche Position festzulegen, brachte ein stilistisch und inhaltlich disparates Werk, wie es das von Lenz zweifellos in extremem Maße ist, große Interpretationsschwierigkeiten mit sich. Diese Disparitäten sind m.E.

---

[1] J.M.R. Lenz, „Versuch über das erste Principium der Moral" Hrsg. Sigrid Damm, *J.M.R. Lenz Werke und Briefe* II, Leipzig, München 1987, S. 501-02. Band- und Seitenangaben im Text beziehen sich auf diese Ausgabe falls nicht anderweitig ausgewiesen.

[2] *J.M.R. Lenz Werke und Schriften 2 Bände* Hrsg. Britta Titel, Hellmut Haug, Stuttgart 1966/67.

[3] Mayer, „Alternative," Titel, Haug Hrsg., *Werke und Schriften* S. 765-827. Seitenangaben im Text beziehen sich auf diesen Text.

[4] Mayer, „Alternative," S. 823.

jedoch integraler Bestandteil der Lenzschen Ästhetik und müssen als solche reflektiert werden. Die Kritik versuchte diese Spezifik, die sie als widersprüchlich erfuhr, umzuwerten, indem sie diese gleichermaßen „vereinheitlicht". Zumeist halfen sich die Interpreten damit, daß sie die „unbequemen" Passagen, also vor allem die Prosawerke, Gedichte und die weniger bekannten Dramen ausschließen. Aber selbst in den beiden bekanntesten Dramen „Der Hofmeister" und „Die Soldaten" ließ sich die Haltung des Autors nicht eindeutig festmachen. Mayer bringt die daraus folgende allgemeine Kritik mit dem Bild der „Mittelpunktlosigkeit" auf den Begriff, dem er selbst jedoch nicht zuzustimmen gewillt ist. In einem sensiblen Nachspüren der Lenzschen Argumentationsbewegungen kommt er selbst zu einem – durch die konjunktivistische Schreibweise noch unterstützten – nicht festzuschreibenden „sowohl als auch." Obwohl Mayer diese Antinomien wohl dialektisch interpretiert und somit doch noch zu einer harmonischen Gesamteinschätzung kommen kann, bleibt eine Spur Ratlosigkeit bestehen:

Will es aber nicht scheinen, als enthalte das Gesamtwerk von Lenz, wenn man es in seiner Entwicklung versteht, nämlich als Auseinandersetzung mit den Antinomien damaliger deutscher Gesellschaft, im Keim bereits die Ansätze zu einer Kritik, die in umfassender Form erst durch Brecht geleistet werden konnte? Lenz oder die Alternative. Dieser so elend gescheiterte, nach Vollkommenheit für sich und für die Gesellschaft strebende Schriftsteller hat einmal eine große Möglichkeit bedeutet.[5]

In diesem Paragraphen wird die ganze Problematik der Lenzschen Arbeitsweise zusammengefaßt: zum einen, ein „Streben nach Vollkommenheit," das auf einen Vorläufer der Klassik hindeuten würde, also ein gewisses Harmoniestreben, das die durchaus erkannten Antinomien zu vereinen sucht, zum zweiten, ein Bestreben, diese Widersprüche zu thematisieren, drittens, diese Aufklärergeste jedoch gleichzeitig zu hinterfragen und somit zu problematisieren und damit an der Emanzipation des Bürgertums mitzuarbeiten, wenn auch in einem komplizierteren Sinn als es diejenigen Interpretationen, die von einer bloßen Reformergeste ausgehen, tun.

Den Arbeiten von Hans-Gerd Winter und Inge Stephan[6] gebührt das Verdienst, die komplexe Rezeptionsgeschichte mit ihren widersprüchlichen

---

[5] Mayer, „Alternative," S. 826/27.
[6] Inge Stephan, Hans-Gerd Winter, *„Ein vorübergehendes Meteor"? J.M.R. Lenz und seine Rezeption in Deutschland*, Stuttgart 1984. Hans Gerd-Winter, *J.M.R. Lenz*, Stuttgart 1987.

Lenz-Bildern aufgearbeitet zu haben. So zeigt Winter die Genese vom ursprünglich aus der Goetheschen Ablehnung von Lenz in *Dichtung und Wahrheit* als „abschreckendes Beispiel für die Wertherkrankheit"[7] abgeleiteten Einschätzung von Lenz als „tragisch scheiterndem Genie" neben dem „großartigen Gelingen Goethes" (Benno von Wiese)[8], über die Vereinnahmung des Lenzschen Werkes als präromantisch-irrationalistisches (Heinz Kindermann), hin zu einer entscheidenden durch Brechts „Hofmeister"-Bearbeitung eingeleiteten Wende, Lenz als Sozialkritiker zu untersuchen (Leo Kreutzer, Hans Mayer, Klaus Scherpe, Andreas Huyssen) auf.[9]

Winters Kapitel zur Lenzschen Biographie[10] werden ergänzt von der wichtigen Biographie von Sigrid Damm *Vögel, die verkünden Land*[11], die die verdienstvolle ältere Arbeit von Rosanow[12] weitgehend ersetzt. Ursächlich mit dieser komplizierten Biographie und Rezeptionsgeschichte verbunden ist auch die schwierige Text-Grundlage.[13] Bis heute fehlt eine historisch-kritische Werkausgabe. Die kleine Lenz-Rennaisance an der Schwelle der neunziger Jahre wurde bestimmt auch durch die äußerst verdienstvolle dreibändige kommentierte Leseausgabe von Sigrid Damm[14] mitangeregt. Daß sich damit die Notwendigkeit einer historisch-kritischen Ausgabe noch immer nicht erledigt hat, darauf wiesen Rüdiger Scholz[15] und Sigrid Damm selbst in ihrem Vortrag „Zum Stand der wissenschaftlichen Lenz-Edition"[16] neuerdings in überzeugender Weise hin.

Es kann hier nicht um eine Gesamteinschätzung des Pänomen „Lenz" gehen, auch die ältere Forschungsliteratur kann und soll hier nicht

---

[7] Winter, *Lenz*, S. 4.
[8] Winter, *Lenz*, S. 1.
[9] Winter, *Lenz*, S. 10-11.
[10] Stephan/Winter Kapitel I, S. 5-52 und Winter, *Lenz* Kapitel 2, S. 26-111.
[11] Sigrid Damm, *Vögel, die verkünden Land. Das Leben des J.M.R. Lenz*, Berlin, Weimar 1985.
[12] M.N. Rosanow, *Jakob M.R. Lenz der Dichter der Sturm und Drangperiode. Sein Leben und seine Werke* Übers. C. von Gütschow, Leipzig 1909.
[13] Siehe auch das Kapitel zu den Werkausgaben bei Winter, *Lenz*, S. 17-25.
[14] *J.M.R. Lenz Werke und Briefe*.
[15] Rüdiger Scholz, „Eine längst fällige historisch-kritische Gesamt-Ausgabe: Jakob Michael Reinhold Lenz," *Jahrbuch der deutschen Schillergesellschaft* 34 (1990): 195-229.
[16] Sigrid Damm, „Zum Stand der wissenschaftlichen Lenz-Edition." Vortrag gehalten anläßlich des *Internationalen J.M.R. Lenz Symposiums* University of Oklahoma, Norman, Oklahoma, Oktober 17-20, 1991.

dezidiert diskutiert werden.[17] Lediglich Hauptendenzen finden thesenhaft und kontrastiv Erwähnung. Hierbei werden weitgehend die Arbeiten miteinbezogen, die sich an sich schon von den traditionellen Arbeiten unterscheiden, indem sie die Aspekte der Widersprüchlichkeit zumindest reflektieren. Biographisches und editionstheoretisches wird als bekannt vorausgesetzt, da in neuester Zeit Wichtiges zu beiden Problemkomplexen erschienen ist.[18]

Als Beispiel für den Forschungsstand bis hin zu den achtziger Jahren sei Huyssens Charakterisierung zur Verdeutlichung herangezogen: „Konstitutiv für Lenz' Werk ist die Widersprüchlichkeit von aufklärerischer Intention und einer aus Lebenserfahrung gespeisten radikalen Kritik an der Aufklärung, die dem Leiden an deren Ungenügen entspringt."[19] Diese verschiedenen sozial- und literaturkritischen Anliegen schlagen sich in einer formal und inhaltlich anderen Literaturauffassung nieder.

Dies ist in groben Zügen umrissen der bisherige Forschungsstand, der je nach spezifischer Fragestellung, das eine oder andere Moment hervorhebt oder vernachlässigt. Ein Grundkonsensus schien jedoch in der Feststellung der Widersprüche und Uneindeutigkeiten zu bestehen, egal von welcher methodologischen oder ideologischen Position her argumentiert wurde. Mehr oder weniger durchgängig war auch die allgemeine Wertung dieser Widersprüche als, zwar unterschiedlich begründetes, „Scheitern": Zur Begründung wurden die psychische Situation, die beginnende Schizophrenie, die man in den Werken wiederzuentdecken glaubte, eine mangelnde Begabung, oder die historische Situation Deutschlands und ihre zerrüttende Auswirkung auf die genialische Individualität herangezogen. In letzterem Interpretationsansatz wurde das Schicksal als symptomatisch für eine ganze Generation angesichts der Diskrepanz zwischen den hohen geistig/intellektuellen Ansprüchen einerseits und der mangelnden materiellen Betätigungsmöglichkeit (ökonomisch, beruflich etc.) andererseits,

---

[17] Für eine Einführung und weitere Details sei nochmals auf die verdienstvollen Arbeiten von Winter hingewiesen.

[18] Winter, *J.M.R. Lenz*; Damm, *Vögel, die verkünden Land*; Damm, „Ein Essay" *J.M.R. Lenz Werke und Briefe;* Scholz, „Eine längst fällige historisch-kritische Gesamt-Ausgabe: Jakob Michael Reinhold Lenz"; Gert Vonhoff, „Unnötiger Perfektionismus oder doch mehr?" *Jahrbuch der deutschen Schillergesellschaft 34* (1990): 419-423.

[19] Andreas Huyssen, „Gesellschaftsgeschichte und literarische Form: J.M.R. Lenz' Komödie ‚Der Hofmeister'" *Monatshefte* 71, 2 (1979): 135.

sowie dem Mangel an Einflußnahme auf das politische Geschick der verschiedenen Kleinstaaten angesehen.[20]

Wenn nun aber die, zwar qualitativ und quantitativ verschieden eingeschätzte, Beurteilung von Lenz als „gescheitertem Genie" vorherrschend ist, warum fasziniert sein Werk, vor allem sein dramatisches Werk immer noch und warum gehören seine beiden Hauptwerke „Der Hofmeister" und „Die Soldaten" zu den meistgelesenen Sturm und Drang Dramen?

Der Analyse dieser Widersprüche sowie des (selbst)hinterfragenden Lenzschen Gestus soll dieser Band gewidmet sein. Während die älteren Arbeiten diese Widersprüche, dieses Anderssein bedauernd an den Rand drängen oder zu vereinheitlichen suchen, soll diese Andersartigkeit hier ernstgenommen und näher beleuchtet werden.

Der vorliegende Band soll daher die u.a. durch die Arbeiten von Martin Rector[21], der die Ambivalenzen der Lenzschen Texte erstmals ernstnimmt und sie über die sozialhistorischen Ansätze der siebziger Jahre und die rezeptionsästhetischen, deskriptiven und biographischen Neueinschätzungen der achtziger Jahre hinausgehend auf theoretisch hohem Niveau zu erfassen versucht, neu begonnene Diskussion erleichtern, indem sie die verschiedenen Trends in der neuesten Lenz-Forschung in einem ersten ausschließlich Lenz gewidmeten Sammelband mit Originalbeiträgen sowie einem Neuabdruck der Rede von Sigrid Damm zur Verleihung des Feuchtwangerpreises zusammenstellt.

Die Beiträge bemühen sich um Neueinschätzungen der in der früheren Forschung tendenziell als „Scheitern" gewerteten „Widersprüchlichkeit." Wenn man von „Scheitern" spricht, geht man von einem spezifischen Modell als Vergleichsbasis aus, von dem aus Pänomene als gelungen bzw. gescheitert angesehen werden. Dieses Maß, an dem Lenz bisher gemessen wurde scheint implizit oder explizit, wie auch bei Hans Mayer, das

---

[20] Klaus Scherpe, „Dichterische Erkenntnis und ‚Projektmacherei'. Widersprüche im Werk von J.M.R. Lenz" *Goethe-Jahrbuch* 94 (1977): 206-235 bes. S. 208 und Gert Mattenklott und Klaus Scherpe Hrsg., *Westberliner Projekt-Grundkurs 18. Jahrhundert*, Kronberg/Ts. 1974 bes. S. 189-215.

[21] Martin Rector, „La Mettrie und die Folgen. Zur Ambivalenz der Maschinen-Metapher bei J.M.R. Lenz," *Willkommen und Abschied der Maschinen. Literatur und Technik - Bestandsaufnahme eines Themas*, Erhard Schütz Hrsg., Essen 1988, S. 23-41 und Martin Rector, „Götterblick und menschlicher Standpunkt. J.M.R. Lenz' Komödie *Der neue Menoza* als Inszenierung eines Wahrnehmungsproblems," *Jahrbuch der deutschen Schillergesellschaft* (1989): 185-209 und sein Vortrag „Thesen zum Begriff der Handlung" gehalten anläßlich des *Internationalen J.M.R. Lenz Symposiums* Norman, Oklahoma, Oktober 17-20, 1991.

Goethesche[22] Vorbild, die letztendliche Entwicklung zur Weimarer Klassik zu sein. Auch Klaus Scherpe in seinem wichtigen Artikel zur Lenzschen literarischen Tätigkeit geht von einer ähnlichen wenn auch differenzierteren Prämisse aus:

> Im Falle Lenz stehen nicht nur Anspruch und Wirklichkeit krass gegeneinander, sondern auch die unterschiedlichen Methoden zur Erkenntnis der gesellschaftlichen Wirklichkeit: die abstrakt-begriffliche in den ‚Projekten', die Vorschläge zur Besserung der Verhältnisse formuliert, und die künstlerische, die von der Lebenspraxis per se zur Anschauung zu bringen. Beides zu vereinigen und harmonisch zum Ausgleich zu bringen, was für Goethe durchaus möglich wurde, lag nicht in der Reichweite der Erfahrung und der literarischen Tätigkeit eines Lenz. So stehen Versuche, abstrakte Erkenntnisse über den Zustand der Gesellschaft und seine mögliche Veränderung unmittelbar zu literarisieren, neben den Bemühungen, aus der sinnlich-konkreten Schilderung der Alltagswirklichkeit auf die Notwendigkeit einer Besserung der Verhältnisse hinzuarbeiten.[23]

Ob ausgesprochen oder unausgesprochen, werden bei der Be- oder Abwertung der Lenzschen Texte an der klassischen Ästhetik geschulte Bewertungskriterien (sinnvolle Beziehung aller Teile, einheitliche Gestalt, Zusammenwirken aller Formelemente, d.h. die Übereinstimmung aller literarischer Zeichen) angewandt. Ich gehe davon aus, daß das Lenzsche Werk nicht mit diesen an der Klassik geschulten Kriterien, auf deren normatives Potential in der Lenz-Rezeption Scherpe ebenfalls schon hinwies,[24] gemessen werden kann. Denn die aus dem Vergleich zur klassischen Haltung entstehenden vorausgesetzte Hierarchisierung der Bewertungskategorien erweist sich, wie wir sehen werden, als zu restriktiv und ist für die Lenzschen Texte nicht angemessen.

Dabei muß die, durch die Goethesche Selbstbiographie genährte und von der traditionellen Germanistik vielfach aufgegriffene Vorstellung von Lenz als „jüngerem Bruder Goethes," also einem in letzter Instanz nach Vollkommenheit strebendem aber aus Mangel an psychischen, intellektuellen und sozialen Gründen zu kurz greifendem Künstler aufgegeben wer-

---

[22] Siehe auch die Arbeit von Eva Maria Inbar, „Goethes Lenz-Porträt" *Wirkendes Wort* 6 (1978): 422-429.

[23] Scherpe, „Dichterische Erkenntnis," S. 210-11.

[24] Scherpe, „Dichterische Erkenntnis," S. 210.

den.²⁵ Kriterien wie Synthese, Kunstautonomie, innere Vollkommenheit, Abgrenzung gegen das Politische können die Lenzsche Ästhetik nur *ex negativo* erhellen. Sowohl von „idealistische[r] Verklärung" als auch vom „achselzuckenden Determinismus der Naturalisten" abgegrenzt, siedelt Mayer Lenz zusammen mit Büchner bei den Realisten an:

Lenz dagegen wie Büchner sind Antiidealisten, aber sie wollen, wie es in der Erzählung ‚Lenz' von Büchner ausgedrückt wird, der Wirklichkeit als Dichter so nahe wie möglich kommen: so nahe nämlich, wie es der Bereich der Kunst nur zuläßt.²⁶

Nur wurde der Mayersche Realismusbegriff mit seiner Abschilderung der gesellschaftlichen Antinomien in einer übergeordneten umfassenden Kritik, wie wir oben zeigten, den Lenzschen Widersprüchen ebenfalls nicht gerecht, da auch die Realismuskonzeption von einer gewissen Geschlossenheit ausgeht; daher die Affinitäten des marxistischen Realismusbegriffs zum klassischen Erbe. Im Gegensatz dazu wäre es m.E. notwendig, wenn das Etikett Realist für Lenz weiter in Anspruch genommen werden soll, dieses radikal umzuinterpretieren. Die traditionell negativ konnotierte „Mittelpunktlosigkeit" soll wertneutral als eines der wichtigsten Kennzeichen der Lenzschen Ästhetik und der sich mit und in ihr äußernden gesellschaftlichen Bestandsaufnahme interpretiert werden. Der in Ansätzen schon erkannte offene Dramenbegriff ist Indikator eines weltanschaulichen Perspektivismus²⁷, der disparate Elemente in sich aufnimmt ohne sie zu einem Ganzen, zu einer Einheitlichkeit zusammenzuzwingen. In einem umfassenden jedoch nicht fest umgrenzten, also offenen, Perspektivismus, in dem sich die Fragmente letztendlich gerade nicht zu einem harmonischen Ganzen schließen, produziert Lenz in einer Art realistischer Schizophrenie oder schizophrenem Realismus eine von ihm offensichtlich als fragmentarisch empfundene gesellschaftliche Wirklichkeit. Wohlgemerkt soll hier der Terminus Schizophrenie nicht als individualpsychologischer Krankheitsbegriff²⁸ verwendet werden, sondern als wertneutraler Begriff, der

---

[25] Siehe auch die Kritik an dieser Position u.a. bei Andreas Huyssen, „Gesellschaftsgeschichte," S. 132.

[26] Mayer, „Alternative," S. 826.

[27] Zum Problem der Perspektive siehe auch Allan Blunden, „J.M.R. Lenz and Leibniz. A Point of View," *Sprachkunst* (1978): 3-18.

[28] Ich sehe diesen Begriff eher in Anlehnung an Fredric Jamesons Begrifflichkeit, die eine Analogie sieht zwischen der "borderline schizophrenia," einer Sprachstörung, die sich in einer ständigen Gegenwart, paradoxen Formulierungen und Widersprüchen manifestiert, und in der er gewisse Ähnlichkeiten zur postmodernen Subjektivität sieht. Für unseren Zusammenhang sind dabei die Aus-

dadurch gekennzeichnet ist, Paradoxes und Gegensätze unvermittelt nebeneinander bestehen zu lassen ohne sie zu einer Einheit oder Synthese zusammenzubringen.

Zur Abgrenzung der Lenzschen Ästhetik sollen an dieser Stelle die für unseren Zusammenhang wichtigen oft besprochenen Kategorien der Weimarer Klassik kurz gestreift werden. Diese lassen sich in zwei Hauptgruppen aufteilen: Der Hang zur Synthese einerseits und die Abwendung von der Lebenspraxis andererseits. Die synthetische Kombination von gegensätzlichen Tendenzen in einer übergreifenden Harmonie erfordert gewisse bildungsmäßige Voraussetzungen, die Abstraktion von den gegebenen Verhältnissen und eine gesellschaftlich gesicherte Stellung, die ein bestimmtes Maß an Muße gewährt. Ihr Ideal war, laut Bloch, aus der klassenmäßig zerstückelten Gesellschaft den ganzen, unzerstückelten Menschen zu entwickeln. Diese Utopie konzentriert sich *per definitionem* auf das Nicht-Existierende unter Ausschluß der prosaischen Realität. Diese ästhetische Autonomie wird als Antizipation der Menschlichen gedacht.

An diesen Maßstäben gemessen war es nur natürlich, in Bezug auf die Lenzsche Ästhetik von einem Scheitern zu sprechen. Ich schlage stattdessen vor, diese Kriterien zu hinterfragen und „andere" Kriterien an den radikalen Realisten (Damm) Lenz anzulegen. Man könnte in direkter Analogie – lediglich mit negativen Vorzeichen – zu den oben erwähnten Kriterien des klassischen Kunstideals, postulieren, daß es Lenz nicht um die ästhetische Formulierung einer idealen Synthese unter Ausschluß sozio-kultureller, ökonomischer und politischer Realitäten und unter dem weiteren Ausschluß eines Großteils des bürgerlichen Schichten geht, sondern daß er, eben weil er auf diese materiellen und ideologischen Inklusionen besteht, eine radikal andere Ästhetik konzipiert.

Von der Biographie kommend nimmt Sigrid Damm in ihrem sensiblen „Essay" von 1985 die Thematik einer Alternative ebenfalls auf, nun mit anderen Vorzeichen, und führt sie einen entscheidenden Schritt weiter:

---

wirkungen für die Ästhetik wichtig, in der dieses Phänomen sich dann in einer Problematisierung der Temporalität und in einer Verunsicherung des als „Realität" empfundenen, sowie in einem Nebeneinander von Widersprüchen und Paradoxien manifestiert. Obwohl sich Jameson natürlich auf einen späteren historischen Zeitpunkt bezieht, sollen diese Gedanken, die durchaus an die Lenzsche Ästhetik erinnern, hier als gedankliche Anregung miteingebracht werden. Fredric Jameson, „Postmodernism: Or, The Cultural Logic of Late Capitalism," *New Left Review* 146 (1984): 53-92. Fredric Jameson, „Postmodernism and Consumer Society," *The Anti-aesthetic* Hal Foster Ed., Port Townsend 1983, S. 111-25.

Lenz sieht keine Alternative, seine Dramen sind eine Alternative. Sie sind eine große Möglichkeit des Menschlichen, versteht der Zuschauer sich im Zerrspiegel der Tragikomik, in der bitteren Ironie eigener Kleinheit und bornierter Demut zu begreifen und in der Negation die Maßlosigkeit menschenwürdiger Ansprüche zu erahnen. Lenz befreit den Zuschauer nicht, er wirft ihn gnadenlos auf sich selbst zurück.[29]

Damm siedelt die Notwendigkeit einer Neuorientierung mit dem krisenhaften Auseinanderfallen des gesamten Kreises der Stürmer und Dränger um die Mitte der siebziger Jahre an. Für Lenz findet die Neuorientierung in seiner Dichtung statt:

Die Lebenskrise wird zum Gegenstand; die künstlerische Reflexion ist verzweiflungsvolle Auswegsuche. Lenz spielt alle möglichen Alternativen durch: absolute Verweigerung – Anpassung – Exil – Wunschtraum. Die Struktur seiner Dramen verändert sich. Er stellt nicht mehr eine Welt aus sich heraus, sondern tastet die Welt nach Daseinsmöglichkeiten für sich ab, das Autobiographische wird stärker, die innere Ratlosigkeit thematisiert sich.[30]

An dieser Stelle scheinen sich dann auch die ideologischen Wege zwischen Goethe und Lenz zu trennen. Beide realisieren jeweils andere Alternativen. Die Gefährdungen des Künstlertums werden von Lenz, dem sozial und seelisch „Unbehausten"[31] radikal und unbedingt und dadurch qualvoll zum Thema und formalen Anliegen der Dichtung, denen er sich vollkommen aussetzt, während Goethe diese Gefährdungen, die er natürlich auch kennt („Torquato Tasso") zu begrenzen sucht.[32]

Bei Lenz erfordert die Suche nach Alternativen und die sich daraus ableitenden disparaten Inhalte die radikal offene Form. Ein immer wiederkehrender Topos ist dabei die Lenzsche Vorstellung, eine bestimmte „Rolle" zu spielen und zwar eine ständig wechselnde. Von Blunden als das „Pauline ideal of adaptability"[33], von Glaser mit dem von Wieland

---

[29] Damm, *Werke und Briefe III*, S. 690.
[30] Damm, *Werke und Briefe III*, S. 729.
[31] Damm, *Werke und Schriften III*, S. 744.
[32] Damm, *Werke und Schriften III*, S. 744.
[33] Allan Blunden, „A Case of Elusive Identity: The Correspondence of J.M.R. Lenz," *Deutsche Vierteljahrsschrift 50* (1976): 103-126, S. 123.

geprägten Begriff der „Heteroklisie"[34] charakterisiert, durchzieht dieser Perspektivismus die gesamte künstlerische Produktion. In der Prosadichtung *Das Tagebuch*[35] nimmt er eine fast strukturbildend zu nennende Funktion an. Erreicht wird dieser Perspektivismus unter anderem dadurch, daß jeder Charakter eine gewisse Rolle zu spielen scheint. Das radikal Andere an diesem verwirrenden Versteckspiel der verschiedenen Rollen, Scheinmotivationen und Spekulationen über die Motivationen der anderen Charaktere liegt darin, daß dem Leser die letztendliche Sicherheit der Darstellung einer „wahren" persona und einer eindeutigen Motivierung verloren geht. Der Rezipient wird in diesem Labyrinth orientierungslos. Er verliert den Mittelpunkt. Auch in den *Moralische Bekehrungen eines Poeten*[36] schimmert eine mögliche „Wahrheit" nur flüchtig zwischen den verschiedenen Manifestationen der „Einzelperspektiven" hindurch. So sieht sich der Erzähler teilweise als Genie, dann wieder so als ob er nur dessen Rolle spiele: „So aufgemuntert mußte ich meine Rolle gut spielen."(*Bekehrungen* II, 332) Vorstellungen, die er für „wahr" hielt, erkennt er plötzlich als „unwahre" Produkte seiner idealisierenden Phantasie (*Bekehrungen II*, 331), nur um ähnliche Idealitäten erneut in andere Charaktere hinein zu verlegen. Der Leser wird letztendlich über die wahre Motivation der Personen, wie sie vom Erzähler interpretiert werden, im Dunkeln gelassen:

> Als eine wahre Kokette hatte sie mich immer glauben zu machen gewußt, sie liebte mich und im nächsten Augenblicke darüber doch in völligem Zweifel gelassen. In der Tat, was soll ich mir's verhehlen, liebte sie mich, aber nur als einen Menschen der sich alles von ihr müßte gefallen lassen. (*Bekehrungen* II, 332-33)

Nach weiterer Deliberation kommt er zu dem Schluß, „glaubt nur sicher sie liebt euch nicht – sie liebt bloß sich selber." (*Bekehrungen* II, 333) John Osborne interpretiert diese Verwirrung, die er für das *Tagebuch* konstatiert als eine durch zwei verschiedene Realitätsebenen produzierte, die ursächlich mit der Macht der Imagination in Verbindung gebracht wird.[37] Während er davon ausgeht, daß es im Lenzschen Text eine imagi-

---

[34] Horst Albert Glaser, „Heteroklisie - der Fall Lenz," *Gestaltungsgeschichte und Gesellschaftsgeschichte*, Helmut Kreuzer Hrsg., Stuttgart 1969, 132-151, S. 138.

[35] Damm, *Werke und Briefe II*, S.289-329.

[36] Damm, *Werke und Briefe II*, S. 330-353.

[37] John Osborne, „The Postponed Idyll. Two Moral Tales by J.M.R. Lenz," *Neophilologus* 59 (1975): 77. Osborn interpretiert in diesem Artikel in erster Linie den *Zerbin* und den *Landprediger*; Bemerkungen zu anderen Prosatexten in passim.

nierte zweite Realität, zusätzlich zu „der Realität des Lebens" gibt und letztere nur zeitweise von der imaginierten „verwirrt" wird, muß m.E. ein radikaleres Verfahren angenommen werden. Die verschiedenen Wirklichkeitsebenen und Realitätsfragmente lassen eben gerade keinen Blick auf die eine „echte" Realitätsebene, deren Existenz der Erzähler gerade in Frage zu stellen scheint, zu. Alle Realitätsfragmente sind gleichermaßen „wirklich" oder „unwirklich." Es wird gerade keine Hierarchisierung versucht, die bestimmte Aspekte über andere privilegierte. Wie in einem zerbrochenen Spiegel reflektiert sich der Erzähler in vielfachen Fragmenten von Motivationen, Unterstellungen, Befürchtungen, Wünschen in seiner Umwelt. Allan Blunden sieht in diesem Verfahren letztendlich eine biographisch motivierte Weigerung, eine feste Identität für sich zu konstituieren:

He changed, he adapted, he postured; and in his perennial self-irony – which found expression in his ‚confessional' prose works as freely as in his correspondence – he found a refuge from the need to establish his identity.[38]

Für unser Forschungsinteresse ist diese Aussage in erster Linie von formal-ästhetischem Interesse und deutet in dieser Hinsicht auf eine Weigerung, eine einheitliche Perspektive zu schaffen.

Im *Waldbruder* wird, im Vergleich zu seinem Referenzpunkt *Die Leiden des jungen Werthers*, dessen absolute Subjektivierung in einer Perspektive (dem Leser sind – bis auf den Herausgeberbericht – nur die Briefe Werthers und nicht die seines brieflichen Gegenübers bekannt und diese werden wiederum lediglich durch Werthers Rezeption und seine Perspektive indirekt sichtbar) aufgegeben. Im *Waldbruder* stehen die Briefe der an diesem großen Täuschungsspiel Beteiligten unverbunden nebeneinander. Bei einer genaueren Analyse ließe sich nachweisen, daß der Perspektivismus sowohl auf sprachlich-stilistischer als auch auf inhaltlicher Ebene das strukturbildende Moment bildet. Blunden konstatierte das zentrale Problem der Lenzschen Ästhetik als ein letztendlich perspektivisches:

The problem that Lenz is vexed by – ‚das große Geheimniß [sic], sich in viele Gesichtspunkte zu stellen, und jeden Menschen mit seinen eigenen Augen ansehen zu können!' – is also one that he solves by the very act of writing drama and fiction.[39]

Ein ähnliches Phänomen betont Blunden für die Lenzsche Korrespondenz:

---

[38] Blunden, „A Case of Elusive Identity," S. 125.
[39] Blunden, „Lenz and Leibniz," S. 15.

> Each account embodies the one view of the experience which Lenz
> felt appropriate to formulate when writing to that particular
> correspondent; each account is the reflection of the particular Lenz
> persona which was particular of that relationship.⁴⁰

In seiner Studie zur Lenzschen Lyrik entdeckte Martin Stern eine ähnliche perspektivische Spaltung: „Es [ein Eigenstes] steckt in einigen lyrischen Entwürfen und ihrer seltsamen Mischung aus Traum und Zweifel, Überschwang und Bitternis, Ichgefühl und Ichverlust, beißender Schärfe und brennendem Schmerz, Fluch und Gebet."⁴¹

Auch in den Dramen ist eine perspektivische Gleichzeitigkeit auf allen ästhetischen Ebenen zu finden. Butler zum Beispiel hat diese Mehrschichtigkeit, die er als Paradox bezeichnet, auch auf der gestischen und mimischen Ebene und ihrem Verhältnis zum gesprochenen Wort festgestellt:

> [A] character consciously projects a view of himself which is
> simultaneously undermined by the words and gestures he employs
> to express himself. The text offers the audience an immediate and
> telling contradiction.⁴²

Mimik und Gestik bilden ein komplexes extra-verbales Mittel zur Kontextualisierung des Diskurses. Helga Madland wertet die Verwendung der Gestik als Alternative zur Sprache, da sie natürlicher und deshalb zuverlässiger sei. Meine eigene Interpretation wäre eher die einer komplexen sich jedoch situal ständig ändernden Verflechtung der verbalen und nicht verbalen Kommunikationsformen, die ihrerseits nicht unbedingt hierarchisiert sind. Auch innerhalb der verbalen Kommunikation selbst lassen sich verschiedene Stimmen – so z.B. die sozial differenzierten Stimmen der jeweiligen Schichten –, sowie eine eine multiperspektivische Verwendung nachweisen. Lenz' intensives Interesse an Shakespeare beruht m.E. genau auf dessen Einbettung der semantischen Schätze aus vergangenen Jahrhunderten mit ihren populären und elitären Komponenten in dessen literarischem Werk. (Bachtin) Diese Intertextualität, die ein ganzes kulturelles Spektrum absteckt, übt eine starke Faszination auf den Autor Lenz aus, der wiederholt versucht das Volk, die „Kleinen" und ihre kulturellen Formationen miteinzubeziehen; Shakespeare scheint ihm dafür ein ideales Modell. Es geht dabei nicht, wie Martini in seinem wichtigen Artikel zu

---

[40] Blunden, „A Case of Elusive Identity," S. 109.

[41] Martin Stern, „Akzente des Grams," *Jahrbuch der deutschen Schillergesellschaft* 10 (1966): 160-188, S. 169.

[42] Michael Butler, „Character and Paradox in Lenz's ‚Der Hofmeister'," *German Life and Letters* 32 (1978/79): 96.

Lenz' „Anmerkungen übers Theater" meint, um ein quasi beliebiges „Wirrwarr der historischen und fremden Kostüme und Masken, des Entlehnten und Erborgten"[43], sondern um die Miteinbeziehung der verschiedenen zeitgenössischen und historischen Diskurse, die die Position des Autors mitbestimmen.

Madland weist auf Widersprüche zwischen der Lenzschen Sprachtheorie und -Praxis, wie sie sich in seinen Dramen manifestiert, hin. Als Realist sei Lenz an pragmatischen Themen interessiert, etwa wie Sprache in der Gesellschaft funktioniere, und in seinen Dramen fände sich häufig eine unüberbrückbare Kluft zwischen Sprache und Vernunft. In seinen Aufsätzen jedoch erweise er sich als ein zuversichtlicher und informierter Problemlöser. (Madland) Dieser Aufsatz zur Sprachtheorie beweist noch einmal sprechend, daß äußerste Vorsicht geboten ist, die Lenzsche Theorie und Praxis in einem einfachen Einflußverhältnis zu sehen, oder gar anzunehmen, daß Lenz in seinen literaturtheoretischen Schriften ein Programm entworfen habe, das in den Werken quasi versinnlicht würde, oder daß der rationale Erkenntnisprozeß die poetische Produktion erhelle. Das Verhältnis zwischen den verschiedenen Texten ist ein weit komplizierteres, das ich als Intertextualität begrifflich fassen würde und zwar nicht als bloße Aneignung, sondern als kreatives Neuschreiben der jeweiligen Textsorten in anderen. Der Zusammenhang seiner verschiedenen Positionen war für Lenz nicht eigentlich erklärbar oder begrifflich beschreibbar sondern lediglich poetisch repräsentierbar oder erzählbar.

Aus diesem Grund kann man auch nicht von einer einheitlichen Lenzschen Literaturtheorie- oder -ästhetik sprechen, denn die disparaten Elemente können nicht zu einer Gesamtkonzeption, einer Einheit zusammengezwungen werden, die die Mehrschichtigkeit und Pluralität ihrer Einzelelemente nullifizieren würde. So konstatiert Duncan, daß die Änderung von der linearen Form der Handlungsführung zu einer „simultaneous one"[44] ein „new concept of causality"[45] mit sich bringe. Bezeichnenderweise wurde diese neue Kausalität von der Sekundärliteratur nie inhaltlich präzisiert. Dies hängt wohl ursächlich mit der beunruhigen radikalen Abweichung von den üblichen Modalitäten der Ästhetik im achtzehnten Jahrhundert zusammen. Es erfordert nämlich die Aufgabe einer interpre-

---

[43] Fritz Martini, „Die Einheit der Konzeption in J.M.R. Lenz' ‚Anmerkungen übers Theater,' *Jahrbuch der deutschen Schillergesellschaft 14* (1970): 165.

[44] Brunce Duncan, „A ‚Cool Medium' as Social Corrective: J.M.R. Lenz's Concept of Comedy," *Colloquia Germanica* (1975): 237.

[45] Duncan, „Cool Medium," S. 238.

tativ relativ genau zu umreißenden „Idee." Die damit ursächlich zusammenhängende „Offenheit" der Lenzschen Texte, ein häufig diskutiertes Merkmal, wir ebenfalls nicht in seiner letzten Konsequenz gesehen.[46] Diese Zusammenhänge wurden von Werner auf die folgende Begrifflichkeit gebracht:

> Es ist offenkundig, Lenz will die Wirklichkeit nicht literarisch verdichten, will vielmehr die Welt in der Fülle ihrer Einzelerscheinungen präsent machen, ohne eine ‚Idee' von der Wirklichkeit zu entwerfen....Dieses ‚Bekenntnis' zur ‚offenen Form' impliziert eine bestimmte Art der Wirklichkeitsrezeption.[47]

Aber auch er umgeht es, trotz der Feststellung der nicht-existenten „Idee der Wirklichkeit" die „bestimmte Art der Wirklichkeitsrezeption" inhaltlich präziser zu füllen. Es bestand also ein Grundkonsensus über die „Andersartigkeit" der Lenzschen Wirklichkeitsauffassung, wie sie sich in seinen literarischen Texten niederschlägt aber eine gewisse Hilflosigkeit darüber, wie dieses Andere einzuschätzen ist. Lenz' Aussagen zu diesem Fragenkomplex selbst sind notwendigerweise unscharf. Es soll hier natürlich nicht versucht werden das Lenzsche Literaturschaffen durch Selbstaussagen zur Literaturtheorie oder Ästhetik zu erklären; die Konzeption einer Intentionalität des Autors ist als suspekt zu bezeichnen. Die Teile des Lenzschen Werke, literaturtheoretische wie -praktische Teile sollen viel eher als ein sich gegenseitig bedingendes Diskursgeflecht gesehen werden, das darüberhinaus synchron mit zeitgenössischen und diachron mit historischen Positionen im Dialog steht. Die „Anmerkungen zum Theater" postulieren zum einen die nicht sukkzessive sondern gleichzeitige Erfassung aller Aspekte der, wie auch immer gearteten, Wirklichkeit und zum anderen das Verlangen das Wesensmäßige, das „Ganze" zu umfassen und es in sich aufnehmen zu können:

> Unsere Seele ist ein Ding, dessen Wirkungen wie die des Körpers sukkzesiv sind, eine nach der andern. Woher das komme, das ist – so viel ist gewiß, daß unsere Seele von ganzem Herzen wünscht, weder sukkzesiv zu erkennen noch zu wollen. Wir möchten mit einem Blick durch die innerste Natur aller Wesen dringen mit einer Empfindung aller Wonne, die in der Natur ist, aufnehmen und mit

---

[46] Vgl. Rene Girard, „Die Umwertung des Tragischen in der Lenzschen Dramaturgie" *Dialog. Festgabe für J. Kunz*, Berlin 1973, 127-138, bes. S. 137.

[47] Franz Werner, *Soziale Ungleichheit und ‚bürgerliche Intelligenz' im achtzehnten Jahrhundert. Der organisierende Gesichtspunkt in J.M.R. Lenz' Drama ‚Der Hofmeister oder die Vorteile der Privaterziehung,'* Frankfurt a.M. 1981, S. 32.

uns vereinigen....Woher die Unruhe, wenn sie hie und da eine Seite
der Erkenntnis beklapst haben, das zitternde Verlangen, das Ganze
mit ihrem Verstande zu umfassen, die lähmende Furcht, wenn Sie
zur andern Seite übergehen, werden Sie die erste wieder aus dem
Gedächtnis verlieren. („Anmerkungen" II, 646-47)

Die Arbeit, das Sichabarbeiten an der Begriffsbildung, das unordentliche
sich selbst störende Erkennen, die Diskontinuität des Denkens ist diesem
Text eingeschrieben. Gleichzeitig wird aber auch klar, daß der Wunsch
nach synthetisierender Zusammenschau und Erkenntnis des Wesensmäßigen vielleicht eben nur das sein kann, nämlich ein Wunsch. Lenz schreibt
die leidvolle Anstrengung, die dieser vom Erwartungshorizont der zeitgenössischen Ästhetik geweckte Wunsch nach wesensmäßiger Durchdringung
begleitet mit in seine Überlegungen ein. Einigen wenigen scheint der
Wunsch – zumindest idealiter – Wirklichkeit werden zu können:

Wir nennen die Köpfe Genies, die alles, was ihnen vorkommt,
gleich so durchdringen, durch und durch sehen, daß ihre Erkenntnis
denselben Wert, Umfang, Klarkeit hat, als ob sie durch Anschaun
oder alle sieben Sinne zusammen wäre erworben worden.
(„Anmerkungen" II, 648)

Lenz erkennt den Wunsch nach Synthese als einen Teil seiner zeitgenössischen Realität an, als Teil bzw. als eine der oben beschriebenen Perspektiven neben anderen. Implizit spielt in diesen beiden Zitaten auch die
Vorstellung einer gewissen Temporalität hinein. Alle Erkenntnisse können
zu einem bestimmten Zeitpunkt zusammenfallen und können so idealiter
vom Dichter oder Genie festgehalten werden:

Die Poesie scheint sich dadurch von allen Künsten und Wissenschaften zu unterscheiden, daß sie diese beiden Quellen vereinigt,
alles scharf durchdacht, durchforscht, *durchschaut* – und dann in
getreuer Nachahmung zum andernmal wieder hervorgebracht.
(„Anmerkungen" II, 649)

Aber auch diese dergestalte Permanenz ist lediglich *ein* Aspekt, der mit
dem Wunsch nach Synthese korrespondiert. Die andere Seite ist die Erkenntnis, daß diese Permanenz eine Illusion ist, und die Einblicke in das
„Wesen" der Phänomene lediglich momentane Funken der Einsicht darstellen:

Aber Gott in Augenblicken
Steht denn da dein ganzer Lohn?
Funken waren das von Freuden
Vögel, die verkünden Land
(„Edward Allwills erstes
geistliches Lied" III, 94)

Die „Realität" läßt sich lediglich in Momentaufnahmen erfassen, die eine blitzartige vorübergehende Einsicht in die Phänomene erlauben. Diese Augenblicke verweisen momentan auf die Möglichkeit einer Ganzheitsvision und das daraus resultierende Glücksgefühl ist daher ebenfalls flüchtiger Natur: „Der verlorne Augenblick, die verlorne Seligkeit." (III, 139)

Aus der Natur dieser Wirklichkeitserfahrung ergibt sich konsequenterweise auch die oft monierte Rastlosigkeit der Person Lenz und ihr Niederschlag im Werk. Die poetische Suchbewegung, die entwirft und verwirft ist daher ein Charakteristikum der Lenzschen Texte. Wenn der Mensch lediglich in Augenblicken Einsichten zu synthetisieren vermag und diese Einsichten als angenehm empfunden werden, versucht er sich so häufig wie möglich auszusetzen, um möglichst viele Aspekte der Wirklichkeit zu erfassen: „Mensch, Mensch, du bist nicht für die Ruh!" („Neujahrswunsch 1776" III, 173) Es ist daher eine konsequente Technik, diese fragmentierte, aus vielen, sich auch durchaus widersprechenden, momentan zusammenfallenden Einzelbestandteilen bestehende Wirklichkeit in einer dieser Weltsicht entsprechenden Weise abzubilden. Der Perspektivismus ist daher eine durchaus angemessene ästhetische Realisierung der Lenzschen Sichtweise.

Lenz reflektiert dabei die Einwände seiner Kritiker mit, so z.B. im *Waldbruder*, der Züge einer verfremdeten Autobiographie aufweist, die sich mit dem problematischen Verhältnis zwischen Goethe und Lenz befaßt und darüberhinaus (und zwar weit wichtiger als die (auto)biographischen Momente) einen selbstreflexiven Beitrag zur Ästhetik leistet. Die Kritik an der eigenen Position entsteht dabei aus den verschiedenen Perspektiven, wie sie sich in den Briefen der einzelnen Korrespondenten niederschlagen, wie in meinem Beitrag zu den „Wertherbriefen" und zum *Waldbruder* aufgezeigt wird. Dabei schreibt er auch durchaus die große Gefahr, die in diesem Perspektivismus liegt, nämlich der Verlust eines Mittelpunktes, der sowohl die Sicherheit einer eindeutigen Position gefährdet, die aber auch die eigene Position von einer vorschnellen Festlegung befreit, mit in seine Texte ein. Leidner sieht in seiner Studie zum Phänomen der Selbstunterbrechung in diesem Band nicht nur ein ästhetisches, sondern darüberhinaus auch ein biographisches Moment, durch das sich Lenz eine provisorische Freiheit zu schaffen versucht, die ihm vielleicht eines Tages erlauben würde, seinen eigenen „Standpunkt als Dichter zu finden und damit aus dem erstickenden Kreis der Bilder auszubrechen, der ihm von den Predigten seines Vaters gezeichnet wurde." Leidner sieht darin eine Waffe, sich den Mächten zu entziehen, die seine eigene schöpferische Kraft erstickten. Die meistverwendete Stilfigur sei die der Selbstunterbrechung, um damit die traditionellen rhetorischen Kräfte zu zerstören. Der Wunsch sich zu äußern, behält sich gleichzeitig das Recht der Selbstunterbrechung vor, denn Lenz bezieht das Mißtrauen an der Authentizität der eigene Stimme in seine Ästhetik mit ein. Das Resultat sei, laut Leidner, eine Befreiung von Vor-Urteilen, die jedoch Hand in Hand gehe mit einer Verunsicherung.

Während Leidner in dieser Haltung der Selbstunterbrechung einen Mangel an poetischem und psychischem Selbstvertrauen sowie mangelnder Autonomie sieht, wäre meine Interpretation eher die einer sich hierin manifestierenden Sprach- und Begriffsskepsis. „Lautes Denken" und prozessuelles Vorgehen, das einen Reichtum der Bezüge ermöglicht, übernimmt den Ort einer zwanghaft eindeutigen Klarheit. Selbstunterbrechendes Schreiben ist daher m.E. ein Zeichen der Selbstreflexivität.

Das oben erwähnte Rollenspiel ist ebenfalls symptomatisch für diesen Vorgang. Die Gefahr für die eigene Person liegt darin, sich in diesen Rollen zu verlieren. Lenz drückt es in den folgenden Worten recht deutlich aus: „Ich bin allen alles geworden – und bin am Ende nichts" („Freunde machen den Philosophen" I, 274) Über die persönliche Problematik hinaus scheint dieser Aspekt ebenfalls auf den Vorwurf zu reagieren, daß der radikalisierte Perspektivismus letztendlich zu einem „Nichts," nämlich zu einer Beliebigkeit führt, die sich formal im Chaos niederschlägt und als Mangel an artistischem Können bzw. als mangelnde gedankliche Disziplin interpretiert und somit negativ bewertet wird. Auf den Problemkreis der „Beliebigkeit" im Bezug auf die sozialkritische Relevanz der offenen Dramenform geht auch der Beitrag von E.O. McInnes in diesem Band ein.

Im *Waldbruder* läßt Lenz Rothe sagen: „Was fehlte Dir bei uns? Liebe und Freundschaft vereinigten sich, Dich glücklich zu machen, Du schrittest über alles hinaus in das furchtbare Schlaraffenland verwilderter Ideen!" (*Waldbruder* II, 387). Diese oxymorische Charakterisierung der Andersartigkeit des Herzschen Gedankenguts ist eine adequate Bezeichnung des Lenzschen Perspektivismus. Die Ideen werden ohne offensichtlich synthetisch ästhetische Durchformung, also naturwüchsig, wild nebeneinandergestellt und bieten ein u.a. durch seine Fülle furchterregendes Bild der „Wirklichkeit." Der Leser kann daher an diese Repräsentation nicht mit den üblichen zeitgenössischen Erwartungen herangehen. Diese Enttäuschung des Erwartungshorizontes – sowohl der der Charaktere als auch der Zuschauer – wurde für die Dramen teilweise schon festgestellt, so z.B. von Eibl:

Sie [die Figuren] zeigen die Befangenheit des Denkens und Fühlens in literarisch tradierten Wirklichkeitsbildern und deren Unvereinbarkeit mit außerliterarischer Wirklichkeit.... Lenz läßt die Figuren

mit ihren Klischees an der ‚Wirklichkeit' scheitern, und er läßt die
klischierte Zuschauererwartung an der ‚Wirklichkeit' scheitern.[48]
Er bezeichnet diese Haltung als im eigentlichen Sinne realistische, denn
seiner Meinung nach liegt der Lenzsche Realismus nicht darin, ein bestimmtes „typisches" Bild der Realität abzuschildern, sondern er sieht
mit seinem an Poppers Wissenschaftstheorie geschultem Ansatz lediglich
die Entlarvung der als nicht mehr adäquat empfundenen Bilder durch ihre
Falsifizierung als realistische Haltung an. Für ihn werden das „literarische
System selbst" und die „literarisch konstruierten Wirklichkeitsbilder" zum
Objekt der Kritik.

Aber auch diese recht scharfsinnige Beobachtung wird der Lenzschen
Ästhetik nur teilweise gerecht, da auch sie einen von einem „falschen"
Zustand bzw. Bild ausgeht und ihm einen „richtigeren" gegenüberstellt.
Dabei kommt implizit nicht nur das oben abgelehnte Moment der polaren
Oppositionen, sondern auch das der Sukzessivität ins Spiel und die teleologische Vorstellung einer ständig wachsenden besseren Einsicht oder einer
höheren Bewußtseinsstufe. Die Einsicht in die gesellschaftlichen und kulturellen Zustände scheint bei Lenz jedoch weder in binären Oppositionen,
noch in der Form einer steigenden Linie repräsentiert zu werden, sondern
vielmehr in einem möglichst breiten Spektrum von Einzelbeobachtungen,
die in einem gegebenen Moment einen tiefen Einblick in die „Wirklichkeit" erlauben, die jedoch nur wie ein Funke aufzuleuchten scheint, also
von kurzer Dauer ist und lediglich durch weiteres sich „Aussetzen," in
einer rastlosen Suche nach dem nächsten Augenblick in anderer Form erneut erlebt werden kann:

> So gründet sich all unsere Selbständigkeit all unsere Existenz auf
> die Menge den Umfang die Wahrheit unserer Gefühle und Erfahrungen, und auf die Stärke mit der wir sie ausgehalten, das heißt
> über sie gedacht haben oder welches einerlei ist, uns ihrer *bewußt
> geworden sind*. („Über die Natur unseres Geistes" II, 622)

Die disparaten Elemente der Umwelt auszuhalten wird von Lenz also
nicht ausschließlich negativ gesehen, wie es von der Kritik zum Teil
behauptet wird. So z.B. apologetisch von Liewerscheid, der die Lenzsche
Dramatik als adäquaten Ausdruck der zeitgenössischen Misere interpretiert:

> Und doch fragt sich, ob die zur apokalyptischen Groteske zugespitzte Farcenstruktur nicht gerade die adäquate dramatische Form

---

[48] Karl Eibl, „‚Realismus' als Widerlegung von Natur. Dargestellt am Beispiel
von Lenz' ‚Hofmeister'," *Poetica* 6 (1974): 465-467, S. 463.

einer Gesellschaftsabbildung ist, die eben dieselbe grotesk-apokalyptische Signatur aufweist."⁴⁹
Lenz nimmt ein Spektrum „positiv" und „negativ" valorisierte Elemente in seine ästhetische Repräsentation auf und versucht so durchaus eine „Wirklichkeit" zu konstruieren und überläßt sich also keineswegs einer „Untergangsorgie."⁵⁰ Aber auch die entgegengesetzte Interpretation, die der Lenzschen Ästhetik ein dialektisches Transzendieren der Gegensätze zuschreibt, verkennt meiner Ansicht nach das radikal Neue:

Diese künstlerische Erkenntnis ist dann die eigentlich ‚fortschrittliche' zu nennen, wenn man die im subjektiven und sinnlichen Gegenstandsbereich der Literatur gewonnene Konkretisierung der objektiven Widersprüche der alten Feudalgesellschaft [...] nach ihrem wesentlichen Prinzip begreift: dem einer ihr eigenen praktischen Dialektik, die über die Grenzen der bestehenden Gesellschaft hinausgreift.⁵¹

Die Unbestimmtheit des „Darüber-Hinausgreifens" weist wieder einmal auf die Schwierigkeit hin das „Andere" der Lenzschen Ästhetik begrifflich zu fassen. Andreas Huyssen versucht sich diesem folgendermaßen zu nähern:

Nicht Naturwahrheiten setzt er gegen die artifiziellen Einheiten der klassischen Tragödie, sondern durch höchste Künstlichkeit eines kontrapunktisch organisierten Chaos versucht er, die Disparatheit und Zerissenheit gesellschaftlichen Lebens literarische Form werden zu lassen. Darin, wenn irgendwo, liegt sein Realismus.⁵²

Man kann die These, so glaube ich, noch radikalisieren und und sie auf die gesamte Lenzsche Wirklichkeitserfahrung und -repräsentation ausweiten.

Der bahnbrechende Aufsatz von Leo Kreutzer formuliert thesenhaft erstmals die Lenzsche Leistung ohne Apologie als genuine Alternative zur Klassik.⁵³ Er charakterisiert die Lenzsche Dramaturgie folgendermaßen:

---

⁴⁹ Dieter Liewerscheidt, „J.M.R. Lenz ‚Der neue Menoza', eine apokalyptische Farce" *Wirkendes Wort* 33 (1983): 144-152, S. 148.
⁵⁰ Liewerscheid, S. 150.
⁵¹ Scherpe, „Dichterische Erkenntnis," S. 235.
⁵² Huyssen, „Gesellschaftsgeschichte," S. 138.
⁵³ Leo Kreutzer, „Literatur als Einmischung: J.M.R. Lenz". Walter Hinck (Hrsg.) *Sturm und Drang. Ein literaturwissenschaftliches Studienbuch,* Königstein 1978, 213-229, S. 225.

Mit Hilfe von Zufällen baut Lenz seine Fabel, führt sie zu einem
Ende, aber gerade ihre Beliebigkeit signalisiert ihre verdeckte
Funktion: hier wird die Verbindlichkeit einer literarischen Bearbeitung gesellschaftlicher Erfahrung gar nicht mehr über die schlüs-
sige Konstruktion einer Fabel gesucht. Kann man mit „Geschichten" Realität darstellen? Sollten sie „schlüssig" sein, wenn die Erfahrungen es nicht sind?[54]

Lenz sucht nach einer adäquaten Darstellungsweise der Fülle einander
teilweise ergänzenden, teilweise widersprechenden Aspekte seiner zeitgenössischen Wirklichkeit. Wie Zelle in seinem Aufsatz zur Komödie in
diesem Band feststellt, konfrontiere Lenz ein „idealistisches Menschenbild
voller Subjekt-Autonomie, für das er sich den dramatischen Gestaltungsraum einer neuen Trauerspielform imaginiert, mit der materialistischen
Diagnose vollständiger Subjekt-Determination." Hills Beitrag zur Konzeption „Stolz" bewertet diesen Konflikt als moralischen. Es sei die Pflicht
des Menschen, die eigene Freiheit zu behaupten, das heißt, sich über die
(auch soziale) Bedingtheit der eigenen Situation zu erheben, und die
Fähigkeit dazu ist die Basis des Stolzes im positiven Sinne. Aber er weist
sorgfältig nach, wie schillernd und mehrdeutig auch dieser Begriff in
seinen verschiedenen Manifestationen ist. Der Beitrag von Salumets verweist darüberhinaus mit Recht auf die Schwierigkeiten eines polaren Vor-
gehens, eines Pendelns zwischen Autonomie und völliger Machtlosigkeit.
Während man in der heutigen Forschung theoretisch kaum noch von totaler Autonomie spricht wird die Phantasievorstellung von „totaler Abhängigkeit," wie sie sich etwa in der Marionetten-Metapher, die in der
Lenzforschung häufig auf die Lenzschen Charaktere angewandt wird, reproduziert und weiterhin als Interpretationsmodus herangezogen. Statt
dieser antithetisch und statischen Polarität zwischen Autonomie und
Machtlosigkeit, bestätigt Salumets in den Lenzschen Texten ein Bewußtsein dafür, daß er sich in einem „Interdependenzgeflecht" mit entsprechend
variierenden Machtbalancen befindet:

Versteckt zeigt sich hier die Verstrickung Lenz' in Bemühungen,
die er noch nicht in den Vorteil verwandeln konnte, der in unserer
Gegenwart mit solchen Begriffen wie etwa „Figuration" (Elias) im
Bereich der Humanwissenschaften überhaupt und dem Begriff
„Postmoderne" vor allem im Bereich der Literatur- und Kulturwissenschaften münzbar geworden ist. Hinter diesen Begriffen steckt
der Gedanke eines ständig fluktuierenden Verflechtungszusammen-

---

[54] Kreutzer, S. 224.

hanges „aufeinander ausgerichteter, voneinander abhängiger Menschen" (Elias, *Prozeß der Zivilisation* Bd. 1, LXVII). Er dient als Korrektiv für unsere, auch in der Lenz-Forschung offensichtliche Neigung, Prozesse auf Zustände, auf statische Ganzheitsvorstellungen zu reduzieren. (Salumets)
Vielheitlichen Positionen, die über die polare Gegensätzlichkeit hinausgehen, sind m. E. das strukturbildende Moment des Lenzschen Gesamtwerks, das nicht nur das jeweilige Einzelwerk determiniert, sondern auch ein Beziehungsgeflecht oder Intertext zwischen den verschiedenen literarischen, theoretischen, ästhetischen und moralischen Schriften bildet. Die poetischen Selbstreflexivität erfordert neue Darstellungsmuster, die in ihrer Spezifik nicht unbedingt mit den Maßstäben der zeitgenössischen Ästhetik erfaßt werden konnten, daher ist auch die Selbstthematisierung der Gattungswahl ein durchgängiges Phänomen der Lenzschen literarischen Texte. Solche mehr oder minder in die Handlung integrierten Gattungsdiskussionen (siehe auch den Beitrag von Zelle in diesem Band) gibt es nicht nur in den Dramen, sondern auch im Intertext zwischen *Waldbruder*, *Werther* und den „Wertherbriefen", den mein Beitrag in diesem Band zu erhellen versucht. Die traditionelle Einheit, sei es die der theoretischen Position oder der literarischen Vision, weicht einer kaleidoskopischen Vielheit. „Sowohl das einzelne Detail wie die Summe der Bruchstücke weist auf etwas, das außerhalb des direkt Ausgesprochenen liegt. Die Ordnung der Buchstäblichkeit wird durch eine Ordnung des Verweisens ersetzt", so konstatiert Hiebel in seinem Beitrag. Verweis und Andeutung sind Grundvoraussetzungen für das vielzitierte Prinzip der Offenheit der Lenzschen Texte, denn schon die
Andeutung impliziert sowohl Mehrdeutigkeit wie Unbestimmtheit. Beim Andeuten wird immer gegeben und zugleich vorenthalten, d.h., es wird stets etwas ausgespart, „offen" gelassen, „leer" gelassen. Auch hier ist also so etwas wie eine „Leerstelle" vorausgesetzt. – Die „Andeutung" fixiert den Leser nicht an Signifikate, sie setzt ihn frei und baut auf seine Mitarbeit. (Hiebel)
Die Trauer über den Verlust der Geschlossenheit, die Konzeption der Mittelpunktslosigkeit und die Angst vor dieser Radikalität, die ursächlich an der geistig intellektuellen Heimatlosigkeit beteiligt ist, werden Teil der perspektivistischen Haltung. Heimatlosigkeit ist daher gleichzeitig Ausdruck einer Chance zum Neubeginn und dem Verlust einer beruhigenden, weil bekannten Haltung, nämlich des synthetisierenden Denkens. Diese Haltung sollte im klassischen Denken zu einem letzten Höhepunkt geführt werden. Daß dies aber lediglich unter Ausschluß eines Großteils der zeitgenössischen sozialen und kulturellen Wirklichkeit erreicht werden konnte,

hatten wir ebenfalls schon oben festgestellt. Lenz läßt dieses synthetisierende Denken durchaus als eine Möglichkeit weiterbestehen aber lediglich als eine unter vielen anderen. Aus dieser verunsichernden Haltung des „Sowohl als Auch" läßt sich die teilweise ablehnende Einschätzung der zeitgenössischen Kritiker erklären, deren Spuren sich auch noch in gegenwärtigen Analysen finden.

Der Lenzsche pespektivistische Realismus schreibt Entwerfen und Verwerfen, Kritik am geschilderten Zustand und die Hoffnung und das Streben auf Veränderung, Wunsch nach Harmonie und Disharmonie, Auflehnung und Anpassung, Lust und sexuelle Repression gleichzeitig in seine Texte ein.

Karin A. Wurst   Februar 1992

„UNRUHE".
Anläßlich der Verleihung des Lion-Feuchtwanger-Preises der Akademie der Künste der DDR 1987

Sigrid Damm (Berlin-Ost)

Ich möchte einige Worte sagen über den, dem heute eigentlich die Ehrung gilt: Jakob Lenz. Über seinen geistigen Mut, seine Ansprüche an das Leben, die Unfähigkeit, Leute mit Harmonien zu versorgen, Weigerung, als Dichter und Theatermann „Brustzuckerbäcker," „Pillenversilberer" zu sein.

Lenz gestaltet, was er sieht, leidet, erfährt. Seine erschütternde Wahrheit. Er bequemt sich zu nichts; läßt nicht die Finger vom heißen Eisen Gegenwart, ausschließlich schreibt er über sie, vermengt in ihre Widersprüche, qualvoll ihnen ausgeliefert. Er läßt nicht ab, dem Publikum den Zerrspiegel seiner Borniertheit vor Augen zu halten. Nimmt nicht wahr, daß es nicht hineinsehen will. Ein Theater für das „ganze Volk" erträumt er, der Plebejer mit dem radikalen sozialen Gestus, er, der „stinkende Atem des Volks."

Lenz will den Menschen nicht als „künstliche kleine Maschine", als „Rad", das in eine „Lücke in der Republik" hineingestoßen wird, dort eine zeitlang stößt und treibt, „bis wir wenns noch so ordentlich geht abgestumpft sind und zuletzt wieder einem neuen Rade Platz machen müssen das ist...ohne Ruhm zu melden unsere Biographie..." – „Kein Wunder, daß die Philosophen so philosophieren, wenn die Menschen *so leben*. Aber heißt das gelebt? heißt das seine Existenz gefühlt...?" „...er muß in was Besserm stecken, der Reiz des Lebens..."

Eine Biographie ersehnt Lenz, in der unsere „handelnde Kraft, unser Geist, unser höchstes Anteil sei", sie allein gebe „unserem Körper mit allen seinen Sinnlichkeiten und Empfindungen das wahre Leben..." Ansonsten sei „all unser Genuß...unser Wissen doch nur...Leiden...aufgeschobener Tod".

„Was lernen wir hieraus?...daß handeln, handeln die Seele der Welt sei...daß diese unsere handelnde Kraft nicht eher ruhe, nicht eher ablasse zu wirken, zu regen, zu toben, als bis sie uns Freiheit um uns her verschafft, Platz zu handeln."

Jakob Lenz fand diesen Platz nicht. Zweimal durchwanderte er Deutschland, von Osten nach Westen, von Süden nach Norden. Dazwischen liegen seine produktivsten Jahre. Deutschland nimmt ihn nicht auf. Er wurde nicht erkannt, nicht gebraucht. „Das allerhöchste Leiden ist

Geringschätzung", sagt Lenz. Seine Dramen werden als wilde Geste eines Schamlosen gedeutet. Niemals sieht er eines seiner Stücke auf der Bühne. Im Moskauer Exil muß er erleben, wie der deutsche Dramatiker August Kotzebue Triumphe feiert. Schlangen vor den Kassen, ein überfülltes Theater, Jubelrufe, Begeisterung, Tränen. Lenz inmitten.

Wie hält man das aus, fragte ich mich, dieses lebenslange Nicht-Gebrauchtwerden? Woher die innere Kraft, zum radikalen Denkansatz zu stehen, Mut zu bewahren? War es der Abgrund eines mißlungenen Lebens, an den ich trat? Oder war da das Licht einer Hoffnung in die Solidarität unsere Hoffnungen zu nehmen? Ich will Lenzens Verletzbarkeit spüren und damit seine Menschlichkeit. Und die Versäumnisse an Menschlichkeit um ihn, mit welcher Logik sie einherkommen, mit welchen einsehbaren Argumenten. Sehen, wie einer sich zugrunde richtet, den Ursachen des Scheiterns nachgehen, den Zwängen des Verstummens. Diesem: „Ich aber werde dunkel sein / Und gehe meinen Weg allein." Ausschließlich Lenzens Leben, die geringsten Umstände dieses Lebens beginnen mich zu beschäftigen. Dieser Mann, bedeckt von unzähligen Schichten vergilbter, beschriebener Bogen, im Blättersarg seiner Manuskripte. Ihn sehen, sein Gesicht, seine Gestalt. Wissen, wie er gelebt hat. Ich fange zu suchen an, reihe Detail an Detail, hartnäckig, unter Schwierigkeiten, als ob es mich selbst beträfe, und bin zugleich befremdet von der Absurdität meines Unterfangens.

Die Orte seines Lebens. Die Landschaft seiner Kindheit: Livland. Der braune Himmel darüber. Die Stadt, in der er aufwuchs, Dorpat. Ein Abenteuer, dort hinzugelangen. Unmöglichkeit, die möglich wird. Ich bin da. Der Domberg, Dohlen- und Krähenschwärme, vergehender Schnee Ende März. Wasserbäche. Stadtarchiv. Bibliothek. Freundlichkeit, überaus großzügige Hilfe. Nie hätte ich es allein geschafft. Auch nie begriffen: Lenzens Kindheit unter Letten, Esten, Russen. Gespräche, Berührungen, die mich zum erstenmal in meinem Leben über mein Deutschsein in seiner Bitternis und bedrückenden Verantwortung nachdenken lassen.

Riga. Das Archiv der Familie Lenz. Die Handschriften von Jakob. Kasten um Kasten öffne ich, Briefe, kleine Zettel mit Zeichnungen (Landschaften, Frauenköpfe), Notizen, flüchtige Sätze, Worte – Struktur eines Lebens? Zufall der Überlieferung: das gerade ist erhalten, anderes nicht. Lenzens Schrift mir bald vertraut, regelmäßig, schön in frühen Jahren, später hektisch, die Buchstaben bedrängen einander, qualvoll zusammengepresstes Gewirr.

Rechts oben auf einem Brief aus den letzten Jahren steht, mühsam entziffere ich es: „Ein Kind brannte, aber wie und wofür?" Eine Zeile, deren Sinn ich erst später ahne, das Buch ist längst fertig, ich bin endlich in Krakow, sehe den dortigen Lenz-Nachlaß. Die Moskauer Papiere. Alles unveröffentlicht. Blatt um Blatt nehme ich heraus. Nicht zu beschreibendes Gefühl. Viele Zeichnungen. Ein wiederkehrendes Motiv: Flammen, loderndes Feuer, die Angstvision, das Inferno. „Ein Kind brannte, aber wie und wofür?" Dostojewskis Idiot, als den ich Lenz in Moskau gehen sehe.

Moskau. Auch hier gebe ich nicht auf, Häuser zu suchen, in denen Lenz wohnte. Ich verliere mich im Gewirr der Altstadt, in den Hinterhöfen von Kitaigorod. Suche oftmals vergeblich. Dann das Haus Nowikows. Dreißig Schritte durch eine schmale Toreinfahrt, der Lärm der Hauptstraße fällt ab. Ein dämmriger Innenhof. Jemand übt auf einer Geige. Vor mir ein seltsam gebeugter Quader, das Haus. Schmutziger Farbton eines ekelerregenden und zugleich warm-vertrauten Gelbs. Endlich, beim zweiten Moskau-Aufenthalt, das Haus, in dem Lenz und Karamsin wohnten. Linkisch, verloren, umstellt von modernen Bauten. Zufall, daß es erhalten ist. Zufall auch, daß ich es finde. Ich habe eine Wegskizze von Juri Lotman aus Dorpat. Die Mansarde, darunter das Fenster links außen, zweiter Stock, sagte er. Ich sehe hinauf. Was sehe ich, wenn ich es sehe?

Das Tal der Vogesen, die Militärfestung am Rhein. Straßburg, die Stadt von Lenzens Glück – ich war nie dort. Ich *erschaffe* es mir. Wie redlich oder unredlich ist das alles? Und was sagen Räume, Landschaften über den, der sich darin bewegt, über diesen Lenz, der durch alles wie ein Fremdling ging?

Thüringen: Ilmtal, Schloß Kochberg, Berka. Die Gegend meiner Kindheit. Lenz bleibt ferner denn je. Nicht nachlassender Versuch einer Zwiesprache, fragwürdige Annäherung.

Festhalten an den Dokumenten. Aber auch sie in der Überlieferung bruchstückhaft, über Jahre kein einziges Zeugnis; vieles vernichtet: das Straßburger Archiv brannte im Krieg 1780/81 aus, das Moskauer 1812 beim Rußlandfeldzug Napoleons. Anderes verlagert im zweiten Weltkrieg, verschollen, manches schon zu Lenzens Zeiten. Oder vorsätzlich vernichtet, Wirken am Bild für die Nachwelt. In Weimar gewiß. Goethes Bruch mit Lenz, die Ausweisung aus der Stadt – Schweigen.

Dennoch: aus allen Unwägbarkeiten erwächst langsam, in Umrissen, der 200 Jahre Entfernte. Hochbegabt, heiter, gütig, unfähig zum Kompromiß, unklug im Umgang mit Menschen, anstrengend daher, schwierig. Lästig schließlich. Seinen geistigen Mut, nahm ich wahr, zahlte er mit Einsamkeit, mit Ausschluß aus der Gemeinschaft. Mit Krankheit und Exil. Besessen, naiv, konsequent ging er seinen Weg, den bitteren. In den Augen seiner Zeitgefährten, selbst seiner Dichterfreunde, ein lächerlicher Mensch, einer, der sich nicht einzupassen weiß, seine „Haut wie ein Narr zu Markte trägt".

„– [A]ch, wir armen schreienden Musikanten! das Stöhnen auf unserer Folter, wäre es nur da, damit es durch die Wolkenritzen dringen und weiter, weiter klingend wie ein melodischer Hauch in himmlischen Ohren stirbt? – Sie schreiben, man liest sie nicht: sie schreien, man hört sie nicht: sie handeln, man hilft ihnen nicht." Erfahrung aller, die sich an Deutschlands „gesellschaftlicher Mauer die Stirn wund reiben." Georg Büchner wird der erste sein, der diesen Lenz versteht, weil er, wie er, als „einziges Kriterium in Kunstsachen " ersehnt, „daß, was geschaffen sei, Leben habe...Leben, Möglichkeit des Daseins..." An Jakob Lenz nehme ich wahr: Dasein in der Kunst schloß Leben aus. Unlebbares, mißlungenes Leben. Dem Scheitern der persönlichen Existenz steht der Widerstand der Dichtung, die Dauer des Werks gegenüber. Dichtung, die nicht leben hilft, ihn aber überleben läßt. Das eine der Preis für das andere?

Geheimer, faszinierender Widerspruch, mit dem Lenz mich bedrängte. Plötzlich brach Geschichte auf, dieses tote Material, an dem wir unsere Besserwisserei, unsere Urteilssucht ausließen – wurde lebendig, erregend, sprach. Wir waren gemeint, wir Heutige standen im Licht. „Verachtungsvoll" über Lenzens „armen Schädel fortschreiten" – oder seiner Einsamkeit in uns Raum, Dauer geben. Es ist keine Frage einer historischen Gerechtigkeit ihm, dem Toten gegenüber – es ist die unsere, entscheidet über unsere Fähigkeit, in uns, im anderen neben uns Ansprüche zu erkennen, wachzuhalten, die Voraussetzung für Kreativität sind. Unsere Hoffnungen und Träume wurden befragt, der geschichtliche Abstand rückte sie von uns weg, um sie sichtbarer zu machen. Verluste wurden signalisiert. Ich sah Lenzens Gesicht, es war das unsere. Er trat durch die Tür, wir waren es.

Während ich an dem Buch schrieb, habe ich darüber niemals nachgedacht. Später, heute, aus diesem Anlaß, frage ich, hätte ich fünf Jahre meines Lebens an ein fremdes, fernes Leben gewandt, wenn diese Wege zu Lenz nicht auch Wege zu uns, Wege zu mir gewesen wären? Ende der siebziger, Anfang der achtziger Jahre – Erfahrungen bewältigen. Sarah ging. Franz Fühmann fehlt. „Der Wahrheit nachsinnen – Viel Schmerz." Nüchternheit und Kenntnis waren notwendig. Lenzens Leben beschreiben. Eine Sprachform finden. Ich suchte lange. Bis Wortwände fielen, zwischen denen wir gefangen waren. Sprache als Möglichkeit, Bedrängendes zu sagen, Daseinsform, die alle Kräfte freisetzte. Lang vermißte Verantwortlichkeit.

Lenz eine geheime Lernfigur. Zufall? Wahlverwandtschaft zwischen ihr und mir, der Schreiberin? Nein. Dennoch: schwebende Frage.

Die Antwort verdrängt, weil sie unbequem war. Generationserfahrungen betraf, die man nicht wahrhaben wollte, schamhaft verhüllte, auch vor sich selbst. Und doch waren sie da, bestimmten – mit meinen Augen gesehen – schneidend und kalt, zuweilen bis zur hoffnungslosen Traurigkeit unser Leben. Die Erfahrung meiner Generation, nicht mit den Eigenschaften gebraucht zu werden, die uns wichtig waren, unsere Kräfte nicht gefordert zu sehen. Kein Training daher. Verkümmerung. Blaß, farblos. Eine Generation ohne Biographie. Wir wurden einander gleich; Mittelmaß, das sich in Geschäftigkeit verbrauchte. Geschäftig waren wir; Anstrengungen, deren Sinn nicht einzusehen war, Kraft, die sich verzehrte. Nichtigkeiten oftmals, Scheingefechte. Wir Unmündige, die von Vorschriften lebten. Die die Spielregeln einhielten, krampfhaft, gegen uns selbst gerichtet. Wir Nachgekommenen. Vorwurf und Auszeichnung. Wo blieb unsere Konzentration auf das, was wir doch wollten mit allen Sinnen, die neue Gesellschaft, das „Einfache, das schwer zu machen ist"? Was geschah mit unserem Mut, unserer Risikobereitschaft, unserer Freude an der Verantwortung, unserer Lust am Denken, am Verändern, was mit unserer Naivität, unserer Arglosigkeit?

Nicht, daß man keine Verwendung für uns hatte. Chancen gab es genug. Aufstieg war möglich. Die Türen standen weit offen. Aber warum, wenn wir durch diese offenen Türen gehen wollten, so viel hinter uns lassen von allen diesen Eigenschaften, die dieser Gesellschaft, wie wir mit eigenen Augen sahen, doch so angemessen waren? Warum wollte man uns so reduziert, so dressiert? Warum war es so viel einfacher, jene „künstliche, kleine Maschine" zu werden, von der Lenz spricht. Warum wurde das honoriert? Drängende Frage.

Wir verloren sie in unserem mit Geschäftigkeit ausgefülltem, anstrengenden Alltag. Verloren selbst unsere Träume. Undenkbar die Lenzens in unseren Hirnen. „Der höchste Zustand der Bewegung ist unserem Ich der angemessenste". Unruhe war ihm reicher als Ruhe. – „Das größtmögliche Feld" wollte er vor sich haben, „unsere Vollkommenheit zu erhöhen, zu befördern. Und anderen empfindbar zu machen, weil wir alsdenn das größtmögliche Vergnügen versprechen können, welches eigentlich bei allen Menschen in der ganzen Welt in dem größten Gefühl unserer Existenz, unserer Fähigkeiten, unseres Selbst besteht". Sätze, die uns beschämten. Doppelt beschämten, sahen wir auf unsere Kinder. Ich erinnere mich eines Gesprächs mit einem Lehrer meiner Söhne. Beschwerde rief mich in die Schule. „Er denkt zuviel und fragt zuviel." Der erste Satz. Heiterironische Einleitung, glaubte ich, und mußte wahrnehmen: dem war nicht so. Der Lehrer trug mir das ABC des Einfunktionierens vor. Meine Erregung, meine Einwände fanden in ihm keinen Millimeter Raum. Völlig sicher war er sich, es war ihm zur zweiten Natur geworden. Wer hatte ihn so zugerichtet? Armer Mensch dachte ich. Er aber seinerseits sah mich mitleidig an. Sein Blick sagte: Wie kann man nicht wissen, wie es lang geht.

Genau dieses Wissen über den Gang der Dinge, was zu sagen ist oder nicht, zu tun oder nicht, zu denken oder es nicht zu wagen, zu fragen oder zu schweigen – ist es was, uns die Neugier nimmt, die Lust an der Geschichte, an den sinnlichen Anregungen wirklicher Verantwortung; ist es, was unsere Arglosigkeit erstickt, uns in andere Sphären als die der Produktion abdrängt, uns klein macht. Rädchen und Schräubchen – „das ist...ohne Ruhm zu melden unsere Biographie". Wie werden wir da den Frieden gewinnen können. Den Frieden. „Das allerhöchste Leiden ist Geringschätzung". Lenz meinte die anderen. Wir müssen uns meinen. Uns nicht gering schätzen, uns wichtig sein. Das allein, spüre ich, kann die „Wachstumsstelle einer menschenmöglichen Zukunft" sein.

Zuerst in *Sinn und Form*, Heft 1, 1988 abgedruckt.

Lenz: Vater und Sohn:
Zwischen patriarchalem Pietismus und pädagogischem Eros

Ottomar Rudolf (Portland, USA)

In Riga, im dortigen Lenz-Nachlass liegt die *Copia* eines Briefes, den Christian David Lenz, Vater des Dichters Jakob Michael Reinhold Lenz im April 1763, als Aufseher der Stadtschule in Dorpat an den damaligen Rektor schrieb.[1] Dieser bisher unveröffentlichte längere Brief befaßt sich mit den Lehrmethoden des Rektors, gibt dem Lehrer, Kollegen und Menschen pädagogische und religiöse Ratschläge sowie Weisungen. Insbesondere geht es darum, wie der Schulaufseher, Pastor und Vater Lenz den Unterricht, an dem seine beiden ältesten Söhne, Friedrich David und Jakob Michael Reinhold, teilnehmen, pädagogisch verbessert und humaner gestaltet sehen möchte. Neben äußerst interessanten, man darf sagen progressiven pädagogischen Ansichten des Pastors, werfen diese Blätter auch ein Licht auf die Persönlichkeit des Vaters und somit auch auf dessen Verhältnis zum Sohne Jakob Michael.

Innerhalb der bisherigen Lenz-Literatur wird das Vaterbild Christian David Lenz', Pastor und späterer Superintendent, höchster protestantische Würdenträger von Livland, recht negativ dargestellt.[2] In der Rezension von zwei neuen Lenz-Ausgaben ist der „Stürmer und Dränger" wiederum als ein „Opfer des Pfarrhauses" geschildert worden. Auch in der neuesten Lenz-Ausgabe von Sigrid Damm wiederholt sich diese Anklage in ihrem „Essay" über Lenz.[3]

Wer war dieser Pastor und Vater unseres Dichters? Christian David war als deutscher Einwanderer nach Livland gekommen. Er wurde am 26. Dezember 1720 zu Köslin/Pommern als Sohn eines Kupferschmiedes geboren. Mit 15 Jahren begann er an der Universität zu Halle, dem dama-

---

[1] Johann Martin Hehn, geboren am 20. August 1743 zu Römersdorf, war seit 1766 Rektor der Kron- und Stadtschule in Dorpat.

[2] Vgl. dazu Ottomar Rudolf, *J.M.R. Lenz, Moralist und Aufklärer*, Bad Homburg 1970, S. 24 f.

[3] „Süddeutsche Zeitung", Nr. 225, 18. September 1968, S. 8; die Rezension ist von Ivan Nagel, der die Werke von Lenz - *J.M.R. Lenz: Gesammelte Werke in vier Bänden*, München 1967/69; *J.M.R. Lenz: Werke und Schriften*, Stuttgart 1968; sowie das Drama, *Die Soldaten*, bearbeitet von Heiner Kipphardt, Frankfurt 1968 - alle unter dem Gesichtspunkt eines kranken Vater-Sohn-Verhältnisses stellt. Siehe auch die Hanser Ausgabe *Jakob Michael Reinhold Lenz, Werke und Briefe in drei Bänden*, Sigrid Damm, Hrsg., München 1987.

ligen Zentrum des deutschen Pietismus, mit dem Studium der Theologie. Seinen Unterhalt mußte er als Lehrer des Waisenhauses und als Privatlehrer erwerben. 1740 zog er als Hauslehrer (Hofmeister), wie so viele vor und nach ihm, nach Livland. Zwei Jahre später wurde er Pastor in Serben. Er zog, inzwischen mit der Pfarrerstochter Dorothea Neoknapp verheiratet, 1749 nach Sesswegen, das heutige Cervaine, wo am 12. Januar 1751 sein zweiter Sohn, Jakob Michael Reinhold, geboren wurde. 1757 wurde er Propst des zweiten Wendenschen Kreises. Zwei Jahre später erfolgte die Übersiedlung in die größere Stadt Dorpat, das heutige Tartu, wo er Pastor der deutschen Gemeinde, Beisitzer des Stadtconsistoriums und Aufseher der Stadtschule wurde. Im Jahre 1779 wurde er vom Landtag zum Generalsuperintendenten von ganz Livland ernannt und zog nach Riga. Am 14. August 1798 starb er im Alter von 78 Jahren, Vater von acht Kindern.[4]

Als Student war er Anhänger des Spenerschen Pietismus. Auch der Herrnhuter Brüdergemeinde des Grafen Zinzendorf stand er nahe, obwohl er „Irrthümer" in dessen „Wundenlitaney" seines XII Liederanhangs sah. Mit Spangenberg, der reformierend auf die Lehre und das Gemeindeleben der Herrnhuter eingewirkt hatte, führte Pastor Lenz eine längere, freundschaftliche Korrespondenz, die in der Rigaer Stadtbibliothek aufbewahrt ist. Noch Juli 1781 schrieb er dem Generalgouverneur von Livland, daß Spangenbergs „Idea fidei fratum ... ein so reines biblisches Compendium sei, daß allemal ein orthodoxer evangelisch-lutherischer Professor darüber Dogmatik lesen könne".[5] Sein ganzes Leben lang stritt er mächtig, wie aus seinen Schriften, Predigten und Briefen hervorgeht, gegen die Anhänger des immer stärker werdenden Rationalismus in der Theologie, den sogenannten Neologen. Gegen Ende seines Lebens mußte er, der führende Geistliche Livlands, feststellen, daß er fast allein als „Orthodoxer" dastand. „Aber auch seine theologischen Gegner ehrten in ihm seine Wahrheitsliebe und Freimüthigkeit, seine Toleranz in Form- und Personenfragen bei aller Wärme für die Sache."[6]

In der Livländischen Bibliothek schreibt der Historiker Friedrich K. Gadebusch: „Der selige D. Kraft stand in der Meynung, daß der Herr Propst Lenz durch seine Schriften dem sonst umnebelten Livland ein

---

[4] Vgl. *Allgemeine Deutsche Biographie*, Leipzig 1883, Bd. 18, S. 221.
[5] ADB, S. 277.
[6] ADB, S. 221.

neues Licht seines Ruhms angezündet hätte."[7] In Eckardts Livland im 18. Jahrhundert heißt es: „Pastor Lenz war der hervorragendste Theologe des alten Livland, ein von hoher und reiner Begeisterung für sein Amt und seine Lehre beseelter, bis in sein höchstes Alter unermüdlicher Kanzelredner und höchst talentvoller theologischer Schriftsteller."[8]

Und in Reckes Allgemeinem Schriftsteller- und Gelehrtenlexikon steht: „Als Generalsuperintendent sowohl, wie als Prediger schon, hatte er sich durch warmen Eifer für alles Gute, durch ungeheuchelte Frömmigkeit und ächte Toleranz die allgemeine Liebe und Achtung erworben. Dabey besass er mannigfaltige Kenntnisse und alle Tugenden der Menschheit; besonders war er im späteren Alter ein so grosser Wohlthäter der Armen, daß er fast die Hälfte seiner Einnahmen zu deren Unterstützung hergab."[9]

Der russische Biograph des Dichters Jakob Michael Reinhold Lenz, Matjer N. Rosanow, faßt seine Bemerkungen über den Vater des Dichters folgendermaßen zusammen: „Mit der Schonungslosigkeit eines unentwegten Eiferers geisselte er jede Abweichung von den Lebensnormen, die er als notwendig für die Menschheit hielt."[10] Heinz Kindermann in seiner Arbeit über Lenz urteilt über den Vater noch schärfer: „Lenz stand als Knabe unter der unerbittlich strengen Zucht seines Vaters ... Alle Predigten und religiösen Schriften des Pastors ... atmen den Geist eines geradezu fanatischen Pietismus."[11] Albrecht Schöne in seinem Buch zur Dichtung deutscher Pfarrersöhne schreibt über den Vater: „Der unbeugsame Bußprediger in Dorpat hat sich wenig gekümmert um den verschuldeten, verelendeten, geisteskranken Sohn ...".[12] Auch Gerhard Kaiser in seiner *Geschichte der deutschen Literatur* sieht den Vater des Dichters in diesem negativen Licht.[13] Sigrid Damm in ihrer neuen Lenz Biographie *Vögel, die*

---

[7] Friedrich Gadebusch, *Livländische Bibliothek*, Riga 1777, Bd. 2, S. 173. Der Band enthält eine Aufzählung und kurze Besprechung der Schriften des Pastors.

[8] Julius Eckardt, *Livland im 18. Jahrhundert*, Leipzig 1876, Bd. 1, S. 518.

[9] J. Fr. Recke, K.E. Napiersky, *Allgemeines Schriftsteller- und Gelehrtenlexikon* (Baltikum), Mitau 1831, S. 40.

[10] M.N. Rosanow, *J.M.R. Lenz: Der Dichter der Sturm- und Drangperiode*, Leipzig 1909, S. 34 f.

[11] Heinz Kindermann, *J.M.R. Lenz und die Deutsche Romantik*, Wien u. Leipzig 1925, S. 1.

[12] Albrecht Schöne, *Säkularisation als sprachbildende Kraft*, Göttingen 1968.

[13] Gerhard Kaiser, *Geschichte der deutschen Literatur: Von der Aufklärung bis zum Sturm und Drang 1730 - 1785*, Gütersloh 1966.

verkünden Land reiht sich neuerdings in die lange Liste der Ankläger ein.[14]

Solche immer wiederholten kritischen Urteile über den Vater, Prediger und Pietisten gehen zum großen Teil auf eine frühe Predigt des Pastors zurück, ebenfalls in der oben genannten Rezension von Ivan Nagel in der „Süddeutschen Zeitung" erwähnt und zitiert. Die Stadt Wenden wurde im Jahre 1748 durch Feuer fast vollständig zerstört. Pastor Lenz erhielt eine Woche nach dieser Katastrophe eine Einladung, in der betroffenen Stadt eine Gast-Predigt zu halten.[15] Die Ansprache ließ er dann drei Jahre später, versehen mit einem längeren Vorwort, drucken. Auf dieses Vorwort berufen sich unter anderen Rosanow, Kindermann und Nagel. Es heißt dort:

Seit einiger Zeit aber habt ihr lieben Einwohner der Stadt Wenden den Trieb aufs neue in meinem Herzen rege gemacht, diese Predigt dem Druck nicht länger zu entziehen ... leider durch die sträfliche Erneuerung des vorigen sichern und fleischlichen Wandels und der alten schweren Sünden, womit ihr vor dem erlittenen Brande den Zorn des Allmächtigen gereizet hattet, eine so schwere Rache an euch auszuüben. Ists möglich, dass Menschen die so hart von der Hand Gottes geschlagen sind, nachdem sie sich wieder etwas erholet haben, des vorigen göttlichen Gerichtes gleichsam spotten und vorgeben können: Sie wären nur gleichsam ein wenig abgeschreiet worden ...[16]

Auf was es uns hier ankommt ist, daß diese Predigt einige Jahre nach dem Unglück gedruckt wurde, und zwar als religiöse Erbauungsliteratur; daß sich die meisten Kritiker des Vaters nur auf das Vorwort berufen und den Prozeß erwähnen, den die betroffene Stadt deswegen mit Pastor Lenz führte. Um aber die Sprache und die Ausdrucksweise, die Denkart eines religiösen Werkes aus jener Zeit beurteilen zu können, möge man vergleichshalber die „Bußgedichte" eines Gryphius, oder gar das längere Buß-Gedicht des Dichters Lenz, aus dem Jahre 1771, „Die Landplagen" lesen. Das vierte Buch der „Landplagen", mit dem Titel „Die Feuersnot", endet wie folgt:

Aber bald vergisst ihre Schwachheit der strafenden Allmacht

---

[14] Sigrid Damm, *Vögel, die verkünden Land*, Frankfurt 1989. Eine Biographie, die Fakten und Phantasie zu verbinden sucht, auf sehr subjektive Art.

[15] *Livländische Bibliothek* S. 175. Diese Predigt wurde in Riga 1751 mit dem Titel „Das schreckliche Gericht Gottes über das unglückselige Wenden an dem Bilde des ehemals zerstörten Jerusalems" gedruckt, vgl. auch Rudolf, S. 24.

[16] *Livländische Bibliothek*, S. 175 f.

Und mit emporgesträubtem Haupt (O Greuel der Menschheit!)
Spottet der krümmende Wurm der Ferse die ihn zerquetschte.¹⁷
Auch die Stadt seiner Jugend, Dorpat, wurde 1755 und 1763 von Bränden zum großen Teil zerstört. Pastor Lenz gab in Königsberg und Leipzig 1756 einige seiner Bußpredigten mit dem Titel „Evangelische Buß- und Gnadenstimme in dreyzehn erwecklichen Bußpredigten" heraus. Rosanow nennt Pastor Lenz einen „Eiferer", Kindermann einen „Fanatiker", Nagel nennt ihn „geizig, selbstgerecht und hart", Kaiser „unerbittlich streng", Schöne „unbeugsam", an anderer Stelle wird er sogar ein „eingefleischter Schurke" genannt.¹⁸ Seine Freunde nannten ihn „einen von hoher und feiner Begeisterung beseelten ... Kanzelredner", einen „grossen Wohlthäter der Armen", seine Kollegen ehrten seine „Wahrheitsliebe und Freimüthigkeit, seine Toleranz".

Wie war nun das Vater-Sohn-Verhältnis? In dem Brief an den Dorpater Lehrer und Rektor schreibt Aufsichtsrat und Vater Lenz, er möge doch lieber mehr „mit moralischen und schriftlichen Gründen strafen", denn nicht mit Schlägen sei was anzurichten, sondern mit liebevollem Verstehen. „Bisweilen ist zwar auch Ernst nöthig", aber „vorsichtig und stufenweise" soll er „ausgeübt werden". Weiter heißt es: „Dagegen können Fehler in Schwachheiten durch liebreiche väterliche Verweise und Vorhaltungen guter Gründe bestraft und abgestellt werden." Auf seinen Sohn Jakob Michael näher eingehend, schreibt er, dieser würde „durch Härte und Schärfe nur betäubet, und so confuse gemacht werden, daß ihm hören und sehen vergehen, und dann nichts mit ihm auszurichten seyn würde". Diese kurzen Zitate aus dem besagten Brief an den Rektor sprechen für sich selbst. Man sieht, daß sich der Vater Gedanken macht über eine angebrachte Erziehung seiner Kinder, und daß diese, je nach Veranlagung und gesundheitlichem Zustand des Kindes, verschieden sein sollte. Auch in einer Rede bei der Einführung des Rektors Moritz in das Lyceum von Riga läßt Vater Lenz solche humanen Gedanken erklingen. Der Titel der Rede ist bezeichnend dafür, „Die Weisheit und Vorsicht eines Schullehrers, in seinem Amte zwischen zwey verschiedenen Abwegen die richtige Mittelstrasse zu halten".¹⁹ Ein Eiferer, ein unbeugsamer Fanatiker scheint mir hier Pastor Lenz nicht zu sein.

---

¹⁷ *Lenz, Jakob Michael Reinhold, Gesammelte Schriften*, Hrsg. Franz Blei, München/Leipzig 1909-1913, Bd. I, S. 39.
¹⁸ F. Waldmann, *Lenz in Briefen*, Zürich 1894, S. 93; Schlosser an Sarasin, Februar 1779.
¹⁹ Allgemeines Schriftsteller- und Gelehrtenlexikon, S. 42.

Die entscheidende Wende des Vater-Sohn-Verhältnisses trat im Frühjahr 1771 ein. Damals verließ Jakob Michael die Universität Königsberg und seine Heimat, ohne auf den Rat des Vaters zu hören, eine angebotene Stelle in Livland anzunehmen. Der Königsberger Studienaufenthalt dauerte vom Herbst 1768 bis Ostern 1771. Lenz stand schon im 5. Semester; nach Beendigung des 6. Semesters wäre seine Studienzeit abgeschlossen gewesen. Er entschloß sich, schon vor „Michaelis" zu gehen, ohne den Vater davon näher zu unterrichten. Bei der damaligen Besoldung eines Pfarrers war ein Studium und die damit anfallenden Unkosten ohne Stipendium schwer zu finanzieren. Der Brief, um Ostern 1771, an die beiden studierenden Söhne, Jakob und Christian, zeigt, wie schwierig die Beschaffung von Studiengeldern und Stipendien war.[20] Es heißt hier, „daß sie [die Söhne] 1) durchaus nicht länger als bis gegen Michaelis sich ihren Terminum Academicum setzen, denn es wird ohnehin schwer genug seyn, sie noch so lange zu unterstützen 2) sich nicht in Schulden einfressen, sonst sich so vest fressen, da ich sie unmöglich würde lösen können u. da wären sie ganz verloren denn ich könnte nicht, wenn sie auch ins Carcer kämen ..."[21] Der Entschluß, das Studium zu unterbrechen, kann durch diese Worte des Vaters bestärkt worden sein; jedenfalls verließ Lenz sehr bald darauf die Universität und Königsberg. Mit den Brüdern Friedrich Georg und Ernst Nicolaus von Kleist, bei denen er als Gesellschafter angestellt war, reiste er über Köslin, Berlin und Leipzig nach Straßburg, wo seine wichtigsten Werke entstanden sind, und wo er die Bekanntschaft mit Goethe machte. Ein unstetes Herumziehen begann, ohne feste Anstellung, ohne ausreichende finanzielle Unterstützung, nur während der ersten Monate fand er eine feste Bleibe. Die Briefe, die wir aus jener Straßburger Zeit von Lenz an seine Familie, oder von der Familie an den „abwesenden Flüchtling", wie er sich selbst nannte, lesen können, haben alle dies gemeinsam: Liebesbeteuerungen an den Vater und an die anderen Familienmitglieder, Sorgen um den Sohn, um den Bruder; dann später erschwertes gegenseitiges Verständnis, sehr oft bedingt durch die große Entfernung, die die Post zurücklegen mußte, sowie das Verlorengehen einiger Briefe. Mißverständnisse kamen aber auch auf durch die Herzens-

---

[20] *Briefe von und an J.M.R. Lenz*, Hg. Karl Freye u. Wolfgang Stammler, Leipzig 1918, Bd. I, S. 13 f.

[21] *Briefe von und an J.M.R. Lenz*, S. 14. Siehe auch den Brief an Rektor Hehn, hier heisst es auf Blatt 6 „Mein ganzes *Salarium* ist jährlich 100 Rubl. Dabey müsste ich mit den Meinigen ohne die freiwilligen *Accidentia* der Gemeinde hungern."

und intellektuellen Bindungen, die Lenz in und um Straßburg knüpfte, die der Vater, aber auch die Brüder nicht billigten.²² Der Wunsch, den Sohn, den Bruder wieder in Livland zu sehen, wird immer wieder erwähnt. Lenz aber blieb im Westen.

April 1776 folgte der Stürmer und Dränger seinem „großen Bruder" Goethe nach Weimar. Es sollte ein Fiasko daraus werden: Ende November wurde er vom Herzog Karl August ausgewiesen, nach einer für Goethe äußerst verdrießlichen „Eseley".²³ In Karl August Böttigers handschriftlichem Nachlass, 1791 geschrieben, heißt es: „Goethes' Fortuna zog zuerst Lenzen hierher, der geradezu als Hofnarr behandelt, als er aber einmal zwischen der alten Herzogin und der begünstigten Liebhaberin, der Frau von Stein, eine Klätscherei gemacht hatte, plötzlich fortgeschafft wurde und von Kalb noch einige Louisd'or Reisegeld bekam."²⁴

Die von Goethe bezeichnete „Eseley" Lenzens, von der wir sehr wenig wissen, leider sind Briefe und Unterlagen darüber verloren oder vernichtet worden, alle Mitwissenden schweigen, ist ein weiterer wichtiger Wendepunkt in Lenzens Leben. Lenzens Abschiedsbrief an Herder, der eben nach Weimar berufen wurde, gibt vielleicht eine Erklärung „... kaum gesehen und gesprochen, ausgestoßen aus dem Himmel als ein Landläuffer, Rebell, Pasquillant. Und doch waren zwo Stellen, in diesem Pasquill die Goethe sehr gefallen haben würden ... wie lange werdt ihr noch an Form und Namen hängen" (*Briefe* II, 56; 29. oder 30. Nov. 1776). Diese Weimarer Katastrophe traf Lenz schwer. Goethes späteren Aussagen über Lenz in „Dichtung und Wahrheit" und „Biographische Einzelheiten" müssen

---

²² Lenz, *Briefe I*, S. 84, 7. November 1774, Lenz an seinen Bruder Johann Christian: „Ich habe einige vorzügliche Freunde und Freundinnen ... wiewohl mir Papa und der Tarwaster [Bruder Fritz] das zum Verbrechen machen wollen." Vgl. Joh. Chr. Lenz' Brief an den Vater: „Das ganz ungebundene Leben unseres Jacobs ist nicht nach meinem Sinn. Wenigstens ist es wider alle Zwecke der Menschheit und der gesellschaftlichen Verbindungen ... Bei solchen excentrischen Plänen lehrt die Erfahrung, daß es meist bei der schwärmerischen Idee bleibt." Waldmann, S. 69.

²³ Am 26. November 1776 notiert Goethe in sein Tagebuch „Lenzens Eseley"; am 29. November „Dumme Briefe von L."; am nächsten Tag „L. letzte Bitte noch einen Tag stillschweigend accordirt." Am andern Tag war Goethe schon auf seiner Harzreise, ohne sich mit Lenz persönlich auszusprechen. *Goethes Werke*, III Abt. Tagebücher, Bd. 1, S. 28. Vgl. Goethes Briefe an Frau von Stein, besonders 1. Dezember; vgl. auch Lenz, Briefe II, an von Kalb, S. 55; an den Herzog, S. 56; an Herder, S. 56.

²⁴ K.A. Böttiger, *Literarische Zustände und Zeitgenossen: Schilderungen aus Karl Aug. Böttigers' handschriftlichem Nachlass*, Leipzig 1838, S. 53.

kritisch und mit Vorbehalt gelesen werden; er schrieb über seinen früheren Sturm- und Dranggenossen nicht so verständnisvoll wie Wieland oder andere Zeitgenossen. Das folgende Zitat aus „Dichtung und Wahrheit" ist ohne die Weimarer „Eseley" und Goethes Naturell nicht zu verstehen: „Allein ich ließ es hingehen ... ohne auch im mindesten zu ahnen, daß er mich zum vorzüglichsten Gegenstande seines imaginären Hasses und zum Ziel einer abenteuerlichen und grillenhaften Verfolgung ausersehen hatte."[25] Lenz wandte sich nach Weimar zuerst an Goethes Schwager Schlosser, wo er sich bis April 1977 aufhielt. – Er ging wieder auf Reisen. Nach Goethes Schwester Cornelia Schlossers Tod fuhr er wieder zurück nach Emmendingen zu Schlosser. Der Plan einer längeren Italienreise mußte aufgegeben werden.[26] Von August bis November 1777 war er meistens bei Lavater in Zürich, dann beim „Genieapostel" Kaufmann auf Schloß Hegi – anschliessend wieder auf Reisen. Seine Freunde versuchten ihn zu überzeugen, eine „anhaltende und nützliche Arbeit" anzunehmen,[27] oder nach Hause zu fahren, was der Vater, die Mutter und die Brüder schon lange wünschen. Goethe war nicht mehr am Schicksale seines früheren Gefährten interessiert. Er hüllte sich in Schweigen oder bat, in Sachen Lenz' so zu verfahren, „als wenn ich gar nicht existierte ..."[28] Wieland, der noch vor Jahren so scharf von Lenz angegriffen worden war, was sich poetisch in dessen Wolken, 1775/76, niederschlug, urteilte, kurz nach Lenz' Abreise aus Weimar, am menschlichsten: „Lenz ist ein heteroklites Geschöpf; gut und fromm, wie ein Kind, aber zugleich voller Affenstreiche ... Übrigens bitte ich Sie doch, weil es unmöglich ist, ohne selbst hier zu sein, und lange hier zu sein, in unserer Sache klar zu sehen, auch von Lenz lieber milde als streng zu urteilen." (Waldmann, 66) An Eschenburg schrieb Wieland, August 1777, Lenz sei „ein Mensch, dem niemand, der ihn kennt, etwas übelnehmen wird" (ebd., 73). Und an Merck ein

---

[25] J.W. v. Goethe, *Aus meinem Leben, Dichtung und Wahrheit*, Bd. 1, S. 496, Historisch-kritische Ausgabe, Berlin 1970.

[26] Mit einem Baron von Hohental sollte eine längere Reise nach Italien unternommen werden. Am 7. August 1777 hören wir von Lenz aus Bern, daß sich die Sache zerschlagen hatte. *Briefe II*, S. 88 und S. 96.

[27] Waldmann, S. 79, Pfeffel an Sarasin; vgl. auch Sarasins Brief an Lavater, Dezember 1777 „Wie sehr bedaure ich Lenzen. Aber so gehts, wenn man sein ora et labore vergisst. Wenn er nun wieder in Bau und Ehren gestellt ist, so sollte der Kavalier einen Beruf wählen, dessen er warten müßte ..." Waldmann, S. 77.

[28] *Goethes Werke*, IV Abt. Briefe, Bd. 3, S. 132; Goethe an den Leipziger Buchhändler Philipp Reich am 13. Januar 1777 – weiter heißt es dort, daß er „an der ganzen Sache keinen Antheil habe, auch keinen dran nehme."

halbes Jahr später: „Lenz jammert mich, erkundigt euch doch, wie für ihn gesorgt ist, ob man ihm etwas helfen kann. Ich wag' es nicht Goethe etwas davon zu sagen" (ebd., 79).

Ein weiteres Argument, des öfteren gegen den Vater von Lenz vorgebracht, ist dessen Verhalten gegenüber Hofrat Schlosser. Nachdem der Dichter, geisteskrank, Ende Februar 1778 für längere Zeit zu Schlosser nach Emmendingen gekommen war, versuchte dieser, den Kranken zu pflegen. Man stimmt in der Lenz-Literatur überein, daß er an Katatonie, eine Form der Schizophrenie, litt. Vergeblich, Lenz hatte schwere Anfälle von Raserei. An Sarasin schrieb Schlosser im April:

> Mit Lenzen ists nun so, daß ich ihn nicht mehr behalten kann. Er schien auf dem Wege der Besserung, aber mit dem neuen Licht kam abermals seine Krankheit. Er wollte sich wieder zum Fenster hinausstürzen, und da das von meinem Kutscher, der eben dazu kam, verhindert wurde, so fing er an so gut als zu rasen. Er stieß sich den Kopf wider die Wand und nötigte mich dadurch, ihn wieder zu binden und zu schließen, und nun sind schon wieder seit zehn Tagen Tag und Nach, zwei Wärter bei ihm zu haben. Auch in dem Zustand schreit und heult er wie ein Vieh, zerbeißt die Kissen und zerkratzt sich, wo er nur beikommen kann ... Die häufigen Schrecken, die er mir machte, haben mich beinahe auch krank gemacht, und ich mußte selbst Medizin brauchen, mich zu präservieren (ebd., 81).

Die finanziellen und psychischen Belastungen, welche Schlosser auf sich nehmen mußte, wurden von Tag zu Tag größer (ebd., 89-90). Am 8. November schrieb Schlosser an Herder: „Lenz, ob er gleich besser ist, will doch nicht heim, so gut er könnte und seine Verwandten machen keine Anstalten, ihn abzuholen. Sein Vater schreibt mir Bogen langer Predigten und immer nichts drin, was mich von der Last befreite ..." (ebd., 93). Schlosser wollte schließlich Lenz ins Frankfurter „Tollhaus" bringen, nachdem dieser mehrmals versucht habe, sich das Leben zu nehmen. – Wir müssen annehmen, daß der Vater am 9. März 1778 zum ersten Mal von der Krankheit seines Sohnes gehört hat, und zwar aus dem ersten Brief Schlossers an den Pastor:

> Ihnen unbekannt war ich lange Ihr Freund, durch Ihren Herrn Sohn. Drey Jahre sinds, daß ich diesen kenne, und, ob gleich wir nur selten beysammen seyn konnten; so waren wir doch Freunde. Ich ehrte sein Herz u. seine Talente u. liebte Ihn darum; aber ich übersahe ihm seine Fehler nie, am wenigsten den, daß er sich so weit von Ihnen entfernte. Vor einiger Zeit schlug ihn Gott mit einer harten Krankheit ....

Weiter heißt es, daß Lenz gerne zurück zu seinem Vater möchte; er [der Vater] möge seinem Sohne schreiben. Schlosser bittet ihn dann, „bald einen Brief an Ihren mir immer lieben Sohn zu schicken". Der kranke Sohn fügt hinzu: „Vater! ich habe gesündigt im Himmel u. vor Dir u. bin fort nicht werth, daß ich Dein Kind heiße." In einem Addendum fügt Schlosser hinzu: „Wie ich höre, ist ein anderer Sohn von Ihnen in Leipzig, ich wollte der käme u. holte ihn ab. Wo nicht so werde ich die Anstalt so machen, daß er sicher nach Leipzig kommt, so bald er gesund ist."[29] Schlosser ließ schließlich Lenz zu dem Schuhmacher Süss in Emmendingen bringen, dann nach Wiswyl zum Förster Lydinn, um durch körperliche Arbeit zu heilen. Später wohnte er bei einem Arzt in Hertingen, wo Lenz Juni 1779 von seinem jüngeren Bruder Karl Heinrich Gottlob (1757-1836) abgeholt und nach Livland zurückgebracht wurde. Zuvor hatte Schlosser in einem Brief an Sarasin Lenzens Vater einen „eingefleischten Schurken" genannt, da dieser ihm auf seinen eindringlichsten Hinweis, „daß seine Schuldigkeit erfordere, Sorge für seinen Sohn zu tragen", nicht geantwortet habe (Waldmann, 93). Dies aus Schlossers Sicht. Er war inzwischen wieder verheiratet – mit Johanna Fahlmer, die wir aus Goethes Frankfurter Zeit kennen. Er war der einzige, der sich um den Kranken kümmerte. Die Familie des Dichters suchte auf ihre Weise einen Weg, Lenz zurückzubringen. – Am 13. November 1778 schrieb Johann Christian Lenz seinem Bruder Friedrich David: „... durchaus und ohne Zeitverlust", müsse in Sachen des Bruders Jakob, ein Entschluß gefaßt werden. Der Entschluß war, Jakob von seinem studierenden Bruder Karl während der Weihnachtsferien von Hertingen zuerst nach Jena zu bringen, wo Jakob ein Jura Studium beenden sollte.[30]

Daraus können wir schließen, daß die Familie nicht klar über den Krankheitszustand des Sohnes und Bruders informiert worden war. Im schon zitierten Brief nimmt Johann Christian Stellung zu einem Brief Schlossers an den Vater: „Es schadet nicht, daß er [Jakob] aus dem goldenen Traum seiner Versorgung durch Herrn Hofrat Schlosser, durch diese Nachricht erwache, daß eben dieser mit Heftigkeit und unter der Drohung seine Hand ganz von ihm abzuziehen darauf dringe." Weiter

---

[29] Lenz, *Briefe II*, S. 126 f. Schlosser war falsch unterrichtet, der Bruder war in Jena.

[30] Waldmann, S. 90 f. Johann Christian hoffte, daß Jakob „in kurzer Zeit mit seinem eleganten und durchaus litterarischen Style für ein grosses Licht unter unsern Advokaten gelten wird".

heißt es: „Der Schlosserische Brief ... ist erstaunlich hart und ich kann nicht bergen, daß ich meine hohe Meinung von ihm verloren habe. Nach strengem Recht ist er nicht zu tadeln ... Doch riet ich, daß Papa ihm mit kurzen Entschuldigungen ... antworte."[31]

Herder, auch nach der Weimarer „Eseley" Lenz freundlich gesinnt, mußte auf Anregung Schlossers beim Herzog Karl August um Kur- und Reisekosten für den kranken Lenz bitten. Auch Männer wie Merck, Lavater und Sarasin unterstützten den Freund finanziell. Selbst die Mutter Goethes half. Von Goethe kam nichts. Vater Lenz bedankte sich bei Herder.[32] Rosanow zitiert in seiner Lenz-Biographie leider nicht vollständig aus diesem Brief; entscheidende Stellen werden ausgelassen. So wird das Bild des Vaters wiederum verzerrt und entstellt. Der vollständige Brief, der sich im Dumpf-Nachlass in Riga befindet, wirft ein anderes Licht auf den Vater: „Es ist wahr, das unbegreiflich traurige Schicksal dieses Lieblings unter meinen Söhnen, hat seiner nun vor 3/4tel Jahren in Gott ruhenden treuen Mutter und meinem Vaterherzen mehr als tödliche Wunden geschlagen ..." Er befaßt sich nun mit dem Fall Schlosser; dieser Teil des Briefes wurde weder von Rosanow noch von späteren Lenz-Forschern je zitiert. „Ich würde das unverschämteste Geschöpf sein, wenn ich diesen würdigen Wohltäter die Last meines Sohnes länger auf dem Hals lassen wollen. Kaum äußerte der Herr Hofrat ... dero Verlangen, sich demselben befreyt zu sehen, so brannte Alles in mir vor Begierde, sein Verlangen zu erfüllen ..."[33]

Auf was kommt es uns in diesem Brief an? Der Sohn Jakob war erstens nicht das einzige Problem, welches den Vater um diese Zeit bedrängt hatte. Seine Frau, die Mutter des Dichters, starb nach längerer Krankheit zur selben Zeit, als Lenz krank bei Schlosser wohnte; zweitens heißt es, daß sich der Vater gleich entschlossen habe, den Sohn – auf Schlossers Bitten hin – aus Emmendingen zurückzuholen; drittens, auf das Wort „Liebling unter meinen Söhnen" sollte man vielleicht nicht zu viel Gewicht legen, dennoch sollte man es erwähnen, im Zusammenhang mit einer späteren Aussage des jüngeren Bruders Karl. Von ihm hören wir, daß der Vater sich immer geschmeichelt habe, „einen wackeren Theo-

---

[31] Vgl. dazu Rudolf, S. 32 ff. Der „Schlosserische Brief" an den Vater ist verschollen.

[32] Rosanow, S. 505 sowie Dumpf *Nachlass*, Ms. 1113, 35 No. 1, S. 54 f.

[33] Dumpf *Nachlass*, Ms. 1113, 35 No. 1; vgl. auch Rudolf, S. 35 f.

logen" aus Jakob zu ziehen.[34] Weiterhin wissen wir, daß die Brüder die treibende Kraft waren, die Angelegenheit zwischen Schlosser und der Familie Lenz schnell zu erledigen. – Und von Schlosser selbst hören wird, daß Lenz einfach nicht nach Hause wollte! Wie oft hatten Vater, Mutter und die Brüder ihn in seiner Straßburger Zeit darum gebeten, dazu aufgefordert; es waren ihm verschiedene Stellen in Livland angeboten worden. Aber immer wieder schob er seine Rückkehr hinaus – wollte einfach nicht zurück nach Livland. Verständlich vielleicht – was tat sich dort auch schon in literarischen Kreisen! Und ein Hofmeisterleben oder nach abgeschlossenem Studium eine Pastorenstelle anzunehmen, war für den Dichter Lenz nicht mehr möglich. Er war durch sein eigenes Naturell zum Scheitern verurteilt.

Am 23. Juli 1779 kamen Jakob und sein jüngerer Bruder Karl in Riga an. Der letztere hatte den Auftrag, den kranken Bruder in Hertingen abzuholen. In Travemünde bestiegen sie das Schiff, das sie nach Riga brachte. Der Dichter Lenz versucht, in Livland wieder Fuß zu fassen – scheitert; scheitert an Herders Nein! – Gleich nach seiner Ankunft wird ihm nahegelegt, er möge sich für die Stelle als Pro-Rektor der Rigaer Domschule bewerben. Herders Unterstützung ist ausschlaggebend. Lenz bittet ihn um eine Empfehlung. Der Vater selber spricht „förmlich bei der Schule" für seinen Sohn an und empfiehlt ihn (*Briefe II*, 138). Auch der einflußreiche Buchhändler Hartknoch, Freund Herders, schreibt und bittet Lenz zu empfehlen. Herders Antwort an Hartknoch ist eine mitleidige Absage, vielleicht aus der Sicht Herders verständlich. „Mit Lenzen ist nichts; er taugt nicht zur Stelle, so lieb ich ihn habe."[35]

Nach dieser weiteren Absage versucht er, in St. Petersburg bei der Kadettenanstalt eine Anstellung zu erhalten. Er bittet den Vater von General-Gouverneur Browne, ein Empfehlungsschreiben an Betkoi, Direktor der Anstalt, zu erwirken. (*Briefe II*, 140, Jan. 1780) Im selben Brief hören wir wieder von seiner chronischen Geldnot. Er hofft, daß sich der Vater bei Hartknoch für eine Anleihe einsetzen würde. Immer wieder kommen diese Geldsorgen in den Briefen an den Bruder, an den Vater zur Sprache. Ein Brief an Friedrich David aus St. Petersburg beschreibt seine Lage. Er hofft auf die Unterstützung des Vaters – nicht nur finanziell.

---

[34] Dumpf *Nachlass*, Ms. 1113, 34, No. 31.

[35] Waldmann, S. 95; Damm in ihrer Anmerkung zu diesem Brief glaubt, daß der Vater den Sohn ohne weiteres hätte unterbringen können. Dem widerspricht Herders Urteil und dessen Einfluß. *Lenz Werke und Briefe in drei Bänden*, Hrsg. Sigrid Damm, III, S. 913.

„Von Papa selbst könnt ein Brief der so eingerichtet wäre daß ich ihn allen Gönnern und Freunde vorlesen könnte mir sehr beförderlich werden. Bitt ihn doch daß er sich in demselben aber des allzuängstlichthuns enthalte, es in aller Absicht mehr schadet als nutzt und auf seinen Karackter ein häslich falsches Licht wirft ..." Der Vater scheint dem Sohne Vorwürfe zu machen, denn es heißt weiter in dem Brief an den Bruder, in den Briefen des Vaters sei die Rede „von Versichen in Schulden, Gefängniß verfaulen in der Policey ...". (*Briefe II*, 155-56) Nun, die Anstellung, für die er sich so einsetzte, kam wiederum nicht zustande. Wir wissen nicht warum. In einem Brief des Vaters an Gerhard Friedrich Müller, Staatsrat in russischen Diensten und Historiker, sieht man dessen Sorge um den Sohn, er nennt ihn „mein Schmerzenssohn", freut sich, daß man eine Besserung in dessen Zustand sähe, daß er „dem für seine Zerstreuung ihm höchst fatalen Müssiggang sich entwöhnt und sich stets beschäftigt, auch durch den Umgang Russisch lernt, da er ohne diese Sprach dort doch unmöglich fortkommen kann". (Waldmann, 104-05) Müller hatte sich Lenz angenommen, versuchte, ihn auch am Anfang seiner Moskauer Zeit als Hofmeister unterzubringen. (*Briefe II*, 193-94)

Dann hören wir von einer für die Familie äußerst peinlichen Sache. Es handelt sich um Jakobs Leidenschaft zu Julie von Albedyll, Tochter der Obristin von Albedyll, Freundin des Elternhauses. Sie war Braut eines Offiziers. An Pastor Brunner schrieb Lenz eine detaillierte Schilderung dieser Leidenschaft, eine

> ungekünstelte Erzehlung eines mir in Liefland aufgehefteten von mir gegebenen Versprechens an ein adliches Fräulein, das mir und diesem Fräulein selbst zum äussersten Nachtheil nicht nur des Rufs sondern auch bey allen möglichen zu treffenden anderweitigen Verbindungen zur unvermeidlichen Hindernisse gereichen mußte ...

Sein Vater habe ihm nach St. Petersburg geschrieben „diese junge Dame sei als Braut mit einem Offizier vom Cadettencorps Namens Prattje versprochen ..." daß jedoch dem Offizier „die gewöhnlichen Blumen und Schmeicheleyen die eine Braut von ihrem Liebhaber erwartet" fehle, welches Lenz „um so mehr veranlaßte die Verse drucken zu lassen um in gewisser Art sein Freywerber zu werden". (*Briefe II*, 236-37) An den Vater schrieb er aus Moskau darüber:

> „Lieber Papa! Die unglückliche Leidenschaft welche sich meiner in Liefland bemächtiget und Ihre häufigen ernstlichväterlichen Briefe nach Petersburg und Moskau mir so oft vergeblich ausgeredet die mein Bruder und alle meine Verwandte so heftig bestritten und die ich deswegen auch aus meinem Herzen zu reissen

versuchte hat sich desselben wieder bemächtiget. So spielt das Schicksal mit unserm Herzen ...". (*Briefe II*, 235)

Man erinnert sich hier an Lenzens Straßburger Zeit. Seine Leidenschaft zu der verlassenen Friederike Brion, besonders aber für die Straßburgerin Cleophe Fibich, Braut des Offiziers Baron von Kleist. Damals spielte Lenz dasselbe Spiel. Soviel scheint klar, diese Angelegenheit war der Familie ein weiterer Stein des Anstoßes und wurde vom Vater und den Brüdern scharf gerügt. Wir haben keine Briefe des Vaters oder der Brüder an den Sohn und Bruder, wie wir überhaupt keinen einzigen Brief des Vaters an Jakob besitzen. Die vielen Briefe aus der Russischen Zeit sollen von einem Freund des Dichters verbrannt worden sein, schreibt Lenz dem Vater „wer weiß ob nicht aus einem unzeitigen Eifer ... weil er merkte daß sie mich angriffen. Was ich davon bisweilen rette, ist mir Balsam in offene Seelenwunden – den ich sehe nun erst spät hinterher, daß Sie mein Herz besser kannten als ich selber". (*Briefe II*, 239) Es ist der letzte erhaltene Brief an den Vater. Wir bezweifeln, daß ein Freund die Briefe verbrannt hatte – es könnte Lenz selber gewesen sein! Alles was wir über den Vater erfahren wird aus den Briefen des Sohnes mitgeteilt, aus der Sicht des Sohnes. Dies erschwert wiederum ein sachliches Verständnis des Vater-Sohn-Verhältnisses! Ein aufschlußreicher längerer Brief unseres Dichters an Lawrence Brouwer in St. Petersburg über seine livländischen Bekanntschaften endet:

Sollte Ihnen, teurester Freund! des Zusammenhangs wegen vieles in meinem Brief noch sehr undeutlich scheinen so muß Ihnen nur grade heraus meinen Fehler gestehen, daß ich meine eigene Person aus dringenden Ursachen von allem was meine Freunde Bekannte und Verwandte in Liefland darrinne angeht, sehr bestimmt und deutsch ausschliessen muß, weil ich weiß, daß man nach gewissen Verabredungen von mir als einen Schwärmer urtheilt ... Ich war damals wirklich nicht recht bei mir ...,". (*Briefe II*, 213)

Elf Jahre lebte er noch in Moskau, bei Freunden oder bei vermittelten angesehenen Personen. Freunde wie Nikolai Karamsin, dem russischen Dichter und Historiker. Er gehörte dem Moskauer Kreis um Nikolai Nowikow und Alexij Kutusow an – hier die Verbindung zur Freimaurerloge. Sein kärgliches Einkommen erhält er als „Hofmeister" – was für eine Ironie – und als Übersetzer (er übersetzt Cheraskoffs Russiade), aber auch vom Vater, der ihm unter anderem „vierteljährig eine kleine Zulage von 25 Rubeln" überweist. (*Briefe II*, 197)

November 1785 schreibt er: „Wollte Gott, theuerster Vater! Ich könnte Ihren Segen zu irgend einer Art von fixer Existenz in dieser Mütterlichen Stadt herüberholen! (*Briefe II*, 200) Er scheint zu keiner ständigen

Anstellung fähig. Sie hätte nur im Sinne des Mäzenamts, höfisch oder städtisch stattfinden können. Eine unabhängige, künstlerische Existenz, die Lenz anstrebte, war damals nicht möglich. Man kann die letzte Moskauer Zeit mit den Worten seines Freundes Karamsin, zusammenfassen: „Lenz [war] ein deutscher Schriftsteller, welcher einige Zeit mit mir in einem Hause wohnte. Eine tiefe Melancholie, die Folge vielen Unglücks, hatte seinen Geist zerrüttet, aber selbst in diesem Zustande setzte er uns in Erstaunen durch seine poetischen Adern und rührte uns häufig durch seine Gutherzigkeit und Geduld". (Waldmann, 109) An Lavater schrieb er kurz vor Lenz' Tod: „Was soll ich Ihnen von Lenz sagen? Er befindet sich nicht wohl. Er ist immer verwirrt. Sie würden ihn gewiß nicht erkannt haben, wenn Sie ihn jetzt sähen. Er wohnt in Moskau, ohne zu wissen warum ...". (Waldmann, 108)

Am 4. Juni 1792 wird Lenz tot auf einer Moskauer Straße aufgefunden, 41 Jahre alt. Sein Vater stirbt sechs Jahre später, den er in einem Brief an Lavater, Mai 1780, ohne Namensnennung für dessen Physiognomie folgendermaßen skizzierte:

Ein besonderer Mann voll Tiefsinn und Frömmigkeit. Alle feurige Gefühle schokiren ihn, ob er sie gleich mit dem Kopf sehr wohl faßt. Liebt sonst das Melankolische, hat auch selbst einen Ansatz. Ist von Herzen fromm und wohlthätig. Ein Märtyrer an Duldsamkeit wenn er mit verschobnen Karacktern zu thun hat. Welches er an einer Frau bewies, die ihre itzt durch ihren Tod befreit hat und dem Trunk sehr ergeben war. Keine Ader Falschheit in dem Manne. Einer der ersten spekulativen Köpfe in Europa. Obwohl zu schüchtern und zu sehr lebender und thätiger Philosoph (denn er ist ein grosser Landwirth obschon er in der Stadt in einem geistlichen Amt steht und treibt seinen Garten wie Lavater die Physiognomik) seine Spekulationen von denen er grosse Hefte liegen hat, bekannt zu machen. Drucken lässe er – schwerlich. Könnt er sie aber ins Cabinet thun, dass sie gleich zum Ziel eilten, das wäre seine Sache. Dabei keinen Ehrgeitz – nicht den mindesten, als den das zu seyn was die in Griechenland mit Mantel und Bart waren. Keine Schönheit irgend eines Schriftstellers entgeht ihm – Goethe möchte der einzige seyn, der hiervon eine Ausnahme machte. Doch erkennt er ihn mit dem Verstande. Verzeihen Sie daß ich so ausführlich über diesen Manne bin ich kenne ihn von Kinderbeinen an ... Seine Frau ist auch hier, ein Gesicht, in dem gewiss ihre ganze Seele ist. Seine zweyte Frau nemlich. (*Briefe II*, 170)[36]

Zusammenfassend möchte ich sagen, daß ich mit der bisherigen einseitigen Beschreibung des Vaters des Dichters Jakob Michael Reinhold Lenz nicht übereinstimmen kann. Auch der Vater, nicht nur der Sohn „ist Opfer zeitgebundener ideologischen Wertungen".[37] Das Pastorenhaus, das Vater-Sohn-Verhältnis, trug ohne Zweifel viel dazu bei, die Person des jungen „Stürmer und Dränger" zu prägen; vor allem aber wurden seine Werke dadurch bereichert und auf das Anhaltendste beeinflußt. Lenz' *Landprediger*, 1776/77 entstanden, erinnert in mancher Hinsicht an den Brief des Vaters an Rektor Hehn „Über die Erziehung". Für die Gestalt des Pfarrers Johann Mannheim stand vermutlich Pastor Oberlin Pate.[38]

Auch als Wunschbild Lenzens selbst, kann man Johannes sehen. Der Vater jedoch erinnert in vielem an Lenz' Vater, Christian David:

> Er war ein Freund der Dogmatik und Orthodoxie und hatte sich deswegen mit seinem kleinen Johannes sehr viel Mühe gegeben. Bei unsern leichtsinnigen Zeiten fürchtete er nichts so sehr, als daß sein Sohn, sobald er dem väterlichen Auge entrückt würde, auf den hohen Schulen von herrschenden freigeisterischen und sozinianischen Meinungen angesteckt werden möchte. Denn ob er gleich den Sozinus nie gelesen und nur aus Walchs Ketzerliste kannte, so hatte er doch einen solchen Abscheu vor ihm, dass er alle Meinungen, die mit seinen nicht übereinstimmten, sozinianisch nannte. Er nahm demzufolge alle möglichsten Präkautionen und empfahl ihn zum strengsten den Lehrern, die er selbst gehabt hatte ... Zugleich warnte er ihn mit allen Schreckbildern, die in seiner Imagination waren und damals auf den jungen Zöglich großen Eindruck machten, vor nichts so sehr als vor allen Gesellschaften junger Leute, besonders derer, die die Modewissenschaften trieben

---

[36] Diesem Brief ging ein früherer Brief vor, worin er diese Beschreibung anmeldete: „Auch meine Familie hat Gesichter über die Ihr Urtheil zu wissen begierig wäre. Mein Vater. Mein ältester Bruder ..." (*Briefe II* S. 163).

[37] Hans-Gerd Winter, *J.M.R. Lenz*, Stuttgart 1987, S. 4; Winter bezieht sich hier nur auf den Sohn.

[38] Nach seinem ersten schweren Ausbruch von Raserei fand Lenz bei Pfarrer Oberlin in Waldersbach eine kurze Bleibe. Der Landprediger erschien im 4., 5., und 6. Stück des „Deutschen Museums" 1777; siehe auch Lenz, *Briefe II*, S. 67, S. 71, S. 77.

... Alle diese Besorgnisse schreckten unsern Johannes nicht. Er ging den Gang seines Herzens, und der Bannstrahl in den Briefen seines Vaters selbst, so innig er ihn verehrte, konnte ihn nicht davon abbringen.

Das weitere erinnert an Lenzens Straßburger Zeit, an die Briefe, die vom Vater, den Brüdern geschrieben wurden:

Überall ward der gute Alte bedauert wegen der üblen Nachricht, die von seinem Sohne einliefen. Bald hieß es, er habe sich verheiratet, bald, er habe sich aus dem Staube gemacht: umgesattelt hatte er wenigstens dreimal ... Unterdessen erschollen zu Hause die allerunangenehmsten und kränkendsten Nachrichten für einen Geistlichen: Johannes, der viel mit Offizieren lebte, sei unter die Soldaten gegangen; andere versicherten, er gehe mit niemand als dem Adel um und sei willens sich adeln zu lassen. Sein Vater, ohne auch nur die Unmöglichkeit von alledem zu ahnden, erschrak über alle diese Gerüchte, als ob sich an ihnen gar nicht mehr zweifeln ließe.[39]

Was der Einfluß dieses Vaterbildes auf Lenzens eigenes Schaffen ausmachte, ist nicht zu übersehen. Von seinem ersten großen „Väter-Stück," „Der Hofmeister" (1774), hin zu den kleineren Stücken, „Die Freunde machen den Philosophen" (1776), „Der Engländer" (1775/76), und weiter zu seinem letzten größeren abgeschlossenen Werk, Der Landprediger, alle weisen starke autobiographische Züge auf; alle werden mehr oder minder vom Vaterbilde Lenzens geprägt, welches sich zum großen Teil an seinem eigenen Vater, Pastor Christian David, orientiert.

„Zurück! Zurück! zu deinem Vater und werd einmal klug", diese Worte Roberts aus dem „Engländer"[40] können zwar ironisch, aber auch als Wunsch des in der Fremde lebenden herumirrenden, unbehausten Dichters Jakob Michael Reinhold Lenz gelesen werden.

Es war die Tragödie Lenzens, daß er seiner Zeit voraus war, daß er an diesem „Zurück" scheitern mußte – uns aber in seinen Werken ein Dokument eines Strebens nach freier, menschlicher Entfaltung in einer vaterlosen Gesellschaft vermachte.

---

[39] J.M.R. Lenz, *Gesammelte Schriften*, Hrsg. Franz Blei, Bd. V, S. 149 f.
[40] *Schriften* Bd. III, S. 161.

Zur Selbstunterbrechung in den Werken von Jakob Michael Reinhold Lenz

Alan Leidner (Louisville, USA)[1]

Das wohl auffallendste Merkmal der Lenzschen Texte ist die Aposiopese, d. h. das plötzliche Abbrechen der Rede bevor der Gedankengang abschließt. Vielversprechende Bilder, die Lenz in den ersten Zeilen seiner Lyrik einführt, bleiben oft unentwickelt. In seinen Dramen kommt es vor, daß eine Figur die Handlung mit einer unerwarteten – und unbegreiflichen – Geste unterbricht: Pätus, im „Hofmeister" (1774), wirft Frau Blitzers Kaffeekanne aus dem Fenster hinaus während sie dabeisteht, und Seraphine, in „Freunde machen den Philosophen" (1776) reißt einen Juwelenkasten aus Strephons Händen und wirft ihn in den Hafen.[2] In seinem meistgelesenen Aufsatz, „Anmerkungen übers Theater" (1774), brechen ein Drittel der Absätze in Bindestrichen ab; einmal fragt sich der Erzähler selbst: „Ich wollte sagen . . . was wollte ich sagen? – –" (1:230). Sätze werden oft wie Hindernisse behandelt, die man am besten übergeht, um weiter zu kommen; Figuren, Erzähler, und Gedichtzeilen versagen sich die Wirkung ihrer bisher gewonnenen literarischen Schwungkraft.

Die Mehrzahl der Kritiker bewertet Lenz' selbstunterbrechendes Schreiben durchaus positiv: die Lücken oder Leerstellen, die uns Lenz präsentiert, behauptet z. B. Michael Morton, zielen darauf ab, ein aktives und engagiertes Bewußtsein im Zuschauer zu wecken.[3] Solche Argumentationen erweisen sich als besonders attraktiv, weil sie eine gewisse Affinität zum altruistischen Religionsbegriff zeigen, wie er sich im Lenzschen Briefwechsel und besonders in dem frühen Aufsatz, „Versuch über das erste Principium der Moral" manifestiert. Im letzteren empfiehlt Lenz, daß wir anderen dabei helfen sollten, ihre Fähigkeiten zu entwickeln: „Wir müssen suchen, andere um uns herum glücklich zu machen" (4:15). Die

---

[1] Mein besonderer Dank gilt der *University of Louisville* für die Unterstützung durch ein President's Research Initiative Grant während des Wintersemesters 1990 (A.L.).

[2] Jakob Michael Reinhold Lenz, *Gesammelte Schriften Bd.1* Hrsg., Franz Blei, München 1909, S. 354, S. 114-15.

[3] Michael Morton, „Exemplary Poetics: The Rhetoric of Lenz's ‚Anmerkungen übers Theater' and ‚Pandaemonium Germanicum.'" *Lessing Yearbook 20* (1988): 121-51, S. 145. Vgl. Helga Stipa Madland, *Non-Aristotelian Drama in Eighteenth-Century Germany and its Modernity: J. M. R. Lenz*, Bern 1983, S. 117-122.

Lücken oder Leerstellen in seinen Texten bieten den Zuschauern und Lesern Gelegenheit, ihrer eigenen Selbstverwirklichung nachzugehen. Dennoch muß jeder, der Lenzens Privatleben in Betracht zieht – seien es seine hoffnungslosen und oft einseitigen Verwicklungen mit Frauen, die für ihn keine Zuneigung empfanden, oder die Schizophrenie, die im Jahre 1777 seiner literarischen Tätigkeit effektiv ein Ende bereitete –, bezweifeln, ob Lenz in der Tat solche Herrschaft über seine berühmten *lacunae* hatte. War dieser begabte, aber neurotische Livländer überhaupt in der Lage, Texte zu produzieren, die Deutschen dabei helfen könnten, sich selbst zu verwirklichen? Viel wahrscheinlicher entstammen Lenz' berühmte Leerstellen und Unterbrechungen nicht der Kraft, sondern der Schwäche; nicht dem Mitleid, sondern der Furcht.

Das klarste Beispiel der Aposiopese in Lenzens Werken ist in seinem Essay „Anmerkungen übers Theater" zu finden. Die „Anmerkungen," die zusammen mit einer Übersetzung von Shakespeares „Love's Labour's Lost" veröffentlicht wurden, demonstrieren, daß Lenz die Kunst als Produkt einer spezifischen Kultur versteht. Dieses mag er von Goethes Essay „Von deutscher Baukunst" (1772) gelernt haben, oder von Herders „Shakespeare" (1771), in dem Herder erklärt, daß es sinnlos sei, die Poetik von Aristoteles mit dem Drama von Shakespeare auszusöhnen (wie es Lessing gewagt hatte), weil die antike Tragödie einer ganz anderen kulturellen Basis entstammte. Am Anfang der „Anmerkungen" fordert uns Lenzens Erzähler auf, uns eine internationale Galerie des Dramas vorzustellen, einen dramatischen Raritätenkasten verschiedener Bühnentraditionen, deren Kulturen es möglich machten, daß eine Bühne an dem Ort überhaupt gedeihen konnte. Anhand seiner historisch-bildlichen Darstellung sechs dramatischer Traditionen von der Antike bis zum Drama des achtzehnten Jahrhunderts sieht man wie weit Lenz seine Zeitgenossen überholt hatte. Sieben Jahre später, in einer berühmten Szene aus den „Räubern," wird Schiller Karl Moor eine kurze Reihe von historischen Namen von Alexander zu Hannibal erwähnen, dann seinen Plutarch zuschlagen lassen indem er seine eigene Epoche als ein „schlappes Kastratenjahrhundert" kennzeichnet.[4] Lenz geht jedoch über die begrenzte Perspektive des Einzelnen hinaus: er läßt eine Reihe von Kulturen, nicht historischen Figuren, vorüberziehen. Dieser wichtige Unterschied hat zur Folge, daß das Werk von Lenz nie eine „konfrontierende" Literatur ist, wie wir sie später bei Schiller finden sollten. Die Lenzschen dramatischen Figuren haben keine

---

[4] Friedrich Schiller, *Sämtliche Werke Bd. 1*, Hrsg. G. Fricke und H. G. Göpfert, München 1967, S. 503.

Ähnlichkeit mit Karl Moor, weil sie nicht heroisch sein wollen. Lenz scheint nicht zu glauben, daß er die spezifische Art von Heroismus, die ein Volk produziert, wiederbeleben kann, wenn ihr historischer und kultureller Boden nicht mehr existiert. Lenz hat ein anderes Anliegen: er möchte wissen, unter welchen Umständen es noch möglich sei, einen Helden zu produzieren, der eine mächtige Wirkung im Theater haben könnte. Was ist es, das eine mächtige Wirkung im Theater hervorbringt? Bei Lenz hat man das Gefühl, daß die Tragödie genau um das kreist, vor dem der Zuschauer einer bestimmten Epoche Angst hat. Auf der antiken Bühne, mit ihrem Determinismus von schicksalhaften, unabwendbaren Ereignissen und mit ihrer Gottesfurcht, war eine mächtige Wirkung sicher noch möglich. Furcht vor den höheren Mächten war der Grundtrieb dieses Dramas; gegen Ende der „Anmerkungen" diskutiert Lenz die Furcht, die unsere literarischen *Genres* informierte:

> Es war Gottesdienst, die furchtbare Gewalt des Schicksals anzuerkennen, vor seinem blinden Despotismus hinzuzittern. Daher war Oedip ein sehr schickliches Sujet fürs Theater, einen Diomed führte man nicht gern auf. Die Hauptempfindung, welche erregt werden sollte, war nicht Hochachtung für den Helden, sondern blinde und knechtische Furcht vor den Göttern. Wie konnte Aristoteles also anders: *secundum autem sunt mores*. Ich sage blinde und knechtische Furcht, wenn ich als Theologe spreche. Als Ästhetiker, war diese Furcht das einzige, was dem Trauerspiele der Alten *haut gout*, den Bitterreiz gab, der ihre Leidenschaften allein in Bewegung zu setzen wußte. (1:251)

Gottesfurcht, so schreibt Lenz, sei nicht mehr imstande, die Basis für die Tragödie zu bilden. Im achtzehnten Jahrhundert sei unser Schicksal völlig mechanisch, und weil wir die weltlichen Ursachen unserer Umstände erkennen, bringen Schicksal und Voraussagbarkeit nicht Tragödie, sondern Komödie, hervor.

Wenn wir auf eine moderne Tragödie hoffen dürfen, sagt Lenz, dann brauchen wir eine neue Art von Charakteren:

> Es ist die Rede von Charakteren, die sich ihre Begebenheiten erschaffen, die selbständig und unveränderlich die ganze große Maschine selbst drehen, ohne die Gottheiten in den Wolken anders nötig zu haben, als wenn sie wollen zu Zuschauern, nicht von Bildern, von Marionettenpuppen – von Menschen. (1:236)

Diese Umkehrung von Aristoteles, der der Handlung den Vorrang über den Charakter gegeben hatte, ist der bekannteste Aspekt der Lenzschen Dramentheorie: die Tragödie wird von einem Menschen beherrscht, die Komödie von einer Sache. Lenz' Argumentation ist jedoch mehr als nur eine Kritik an Aristoteles und an dem sich aristotelisch gebenden französischen Neuklassizismus. In erster Linie entdeckt Lenz bei dieser Umkehrung, daß für den einzelnen Menschen keine Möglichkeit existiert, Resonanz und Zusammenhang im Leben zu finden. Man erkennt, daß seine spontanen Taten auch *gleichzeitig isolierte* Taten sind, und daß sie paradoxerweise vom Gesamtzusammenhang des Stückes abgesondert sind. Diese Einsicht ist eine wichtige Basis seiner bekanntesten Dramen, in denen sorgfältige Beobachtungen von gesellschaftlichen und linguistischen Details durch stotternde Lücken und Bindestriche unterbrochen werden.

Hier ist ein wichtiger Unterschied zwischen Lenz und Goethe zu beobachten. In Goethes „Götz von Berlichingen" (1773) hängt die Handlung vom Schicksal ab: ein Komet und zwei feurige Schwerter sind ominöse Vorzeichen des kommenden Aufstands der Bauern, und solche schicksalhaften Vorausdeutungen treiben die Handlung vorwärts und verleihen dem Helden gleichzeitig einen gewissen Heroismus.[5] Für Lenz gehört ein solches Drama – ein Drama, das auf dem Schicksal basiert – einem früheren Zeitalter an.

In seinem aufschlußreichen Essay über Lenz' Rhetorik, behauptet Morton, daß Lenz' „projective idealism" (133) danach ziele, einen ganz besonderen Gedankenzustand im Zuschauer zu produzieren: und zwar einen, der uns möglicherweise „to a decisive step forward in the development of the human race at large" führen könnte (145). Es ist jedoch schwer zu verstehen, wie diese Texte, die sich selbst Hindernisse in den Weg legen, und die uns darum von einer geschlossenen Vision abhalten, ein Teil eines solchen Stratagems sein könnten. Die Lücken in Lenzens Werken sind nicht unbedingt da, damit wir sie schliessen können. Diese Lücken ähneln nicht der stockenden Prosa, den Sprüngen und Würfen eines Lavaters, dessen schmeichelnde, wohlgeübte Homiletik so gebildet ist, daß seine Gemeinde dazu gebracht wird, die Lücken selbst (und mit Entzücken) zu schliessen. Lavaters Rhetorik hängt von dem Glauben seiner Zuhörer ab; so z.B. in seiner Besprechung des verlorenen Sohnes im dritten Band seiner „Aussichten in die Ewigkeit":

Wer kann das alles, und noch mehr von dieser Art, lesen und hören, und muß nicht sehen, und muß nicht empfinden, daß wir immer sicherlich den Schluß machen dürfen; wenn ich Mensch, wenn mein Herz dieß oder jenes schön, edel, löblich finden muß, wenn ich so liebreich handeln kann, so darf ich von dem Vater

---

[5] Johann Wolfgang von Goethe, *Werke, Teil 1, Bd. 8*, Weimar 1887-1918, S. 138, S. 142.

der Barmherzigkeit – von der Quelle aller Liebe noch viel mehr erwarten, ihm allemal viel mehr zutrauen, als ich meinem Herzen zutrauen darf.[6]

Oder auch in einem Auszug aus einem Brief an Goethe, wo seine Bindestriche den schmeichelnden Ton erhöhen:

Ich kann nur – zittern, glühen, schweigen – aber nicht aussprechen – wie sehr ich wünsche – mehr große Winke, ausgedachte *Ahndungen* meiner Seele – von Ihnen zu sehen – zu empfangen – und wie sehr ich insonderheit nach einem Christusideal von Ihrer Erfindung und Ihrer Hand – – schmachte.[7]

Lavater wurde sehr früh wegen seiner Rhetorik kritisiert. 1775 schrieb Leonhard Meister in seinem Essay „Ueber die Schwärmerei": „Ein wenig Chiromantie, Wahrsagungsgeist, Wunderkraft können durch einen Sprung noch einmal so weit fortrücken als hundert Syllogismen."[8] Auch wenn – entweder mit oder ohne Bindestriche – Lavaters Sätze abbrechen, stocken oder plötzlich vorwärts springen, ist es nie ein endgültiges Abbrechen, sondern die Lieferung eines Enthymem. Nach Aristoteles ist ein Enthymem ein Beweis, der sich auf bloß wahrscheinliche Gründe stützt; ein Enthymem ist ein unvollständiger Syllogismus, dessen Voraussetzung vom Zuhörer zu ergänzen ist, auch wenn eine nötige Prämisse fehlt. Im Falle Lavater, empfindet der Zuhörer Vergnügen daran, die fehlende Teile ergänzen zu können. Möglicherweise wirkt eine solche Sprache umso stärker, weil der Zuschauer sich schmeicheln kann, daß der Schluß sein eigener war. Diese Schmeichelei kann auch der Grund sein, weshalb Lenz die Logik des Syllogismus ablehnt.[9] Er zitiert Lawrence Sternes „Tristram Shandy," um seine Unzufriedenheit mit der Logik des Syllogismus auszudrücken. Die Menschen, schreibt Lenz, sind mit dem Syllogismus unzufrieden, weil sie eine „engelhafte," totalisierende Vision vorziehen – eine Vision, die Lenz nur in seiner Einbildungskraft findet. Lenz verzweifelt, weil er die Fähigkeit nicht hat, „mit einem Blick durch die innerste Natur aller Wesen dringen, mit einer Empfindung alle Wonne, die in der Natur ist, aufnehmen und mit uns vereinigen". (1:228) Aber wie reagieren wir,

---

[6] Johann Caspar Lavater, *Aussichten in die Ewigkeit, Bd. 3*, Zürich 1773, S. 273.

[7] An Goethe, den 1. September 1773.

[8] Leonhard Meister, *Ueber die Schwärmerei. Eine Vorlesung, Bd. 1*, Bern 1775, S. 45-46.

[9] In den „Anmerkungen" verschmäht Lenz die strenge Logik der Hypotaxis während er sich der lockeren Form der Parataxis annähert.

wenn Lenz uns solch einen „Blick" liefert? Frau Blitzer, die dabei steht, als Pätus ihre Kaffeekanne aus dem Fenster hinauswirft, kann die Tat so wenig verstehen wie der Zuschauer, denn diese Unterbrechung der Handlung gestattet keine weitere Erklärung und verbietet jegliche Schlußfolgerung. „Es war eine Spinne darin, und ich warf's in der Angst," erklärt Pätus. „Was kann ich dafür, daß das Fenster offen stand?" (1:354). Die Szene ist ein gutes Beispiel für die Verwendung der Aposiopese. Hier ist kein logischer Schluß möglich, weil Lenz die unangreifbare Logik des Syllogismus – oder besser, die schmeichlerische Rhetorik eines Lavaters, die unser Herz nach der fehlenden Prämisse fragt – ablehnt.

Die selbstunterbrechenden Texte von Lenz haben ihren Ursprung in dem Zusammenlaufen zweier Strömungen in der Ästhetik des achtzehnten Jahrhunderts. Die erste Strömung stammt aus dem Barock. Seine oben/unten, Erlösung/Verdammung-Dynamik informiert nicht nur die Literatur des siebzehnten Jahrhunderts sondern übernimmt auch eine zentrale Stelle in der Literatur, die sich vom „Faustbuch" des sechzehnten Jahrhundert bis zu Klopstocks „Messias" (1748-1773) hinzieht, eine Tradition in der die barocke Dynamik den Platz bestimmt, wo sich das Schicksal der Welt ausspielt. Die zweite Strömung ist die Ästhetik des Originalgenies. Es war eines der Hauptanliegen des achtzehnten Jahrhunderts, diese zwei Strömungen zu versöhnen. Joseph Addison, der den grossen Unterschied verstand zwischen den „Pleasures of the Imagination" und der ernsteren Welt des Christentums, hat nie versucht, die zwei Richtungen in Einklang zu bringen. Shaftesbury hat es auch nicht versucht, hauptsächlich weil er sich eher für die Psychologie als die Religion und Moral interessierte. In den Werken von Edward Young prallen diese zwei Strömungen zuerst aufeinander: in den „Nachtgedanken" (1742-45) spüren wir die apokalyptischen Resonanzen des Barocks neben der Absicht, eine Rhetorik der Spontaneität zu produzieren. Auch bei Young aber finden wir den Wunsch, die Bereiche von Genius und Gott getrennt zu halten. Diese Tendenz kommt am klarsten in seinen „Conjectures on Original Composition" (1759) zum Ausdruck, die nicht mit dem Thema der schöpferischen Freiheit des Genies enden, sondern mit einer langen Predigt.

Fünfzehn Jahre nach den „Conjectures," bringt Lenz in den „Anmerkungen übers Theater" das Problem des selbstständigen Schöpferischen zu seinem logischen Schluß – und mit unerhörter Strenge. Er rät seinen Zeitgenossen, Dramen zu schreiben deren Helden „die ganze große Maschine selbst drehen." Und obwohl er selbst solche Schauspiele nie schrieb, finden wir in seinen Dramen wahrhaft spontane Taten – Taten, die sich in Zusammenhängen befinden, worin sie nicht erklärt werden können, und die keinen Zusammenhang haben, der sie enthalten kann. Der

Impuls, den Lenz darstellt, darf nie mit seinem Drang nach Freiheit ganz harmonisieren, weil diesem Trieb kein Kontext gegeben wird, in dem er widerhallen kann: weggeworfene Dinge können außer Sicht ins Wasser geraten (Seraphine wirft den Juwelenkasten ins Wasser) oder aus dem Fenster fallen (Pätus wirft die Kaffeekanne aus dem Fenster). Sie geraten also in Räume, die anders sind, als diejenigen, die die Handlung umfassen. Lenz sah klar, daß die Art von Freiheit, die er darstellte, eine unangenehme Freiheit war. In einem Brief an Johann Heinrich Merck (1741-1791) vom März 1776 klagte Lenz über sein eigenes Werk. Seine „Gemälde", schrieb er, waren

alle noch ohne Styl, sehr wild und nachlässig aufeinander gekleckt, haben bisher nur durch das Auge meiner Freunde gewonnen. Mir fehlt zum Dichten Muße und warme Luft und Glückseligkeit des Herzens, das bey mir tief auf den kalten Nesseln meines Schicksals halb im Schlamm versunken liegt.[10]

Sein Werk kam ihm als „aufeinander gekleckt" vor, weil die Bewegungen, die er darstellte – diese Taten, die ihren Ursprung im Inneren des Menschen haben – keinen Raum finden können, wo man sie vollbringen konnte. Und ohne einen solchen Platz würde Lenz nie imstande sein, „mit einem Blick durch die innerste Natur aller Wesen (zu) dringen" (1:228), und seine progressive Variante von Freiheit war, wie er schrieb, verurteilt „nach Brücken zu schwärmen" (1:228).

Es ist oft behauptet worden, daß Lenz in diesem „Schwärmen nach Brücken" die gesellschaftliche und ökonomische Entfernung zwischen Adel und Bürgertum darstellte, sogar daß nur eine klassenlose Gesellschaft die Brücken bieten könnte, die Lenz braucht. Aber Lenz' Anliegen scheinen subjektiverer Natur zu sein. Er denkt immer wieder über seine eigenen Wünsche nach Glückseligkeit, Vollkommenheit und nach „neue Aussichten, neue Hoffnungen" („Briefe" 1:197) nach. Die Lenzschen Aussagen zur Beförderung und „den rechten Gebrauch von unsern Fähigkeiten" („Briefe" 1:55), zur Glückseligkeit[11] oder zur Ursache seiner Probleme[12] zeigen uns ebenfalls, daß er sein „Schwärmen nach Brücken" vor allem als ein persönliches Problem verstand. Sicherlich phantasiert Lenz manchmal, daß er eine heilende Wirkung auf die Welt ausüben könnte. Aber vieles, was in der Lenz-Kritik als *avant-garde* Bühne der Herausforderung

---

[10] Jakob Michael Reinhold Lenz, *Briefe, Bd. 1*, Hg. Karl Freye und Wolfgang Stammler, Bern 1969, S. 203.

[11] „Wollte Gott, ich hätte eher so glücklich seyn können." *Briefe 1*: 181.

[12] „Meine größten Leiden verursacht mir itzt mein eigen Herz." *Briefe 1*: 103.

bezeichnet wird oder als eine Vorstufe einer neuen und klassenlosen
Bühne des Volks gesehen wird, wurzelt in seiner pietistischen Erziehung.
So schrieb Lenz z.B. in einem oft zitierten Brief (1775) an Gotter:
   Mein Theater ist wie ich Ihnen sage unter freyen Himmel vor der
   ganzen deutschen Nation, in der mir die untern Stände mit den
   obern gleich gelten die *pedites* wie die *quites* ehrenwürdig sind.
   („Briefe" 1:105)
Diese Zusammensetzung seiner Zuhörerschaft (noch ein Motiv für seine
Suche nach einem offenen Stil), ist ihm ein wichtiges Anliegen. Doch ist
es vielleicht zu erwarten, daß der Sohn eines Predigers sich ein breites
Publikum wünschen sollte. Jakob Philip Spener (1635-1705) schrieb 1675:
   Und hat sich darinnen der Prediger vielmehr nach seinen Zuhörern
   weil sie nach ihm nicht können zu richten: Allezeit aber mehr auff
   die einfältige so den meisten theil machen als auff etliche wenige
   gelehrte wo sich dergleichen antreffen lassen zu sehen.[13]
Natürlich sind solche Probleme nicht nur durch Hinweise auf biographische Einzelheiten zu lösen. Und doch können die frühen Verhältnisse
eines Künstlers manchmal Hinweise auf spätere Problemstellungen geben.
Als Kind wurde der junge Lenz von drei bekannten Bürgern seiner Heimatstadt Dorpat besonders ermuntert: von dem Historiker und Juristen
Friedrich Conrad Gadebusch, dem Pastor und pietistischen Dichter Theodor Oldekop, und Martin Hehn, dem Leiter der Lateinschule. Den größten
Einfluß aber hatte bei weitem sein eigener Vater. Von Christian David
Lenz (1720-98) einem pietistischen Prediger, dessen Predigten und Geisteshaltung von der apokalyptischen Weltanschauung des Barocks geprägt
waren, hatte J.M.R. Lenz seine religiöse Erziehung und seinen Konfirmationsunterricht erhalten. „Bei meiner Wiege," schrieb Lenz in „Bekenntnisse einer armen Seele" (mit derselben Formulierung, die zwanzig Jahre
vorher sein Vater in einer Tirade gegen die Bürger von Wenden verwandte) „stand das schreckliche Gericht Gottes."[14]
Auch später, während seiner produktivsten Jahre, steht seine literarische
Arbeit noch unter dem Einfluß dieser strengen, religiösen Erziehung. Der
Einfluß ist besonders in seiner Lyrik der Jahre 1774-75 zu beobachten.
Unter Herders Einfluß entfernte sich Goethes Lyrik von der ornamentalen

---

[13] Philip Jacob Spener, *Pia Desideria*, Hrsg. Kurt Aland, Berlin 1964, S. 116.

[14] Viele Jahre später sagte Lenz über seinen Vater: „Mein Vater ist Pietist und der vollkommenste Mensch unter der Sonne." Zitiert nach Rosanow, M. N. *Jakob M. R. Lenz. Der Dichter der Sturm- und Drang-Periode. Sein Leben und seine Werke.* Deutsch von C. von Gütschow, Leipzig 1909, S. 35.

Metapher und näherte sich bald der funktionellen Metapher der Romantik. Bei Lenz aber scheint dieser Übergang zwar immer angestrebt zu werden; er wird jedoch nie völlig vollbracht. Immer wieder wird Lenz' lyrische Stimme von Naturbildern weggezogen und in die Richtung der Weltanschauung und der Bildersprache barocken Christentums gedrängt. Oft drücken seine Gedichte Gefühle der moralischen Unzulänglichkeit und seine Furcht vor der ewigen Verdammnis aus. Diese an die *Vanitas*-Thematik des siebzehnten Jahrhunderts erinnernde Haltung erscheint schon in seinem frühen Gedicht „Der Versöhnungstod Jesu Christi" (1766). In seinem Gedicht „Eduard Allwills einziges geistliches Lied" (1775), erwähnt er „Funken von Freude," die sich nie in die Flamme des Lebens verwandeln (1:185-87). Seine Gefühle der Unzulänglichkeit finden aber ihren klarsten Ausdruck als Lenz den Höhepunkt seiner schöpferischen Kraft genießt, in Gedichten wie „Der verlorene Augenblick, die verlorene Seligkeit" (1775). Dieses Gedicht von 56 Zeilen, in dem Lenz wahrscheinlich an Goethes Schwester Cornelia Schlosser denkt, hat den Untertitel „Eine Predigt über den Text: die Mahlzeit war bereitet, aber die Gäste waren ihrer nicht werth." Die erste Strophe schneidet ein Thema an, das in seinen Gedichten häufig erscheint: das Gefühl, daß man dem Himmel unwürdig ist. (1:114-15) Die Hauptmetapher in Lenz' typisch unmetaphorischen poetischen Sprache ist in diesem Gedicht das Tor – zum Himmel, zur Liebe, zum Leben – zu all dem dessen er sich unwürdig fühlt.

In „Petrarch" (1775), einem seiner schwächsten Gedichte, hebt er Cornelia wieder in die himmlischen Höhen hinauf, und in „Freundin aus der Wolke" (1772?) läßt er Friedrike Brion von einer Wolke herab sprechen. Gleichzeitig produziert er in seinem Essay „Die moralische Bekehrung eines Poeten" (1774) noch einmal eine himmlische Cornelia Schlosser, und diesmal postuliert er, er zöge es vor, mit ihr zu sprechen, während sie abwesend ist! „Mit alledem finde ich mehr Reiz," sagt er als er Cornelia in der „dritten Selbstunterhaltung" adressiert, „einen edlern und höhern Reiz, wenn ich allein bleibe und mich mit Dir unterhalte."[15] In seinen Gedichten also beklagt Lenz seine Unfähigkeit, sich in der Welt durchzusetzen; in dem „Moralische Bekehrung" Essay scheint es gerade umgekehrt: er ist mit seiner Einbildungskraft zufrieden.

Was sagt das über Lenz? Wenn wir erfahren, daß jemand dasjenige nicht haben *kann*, was er vorgibt, nicht zu *wollen*, dann ist das Wesen dieses Wollens plötzlich anders, und die Authentizität dieses Wollens wird

---

[15] Blei, Bd. 5, S. 64.

in Frage gestellt. Die leerlaufenden Bindestriche in den „Anmerkungen" und seine anderen selbstunterbrechenden Formen sind ähnliche Ausdrücke der Unsicherheit. Die Konzeption der Selbstunterbrechung hat bei Lenz jedoch kein System und stellt doch gleichzeitig den einzigen Weg dar, den er verfolgen kann. Er mag teilweise eine optimistische Pose annehmen, wie er es in der „Moralische Bekehrung" tut und behaupten, daß er mit seiner Einbildung zufrieden ist, genau wie er behauptet, die Bindestriche in den „Anmerkungen" lediglich spielerisch zu verwenden. Aber die Unterbrochenheit, die er produziert, hat im Grunde kein taktisches Ziel.

In seinen Gedichten ist die Wirkung der Unterbrechungen sowie der barocken Formen am ausgeprägtesten. Roy Pascal bemerkt, daß wenige von Lenzens Gedichten, auch wenn sie technisch vollkommen sind, das Versprechen ihrer ersten Zeilen einlösen. „An ++" (1774?) beginnt mit der fesselnden Zeile „Das dich umgibt, belebest du" (1:95), aber bald gleitet das Gedicht in die Trivialität ab. „An Seraphine" (1774?) hat dieselbe Schwäche: das Gedicht fällt nach der reizvollen ersten Zeile „Von dir entfernt, immer nahe. . ." (1:102) plötzlich ab. Es gibt Gedichte, deren Bilder vollkommen durchgeführt sind, die aber trotzdem erzwungen scheinen und deren letzte Strophen schön abgerundet sind, die aber dennoch unecht wirken, wie „Wo bist du jetzt, mein unvergeßlich Mädchen," oder „Eduard Allwills einziges geistiges Lied". Die wenigen frischen, auffallenden Metaphern bleiben unentwickelt. In den zwanziger Jahren versuchte Anni Hirschfeld die geringe Zahl von Metaphern im lyrischen Werk damit zu erklären, daß Lenz, obwohl er „durchaus ein lyrischer Dichter" sei, eine metaphorische Sprache vermied, um anakreontisches Ornament zu vermeiden.[16] Aber die zierlichen Metaphern der Anakreontiker durchziehen doch sein ganzes lyrisches Werk. Der Fall Lenz zeigt nur eine mögliche Haltung, die man der Rhetorik des Barocks gegenüber einnehmen kann. Die dringende Wahl, zwischen Gut und Böse, war ein ständiges Thema des Sturm und Drangs. In Heinrich Leopold Wagners Drama „Die Kindermörderin" (1777) empfiehlt Frau Martha dem entehrten Evchen Humbrecht, ein Buch mit dem Titel „Der Himmels- und Höllenweg" zu lesen.[17] Die barocke Antithetik von Himmel und Hölle tritt am klarsten bei Schiller zutage. In seinem Schauspiel „Die Räuber" bedient er sich der

---

[16] Anni Hirschfeld, „J. M. R. Lenz als Lyriker." Diss., Frankfurt am Main, 1924, S. 4.

[17] Heinrich Leopold Wagner, „Die Kindermörderin. Ein Trauerspiel" in *Sturm und Drang. Dichtungen und Theoretische Texte Bd. 2*, Hrsg. Heinz Nicolai, München 1971, S. 1454-1520, S. 1510.

mächtigen Kraft des barocken Weltbildes, um ein Theater auf die Bühne zu bringen, bei dem die Zuschauer durch die Totalität des Weltbilds eventuelle Lücken und Bindestrichen, die Freiheit und Spontaneität im Zuschauerraum erwecken, ergänzen können, so z.B der christlichen Jenseitsglaube, der die schon die Lavatersche Homiletik beseelte – oder die moralische Selbstgerechtigkeit, die dazu führt, daß bei der Aufführung von Schillers „Räuber" die Verbrechen von Karl Moor verziehen werden konnten. Ob eine solche Rhetorik der Gesellschaft auf Dauer vorteilhaft oder schädlich ist, sei dahingestellt.

Aber wenn, wie bei Lenz, Spontaneität, Herausforderung, Vollkommenheit, und Selbstvervollkommnung einfach als Zögern und Stottern am Rande einer emotionalen Sphäre realisiert werden, die vorher nicht definiert und geplant war, wie können wir es dann erwarten, daß die Zuschauer den nächsten Schritt tun? Und wie kann der Schritt von Bedeutung sein? Lavater macht das Verständnis seiner Lücken leicht; bei Lenz aber wird uns dieses Verständnis versagt. Zweifelsohne sehnt sich dieser Mensch, der „alles mit einem Blick" sehen möchte, nach einem Schaffensdrang, der wie eine zweite Natur scheint. Dennoch spürt er, daß ihm der natürliche Gleichgewichtspunkt fehlt, den jeder Künstler braucht. Am Anfang seines Essays „Über Götz von Berlichingen" (1774) bemerkt er, daß das moderne Leben maschinenhaft geworden ist. Unsere Eltern und Lehrer haben uns mit ihren Ideen so gut programmiert, daß wir „genau wie die anderen Räder umdrehen."[18]

Kein Wunder, daß die Philosophen so philosophieren, wenn die Menschen so leben. Aber heißt das gelebt? heißt das seine Existenz gefühlt, seine selbstständige Existenz, den Funken von Gott? (4:223)

Entweder wir existieren in einer Welt, wo wir alles schon vorgeplant finden, oder wir *leben im echten Sinn*. Das letztere ist zwar möglich aber nur wenn wir lernen, daß

handeln, handeln die Seele der Welt sei, nicht genießen, nicht empfinden, nicht spitzfündeln, daß wir dadurch allein Gott ähnlich werden, der unaufhörlich handelt und unaufhörlich an seinen Werken sich ergötzt; das lernen wir daraus, daß die allein unserm Körper mit allen seinen Sinnlichkeiten und Empfindungen das wahre Leben, die wahre Konsistenz, den wahren Wert gebe, daß ohne denselben all unser Genuß, all unsere Empfindungen, all unser

---

[18] Blei, Bd. 4, S. 223.

Wissen doch nur ein Leiden, doch nur ein aufgeschobener Tod sind. (4:223-24)

Um handeln zu können muß Lenz in seine „handelnden Kraft" entfliehen:
Das lernen wir daraus, daß diese unsere handelnde Kraft nicht eher Ruhe, nicht eher ablasse zu wirken, zu regen, zu toben, als bis sie uns Freiheit um uns her verschafft, Platz zu handeln: Guter Gott Platz zu handeln und wenn es ein Chaos wäre, das du geschaffen, wüste und leer, aber Freiheit wohnte nur da, und wir könnten dir nachahmend drüber brüten, bis was herauskäme – – Seligkeit! Seligkeit! Göttergefühl das! (4:224)

Auch seine wohlbekannte Vorstellung von einem „Platz zu handeln" ist, wie ich es sehe, weniger eine Herausforderung an den Zuschauer als ein Ausdruck der Freude, die er fühlen würde, wenn er von der erstickenden, autokratischen Version vom Christentum frei wäre, die er von seinem Vater geerbt hatte. Solche Auszüge zeigen Lenz' Hoffnung auf einen Gedankenzustand, in dem er irgendwann in der Zukunft imstande sein würde, seinen eigenen Glauben und eine persönliche Freiheit auszuüben. Seine Metapher „Platz zu handeln" erweist sich als Vorwegnahme der Metapher des „schmalen Streifens," die von Dostojewski in „Schuld und Sühne" (1866) verwendet wird:

Wo habe ich," dachte Raskolnikoff, während er weiterging, „wo habe ich es gelesen, wie ein zum Tode Verurteilter eine Stunde vor seinem Ende spricht oder denkt, daß, wenn er irgendwo auf einer Höhe, auf einem Felsen und auf einem schmalen Streifen, wo er bloß seine zwei Füße hinsetzen könnte, leben sollte, – umgeben von Abgründen, von Ozean, von ewiger Finsternis, ewiger Einsamkeit und ewigem Sturm, – und so, auf diesem ellenbreiten Streifen stehend, sein ganzes Leben, tausend Jahre, eine Ewigkeit verbringen müßte, – daß es besser sei so zu leben als sofort zu sterben! Nur leben, leben! Wie, ganz gleich! – bloss leben! ... Wie wahr! Herrgott, wie wahr!"[19]

Bei Lenz, wie später auch bei Dostojewski, wird ein kleiner und ungastlicher – aber freier – Raum zur Metapher für einen Gedankenzustand, wo man nicht verpflichtet ist, sich und seine Lebenshaltung an den Ansprüchen von anderen zu messen.

Die scharfe Kritik der Kultur, die Lenz in dem obigen Auszug aus „Über Götz von Berlichingen" übt, mag zunächst im Konjunktiv ausge-

---

[19] F.M. Dostojewski, *Schuld und Sühne*, Deutsch von Michael Feofanoff, Leipzig 1921, S. 201.

drückt sein, weil Lenz, zwischen einem strengen Christentum und Theorien des Genies gefangen, weder imstande ist, aus eigener Kraft zu wirken noch den eigenen Platz als Dichter freizumachen. Darum die Bindestriche in den „Anmerkungen": Lenz kann die Art von Drama, die er in diesem Aufsatz empfiehlt, nicht schreiben, und sein eigenes Drama entspricht eher seiner Definition von Komödie – einem Theater, wo es auf Ereignisse, nicht auf Menschen, ankommt. Die „Anmerkungen übers Theater," die er einer Straßburger literarischen Gesellschaft vorlas, stellen dieselbe unsichere gesellschaftliche Sphäre dar, die er in seinen Dramen realisiert. Lenz wünscht sich eine Autorität jenseits der Bindestriche der „Anmerkungen," eine Sphäre zwischen zwei Polen, die er nie zusammenfügen konnte: seine eigene freie Individualität auf der einen Seite und eine Kraft, die seiner Freiheit ein Gesetz geben könnte auf der anderen. Der Held, den Lenz empfiehlt, der „die ganze große Maschine des Dramas drehen kann" ist leichter zu empfehlen als zu produzieren, und der stotternde Ton dieses Aufsatzes ist ein Zeichen dafür, daß er nicht einmal imstande ist, die Herstellung von solchen Helden zu empfehlen.

Lenz ist es aber gelungen, die Unvereinbarkeit des Individuums und des traditionellen religiösen Menschen deutlich zu profilieren, und aus dem Widerspruch, den er spürt, entsteht sein besonderes Pathos. Die Freiheit, die wir, wie er sagt, „um uns her schaffen sollten," bezieht sich auf Lenz selbst und auf seine Kunst. Denn Lenz braucht eine provisorische Freiheit, die ihm vielleicht eines Tages erlauben würde, seinen eigenen Standpunkt als Dichter zu finden und damit aus dem erstickenden Kreis der Bilder auszubrechen, der ihm von den Predigten seines Vaters gezeichnet wurde. In einem Brief an Lavater schrieb Lenz einmal, daß es seine Hauptaufgabe im Leben sei, „Nesseln vorweg zu hauen" („Briefe" 1:125). Sein Ziel, so meine These, ist es nicht, ein Messias der Vollkommenheit für die Deutschen zu werden; es ist etwas viel persönlicheres. Lenz will seine durch zwei widersprüchliche Weltbilder verursachte Verwirrung beseitigen und er beginnt – aber nur beginnt – diese Aufgabe mit seinen offenen, durchbrochenen Texten.

Vielleicht sollte auch sein berühmter Vorschlag, daß Dichter einen Standpunkt einnehmen sollten, weniger als eine theoretische Äußerung und eher als ein persönlicher Imperativ für seine Zukunft als Dichter betrachtet werden. „Der wahre Dichter," schreibt Lenz in den „Anmerkungen übers Theater,"

> verbindet nicht in seiner Einbildungskraft, wie es ihm gefällt, was die Herren die schöne Natur zu nennen belieben, was aber mit ihrer Erlaubnis nichts als die verfehlte Natur ist. Er nimmt Standpunkt – und dann *muß er so verbinden*. Man könnte sein Gemälde mit

der Sache verwechseln und der Schöpfer sieht auf ihn hinab wie auf die kleinen Götter, die mit seinem Funken in der Brust auf den Thronen der Erde sitzen und seinem Beispiel gemäß eine kleine Welt erhalten. Wollte sagen – – was wollt ich doch sagen? (1:230) Die Lenzsche Verwendung der „Standpunkt"konzeption erinnert an andere ästhetische Vorstellungen des achtzehnten Jahrhunderts. Shaftesbury, in seiner Beschreibung des eigenen Gesichtspunkt des Künstlers, ging davon aus, daß ein Künstler „unnatürlich ist, wenn er der Natur zu nahe kommt und das Leben zu streng nachahmt"; „Einzelheiten," fuhr er fort, „müssen sich dem allgemeinen Plan unterwerfen."[20] Edward Young, der den Akzent auf die Stellungnahme des Künstlers legt, schrieb in seinem „Conjectures on Original Composition": „*Genie* gibt zu verstehen, daß die Geistesstrahlen vereinigt und an einem besonderen Punkt festgesetzt sind; wenn sie weit verstreut sind, wirken sie schwach, und sie schlagen ohne zureichende Kraft."[21]

Über das Wort „Standpunkt" und seine Verwendung bei Lenz ist viel geschrieben worden. Es gibt psychologische, marxistische, und andere Interpretationen der Auszüge, die die Konzeptionen „Standpunkt" und „Gesichtspunkt" enthalten.[22] Dennoch ist in diesem Zusammenhang eine Hauptfigur der Zeit noch nicht erwähnt worden: Johann Caspar Lavater, der im dreizehnten Brief des dritten Bandes der „Aussichten in die Ewigkeit" (1773) schreibt: „Wie ganz anders wird sich uns alles vorstellen, wann wir mit bessern Sinnen begabt, und in einen bequemern Gesichtspunkt gestellt seyn werden!" (3:5) Für Lavater hat der Mensch mit seinem Standpunkt ein „Gesetz" (1:115), „ein moralischer Instinct, der bey uns beynahe eben das ist, was bey den Thieren der Instinct, der sie bestimmungsmässig handeln lehrt . . ." (1:117) Im Himmel werden wir

---

[20] Anthony Ashley Cooper, Earl of Shaftesbury, *Soliloquy: or, Advice to an Author. Characteristics of Men, Manners, Opinions, Times Bd. 1*, Hrsg. John M. Robertson, Gloucester 1963, S. 102-234, S. 112.

[21] Edward Young, *Conjectures on Original Composition. In a Letter to the Author of Sir Charles Grandison*, Dublin 1759, S. 46.

[22] Zum Beispiel, Fritz Martini, „Die Einheit der Konzeption in J. M. R. Lenz' ‚Anmerkungen übers Theater'," *Jahrbuch der deutschen Schiller-Gesellschaft 14* (1970): 166-67. Klaus R. Scherpe, „Dichterische Erkenntnis und ‚Projektemacherei': Widersprüche im Werk von J. M. R. Lenz," *Goethe Jahrbuch 94* (1977): 217. Alan C. Leidner, „The Dream of Identity: Lenz and the Problem of ‚Standpunkt'," *German Quarterly* 59. 3 (1986): 387-400. Martin Rector, „Götterblick und menschlicher Standpunkt: J. M. R. Lenz' Komödie ‚Der Neue Menoza' als Inszenierung eines Wahrnehmungsproblems," *Jahrbuch der deutschen Schillergesellschaft 33* (1989): 185-209.

„das unmittelbare Schauen" (3:86), „die unmittelbare Erfahrung" (3:87) genießen können. Damit Lenz diesen Standpunkt, den er beschreibt, entwickeln kann, muß er zuerst eine wichtige Voraussetzung befriedigen: er muß „Nesseln vorweghauen" um sich von den vom Vater vermittelten paralysierenden christlichen Bilder zu lösen. Und sein größter Schritt in diese Richtung waren die breiten, flachen Gemälde seiner dramatischen Werke. Das Lenzschen Drama fördert zuerst die intensive Beobachtungskraft, die ihm zum Anker wird und ihn im sicheren Abstand von der anziehenden Rhetorik seines Vaters hält. In der früheren Dichtung, z. B. „Die Landplagen," zeigte Lenz schon seine Fähigkeit, Details zu bemerken, aber damals hatten die Teile der Welt einen Sinn weil sie in den göttlichen Heilsplan eingefügt waren. Ähnliches läßt sich in seinem Gedicht von 1766, „Der Versöhnungstod Jesu Christi," mit seiner Annahme, daß eine Konzeption der göttlichen Vollkommenheit nötig war, um die Welt zu verstehen, konstatieren. Ganz anders die Figuren seiner Dramen – wie z.B. der Obrist in „Die Soldaten," der empfiehlt, daß der Staat die Soldaten mit Prostituierten versorgt – die unfähig sind, einen Gesichtspunkt anzubieten, der der Gesamtperspektive des Textes entspricht. Die Werke von Lenz, die uns am meisten anziehen, sind die mit einer lockeren, entfesselten Rhetorik. Es sind Texte über die das Auge frei wandern darf, Texte in denen die tyrannische Herrschaft des Wortes nirgends zu finden ist. Einzelheiten und Figuren übernehmen die Verantwortung für sich selbst und erwarten nicht, von einer Zuschauerschaft gerechtfertigt zu werden, deren moralischer Erwartungshorizont ein Glied in einer syllogistischen Kette ist.

In dieser Hinsicht ähnelt Lenz einem anderen Schriftsteller, dessen Texte auch rhetorisch locker sind – Johann Georg Hamann, der schrieb: „Die Unwissenheit des Sokrates war Empfindung."[23] Weder in den Hamannschen noch in den Lenzschen Werken, gibt es eine sofort verständliche Verbindung zwischen dem einzelnen Wort und seinem Kontext. Und beide Schriftsteller glaubten, daß eine naive Spontaneität möglich sei, eine Spontaneität, die ohne eine spezifische Zuschauerschaft und seine Traditionen hätte existieren können. Beide möchten wissen, was passiert, wenn Menschen versuchen, „einsilbig" zu kommunizieren. Wie Hamann schreibt:

Ein Philosoph wie Saul stellt Mönchengesetze – Leidenschaft allein giebt Abstraktionen sowohl als Hypothesen Hände, Füße, Flügel –

---

[23] J.G. Hamann, *Sämtliche Werke. Historisch-kritische Ausgabe Bd. 2*, Hrsg. Josef Nadler, Wien 1951, S. 273.

Bilder und Zeichen Geist, Leben und Zunge – Wo sind schnellere Schlüsse? Wo wird der rollende Donner der Beredsamkeit erzeugt, und sein Geselle – der einsylbichte Blitz – (2:208)
Wie Hamanns Produzent des einsilbichten Blitzes, oder wie Hamanns Sokrates, trägt Lenz der Dramatiker etwas bei, in dem er uns den Wert unserer Unwissenheit lehrt. Von diesem Dramatiker, der nach einem Standpunkt zu verlangen scheint, lernt man paradoxerweise wie man eine stabile, theoretische Position vermeidet. Sein Drama ist kein Endziel, sondern lediglich ein erster Schritt auf dem Wege zum Ausbau seiner eigenen Haltung der Welt gegenüber – eine Haltung, die von keinem begrenzten, festgefrorenen, zweiteiligen System von Gut und Böse, Erlösung und Verdammung, abhängen wird. Das Drama von Lenz ist ein vorbereitendes Manöver (und das einzige Manöver, das ihm möglich war), dessen Ziel es ist, die Kräfte zu entwaffnen, die seine eigene schöpferische Kraft erstickten. Die meistverwendete rhetorische Stilfigur ist die immerwährende Demonstration der Fähigkeit, sich selbst zu unterbrechen und alle sonstigen rhetorischen Kräfte zu zerstören. Lenz will nämlich einerseits bedeutungsvolle Kontexte schaffen, sie aber auch gleichzeitig zerstören können. Er will sich äußern, aber er will sich auch das Recht vorbehalten, sich selbst zu unterbrechen, denn es kann immer sein, daß es nicht seine eigene Stimme ist, die spricht. In den „Anmerkungen" zerstört sein rhapsodischer Stil beständig seine eigene Kontinuität. In seinen Gedichten spricht uns ein Herz an, das sich verweigert, sich der Natur genügend zu bedienen, um seine lyrischen Bilder zu vollbringen. In seinen Dramen produziert er Figuren, die Kaffeekannen zum Fenster hinauswerfen, weil Lenz nicht imstande ist, sie auf seinen Vater zu werfen.

Die Lücken im Werke von Lenz ähneln der „großen Lücke" in Goethes „Urfaust" zwischen der Gelehrtentragödie und der Gretchen-Tragödie, denn beide sind Monumente eines Schrittes, der zwischen zwei konkurrierenden Systemen – das eine religiös und beschränkt, das andere säkular und progressiv – nicht zu leisten ist. Auch Goethe hatte Schwierigkeiten, als er versuchte, die älteren Traditionen seiner Erziehung mit der neuen Welt des freidenkenden Fausts zu versöhnen. Jane K. Brown hat recht wenn sie in „Faust: The German Tragedy" zu dem Schluß kommt, daß der erste Teil von Goethes „Faust" sich bewußt von provinzlerischen deutschen Angelegenheiten entfernt und sich eher mit dem Welttheater beschäftigt.[24] Diese Bewegung zeichnet sich schon im „Urfaust" ab, mit seiner mißlichen Verbindung zwischen Gelehrtentragödie und Gretchen-

---

[24] Jane K. Brown, *Faust: The German Tragedy*, Ithaca 1984.

Tragödie. Selbst die Lage der „großen Lücke" in Goethes frühem Entwurf von *Faust* ist vielsagend: der „Urfaust" bricht genau an der Stelle ab, wo Faust Wagner wegen dessen Hochachtung der Rhetorik tadelt. Schon an diesem Punkt sucht Goethe eine andere Art des Verstehens, eine Methode jenseits der bloßen Rhetorik, um die Frustrationen seines Helden zu begreifen. Wie Lenz, hat sich auch Goethe von alten Ritualen und ihrer Erlösungskraft entfernt, besitzt aber noch nicht das neuere, freiere und progressivere System, das nötig ist, um den Text zu vereinheitlichen.

Am Schluß der „Anmerkungen" erklärt Lenz, daß Shakespeare „ein Theater fürs ganze menschliche Geschlecht [aufschlug], wo jeder stehen, staunen, sich freuen, sich wiederfinden konnte, vom obersten bis zum untersten. (1:255) Shakespeare zeigte den deutschen Dichtern der siebziger Jahre ein tieferes Bewußtsein der Persönlichkeit, die Vielfältigkeit des Lebens, und eine meisterhafte und natürliche Verwendung der Metapher: in H. W. von Gerstenbergs "Briefe über die Merkwürdigkeiten der Literatur" (1766/67) ist Shakespeare das Hauptbeispiel in einer von Edward Young beeinflußten Theorie des Originalgenies; Schillers „Die Räuber" hat Shakespeares „King Lear" und „Richard III" viel zu verdanken; und Goethe sagte einmal, er wäre „blind" gewesen, bis er Shakespeare las. Am meisten aber erwähnten die Stürmer und Dränger „Hamlet," und in vieler Hinsicht ist der Zustand Hamlets dem Zustand von Lenz ähnlich. Wie Hamlet, findet Lenz nie eine zufriedenstellende Autorität für seine Handlungen; die Gestalten seiner Dramen entfalten sich nur mit Schwierigkeit; Pläne scheinen unmöglich zu begreifen und zu vollbringen; und in vielen Texten ist Lenz unfähig, seinen eigenen Gedankengang durchzuführen. Lenzens höchstes Ziel ist es, eine Spontaneität darzustellen, die an sich schon Sinn hat, ohne von dem Glauben abhängig zu sein, der Lavaters Homiletik – und die seines Vaters – informierte. Darum schreitet er oft von kurzen Demonstrationen der Spontaneität sogleich zum katastrophalen Durchbruch einer weiteren Autorität, die den Text einheitlich machen könnte. Er war unfähig, im selben Moment die Rhetorik der Religion zu verwenden und sich frei zu fühlen. Aus dieser Schwäche entsteht etwas, was für unser Jahrhundert eine Stärke zu sein scheint. Er ist noch nicht bereit, Handlungen zu manipulieren, um eine Illusion der Spontaneität und Unabhängigkeit zu produzieren. Darum stottert er in seinen Texten, während sie die Versuche seines Autors, Abgeschlossenheit zu schaffen, herabsetzen. Die Tendenz dieser Texte, plötzlich umzuschalten und in umgekehrte Richtung zu gehen, verleiht seinen Werken eine anomale

Redeweise. Es sind Texte, die sich nicht dafür interessieren, „die Bedingungen der genauen Darstellung" (Rorty) zu erfüllen.[25]

Unter den Dramatikern des Sturm und Drangs ist es nicht Lenz, sondern Schiller, der Lücken schafft, die eine Zuschauerschaft schließen sollte. In den „Räubern" kommt eine Suche nach dem schwer bestimmbaren „Standpunkt" nie in Frage: die Grundlagen von Karl Moors Moralität sind so stabil, daß sie einem sofort ins Auge fallen, auch wenn er raubt und mordet. Schillers Schauspiel von 1781 erhält seine Wirkung aus derselben Spannung – nämlich zwischen einer barocken Rhetorik und dem Verlangen nach Freiheit – die die Werke von Lenz informiert. Was aber das barocke Erbe betrifft, ist Schiller nicht ambivalent: er erhebt einen Anspruch darauf. Und sein erstes Drama hat Erfolg, weil es sich auf die religiöse Tradition der Zuschauerschaft verläßt. Lenz, im Gegensatz, versucht nicht, seinen Zuschauern Gelegenheit zur Selbstbestätigung und Selbstergänzung zu geben; sein Ziel ist es einfach, sich dem Leben auf eine lockere und freiere Art anzunähern. Die Lücken und Selbstunterbrechung in seinem Werk sind eingebaute Mechanismen, deren Funktion es ist, Prozesse zu entgleisen, die ihn verstricken während er sich langsam als Künstler entwickelt. Wie Werther, der Mimesis aufgibt als er das Zeichnen aufgibt, glaubt Lenz nicht, daß er bereit ist, die „Bedingungen der genauen Darstellung" zu befriedigen.

---

[25] „Conditions of accurate representation" Richard Rorty, *Philosophy and the Mirror of Natur,* Princeton 1979, S. 11.

Stolz und Demut, Illusion und Mitleid bei Lenz

David Hill (Birmingham, UK)

„Ich, der stinkende Atem des Volks." (III, 333)[1] Trotz der Vehemenz, mit der sich Lenz hier zum Volk bekennt, läßt die Formulierung mehrere wichtige Fragen offen: wer ist das Volk? auf welche Weise identifiziert sich Lenz mit ihm? welches Bild der Gesellschaft und der gesellschaftlichen Funktion des Dichters liegt hier verborgen? Der Begriff ‚Atem' veranschaulicht einerseits, daß Lenz als Dichter (bzw. seine Dichtung) eine Lebensnotwendigkeit für das ‚Volk' ist. Gleichzeitig aber wird damit seine existentielle Andersartigkeit betont: denn ein lebendes Wesen braucht Atem und in einem gewissen Sinne gehört der Atem zu ihm, aber der Atem ist trotzdem etwas ihm Äußerliches, Fremdes, etwas, wovon das Lebendige Gebrauch macht. Obwohl sich Lenz zum Volk bekennt, versteht er sich nicht ohne Weiteres als organischen Teil des Volks. Und mit dem Wort ‚stinkend' ist dann die Art der Identifikation weiter durch den Gedanken erweitert, daß er als Dichter, als ‚Atem des Volks,' jemandem unerträglich ist, und zwar, wie man annehmen muß, einer Person oder einer Gruppe, die nicht zum Volk gehört. Außerdem bietet er dem Leser durch die negative Kraft des Wortes ‚stinkend' diese dem ‚Volk' gegenübergestellte Position als Perspektive an, auch wenn eine solche alternative Identifikation sarkastisch, eventuell provokativ gemeint ist. Diese negative Tendenz des Wort ‚stinkend' steht also in einem Spannungsverhältnis zum Wort ‚Atem', das, wenn es für das Leben schlechthin steht, nicht nur das physische Leben, sondern (wie dem Pfarrerssohn Lenz bekannt sein dürfte) über das Griechische auch den ‚Geist' in einem religiösen Sinn meint.

Der Kontext dieser Selbstdefinition, ein bekannter Brief an Herder vom 28. 8. 1775, wirft einiges Licht auf das komplizierte Verhältnis zwischen dem Dichter, dem Volk und dem nicht zum Volk Gehörenden, das in dieser Aussage verborgen liegt, und zeigt, daß hinter dem Wort ‚Volk' etwas mehr als nur eine sozialpolitisch definierbare Schicht oder Klasse innerhalb eines Systems sozialer Ungleichheit steckt. Nur mit größter Vorsicht könnte man mit Evamarie Nahke von „Volksverbundenheit" bei

---

[1] Band- und Seitenangabe bezieht sich auf die von Sigrid Damm herausgegebene Ausgabe, *Werke und Briefe, 3 Bde*, Leipzig 1987; alle Hervorhebungen im Original.

Lenz sprechen.² Diese Stelle in dem Brief bildet den Übergang von einem Ausdruck seiner zerstörerischen Minderwertigkeitsgefühle („das Gefühl meines Unwerts," „mir selbst ein Exempel der Gerichte Gottes, der nie unrecht richtet" III, 332-333), die aus einer Selbstkritik an „Der neue Menoza" hervorgehen, zu einem Trotz gegenüber denjenigen, die ihm solche Minderwertigkeitsgefühle einflößen:

> Ich verabscheue die Szene nach der Hochzeitsnacht. Wie konnt ich Schwein sie auch malen! Ich, der stinkende Atem des Volks, der sich nie in eine Sphäre der Herrlichkeit zu erheben wagen darf. Doch soll mirs ein Wink sein. – O ja, auch ich werde mein Haupt aufheben. Daß Du im ‚Coriolan' eben die Szene aufnimmst, die ich gestern der Königin übersetzt, über die ich seit drei Tagen brüte! Es ist, als ob Coriolan bei jedem Wort, das er widers Volk sagte, auf mich schimpfte und doch kann ich ihn ganz fühlen, und all seinen Grundsätzen entgegen handeln. (III, 333-334)

Diese wenigen Sätze zeigen die proteische Labilität der Identifikation, die für die Person Lenz wie auch für die Charakterdarstellung in seinen Dramen typisch ist: sie zeugen von einem intensiven Einfühlungsvermögen, auch auf Kosten einer vereinheitlichenden Übersicht. Offenbar schämte sich Lenz seiner Darstellung der scheinbar inzestuösen Liebe zwischen dem Prinzen und Wilhelmine in „Der neue Menoza" (Akt III, Szene 3), und diese Selbstverachtung erinnerte ihn an zwei Stellen in Shakespeares Tragödie „Coriolanus," die er übersetzt und seiner Wirtin, Luise König, vorgetragen hatte. In der einen, die Herder anscheinend erwähnt hatte, berichtet Brutus, Coriolan habe geschworen, er „werde ... sich nimmer entschließen, das gewöhnliche Kandidatenkleid anzulegen oder seine Wunden dem Volk zu weisen und es so um seine stinkenden Stimmen zu bitten." (I, 681) Dies wird dann zweitens in den Worten von Coriolan selbst aufgenommen, als er sich aus Stolz nicht zwingen kann, die Bürger Roms um ihre Wahlstimmen zu bitten, und erstere mit folgenden Worten verflucht: „Ihr Haufen bellender Hunde, deren Atem ich hasse, wie den Dampf verfaulter Moräste, deren Liebe ich gerade so hoch schätze als die Äser unbegrabener Toten, die mir die Luft anstecken." (I, 686) In dem Brief an Herder geht Lenz von einer Selbstverachtung aus, indem er sich der Kritik Herders anschließt, aber durch die Erinnerung an Coriolan vermag er, diese Selbstverachtung dadurch zu ‚inszenieren,' daß er sie mit der Verachtung des römischen Volks durch Coriolan identifiziert

---

² Evamarie Nahke, „Über den Realismus in J. M. R. Lenzens sozialen Dramen und Fragmenten," Diss. Berlin, Humboldt 1955, S. 47.

und sie so als Reflex des Charakters von Coriolan, seines Stolzes, tendenziell umdeutet. Durch diesen ‚Sklavenaufstand in der Moral' gelingt es ihm, eine Kategorie einzusetzen (den Stolz), mittels derer er seine Überlegenheit, und zwar seine moralische Überlegenheit, über den scheinbar Überlegenen, der die Macht besitzt, behaupten kann. Daß ihm das nur teilweise gelingt, zeigt die Ambivalenz der letzten Worte dieser Briefstelle, die von der psychischen Anstrengung zeugen, die notwendig ist, damit sich Selbstverachtung in die Verachtung anderer umschlägt.

Genau diese Ambivalenz gegenüber Coriolan ist das Thema der Tragödie und wohl dasjenige, was Lenz bewog, sie zu übersetzen und zu bearbeiten. Coriolan ist der große, allen Tribunen überlegene Held, dessen Überlegenheit jedoch die Basis seiner zentralen moralischen Schwäche bildet, nämlich seinen Stolz. „Sein Stolz hat seinesgleichen nicht," heißt es in der ersten Szene des Stücks. (I, 669) Die Verachtung, die Coriolan den Römern dadurch zeigt, „daß er alles um sich herum erniedrigen will" (I, 676), ist diejenige, die Lenz selbst zu spüren, eventuell teilweise zu verdienen glaubte. Weil Coriolans Stolz ihm nicht erlaubt, sich vor dem Volk zu demütigen, wird er verbannt und empfindet dann eine solche „Schmach" (I, 690), daß er zu den Feinden Roms übergeht. So kommt es zu der Krise des Stolzes, als Coriolan sich gegen Ende des Stücks den Bitten seiner Familie widersetzt, Rom zu begnadigen: „Er ist stolzer auf seinen neuen Zunamen Coriolan als empfindlich gegen unsere Tränen" (I, 697), sagt seine Mutter. Schließlich aber erringt er Freiheit, indem er seinen Stolz doch überwindet, und zwar durch eben diese ‚Empfindlichkeit', durch sein „Mitleiden." (I, 698)

Bei Shakespeare ist das ‚Volk' („the people") in erster Linie eine große soziale Gruppe oder Schicht innerhalb einer gesellschaftlichen Rangordnung. Obwohl die Einheit dieser Gruppe nicht nur eine materielle Form, sondern ebenfalls verschiedenartige ideologische Dimensionen (z.B. Sprechweise, Denkweise, Vorurteile u.ä.) hat, bleibt die reale gesellschaftliche Zuordnung im Vordergrund. Weil es sich bei Lenz um eine Übersetzung handelt, ist diese reale gesellschaftliche Zuordnung natürlich immer noch die Grundbedeutung von ‚Volk', aber Lenz scheint die soziale Gruppenbildung in eine andere Richtung forcieren zu wollen, um vielmehr ein Verhältnis zwischen Verachteten und Verächtern in den Vordergrund zu stellen: sowohl die Übertragung wie auch der Brief, legen den Akzent auf einen Begriff des ‚Volks', der in erster Linie die Gemeinschaft der Verachteten meint.³

Auch andere Äußerungen aus dieser Zeit, so inkonsistent sie untereinander auch sein mögen, bestätigen, daß Lenz mit dem Wort ‚Volk' nicht in erster Linie eine Stellung innerhalb einer sozialen Rangordnung abgrenzen wollte. In einem Brief an Sophie von La Roche vom Juli 1775, in dem er – wie auch Herder gegenüber – ihrer Beanstandung der Sittlichkeit von „Der neue Menoza" rechtgab, hatte er sie gebeten „zu bedenken, ... daß mein Publikum das ganze Volk ist; daß ich den Pöbel so wenig ausschließen kann, als Personen von Geschmack und Erziehung." (III, 326) Der Begriff ‚Volk' bezeichnet hier nicht eine soziale Gruppe innerhalb der Gesellschaft, sondern umfaßt die ganze Gesellschaft und wehrt sich gegen den Ausschluß von ‚Personen von Geschmack und Erziehung.' Lenz scheint seine dramatische Tätigkeit an eine Art Gemeinschaft richten zu wollen: nach der „Rezension des neuen Menoza von dem Verfasser selbst aufgesetzt" „müssen unsere deutschen Komödienschreiber komisch und tragisch zugleich schreiben, weil das Volk, für das sie schreiben, oder doch wenigstens schreiben sollten, ein solcher Mischmasch von Kultur und Rohigkeit, Sittigkeit und Wildheit ist." (II, 703) Wenn er überhaupt Grenzen zieht, dann um diejenigen auszuschließen, die nicht zu der von ihm angesprochenen Kulturgemeinschaft gehören, einer Kulturgemeinschaft, die oft ausgesprochen nationale Züge hat: „Mein Theater ist ... unter freiem Himmel vor der ganzen deutschen Nation, in der mir die untern Stände mit den obern gleich gelten die *pedites* wie die *equites* ehrenwürdig sind." (III, 317) Auch die in „Über die Bearbeitung der deutschen Sprache" gestellte Forderung, das Leben „unserer sogenannten gemeinen Leute" zu studieren, wird von dem Ziel geleitet, eine deutschnationale Kulturgemeinschaft aufzubauen. (II, 775-776) Daher kann in der „Verteidigung des Herrn W. gegen die Wolken" der ungebildete ‚Pöbel' aus dem Begriff ‚dem ganzen Volk' ausgeschlossen werden, indem Lenz diesen folgendermaßen glossiert: „Ich nehme hier das Wort im gemilderten Verstande, so daß ich den Pöbel, der weder Dichter noch Gelehrte anders als vom Hörensagen kennt, davon ausschließe. Dagegen zähle ich auch *die Väter des Volks* zum Volke ...." (II, 719)

---

³ Ähnlich Eva Maria Inbar: „Nicht mehr um die Auseinandersetzung zwischen Patriziern und Plebejern, allgemeiner gesagt, zwischen Aristokratie und Volk geht es in der Stimmwerbeszene, sondern um den Ekel des großen Einzelnen vor dem stinkenden Atem des Masse." *Shakespeare in Deutschland: Der Fall Lenz*, Studien zur deutschen Literatur, 67 Tübingen 1982, S. 168.

Lenz war sich der Rangunterschiede seiner Gesellschaft und deren Auswirkungen in alltäglichen zwischenmenschlichen Beziehungen deutlich bewußt – wohl deutlicher bewußt als irgend ein anderer Autor seiner Zeit in Deutschland –, und die Erkenntnisse der Soziologie im 20. Jahrhundert legen es nahe, in diesen Rangunterschieden (durch welchen Mechanismus es auch sei) die bestimmende Kraft zu sehen, die zu der in den Dramen von Lenz dargestellten Dehumanisierung der Personen führt. Es ist auch wahr, daß gerade solche gesellschaftswissenschaftlichen Erkenntnisse ihre Wurzeln im 18. Jahrhundert haben und daß Lenz eine wichtige Etappe in ihrer Entwicklung darstellt und insoweit als Wegbereiter des Realismus gelten muß. Entsprechend ist der Realismus der großen Dramen von Lenz seit langem erkannt worden: in „Die Soldaten," zum Beispiel, konnten die Auswirkungen der Machtverhältnisse bis in die Sprache der Personen verfolgt werden, sodaß jede Geste sozialstrukturelle Bedeutung erhält.[4] Ein solcher Realismus wird in der Regel so verstanden wie auch in der ausführlichsten Darstellung, der von Hans-Günther Schwarz, für den Lenz „den Menschen in seiner gesellschaftlichen Zwangsjacke" zeige: „das Individuum wird zum Exponenten sozialer Mächte."[5] Natürlich müssen Einzelaussagen eines zugegeben (III, 287) unsystematischen Denkers mit Vorsicht behandelt werden, aber die Untersuchung der einleitenden Briefstelle legt die Vermutung nahe, daß die unmenschlichen Verhaltensweisen, die in der Interpretation des zwanzigsten Jahrhunderts auf eine entmenschlichende Strukturierung des Gesellschaftsganzen zurückweisen, bei Lenz nicht genau diese Bedeutung haben. Das hieße, daß der Stolz und die Verachtung, die die Personen (besonders die Mächtigen) kennzeichnen, nicht – oder nicht nur – Konsequenzen der Ungleichheit der Standesordnung und daher dramatische Mitteln zu einer Kritik der Gesellschaftsstruktur wären, sondern Beispiele wären von falschen Verhaltensweisen,

---

[4] Siehe besonders: Oskar Gluth, „Lenz als Dramatiker," Diss. München 1912; Georg Hausdorff, „Die Einheitlichkeit des dramatischen Problems bei J. M. R. Lenz," Diss. Würzburg 1913; Walter Höllerer, „Lenz. Die Soldaten," *Das deutsche Drama*, Hrsg. Benno von Wiese, Düsseldorf 1958, I, 127-146; Bruce Duncan, „The comic structure of Lenz's Soldaten", *Modern Language Notes*, 91 (1976): 515-523; Edward McInnes Hrsg., Lenz, *Die Soldaten*, München 1977; Paul Michael Lützeler, „Jakob Michael Reinhold Lenz: Die Soldaten", *Interpretationen. Dramen des Sturm und Drang*, Stuttgart 1987, S. 129-159.

[5] Hans-Günther Schwarz, *Dasein und Realität. Theorie und Praxis des Realismus bei J. M. R. Lenz*, Bonn 1985, S.69; ähnlich S. 87, wo Schwarz von der „Bestimmung des Menschen durch die Umwelt" und der „soziale[n] Bedingtheit des Menschen" spricht.

die als solche eine Kritik verdienten, eine, die also vorsichtig eher moralisch genannt werden müßte.⁶

In der Tat gibt es eine andere Interpretationstradition, die es sich zur Aufgabe gemacht hat, in den Worten ihres Exponenten Ottomar Rudolf, „Moralbegriff und Sittenlehre"⁷ bei Lenz zu untersuchen, und diese geht dann meistens von den moralisch-theologischen Schriften aus. Damit läuft ein solcher Ansatz leicht Gefahr, bei einer Abstraktheit, Allgmeinheit und Rigidität zu verbleiben, die zu der konkret dargestellten sozialen Welt der Dramen keinen Bezug hat.⁸ Kritiker wie Klaus Scherpe und Bruce Duncan haben dann besonders wertvolle Versuche gemacht, diesen beiden Seiten im Lenzschen Werk gerecht zu werden.⁹ Ausgangspunkt der gegenwärtigen Untersuchung ist der Hinweis von John Osborne[10] auf die Bedeutung des Begriffs des Stolzes und damit die Frage, ob dieser als ‚gesellschaftliche

---

⁶ Siehe auch David Hill, „‚Das Politische' in *Die Soldaten*," *Orbis Litterarum* 43 (1988): 299-315.

⁷ Ottomar Rudolf, *Jakob Michael Reinhold Lenz. Moralist und Aufklärer*, Bad Homburg 1970, S. 13. Unter den neueren Vertretern dieser Tradition sind besonders hervorzuheben: Timothy Fairfax Pope, „The concept of action in the works of J. M. R. Lenz," Diss. University of British Columbia 1980; Norman R. Diffey, *Jakob Michael Reinhold Lenz und Jean-Jacques Rousseau*, Bonn 1981; Jean-Claude Chantre, *Les considérations religieuses et esthétiques d'un „Stürmer und Dränger". Etude des écrits théoriques de J.M.R. Lenz (1751-1792)*, Bern 1972; John Osborne, *J.M.R. Lenz. The Renunciation of Heroism*, Göttingen 1975.

⁸ Z.B. die ersten Sätze der ‚Schlußbemerkung' von Rudolf: „Das ganze Ziel des Menschen besteht darin, glücklich und vollkommen zu werden... Dies ist die Schlußfolgerung des Moralisten Lenz." S. 246.

⁹ Folgende Zitate deuten auf die Skala der Interpretationsmöglichkeiten hin. Bruce Duncan: „On the one hand, his [Lenz's] theology, his moral sense, and the language with which he could express himself stem from eighteenth-century traditions; on the other hand, his perception of society and of society's effect on the individual have more in common with more positivist thinkers from the nineteenth and twentieth centuries." „A ‚cool medium' as social corrective: J. M. R. Lenz's concept of comedy," *Colloquia Germanica*, 9, (1975): 242. Klaus R. Scherpe: „Um die Eigenart und nicht zuletzt auch die viel gerügte Inkonsistenz des Lenzschen Werkes zu begreifen, scheint es sinnvoll und notwendig, beide Aspekte - Lenz' soziale Phantasie, die sich aufs Projektmachen für das gesellschaftliche Gemeinwohl verlegt, und seine künstlerische Phantasie, die an der unmittelbaren Widerspiegelung von Lebenspraxis haftet - zu untersuchen und in ihrem Verhältnis zueinander zu bestimmen". „Dichterische Erkenntnis und ‚Projektmacherei'. Widersprüche im Werk von J. M. R. Lenz," *Goethe-Jahrbuch* 94 (1977): 209.

[10] „The problem of pride in the work of J. M. R. Lenz," *Publications of the English Goethe Society*, NS 39 (1969): 57-84; diese Überlegungen bilden auch den Ausgangspunkt seines Buches, *J. M. R. Lenz. The Renunciation of Heroism*.

Sünde' geeignet ist, eine Brücke zu schlagen zwischen dem Moralisch-Theologischen und dem Gesellschaftlichen in der Lenzschen Gedankenwelt. An allen Sünden, nicht nur der ‚superbia,' haftet etwas Soziales, aber diese hat an sich besonders starke soziale Bezüge, und die spezifische Bedeutung des Stolzes bei Lenz als eine Sünde, die sich an den Spannungen der gesellschaftlichen Ungleichheit entzündet, erschließt sich erst aus der ihm eigenen Weise, wie er ihn verwendet, um diese beiden Seinsbereiche miteinander zu vermitteln.[11]

In jenem Sommer 1775 sah sich Lenz durch eine Reihe von Erfahrungen (vor allem durch sein Verhältnis zu zwei adligen Frauen, Henriette von Waldner und Sophie von La Roche, zusammen mit seiner Erinnerung an das Verhalten der Barone von Kleist ihm und Cleophe Fibich gegenüber) besonders veranlaßt, sich mit dem Problem seiner Rolle als Mensch und als Dichter in einer durch Rangunterschiede gespaltenen Gesellschaft auseinanderzusetzen. Dieses Problem nahm für ihn verschiedene Formen an. Besonders typisch ist die Art, wie er es mit dem ihn von jeher bedrückenden Mißverhältnis von Ich und Welt, also im Grunde mit einem Gefühl der Minderwertigkeit, rückkoppelte; ja, diese Minderwertigkeitsgefühle haben ihn in Situationen hineingezwungen, wo er die Probleme der sozialen Ungleichheit am eigenen Leib erfahren mußte.[12]

---

[11] Damit ist nicht gemeint, daß den Werken von Lenz irgend ein vereinheitlichendes System aufgebürdet werden soll. Das Entscheidende an dem Beitrag von Lenz zum deutschen Drama ist wohl seine Fähigkeit, das Problem der Bedingtheit menschlichen Handelns darzustellen. Die Komplexität dieser Bedingungen führt in *Der Hofmeister* und *Die Soldaten* zu einem fast unüberschaubaren Netz von Verhältnissen, innerhalb dessen die Begriffe Stolz und Demut eine zentrale aber nicht die allein bestimmende Rolle spielen. Auch darf man hier keine genaue terminologische Konsistenz bei Lenz erwarten: es geht zunächst darum, etwas von der Verschiedenheit und Mannigfaltigkeit der Formen darzustellen, in denen das mit dem Begriff Stolz zusammenhängende Begriffsfeld (einschließlich etwa Hochmut, Eitelkeit sowie auch Demut) in den Werken von Lenz erscheint, um dann vorsichtig Regelmäßigkeiten und Strukturen herauszuarbeiten.

[12] Als neuere Beiträge zur Psychologie von Lenz seien genannt: Sigrid Damm, *Vögel, die verkünden Land. Das Leben des Jakob Michael Reinhold Lenz*, Berlin 1985; Rüdiger Scholz, „Eine längst fällige historisch- kritische Gesamtausgabe: Jakob Michael Reinhold Lenz," *Jahrbuch der deutschen Schillergesellschaft* 34 (1990): 195-229. Siehe auch den psychologischen Ansatz des Nachrufs von Jerczembski: „Von allen verkannt, gegen Mangel und Dürftigkeit kämpfend, entfernt von allem, was ihm teuer war, verlor er doch nicht das Gefühl seines Wertes; sein Stolz wurde durch unzählige Demütigungen noch mehr gereizt und artete endlich in jenem Trotz aus, der gewöhnlich der Gefährte der edlen Armut ist." (Nach Damm, III, 767).

Lenz reagierte empfindlich auf jedes Zeichen der Verachtung. Diese Empfindlichkeit zeigt sich in der Weise, wie er sich gegen Angriffe (oder vermeintliche Angriffe) wehrt, z.B. in „Verteidigung des Herrn W. gegen die Wolken" und in „Über den Zweck der neuen Straßburger Gesellschaft."[13] Die Minderwertigkeitsgefühle, die einer solchen Empfindlichkeit zugrundeliegen, und eine zentrale charakterologische Tendenz von Lenz darstellen, haben sicherlich ihre Ursprünge in seinen Kindheitserfahrungen im strengen Vaterhaus. Hier erhielten sie auch ihre erste Prägung durch die repressive Version des Christentums, die der Vater als Pfarrer vertrat. Man findet sie in der Leugnung des physischen Selbsts, die Thema der *Lebensregeln* ist, wie auch in dem Motiv der Selbstkasteiung, das in vielen seiner Werke erscheint. Man sieht sie in seiner radikalen Interpretation der Verachtung und überhaupt der Leugnung des Ichs: „Das allerhöchste Leiden ist Geringschätzung. Nicht höher kann das Leiden irgend eines sterblichen Menschen steigen als das Leiden Christi ...." (II, 624) Nichts grundsätzlich Anderes ist seine Empfindlichkeit gegenüber dem Stolz anderer, bzw. seine Tendenz, dem Stolz, also dem moralischen Fehlverhalten anderer, die Verachtung zuzuschreiben, die er selbst zu empfinden glaubte. Der christliche Begriff Stolz und seine Antithese, Demut, stellen den Versuch da, die Negation des Selbsts auf denjenigen zu übertragen, der einen selbst zu negieren droht.

Die erste Buchveröffentlichung von Lenz, *Die Landplagen*, ist in dem traditionellen christlichen Weltbild noch so verankert, daß das Erscheinen dieser Begriffe fast eine Selbstverständlichkeit ist, aber der Text befaßt sich weniger mit menschlichen Verhaltensweisen als mit den allgemein herrschenden Verhältnissen zwischen dem Menschen und einem strafenden, eventuell belohnenden, alttestamentarischen Gott. Unter den wenigen ausdrücklich genannten Tugenden wird das Mitleid eingeführt (III, 58), und gewissermaßen als Gegensatz dazu der Stolz, mit dem die durch den Krieg Verarmten vernachlässigt werden (III, 41), und das das ganze Gedicht durchziehende Motiv der Eitelkeit. (bes. III, 64) Solche Hinweise sind noch sehr formelhaft, und erst in der Straßburger Zeit zeigt sich, daß sie inhaltlich eine zentrale Bedeutung für ihn gewonnen haben. Nicht von ungefähr war das Thema, das er für eine aus dem Stegreif improvisierte Predigt in Sesenheim wählte, wie er Salzmann am 31. 8. 1772 berichtete, „die schädlichen Folgen des Hochmuts." (III, 266) Die Bedeutung des Begriffs ‚Stolz' für Lenz zeigt sich bis in die Nachdichtung der letzten

---

[13] Bezeichnend ist auch die Bemerkung in *Moralische Bekehrung eines Poeten*: „Wie kann da Liebe sein, wo keine Hochachtung ist!" (II, 334).

sieben Strophen der Ballade ‚The braes of Yarrow' von William Hamilton. (III, 171) Die Wörter „stolzieren – stolzieren" in der ersten Strophe der Nachdichtung haben kein Äquivalent in der entsprechenden Strophe bei Hamilton und scheinen aus der vorhergehenden Strophe („My happy sisters may be, may be proud"[14]) in die spätere hineinimportiert worden zu sein. Andererseits war die Demut für Lenz eine Haupteigenschaft von Christus (II, 516-517; II, 575; III, 9); und obwohl sich das wahrscheinlich aus dieser Zeit stammende Gedicht, das er „Die Demut" betitelte,[15] nicht explizit auf Christum bezieht, stellt es die Demut als „der Christen und nur der Christen / Einziger allerhöchster Segen" und als „Heiliger Balsam! der die Wunden / Des Schwingen versengenden Stolzes heilt." (III, 89) Es scheint aus dem Tagebuch von Lavater, daß die Demut das „Lieblings-Sujet" von Lenz war.[16]

Es wäre nicht schwer, eine große Zahl solcher Beispiele von diesem mit Stolz zusammenhängenden Begriffsfeld anzuführen; wichtiger ist eine Erörterung seines Inhalts in den verschiedenen Variationen in einzelnen zentralen Textstellen. Der Roman *Der Landprediger* versucht, ein moralisches Ideal der praktikablen, tätigen Menschlichkeit im Kontext realer gesellschaftlichen Bedingungen zu entwickeln. Diese Utopie wird durch das Leben des Pastors Johannes Mannheim skizziert, dessen Sinn für die praktischen Bedürfnisse der Bauern es ihm erlaubt, nicht nur die eigene Eitelkeit, sondern die Einschränkungen seiner traditionellen Rolle als Pastor zu überwinden und so die Entwicklung einer harmonisch-organischen Gesellschaft zu fördern.[17] An einer Stelle wird exemplarisch dargestellt, welche Kräfte eben dieser Harmonie im Wege stehen, und zwar in der Szene, in der Mannheim den „Herrn des Dorfes" (II, 431) besucht und der Erzähler die Gelegenheit wahrnimmt, dessen Verwandte zu beschreiben:

---

[14] Zitiert nach der Lenz wahrscheinlich vorliegenden Sammlung von Thomas Percy, *Reliques of Ancient English Poetry*, London 1765, II, 365.

[15] Siehe R. Daunicht, „Vier Gedichte von J. M. R. Lenz," *Euphorion 41* (1941): 500-502; Gert Vonhoff, *Subjektkonstitution in der Lyrik von J. M. R. Lenz*, Frankfurt/Main 1990, S. 86-99.

[16] *Goethes Rheinreise mit Lavater und Basedow im Sommer 1774. Dokumente*, Hrsg. Adolf Bach, Zürich 1923, S. 46. Die Formulierung in dem Tagebuch Lavaters ist allerdings nicht ganz so eindeutig wie behauptet von R. Daunicht („Vier Gedichte ...") und Martin Stern „Akzente des Grams," *Jahrbuch der deutschen Schillergesellschaft*, 10 (1966): 160-188, hier S. 168.

[17] Siehe Hartmut Dedert, *Die Erzählung im Sturm und Drang. Studien zur Prosa des achtzehnten Jahrhunderts*, Stuttgart 1990, S. 61-95.

[Sie] hatten noch alle das Rauhe, Herbe und Ungenießbare des Adelstolzes, der eben dadurch, weil er seinen Rang andern fühlen läßt, alle Hochachtung, die sein Rang Vernünftigen einflößen würde, zu Boden schlägt und den gerechten Stolz aller edlen Menschen wider sich empört, die ihm in jedem Augenblick die große Wahrheit zurückzufühlen geben: Kein Mensch kann dafür, wie er geboren ist.

Diese Art Leute beraubt sich aller wahren Schätze und Vorzüge des Lebens. Ihre Verachtung wird von denen mit ihnen grenzenden Ständen mit Verachtung erwidert, und, weil sie vor ihren Obern nach ihrem angenommenen Grundsatz wieder kriechen müssen, so sind sie eigentlich die Allerverachtesten unter allen Menschenkindern. Rechnet man dazu die Leerheit in der Seele, die dieses ewige Aufblähen ihrer selbst verursacht, so wird man ihren Zustand, anstatt ihn zu beneiden, in der Tat eher zu bedauren versucht werden.

Auf der andern Seite gibt es einen Stolz der niedern Stände, der eben so unerträglich ist. Das heißt, wenn sie einen gewissen Trotz, der zu nichts führt, als alle Verhältnisse, die unter Menschen eingerichtet sind, einzureißen, für die notwendigste Eigenschaft eines braven Menschen halten, der sich, wie sie sagen nicht unterdrücken läßt. Sie bedenken nicht, daß eben dieser Stoß in die Rechte der andern, einen Gegenstoß veranlaßt, der gerade das macht, was sie Unterdrückung nennen, und am Ende die traurige Spalte zwischen den beiden Ständen, ich meine dem *Adel* und dem *edlen Bürger* zurückläßt, die einander doch so unentbehrlich sind. (II, 431f.)

Hier wird gezeigt, wie Stolz und Verachtung mit der Ungleichheit zusammenhängen, andrerseits werden sie aber auf den Mißbrauch der Ungleichheitsordnung, nicht auf die Ungleichheit an sich, zurückgeführt. Der Stolz ist als moralischer Fehler nicht an eine einzige Klasse gebunden; er ist gleichermaßen unberechtigt, egal ob er daher stammt, daß die sozial Höhergestellten ihrem eigenem Verdienst ihre Überlegenheit zuschreiben, oder daß die sozial Niedrigen meinen, sie könnten sich über alle sozialen Unterschiede hinwegsetzen. Im Gegensatz zu einer sich durch das Prinzip der Chancengleichheit legitimierenden Gesellschaftsordnung wird hier das Modell eines Gesellschaftssystems aufgestellt, worin die Menschen ihre Zuordnung in der Hierarchie gerade nicht ihrem Verdienst zuschreiben. ‚Kein Mensch kann dafür, wie er geboren ist,' und es ist gerade die Illusion, in einer nach dem Prinzip des Verdienstes hierarchisierten Gesellschaft zu leben, die die Oberen stolz und geringschätzig gegenüber den Unteren macht, während die Unteren, wenn sie dann nicht realistisch genug sind, um die innere Leere der Oberen zu erkennen und sie zu ‚bedauern,' sich gegen eine Gesellschaftsordnung auflehnen, die keine Legitimationsbasis mehr hat. Die Schuld an dieser Entstellung der sozialen Verhältnisse wird also einerseits dem Stolz zugeschrieben, andrerseits dem „falschen Firnis ..., den die Imagination der geringern Stände gemeinhin sich um die höheren lügt und der dem Gefühl ihres eigenen Glücks so gefährlich ist." (II, 417) Sowohl Stolz wie Illusion, beruhen auf einem Mißverhältnis zwischen dem Ich und der gesellschaftlichen Umwelt. Die soziale Ungleichheit ist nicht an sich problematisch, denn sie wird durch eine höheres Prinzip überdeckt, nämlich „das große Prinzipium der Gleichheit alles dessen, was gleich denkt, das durch alle Stände und Verhältnisse geht und nur dem Neide und der Unwissenheit durch äußere Dekorationen entzogen wird." (II, 417) Offensichtlich wird hier eine ‚organische' Gesellschaft vorgeführt, in der es unterschiedliche Rollen gibt; alle sind notwendig, alle sind einander ‚unentbehrlich,' und die Vorteile der einen stellen eine Verpflichtung dar. Die Ungleichheit ist nicht die Ursache der Trennungen zwischen den Menschen, ihrer Entfremdung voneinander, sondern gerade die Voraussetzung derer Aufhebung; die Hauptsache ist, daß sie anerkannt werde, weil dadurch die gegenseitige Achtung möglich wird, auf der die richtig funktionierende organische Gesellschaft beruht. Der Stolz ist es, der die Gemeinschaftlichkeit gefährdet, indem er die für die Gesellschaft konstitutive gegenseitige Achtung unterminiert.

Auch die Denkschrift „Über die Soldatenehen" ist im Grunde der Plan zu einer Gesellschaft, in der gegenseitige Achtung herrscht. Lenz geht hier vom Problem der gesellschaftlichen Integration des Soldatenstands aus, aber seine Lösung versteht sich als Beitrag zur Utopie der harmonischen Gesellschaft. Auch hier geht es um den Gegensatz zwischen „Achtung" (II, 818, 822) und „Hochmut." (II, 800, 803) Mit einer für die literarische Utopie typische Geste führt Lenz „ein Gedicht das ich jüngsthin las, oder ein Gesicht das ich sah" (II, 798) ein, um die Alternative zur schlechten Wirklichkeit darzustellen: „Ich sahe nun den Soldaten, der nun von dem Bürger eben so verachtet als gehaßt und gefürchtet wird, den edelsten Teil dieser Bürger ausmachen, ich sah ihn von der allgemeinen Hochachtung seiner Landsleute entflammt Wunder der Tapferkeit verrichten." (II, 800) Die gesamtgesellschaftliche Bedeutung des Programms der Neuorganisation des Ehelebens der Soldaten erfolgt nicht nur aus dem in die Zukunft weisenden Modell einer Bindung des Soldaten an sein Vaterland, sondern auch aus der für Lenz wichtigen Idee, daß der Soldat erst dann als Mensch und nicht mehr als Maschine behandelt wird. (II, 791, 793, 811,

818)[18] Die Tragweite dieser Vorstellung ergibt sich aus der Darstellung der Harmonie der Stände untereinander:
Wenn der Bürger und Bauer glücklich sind, und der Soldat ist es mit ihnen, dann erst wird der Überfluß Geschmack, und das häßliche Wort Luxus, das itzt nichts weiter als Grillen der Reichen bedeutet, wird dann erfreuliche Pracht, die in dem innern Verhältnis eines jeden Standes ihren Grund hat. Der Handel bleibt keine Spitzbüberei und Betrug der Mode, sondern wird Umsatz wahrer Güter, die in dem Vermögen und der daher notwendigen Verfeinerung jedes Standes ihren Grund haben. Alle Stände, die jetzt gleichsam auseinander gerissen sind, werden wieder in ihre rechten Gelenke gerichtet, und der Staatskörper wird gesund. (II, 819f.)

Der grundsätzlicher Unterschied zwischen diesem Modell der Aufhebung der Entfremdung und demjenigen in *Der Landprediger* liegt nicht in der Weise, wie die sozialen Gruppen, die versöhnt werden sollen, benannt werden, noch in der Kritik der bestehenden Gesellschaft, die hinter ihnen spukt, sondern in der Weise, wie sich Lenz die Herbeiführung der Utopie vorstellte. Aber auch dieser Unterschied ist nicht so groß, wie er zunächst erscheinen mag, denn *Der Landprediger* behandelt den moralisch-politischen Einsatz von Pastor Mannheim, während „Über die Soldatenehen," das sich an „die Könige" (II, 787) richtet, auch auf den Willen einzelner einflußreicher Individuen zu wirken versucht.[19]

Zwei Dramenfragmente sind in diesem Zusammenhang von Bedeutung, trotz dem Fragmentarischen an ihnen, das besondere Interpretationsschwierigkeiten mit sich bringt, denn sie führen einen weiteren Begriff ein, der bei Lenz als eine Art Gegensatz zum Stolz gilt, und zwar das Mitleid. Das Verhältnis von sozial Oberen zu sozial Unteren, das in *Der Landprediger* durch Stolz entstellt wird, scheint in seinem gesunden Zustand durch das Mitleid gekennzeichnet zu sein – daher ‚bedauern.' Unsere Unwissenheit über die Entstehungsgeschichte und die verschiedenen Pläne, die der Komposition von „Catherina von Siena" und „Die Kleinen" zugrunde lagen, erlauben keine sicheren Schlüsse, aber die Motive Stolz und Mitleid scheinen nicht explizit miteinander in Zusammenhang gebracht zu werden, sondern eher als alternative mögliche Ausdrucksformen eines

---

[18] Auch in dem *Götz*-Aufsatz ist die Maschine das Gegenbild zur Freiheit (II, 637).

[19] Dieser praktische Lösungsversuch ist es, nicht die Analyse der Situation der Soldaten, was Goethe in *Dichtung und Wahrheit* als „lächerlich und unausführbar" bezeichnete. *Werke*, Berliner Ausgabe, Bd. XIII Berlin 1967, S. 646.

einzigen, zentralen Verhältnisses. Die erste Bearbeitung von „Catherina von Siena"[20] stellt vor allem das Mitleid von Catherina in den Vordergrund. Sie bemitleidet die durch den Brand obdachlos gemachten Dorfleute und teilt ihnen Almosen aus (I, 425), sie bemitleidet diejenigen, die arbeiten müssen, und schämt sich wegen ihrer eigenen Privilegien. (I, 422-423, 429-430) Das Mitleiden geht bei ihr so weit, daß sie, wie es scheint, die kalte Unbarmherzigkeit ihrer Klasse durch Selbstkasteiung sühnen will. (I, 437f.) Die zweite Bearbeitung von „Catherina von Siena" zeigt statt des Mitleidsmotivs eine plötzliche Durchdringung des Textes mit dem Motiv des Stolzes, und zwar erscheint es in sehr komplexer Form bei beiden Hauptpersonen, Catharina wie Araminta. Die Fragmente B1 und B2 (I, 433f.) zeigen, wie Araminta Catharina des Stolzes beschuldigt, und in B3 sieht sich Catherina gezwungen, zuzugestehen, daß sie sich Araminta gegenüber moralisch überlegen fühlt, auch wenn das bedeutet, daß sie selber stolz ist. (I, 435) Auch im wahrscheinlich etwas später entstandenen Fragment C12 (I, 436) setzt sich Catherina mit der Möglichkeit auseinander, daß der Stolz bei ihrem Entschluß, sich Gott zu widmen, eine Rolle gespielt haben mag. Wie diese Motive zusammenhängen, ist schwer zu rekonstruieren, aber offensichtlich wird hier der Begriff des Stolzes problematisiert: obwohl das Wort ‚Stolz' einen negativen Inhalt hat, zeigen beide Fälle, daß derjenige stolz scheinen muß, der auf Kosten der gesellschaftlichen Umwelt sich selbst getreu ist, ein Gedanke, der in anderen Texten zu der Darstellung einer positiven Form des Stolzes führt. Diese Vertiefung des Begriffs des Stolzes dehnt sich auch auf Araminta aus, denn ihre Bereitschaft, sich aufzuopfern, sollte enthüllt werden als eine „falsche moralische Delikatesse, die die Herzen soweit entfernt und ihren Grund in Stolz habe." (B6: I, 437)[21] Auch hier also findet man einen Stolz, der, obwohl er im Grunde negativ bewertet wird, positiven Tugenden sehr nahe steht.

---

[20] Dieser Unterteilung und der folgenden Bezeichnung der erhaltenen Bruchstücke des Dramas liegen die Ausführungen von Britta Titel und Hellmut Haug in den Anmerkungen zu ihrer Ausgabe zugrunde. Jakob Michael Reinhold Lenz, *Werke und Schriften*, 2 Bde. Stuttgart 1966f., II, S. 762-772.

[21] Wohl ähnlich aber ausführlicher die Beschreibung der Freundin in B5, „die andere, die unter ihr stehen [sic], mit ihr in eine Klasse wirft aus einem falschen Principio der Tugend und Aufopferung, das ihr eigentlich die Stärke gibt" (I, 435), und dazu der Kommentar: „Diese wirklichen Empfindungen der Freundschaft, womit sie sie hintergeht, und sichtbarlich mit ihrem eigenen Wissen hintergeht, sind das allergefährlichste, das allerempfindlichste, das allergiftigste, womit sie sie zu Grunde richtet..." (I, 435f.).

Das Fragment gebliebene Drama „Die Kleinen" geht von einem Begriff der sozial Niederen aus, der Armen und Machtlosen, an die sich Hanns von Engelbrecht[22] wendet. Schon der Titel des Stücks erinnert an die christlichen Assoziationen von Demut und Mitleid.[23] In den beiden überlieferten Versionen der Eingangsszene protestiert Engelbrecht gegen die Entstellung der Verhältnisse der Klassen zueinander. Die eine Version stellt in den ersten Worten Engelbrechts die Notwendigkeit der Demut dar:

Das sei mein Zweck, die unberühmten Tugenden zu studieren, die jedermann mit Füßen tritt. Lebt wohl große Männer, Genies, Ideale, euren hohen Flug mach ich nicht mehr mit, man versengt sich Schwingen und Einbildungskraft, glaubt sich einen Gott und ist ein Tor. Hier wieder auf meine Füße gekomen wie Apoll, als er aus dem Himmel geworfen ward, will ich unter den armen zerbrochenen schwachen Sterblichen umhergehn und von ihnen lernen, was mir fehlt, was euch fehlt – Demut. (I, 474)

Offenbar konnte sich Lenz mit der Armut, der Machtlosigkeit, der Verächtlichkeit – und dem kleinen Wuchs! – der ‚Kleinen,' der „petits gens" (I, 473), identifizieren, aber hier geht er eher von der Position der Intellektuellen aus, um sich zu den ‚Kleinen' hinzuwenden. (Erst in der zweiten Hälfte dieser Rede geht es um die Herrschenden.) Daraus ergibt sich dann eine ähnliche Dialektik wie in „Catherina von Siena," denn Engelbrecht gibt schon hier zu, daß ihm selber die Demut, die er von anderen verlangt, fehlt, und gegen das Ende der erhaltenen Fragmentenreihe wird ihm endlich zu spät klar, wie sehr er dem Hochmut verfallen war. (I, 496)[24]

Die andere Version von „Die Kleinen" betont stärker, wie auch die Stelle aus *Der Landprediger*, die komplementären Fehler der „Unterdrückten", hier das „Gelächter über edlere und feinere Vergnügen" (I,

---

[22] Eine besondere Nähe zu Lenz selbst ergibt sich aus der Beschreibung „reisend aus philosophischen Absichten" (I, 473), die sich beim Reinhold genannten (I, 283) Strephon in „Die Freunde machen den Philosophen" (I, 273) wortwörtlich wiederholt - die Problematik dessen Ausgangssituation übrigens in dem „Hochmut" seiner Freunde (I, 275) besteht.

[23] Matthäus IIXX, 10: „Sehet zu, daß ihr nicht jemand von diesen Kleinen verachtet." Vgl. auch Römer XII, 16,, "Trachtet nicht nach hohen Dingen, sondern haltet euch herunter zu den geringeren."

[24] Auf der Titelseite der Handschrift von „Die Kleinen" merkte Lenz, „Shakespear Shakespear daß ich nicht stolz werde!" *Werke und Schriften*, II, S. 772.

761); andrerseits richtet sich der eigentliche Angriff gegen die „großen aufgeklärten Menschen" (I, 761), die die Verantwortung dafür tragen, weil sie es an Achtung und Verständnis haben fehlen lassen:

> O setzt euch in ihren Gesichtspunkt und lernt die bemitleiden deren eingebildetes Glück ihr beneidt. Haltet euch herunter zu ihnen um sie zu euch emporzuheben. Auch von ihnen *könnt ihr dennoch vieles lernen.* Das Richtige Wahre Ebenmaß bei dem Versteigen eurer Imagination. (I, 761)

Hier nennt Lenz explizit den wichtigen Begriff des Mitleids als Antithese zum Stolz und zur damit zusammengehörenden entstellenden Einbildungskraft.

Die zugleich gegebene Umschreibung, ‚sich in jemandes Gesichtspunkt setzen,' zeigt, daß es bei Lenz weniger um das einzelne Wort, ‚Stolz,' ‚Demut' oder ‚Mitleid' geht, sondern eigentlich um ein Begriffsfeld, das sich mit nur wenigen Verschiebungen in eine andere Sprache übersetzen läßt, und zwar hier die Sprache von Leibniz. Wie Allan Blunden gezeigt hat,[25] lassen die Begriffe ‚Standpunkt' und ‚Gesichtspunkt' auf die Lenzsche Aufnahme von zentralen Kategorien von Leibniz schließen, bei dem sie das Individuelle der verschiedenen Monade bezeichnen, das nur Gott transzendieren kann. Grob gesagt: es ist der existentielle Mangel des Menschen, daß er nicht fähig ist, sich in den Standpunkt seines Mitmenschen zu versetzen, daß er eine falsche oder wenigstens unvollkommene Vorstellung von der Situation seines Mitmenschen hat, weil er nicht ‚mit ihm leidet.'

Dies hilft uns verstehen, warum die Illusion als Gegensatz zum Mitleid zu diesem Begriffsfeld gehört. Andrerseits bestimmen diese Gedanken auch die Ästhetik von Lenz, denn die Kunst, bzw. die Literatur, ist es, die durch ihren Realismus tendenziell versucht, diese Einschränkung zu überwinden. In seinem dramaturgischen Hauptwerk, „Anmerkungen übers Theater," spricht Lenz wenig über das Mitleid an sich,[26] aber er geht von der Notwendigkeit einer Art Nachahmung aus, die Kategorien von Leibniz benutzt, um etwas Ähnliches auszudrücken:

---

[25] „J. M. R. Lenz and Leibniz: A point of view," *Sprachkunst*, 9 (1978): 3-18, bes. S. 14f. Siehe auch: Alan Leidner, „The Dream of Identity: Lenz and the Problem of Standpunkt," *German Quarterly*, 59 (1986): 387-400. Einen anderen Faden von Leibniz aufnehmend, erscheint in dem *Versuch über das erste Principium der Moral* das Mitleid als das Mittel zur Vervollkommnung (II, 510).

[26] Siehe aber II, S. 667; Britta Titel und Hellmut Haug streiten an dieser Stelle wohl zu ausschließlich den Leibnizschen Einfluß ab. *Werke und Schriften* I, S. 653f.

Der wahre Dichter verbindet nicht in seiner Einbildungskraft, wie
es ihm gefällt, was die Herren die schöne Natur zu nennen belie-
ben, was aber mit ihrer Erlaubnis nichts als die verfehlte Natur
ist. Er nimmt Standpunkt und dann *muß er so verbinden.* Man
könnte sein Gemälde mit der Sache verwechseln ....(II, 648)

Eine präzise Formulierung dieses Zusammenhangs findet man in dem
wichtigen Brief an Sophie von La Roche, in dem Lenz vom Lob ihrer
Erzählung *Die Gouvernante* zu einer Beschreibung seines eigenen Stücks
„Die Soldaten" übergeht:

Könnten ... Personen von Ihrem Stande, Ihren Einsichten, Ihrem
Herzen, sich jemals ganz in den Gesichtskreis dieser Armen herab-
niedrigen, anschauend wie Gott erkennen, was ihnen Kummer, was
ihnen Freude scheint, und folglich *ist*, und ihren Kummer ... auf die
ihnen eigentümliche Art behandeln. Ach! das große Geheimnis, sich
in viele Gesichtspunkte zu stellen, und jeden Menschen mit seinen
eigenen Augen ansehen zu können! Sie wären die erste Frau von
Stande, die das gefühlt hätte. Ich bitte Sie, lassen Sie mich Sie
umarmen.

Sie sollen einmal ein Stück von mir lesen: *die Soldaten.* Überhaupt
wird mein Bemühung dahin gehen, die Stände darzustellen, wie sie
sind; nicht, wie sie Personen aus einer höheren Sphäre sich vorstellen, und den mitleidigen, gefühlvollen, wohltätigen Gottesherzen
unter diesen, neue Aussichten und Laufbahnen für ihre Göttlichkeit
zu eröffnen. (III, 323-324)

Auch hier geht es darum, eine realistische Darstellung also eine Darstellung ohne Illusionen der Stände, „wie sie sind," durch die Auffindung
des angemessenen ‚Gesichtspunkts' zu erzielen, und auch hier (wie in den
„Anmerkungen übers Theater") ist ein solcher Versuch eigentlich eine
Nachahmung der Tätigkeit Gottes. Bezeichnend ist, wie Lenz diesen Versuch als Ziel seiner eigenen literarischen Praxis in „Die Soldaten" einführt
und wie er in Umrissen eine entsprechende Rezeptionsästhetik entwirft.
Denn die erzielte Funktion seines Stückes ist es, das Mitleid des Lesers
zu erwecken und zu üben. Ähnlich heißt es in *Moralische Bekehrung
eines Poeten*:

Freilich ist es schwer für einen Glücklichen sich den Zustand Unglücklicher und ihre Empfindungen lebhaft vorzustellen aber er

kann es doch auch ohne eigene Erfahrung durch Teilnehmen und Herablassen vorzüglich aber durch *gute Dichter* lernen. (II, 351)[27]

Der Hinweis auf Leibniz, mit dessen Gedanken sich Lenz Ende 1772 intensiv auseinandersetzte,[28] zeigt in einer Hinsicht die weitere Bedeutung des Begriffs des Mitleids und seiner Antithese, des Stolzes, und ist vor allem für ein Verständnis der theoretischen wie der praktischen Ästhetik von Lenz von großer Bedeutung. Andrerseits scheinen – trotz Blundens Arbeiten – viele Hinweise auf die Kategorien von Leibniz weniger „quasi-technical terms" als eher „casual, if important, metaphors".[29] Ähnlich kann gegen die wertvollen Überlegungen von Martin Rector zu „Der neue Menoza"[30] geltend gemacht werden, daß sie vielleicht zu ausschließlich den Einfluß von Leibniz hinter dem Prinzen betonen und zu wenig die parallele Art der Aufhebung der Individuation durch die „unbekannten Mächte der Sympathie" (I, 181), die nicht nur das hier bezeichnete Verhältnis von Wilhelmine zu Babet, sondern vornehmlich das mit Ohnmachtsanfällen begleitete Verhältnis zwischen Wilhelmine und dem Prinzen bestimmen. In der Tat kommen solche gedankliche Strukturen in einer ganzen Reihe von geistigen Strömungen im achtzehnten Jahrhundert vor, die Hans-Jürgen Schings in seinem Buch über die Entwicklungsgeschichte des Mitleids im achtzehnten Jahrhundert skizziert hat.[31] Auf ihre Bedeutung im Christentum des strengen Vaterhauses, wo „fanatisches Eifern"[32] herrschte, und ihre Rolle in der Psychostruktur des jungen Dichters ist schon hingewiesen worden. Manchmal erinnern Hinweise auf das Mitleid an die pietistische Tradition, die seinen Vater früher beeinflußt hatte, so wenn Lenz von sich und Salzmann als „sympathisierenden Seelen" (III, 290) spricht. Aber das, was die Stellung von Lenz innerhalb diesem Knäuel von Traditionen besonders kennzeichnet, ist, daß er noch an dem gedanklichen Zusammenhang zwischen Mitleid und den gesellschaftlichen Tendenzen zur Indivi-

---

[27] Ähnlich die ersten Worte von *Zerbin oder die neuere Philosophie*, II, S. 354.

[28] Siehe Allan Blunden, „J. M. R. Lenz and Leibniz," S. 10.

[29] „J. M. R. Lenz and Leibniz," S. 6f..

[30] „Götterblick und menschlicher Standpunkt. J. M. R. Lenz' Komödie *Der Neue Menoza* als Inszenierung eines Wahrnehmungsproblems," *Jahrbuch der deutschen Schillergesellschaft* 32 (1989): 185-209.

[31] Hans-Jürgen Schings, *Der mitleidigste Mensch ist der beste Mensch. Poetik des Mitleids von Lessing bis Büchner*, München 1980. Schings führt Leibniz in seiner Interpretation des jungen Schiller an, S. 60. Siehe auch Gerhard Sauder, *Empfindsamkeit*, Bd 1, Stuttgart 1974, S. 183-192.

[32] Sigrid Damm, *Vögel, die verkünden Land*, S. 22.

duation arbeitet. Es sind daher die in diesem Zusammenhang noch nicht kommentierten Ähnlichkeiten mit Rousseau,[33] die uns besonders erlauben, den Zusammenhang dieser Begriffe innerhalb der Gedankenwelt von Lenz besser zu verstehen.

Sicher sind Orientierung und Intention anders bei Lenz als bei Rousseau, aber auch für Rousseau spielen sich die Möglichkeiten des gesellschaftlichen Zusammenlebens zwischen den beiden Polen Mitleid und Egoismus ab. Seine Kritik an der ‚unnatürlichen', entstellten Form der Gesellschaft, die er vorfand, ging von der Beobachtung aus, daß die Menschen von sich selbst entfremdet waren, indem sie von der Meinung ihrer Mitmenschen, „l'opinion", abhingen:

> le Sauvage vit en lui-même; l'homme sociable toûjours hors de lui ne sait vivre que dans l'opinion des autres, et c'est, pour ainsi dire, de leur seul jugement qu'il tire le sentiment de sa propre éxistence. (III, 193)[34]

Die Menschen sind also auch voneinander entfremdet und voneinander abhängig, es herrscht „une vile et trompeuse uniformité" (III, 8), denn jeder auch der Mächtigste muß seinen Wert *darstellen*, ist von der Konkurrenz gezwungen, sich um einen Schein zu bemühen. Rousseau beschreibt seine Version des Sündenfalls, wie folgt:

> Etre et paroître devinrent deux choses tout à fait différentes, et de cette distinction sortirent le faste imposant, la ruse trompeuse, et tous les vices qui en sont le cortége. D'un autre côté, de libre et independant qu'étoit auparavant l'homme, le voilà par une multitude de nouveaux besoins assujéti, pour ainsi dire, à toute la Nature, et surtout à ses semblables dont il devient l'esclave en un sens, même en devenant leur maître. (III, 174f.)

Deswegen bezeichnet Rousseau seine zeitgenössischen zwischenmenschlichen Verhältnisse als „esclavage" im Gegensatz zu einer notwendigen „dépendance réciproque." (IV, 310)

---

[33] Siehe Norman R. Diffey, *Jakob Michael Reinhold Lenz und Jean-Jacques Rousseau*, Bonn 1981. Siehe auch Ottomar Rudolf, *Jacob Michael Reinhold Lenz*, S. 52-66. Die Frage nach dem Maß des Einflusses in einem engeren Sinn ist eine quantitative Frage, die nie endgültig beantwortet werden kann, aber es kann als sicher gelten, daß „der göttliche Rousseau" (II, 652) zur geistigen Entwicklung von Lenz entscheidend beigetragen hat. Bei den folgenden Ausführungen über Rousseau sei vor allem auf das Buch von N. J. H. Dent hingewiesen: *Rousseau. An Introduction to his Psychological, Social and Political Theory*, Oxford 1988.

[34] Band und Seitenangaben beziehen sich auf Jean-Jaques Rousseau, *Oeuvres complètes* Hg. Bernard Gagnebin, Marcel Raymond, o.O. 1959f. 4 Bde.

Die falsche Abhängigkeit, dieses unnatürliche (das bedeutet vor allem: unangemessene) Verhältnis zu den Mitmenschen analysiert Rousseau mittels der Begriffe 'amour de soi' und ‚amour-propre', die verschiedene Möglichkeiten der Wahrnehmung des Selbsts und des eigenen Interesses beinhalten, und zeigt, wie der Stolz im negativen Sinn eine Form der Fremdbestimmtheit ist. Das folgende Beispiel, wo die Gefahren der Liebe angesprochen werden, gibt einen Einblick in die Art dieses Zusammenhangs:

> Avec l'amour et l'amitié naissent les dissentions, l'inimitié, la haine. Du sein de tant de passions diverses je vois l'opinion s'élever un trône inébranable, et les stupides mortels asservis à son empire ne fonder leur propre existence que sur les jugemens d'autrui. Etendez ces idées et vous verrez d'où vient à nôtre amour-propre la forme que nous lui croyons naturelle, et comment l'amour de soi, cessant d'être un sentiment absolu devient orgueil dans les grandes ames, vanité dans les petites, et dans toutes se nourrit sans cesse aux dépends du prochain. (IV, 494)

Die für Lenz so wichtigen Begriffe des Stolzes und damit der Illusion sind also auch für Rousseau zentral: „Les illusions de l'orgueil sont la source de nos plus grands maux; mais la contemplation de la misére humaine rend le sage tourjours modéré." (IV, 819)

Lenz interessierte sich weniger für die konzeptuelle Differenzierung von ‚amour des soi' und ‚amour-propre' und für die Geschichte der gesellschaftlichen Fehlentwicklung. Sogar in der Rousseau nahestehenden Schrift *Über die Soldatenehen* spricht er nur beiläufig von der ‚Selbstliebe' (II, 795, 802) und von dem implizit historischen Begriff des Luxus. (II, 822)[35] Trotzdem scheint auch bei Lenz eine Unausgewogenheit des Verhältnisses zwischen Ich und Welt, an der er wie Rousseau persönlich litt, eine Empfindlichkeit gegen Unmenschlichkeit jeder Art zur Zentralität des Begriffs Stolz geführt zu haben. Beide betrachten den Stolz als Grundübel einer Gesellschaft, in der jeder bestrebt ist, sich auf Kosten anderer durchzusetzen, obwohl er gerade durch seine Teilnahme an dieser Konkurrenz seine Freiheit und sein Selbst aufgibt. Die Eitelkeit der Donna

---

[35] Auch in *Zerbin oder die neuere Philosophie* wird als Grundfehler der Stolz (II, S. 355, S. 365) bzw. der Hochmut (II, S. 378) durch das einführende Motto aus Shakespeare (II, S. 354) mit Rousseau in Zusammenhang gebracht, insofern als der Stolz da als Symptom des modernen Luxus interpretiert wird.

Diana in „Der neue Menoza"³⁶ oder etwas komplizierter der Zwang zur sexuellen Eroberung bei den Offizieren in „Die Soldaten" entsprechen, zum Beispiel, genau Rousseaus Analyse der Abhängigkeit. Die folgende von Sigrid Damm stammende Charakterisierung der menschlichen Verhältnisse in „Der Hofmeister" charakterisiert ebensogut die Gesellschaft, die Rousseau kritisierte:

Einander beherrschend und demütigend, entfremdet, abnorm einsam leben die Menschen, verdammt und sich selbst verdammend in zerstörerischer Frustration und Täuschung, Vorurteilen und falschen Hoffnungen.... Lenz schafft in seinem ersten Drama eine Kunstwirklichkeit, in der die Gestalten auf beklemmende Weise Ausgelieferte sind, herrschen wollen und doch beherrscht werden.³⁷

Der Geheime Rat spricht in seiner Unterredung mit dem Vater Läuffers von dem Stolz des Adels, aber gerade um die Schuld (wenigstens teilweise) auf die Nichtadligen abzuleiten, die durch ihre Wahl des Hofmeisterstands diesen Stolz fördern: „Ihr beklagt euch so viel übern Adel und über seinen Stolz, die Leute sähn Hofmeister wie Domestiken an.... Aber wer heißt euch ihren Stolz nähren?" (I, 56). Die Eitelkeit der Majorin (der Geheime Rat spricht von ihr als „einer eitlen Patronin", I, 44) und der Wunsch des Majors, daß sein Sohn als sein Ebenbild aufwachse (I, 43), geben der Analyse des Geheimen Rats eine gewisse Berechtigung, auch wenn seine Lösung die reellen Lebensverhältnisse des Mittelstands ignoriert und auf diese Weise selber eine weitere Form der Herrschaft und des Stolzes ist. Läuffer schimpft auf den „verfluchten Adelstolz" (I, 68)³⁸ und empfindet dagegen Gustchen als „ein rechtes Muster des Mitleidens" (I, 60). Die Situation ist aber dadurch kompliziert, daß Gustchen nicht ihn meint, sondern entweder Fritz (vgl. I, 68f.) oder eine Gestalt aus „den Büchern und ... den Trauerspielen" (I, 49), die sie verschlingt: wahrscheinlich beides. Wichtiger aber ist, daß Läuffer, wie die erste Szene des Stücks in dem Widerspruch zwischen gesprochenen Worten und Handlung (die „viel freundlichen Scharrfüßen", I, 42) so

---

³⁶ Zum Beispiel: „Lieber meinen Vater umgebracht haben, als die Tochter eines alten abgedankten Offiziers heißen, der Pachter von meinem Gemahl ist" (I, S. 162; ‚abgedankten' korrigiert aus ‚angedankten').

³⁷ *Vögel, die verkünden Land*, S. 92.

³⁸ In der handschriftlichen Fassung sagt er, „Eigensinnig nennst du das? hochmütig nenn es. Der Teufel hole den Adel der euch immerfort sticht" (I, S. 713).

drastisch zeigt, einerseits selber stolz ist aber andrerseits sich in einer Situation befindet, wo er sich demütig stellen muß.[39]

Obwohl Lenz den Möglichkeiten der theoretischen Reflexion (‚la contemplation') weniger Bedeutung verlieh als Rousseau, besteht eine erstaunliche Übereinstimmung nicht nur in der Analyse der Mängel der Gesellschaft, sondern auch in der Bedeutung, die beide dem Mitleid zuschreiben als Mittel zu derer Überwindung. Rousseaus Absicht war es, der Entfremdung des Menschen entgegenzuarbeiten und alternative ‚natürliche' Formen der Geselligkeit zum Prinzip des menschlichen Miteinanders zu machen. Die Möglichkeit dazu sah er wie Lenz vornehmlich in dem Mitleid, „la pitié, prémier sentiment rélatif qui touche le coeur humain selon l‚ordre de la nature" (IV, 505), „le pur mouvement de la Nature, antérieur à toute réflexion" (III, 155).[40] Der Glaube an das Mitleid, das die der Menschengattung potentiell gefährlichen Konsequenzen der Selbstliebe aufhebt, war der Kern von Rousseaus Argumenten gegen Hobbes (III, 153-154), und der Pädagogik der Entwicklung der Mitleidsfähigkeit sind viele Überlegungen im 4. Buch von *Emile* gewidmet.

Auf der anderen Seite kann bei Rousseau der Stolz (‚l'orgueil') positive Bedeutung haben (z.B. IV, 744, 759, 809). Dies entspricht dem damaligen (wie auch dem heutigen) Gebrauch im Deutschen: nach Adelung konnten die Wörter ‚stolz' und ‚Stolz' sowohl positive wie negative Färbung haben, je nachdem sie „das Gefühl wahrer Vorzüge und dessen Erweisung" oder, wie in den bisherigen Beispielen, „das Gefühl eingebildeter, ingleichen das übertriebene Gefühl wahrer Vorzüge und dessen thätige Erweisung"[41] bezeichnen. Bei Lenz hat ‚Hochmut' fast immer einen negativen Beigeschmack, aber der Begriff ‚Stolz' und die von ihm abgeleiteten Formen kommen ohne besondere Betonung im positiven ebenso wie im negativen Sinn vor. „Ich bin *stolz darauf*, Mensch zu sein," schrieb er an Herder im März 1776 (III, 416), und die oben zitierte Stelle

---

[39] Die Szenenanweisung zur dritten Szene ist auch bezeichnend: „Frau MAJORIN auf einem Kanapee. LÄUFFER in sehr demütiger Stellung neben ihr sitzend. LEOPOLD steht" (I, S. 44). Auch die Reaktion Läuffers auf des Belehrungen von Wenzeslaus: „Welche Demütigung!" (I, S. 85).

[40] „C'est ainsi que les usurpations des riches, les Brigandages des Pauvres, les passions effrénées de tous étouffant la pitié naturelle, et la voix encore foible de la justice, rendirent les hommes avares, ambitieux, et méchans" (III, S. 176).

[41] J. C. Adelung, *Grammatisch-kritisches Wörterbuch der hochdeutschen Mundart*, 2.Auflage, Leipzig 1793-1801, Bd. IV, Sp. 402. Siehe auch die Definitionen von Kant in *Die Metaphysik der Sitten*, Studienausgabe, Hrsg. Wilhelm Weischedel, Wiesbaden 1956, IV, S. 603f.

aus *Der Landprediger* enthält den Hinweis auf „den gerechten Stolz aller edlen Menschen," der durch den ‚rauhen', falschen ‚Adelstolz' beleidigt werde. (II, 431) Trotz der oben erörterten Beispiele, in denen der Stolz als ein Grundübel der Gesellschaft erschien, ist seine Bewertung bei Lenz oft entweder positiv oder ambivalent.

Die Überlegungen zur praktischen Moral, [„Meine Lebensregeln"], zeigen sehr deutlich die Wichtigkeit aber auch die Komplexität dieses Begriffsfeldes. Nach der „Gegenwärtigkeit zu Gott" (II, 490) ist die zweite dem Leben Christi zu entnehmende „Hauptlehre" die Demut: „Demut ist das einzige Mittel besser, größer und *glückseliger* zu werden" (II, 496); „seid von Herzen demütig, daß wir aller Eitelkeit, Eigendünkel und Hochmut nun und in Ewigkeit Abschied geben." (II, 490) Diese Laster - „diese häßlichen Gemütsbewegungen" (II, 490) faßt Lenz zusammen als „eine Begierde, mehr vor den Leuten zu scheinen, als man ist, oder noch kürzer, eine Begierde sich über alle Nebenmenschen auch ohne sein Verdienst und Würdigkeit erhoben zu sehen" (II, 490). Sie sind aber die Kehrseite notwendiger Tugenden: „Eine Begierde viel zu sein und auch das was wir sind zu scheinen, ist uns natürlich und nicht allein edel, sondern auch der höchste Sporn zur Vollkommenheit. Aber wie leicht artet der in Eigendünkel und von da in Hochmut aus" (II, 490), eine Ausartung, die dem „nichtigen Schimmer" entstammt, „den Schmeichelei und seine eigene Eitelkeit" (II, 490) verursachen. So spricht Lenz auch von einem „edle[n] Stolz ... der nichts ist ... als das rechtmäßige und gegründete Vertrauen in unsere *Kräfte wenn wir ihrer nötig haben*" (II, 491). Diese Art Stolz ist also durchaus vereinbar mit der Demut, genau so wie mit dem, was später in dieser Schrift als Umschreibung des Begriffs ‚Mitleid' gelten muß: „Uns in die Stelle des andern zu setzen von dem wir etwas fodern und genau abzuwägen, wie wir in dem Verhältnis des andern diese oder jene Foderung anhören und empfinden würden" (II, 494).

Als Extrembeispiel für eine positive Bewertung des Stolzes darf der Aufsatz „Über die Natur unsers Geistes" angeführt werden. Hier geht Lenz, wie im „Götz"-Aufsatz, von einer Kritik des Determinismus aus, um die heilbringende Freiheit und Unabhängigkeit des Menschen zu behaupten, d.h. seine Fähigkeit zu *handeln*.[42] Es ist das Bewußtsein oder wenig-

---

[42] Der Begriff der Freiheit ist für Lenz untrennbar mit dem Begriff des ‚Handelns' verbunden: „o wie göttliches Vergnügen begleitet jede freie Handlung" (II, S. 518). Diesem entspricht die Interpretation der Erbsünde als „einer uns angebornen Trägheit" (III, S. 283). Siehe Timothy Fairfax Pope, „The concept of action in the works of J. M. R. Lenz."

stens die Ahnung dieser Fähigkeit und damit der Bestimmung des Menschen, das den Stolz im positiven Sinn ausmacht, „der einzige Keim unsrer immer im Werden begriffenen Seele" (II, 620), die „gütige Gabe des Himmels" (II,620), „das angenehmste beglückendste und auch unentbehrlichste [Gefühl] in der ganzen menschlichen Natur." (II, 620) Zu dieser Art Stolz bildet das Mitleid nicht das Gegenteil, sondern die Ergänzung, denn am Schluß des Aufsatzes wendet Lenz diese Ideen auf Christus an und sieht ihn als durch sein „göttliches Mitleiden" (II, 623) tätig handelnd: „Seine Gefühle müssen unaussprechlich gewesen sein, er hatte sich in einen Standpunkt gestellt das Elend einer ganzen Welt auf sich zu konzentrieren und durchzuschauen." (II, 622) Hier zeigt sich wieder, wie solche von Leibniz stammende Kategorien für Lenz eine Möglichkeit darstellen, den auch auf andere Traditionen zurückgehenden Begriff des Mitleids zu formulieren. Die Hauptsache ist aber, daß kein logischer Widerspruch besteht zwischen der ausschließlich positiven Bedeutung eines dem Mitleid komplementären Stolzes und den oben angeführten, negativen Formen des Stolzes, bzw. des Hochmuts, die dem Prinzip des Mitleids entgegengesetzt sind.

In seinen theoretischen Schriften scheint Lenz kaum versucht zu haben, diese beiden gegensätzlichen Bedeutungen des Wort ‚Stolz' in Beziehung zueinander zu bringen. Ein seltenes Beispiel von Ansätzen zu einem dialektischen Verständnis des Verhältnisses der beiden Begriffe (nicht der Wörter) findet sich im zweiten Teil von seiner theologischen Hauptschrift, „Stimmen des Laien," indem er die mögliche Ausartung des Bewußtseins einer nicht spontanen guten Tat erörtert:

ich bitte ... zu beherzigen, daß selbst diese lang überlegte gute Handlung ein gewisses Gefühl derselben und des Werts, den sie uns gibt, mit sich führt, welches nicht allein sehr gut und zu loben, sondern auch die einzige wahre Glückseligkeit der guten Geister unter dem Himmel ist, daß dieses Gefühl aber durchaus so zart, geistig und spirituös ist, daß, wenn eine Minute, eine Sekunde über die ihm vorgesteckte Zeit hinauswährt, es schon verraucht ist, und gemeiniglich nichts als eine abgedämpfte saure Grundsuppe von Selbsgefälligkeit zurückläßt, die zuletzt in Eigenliebe und Hochmut ausartet, Empfindungen, die auch den besten Herzen nur darum noch in dieser Welt von Gott gelassen zu sein scheinen, um sie wegen ihren Sünden zu strafen. (II, 595)

Hier geht es um die Gefahren einer berechtigten Selbstzufriedenheit. Entsprechend, aber umgekehrt, behandelt die fünfte „Selbstunterhaltung" der *Moralische Bekehrung eines Poeten* die positiven Seiten der „Hochmut und Sauertöpfigkeit" (II, 344) des Ich- Erzählers:

Es ist mir immer nur bange, teure Cornelia! daß ich bei meiner Vereinzelung nicht in Stolz gerate, das heißt mich zu weit über die andern Menschen hinaussetze, daß ich am Ende keinen mehr recht ertragen kann.... Ich habe den Trost in meiner Seele, daß Gott mich für Hochmut bewahren wird.... Hochmut ist die wahre Folterbank aller Sterblichen. Und doch kann ohn ihn unsere Natur nie fürtrefflich werden. Er ist die *vis centrifuga* der menschlichen Seele, ohne die sie nie aus dem Flecken kommt. (II, 344f.)

Was praktisch mit *vis centrifuga* gemeint wird, ist wohl wieder die Freiheit, die Göttlichkeit, des Menschen, die in einer korrupten Welt tendieren muß, ihn zu isolieren. Auch die Erkenntnis von Catharina von Siena, daß sie stolz sein *muß* (I, 435), deutet auf eine ähnliche Tendenz hin, eine moralische Verpflichtung in einer Art Stolz zu sehen, die als Behauptung der eigenen moralischen Überlegenheit durchaus Töne des Stolzes im negativen Sinne mitschwingen läßt: „Weg, das ist Stolz so sei es denn! / Ich will ein Märtyrer meines Stolzes werden." (I, 435)

Das ist immer noch abstrakt: in seinen Dramen wird Lenz in der Regel durch seinen Realismus gezwungen, eine solche konzeptuelle Klarheit zugunsten der Beobachtung weichen zu lassen; auch ist die moralisch-religiöse Färbung dieser Begriffe in den Dramen nur implizit, obwohl sie eben deswegen viel zu dem Verständnis der Dramen beitragen können. Als erstes, noch unausgearbeitetes Beispiel einer eher ambivalenten Haltung dem Stolz gegenüber mag das mit fünfzehn Jahren geschriebene Gelegenheitsdrama „Der verwundete Bräutigam" dienen. Hier wird der (wahrscheinlich durch einen Auftrag explizit) vorgeschriebene Rahmen gesprengt, indem die Geschichte des fehlgegangenen Mordversuchs an dem Freiherrn von Schönwald dadurch moralisch und psychisch vertieft wird, daß der schuldige Diener Tigras vor allem „einen närrischen Stolz besitzt" (I, 18). „Und ein Stolzer," fährt Lalage fort, „ist zu allem fähig." (I, 18) Tigras fühlt sich in seiner Ehre gekränkt, weil er von einem Aristokraten bestraft wird, dessen eigentliche Überlegenheit er leugnet (I, 15): er fühlt sich „prostituiert." (I, 19) Dieser Stolz wird, wie die realen Umstände der Komposition es verlangten, durch seine Verbindung mit Gewalt (I, 19f.), Herrschsucht (I, 16) und Tücke (I, 18) verurteilt, aber trotz alledem hat der Leser den Eindruck, daß die Psychologisierung und vor allem die Großmut (I, 20) des Tigras Tendenzen zu einer gewissen Rechtfertigung, einer Uminterpretierung des Stolzes als eine legitime Selbstbehauptung, aufweisen.[43]

Der Name ‚Stolzius' macht auf eine ähnliche Ambivalenz in dem wohl reifsten Drama von Lenz, „Die Soldaten," aufmerksam. Zwar erscheint Stolzius zunächst ungeeignet, irgendeine Art Stolz darzustellen: wir sehen ihn zuerst in der zweiten Szene des Stücks „mit verbundenem Kopf" und mit den Worten, „Mir ist nicht wohl, Mutter" (I, 193); überhaupt unterwirft er sich sehr der Autorität seiner Mutter, und die Szene im Kaffeehaus zeigt, wie er von den Offizieren gedemütigt wird. Seine Einstellung bei Mary als Soldat und die Arroganz, mit der ihn Marie[44] dann behandelt (I, 224), scheinen oberflächlich, seine Demütigung weiterzuführen, aber wir wissen seit der zweiten Szene mit seiner Mutter, daß er, wenn er sich noch nicht entschlossen hat, wenigstens daran denkt, sich an Desportes zu rächen. Das bedeutet, daß er die Demütigung hinnimmt, Mary zu bedienen und dann dem beleidigenden Gespräch der Offiziere über Marie zuhören zu müssen, weil er es auf sich genommen hat, die Machtverhältnisse (wenn auch sehr punktuell) durch die Vergiftung von Desportes umzustürzen. Er findet die Kraft in sich, der ständigen Demütigung zu widerstehen und sich zum Werkzeug der Rache aufzuschwingen. Stolzius stirbt neben dem von ihm vergifteten Desportes mit den Worten, „Du bist gerochen meine Marie!" (I, 244), während Tigras im Augenblick seines Mordversuchs von den „Süßigkeit meiner Rache" (I, 20) gesprochen hatte. Beide, Tigras wie Stolzius, wehren sich gegen sozial Höhergestellte, durch die sie ihre Integrität gefährdet fühlen, und in beiden Fällen wird das Sich Wehren (auf je verschiedene Weise) mit dem Begriff des Stolzes in Verbindung gesetzt. Der verstärkte Realismus des späteren Stücks, seine psychische und gesellschaftliche Komplexität, erlaubt eher Einfühlung in seine Situation und also zumindest Verständnis für seine Tat, aber in kleinerem Maß gilt dies auch für das Jugenddrama.

„Die Soldaten" zeichnet sich auch dadurch aus, daß diese Motive in verschiedenen Personen reflektiert werden. Es werden in dem Stück zwei Ungleichheitssysteme vorgeführt: das eine beruht auf der Macht der Adligen gegenüber den Bürgerlichen, das andere auf der Macht der Männer gegenüber den Frauen. Das Betragen der Offiziere gegenüber den Rangniedrigeren beider Kategorien zeigt eine entschieden negative Form des Stolzes. Am Anfang des Stücks wird gezeigt, wie Desportes in seinem

---

[43] Vgl. John Osborne, „The problem of pride," und die Anmerkung bei Damm (I, S. 705 f.).

[44] Diese Form des Namens nach dem Erstdruck (Leipzig 1776).

Benehmen gegenüber Wesener und Marie die verschiedenen Formen seiner Macht (z.B. finanzielle, sprachliche, sowohl wie die Macht, die ihm seine Ansehen verleiht) mißbraucht, das heißt, gesellschaftliche Vorteile behandelt, als ob sie ihm persönlich gehörten und nicht einfach Attribute (und Pflichten) seiner sozialen Stellung wären. Dies wird betont durch das Betragen der anderen Offiziere, vor allem die Verachtung, mit der sie Stolzius strafen, die sie aber auch in ihrer Einstellung zu Frauen zeigen, ob in ihren Streichen (Akt III, Szene 1; Akt IV, Szene 2; Akt IV, Szene 9) oder in ihren Gesprächen über Frauen (Akt I, Szene 4; Akt V, Szene 3). Bemerkenswert ist die Art, wie Marie diese Arroganz übernimmt, vor allem Stolzius gegenüber (z.b. Akt II, Szene 3; Akt III, Szene 6), sobald sie meint, in die Klasse der sozial Mächtigen aufgestiegen zu sein. Im Gegensatz zu solchen Formen des Stolzes reagiert die Gräfin mit „Mitleiden" (I, 227) und Liebe („Ich liebe Sie mein Engel!" I, 229). Dabei gibt sie der wichtigen Überlegung Ausdruck, daß Schuld auch bei der so schlecht behandelten Marie liege, nämlich daß ihre Eitelkeit sie verführt habe, zu denken, ihre eigenen Vorzüge könnten die Standesunterschiede aufheben:

> Wo dachten Sie hinaus? wo dachten Ihre Eltern hinaus? Armes betrogenes durch die Eitelkeit gemißhandeltes Kind.... Die Liebe eines Offiziers Marie – eines Menschen der an jede Art von Ausschweifung, von Veränderung gewöhnt ist, der ein braver Soldat zu sein aufhört, sobald er ein treuer Liebhaber wird, der dem König schwört es nicht zu sein und sich dafür von ihm bezahlen läßt, die ihn trotz des Zorns seiner Eltern, trotz des Hochmuts seiner Familie, trotz seines Schwurs, trotz seines Charakters, trotz der ganzen Welt treu erhalten wollten? Das heißt, Sie wollten die Welt umkehren. (I, 230)

Zur Eitelkeit, wie dem Stolz, gehört eine Illusion, eine Leugnung der Realität, die das Mitleid aufheben muß, indem andere Menschen in ihrer Andersartigkeit akzeptiert werden. Der Fehler von Marie ist genau der Fehler, dessen Catharina von Siena sich bezichtigt fühlt, nämlich der „Stolz, die Welt nach sich / Und sich nicht nach der Welt bequemen wollen" (I, 434).

In diesem Fall scheint eine positive Bewertung angebracht zu sein, insofern Catherina bereit ist, diese Beschuldigung „unbarmherzig, ... unchristlich" (I, 434) zu finden, aber auch ist Marie nicht schlechthin zu verdammen. Ihr Verhalten zeugt nicht nur von einer Eitelkeit, die Marie den sozialen Aufstieg möglich und auch wünschenswert erscheinen lassen mußte, und von sozialen Zwängen (die die Gräfin nicht berücksichtigt), sondern auch von einer „Triebkraft des Lebens",[45] die sie von den anderen Personen in dem Stück abhebt. Dem Verhalten von Marie liegen also nicht nur Fehler, sondern auch positive Möglichkeiten der Menschlichkeit zugrunde, und dies erkennt die Gräfin an, wenn sie – in einem kurzen Monolog – dem Wert der Phantasie von Marie Rechnung trägt:

> Was behält das Leben für Reiz übrig, wenn unsere Imagination nicht welchen hineinträgt .... Wenn ich etwas ausfündig machen könnte, ihre Phantasei mit meiner Klugheit zu vereinigen... (I, 235)

Man kann andrerseits der Gräfin vorwerfen, daß ihr Versuch, Marie zu reformieren, seinen Grund hat in dem Wunsch, ihren Sohn von Marie fernzuhalten, und daß ihre Erziehungsmethoden von ihrer Unfähigkeit zeugen, sich von den Vorurteilen ihrer Klasse zu befreien.[46] Trotzdem ist die Gräfin – die Lenz ja mit der von ihm bewunderten Sophie von La Roche irgendwie identifizierte[47] – diejenige, die Ansätze zu einer Transzendierung ihres ‚Standpunkts' zeigt, indem sie zu der Erkenntnis kommt, daß Marie andere Lebensmöglichkeiten darstellt als sie selbst. Darüber hinaus ist sie diejenige, die (am Schluß der gedruckten Fassung) dem Grafen, zeigt, wie wenig sein Plan zu einer „Pflanzschule von Soldatenweibern" (I, 734) den ‚Standpunkt' der Frau berücksichtigt. Die Gräfin ist zu plastisch und zu differenziert dargestellt, um einfach auf Begriffe reduziert werden zu können: sie ist nicht bloß eine Personifizierung von Mitleid und Demut, die dem Stolz und der Illusion entgegengesetzt sind. Die in den realistischen Dramen von Lenz dargestellten Personen sind aus einer Mischung von sozialer Gebundenheit und ethischer Forderung heraus geschöpft.

In der kurzen aber äußerst intensiven Schaffensperiode, der wir die hier zur Diskussion stehenden Werke verdanken, scheint Lenz auf zwei verwandte Weisen versucht zu haben, diese beiden Sichtweisen zu integrieren. Einerseits zeigt er, wie gefährlich es ist, wenn die Menschen ihren eigenen Vorteil aus ihrer gesellschaftlichen Situation herauszuschlagen versuchen. Sicher bestehen Unterschiede zwischen der in seiner Position als Adliger und als Mann begründeten Macht von Desportes und der viel

---

[45] Edward McInnes in seiner oben zitierten Ausgabe von *Die Soldaten*, S. 91.

[46] Andrerseits muß zugegeben werden, daß Ähnlichkeiten bestehen zu den Überlegungen von Lenz zu der Erziehung von Frauen in seinem Brief an Sarasin vom 28. 9. 1777 (III, S. 550-558).

[47] Im September 1775 schrieb er ihr: „Meine Soldaten liegen in Herders Händen. Es kömmt eine Gräfin La Roche drin vor, der ich etwas von Ihrem Charakter zu geben versucht habe, wie ich ihn aus Ihren Schriften und Briefen kenne" (III, S. 338).

unzuverlässigeren Vorzüge der Schönheit Maries. Aber in „Die Soldaten" ist es nicht nur Desportes, der seine Machtposition mißbraucht, indem er sie als eine Gelegenheit versteht, um seine Interessen auf Kosten anderer zu verfolgen, sondern auch Marie und ihr Vater, die die Gesellschaft als einen Schauplatz betrachten, auf dem es darum geht, durch den sozialen Aufstieg sein „Glück" (I, 204) zu machen. Alle drei, Desportes, Marie und Wesener, lassen sich so von dem oberflächlichen Glanz der Macht verblenden, daß sie den ihnen angemessenen Rollen in einer notwendig arbeitsteiligen Gemeinschaft untreu werden. Dies ist nicht genau die Auffassung der Gesellschaft, die man bei Rousseau findet, aber die von Rousseau durchgeführte Analyse der Gesellschaft macht deutlich, wie das, was uns vielleicht heute als eine Befreiung des Selbsts erscheinen könnte, tatsächlich seine totale Abhängigkeit bedeutet. Der Gedanke, daß Desportes, Marie und Wesener auch sich selbst untreu werden, indem sie dem gesellschaftlichen Druck nachgeben, führt zu der zweiten Art, wie Lenz tendiert, das Verhältnis zwischen Ethik und gesellschaftlicher Determination zu formulieren, und zwar in der den „Anmerkungen übers Theater" und anderen Schriften ausformulierten These, daß in der heutigen (nach-griechischen) Welt aller Fatalismus, also jede falsche Abhängigkeit, unangebracht sei. Es ist die Pflicht des Menschen, die eigene Freiheit zu behaupten, das heißt, sich über die (auch soziale) Bedingtheit der eigenen Situation zu erheben, und die Fähigkeit dazu ist die Basis des Stolzes im positiven Sinne. Als Gegensatz zur falschen Abhängigkeit und gleichzeitig gegen den sie legitimierenden Materialismus der französischen Aufklärung entwickelte Lenz also einen Begriff der Freiheit, der in seinem Aufsatz „Über Götz von Berlichingen" und in den „Anmerkungen übers Theater" seine Anwendung auf die Definitionen von Tragödie und Komödie fand. Die Komödie ist die Form, die diejenigen lächerlich macht, die eine solche Freiheit nicht erringen, weil sie sich einer „Sache" (II, 669) unterordnen lassen. Andrerseits wird Coriolan zu einem im Lenz'schen Sinne tragischen Helden wie Götz, wenn er durch die Überwindung seines Stolzes endlich seine Freiheit behauptet, das heißt, wenn er seine Existenz als „ein selbständiges von niemand abhangendes Wesen" (II, 619) (wieder)erlangt.

Lenzens Sprachwahrnehmung in Theorie und Praxis

Helga S. Madland[1] (Norman, USA)

Jakob Michael Reinhold Lenz war nicht nur ein eifriger Bewunderer, sondern auch ein Übersetzer Plautus' und Shakespeares. Seine Übersetzung dreier wichtiger Plautinischer Komödien „Das Väterchen," „Die Entführungen" und „Die Buhlschwester" riefen das Lob Goethes und Wielands hervor,[2] und obwohl kritischer Beifall nicht einmütig war, stimmten alle, die die Übersetzungen besprachen, darin überein, daß Lenz einzigartig erfolgreich war in seiner Übertragung der „Sprache" des Originals ins Deutsche. Shakespeare war ein gleichbleibender Antrieb im Leben und Werk Lenzens. Shakespeare wird an prominenten Stellen in den „Anmerkungen übers Theater", „Veränderung des Theaters beim Shakespeare" und „Hochburger Schloß" erwähnt, und Lenz las Shakespeare mit Charlotte von Stein in Kochberg.[3] Er übersetzte aber nur eines seiner Stücke, die Komödie „Love's Labour's Lost", die er den „Anmerkungen übers Theater" anhängte.

Was haben Plautus und Shakespeare gemeinsam, das Lenzens kritische und dramaturgische Aufmerksamkeit erregte? Warum rief Shakespeare bei Lenz den Wunsch hervor, ihn zu imitieren, Dramen wie die seinigen mit ihrer Anziehungskraft und Wirkung auf den Zuschauer zu schreiben?[4] Das wohlbezeugte Gespür Lenzens für Komödie, auch teilweise mit ihren obszöneren Zügen, erklärt seine Affinität zu Plautus. Plautus und Shakespeare schrieben Stücke, die als Modelle für eine „realistische" Zeichnung von Charakteren und Situationen dienten, die Lenz bewunderte. Aber letztendlich war es doch ihre Sprache, ihr „sprachlicher Realismus", die sich als unwiderstehlich für Lenz erwiesen. Wenn Lenz schreibt „Welch Feuer

---

[1] Aus dem Amerikanischen von Uwe Kooker.

[2] Jakob Michael Reinhold Lenz, *Werke und Schriften*, Hrsg. Britta Titel und Hellmut Haug, 2 Bde. Stuttgart 1967, S. 781-82.

[3] C. F. Pfütze, „Die Sprache in J. M. R. Lenzens Dramen," *Archiv für das Studium der neueren Sprachen und Literaturen*, 85 (1890): 132.

[4] Wenn Lenz an Sophie von La Roche schreibt: „Doch bitte ich Sie sehr, zu bedenken, gnädige Frau! daß mein Publikum das ganze Volck ist; daß ich den Pöbel so wenig ausschließen kann, als Personen von Geschmack und Erziehung..." so denkt er an ein Theater, in dem wie bei Shakespeares Globe Theater alle gesellschaftlichen Schichten im Publikum vertreten sind. Vgl. *Briefe von und an J. M. R. Lenz*, Hrsg. Karl Freye und Wolfgang Stammler, 2 Bde. Leipzig 1918, S. 115.

herrscht in den Plautinischen Stücken!"⁵ (455), so lobt er das Gespür des Römers für Worte. Allan Blunden hat gezeigt, daß Lenzens Wahl von „Love's Labour's Lost" als Anhang zu den „Anmerkungen" von der Tatsache beeinflußt gewesen sein mag, daß es sich um eines der Stücke Shakespeares handelte, das noch nicht ins Deutsche übersetzt worden war. Aber ein anderer zwingender Grund ist der, daß sich das Stück um „Worte"⁶ dreht. Blunden meint, daß

> Lenz's plays exhibit an awareness of the social and psychological functions of language which is remarkably similar to that consciousness which Berry and Barton [zwei Shakespeareforscher, die Blunden zitiert] have detected in Shakespeare, and particularly in *Love's Labour's Lost.*⁷

Blunden hat eine überzeugende Verbindung zwischen diesem Shakespearestück „über Sprache" und den linguistischen Themen entdeckt, die im „Hofmeister" und den „Soldaten" deutlich werden. Lenzens Einleitung zur Übersetzung zeigt sicherlich an, daß sein Hauptinteresse an Shakespeare sprachlicher Natur ist. Zwei Gedanken über Sprache erscheinen in der Einleitung: zum einen ein Erkennen des Dichters Kampf, das geeignete Wort zu finden, das seine Gedanken ausdrückt - „Seine Sprache ist die Sprache des kühnsten Genius, der Erd und Himmel aufwühlt, Ausdruck zu den ihm zuströmenden Gedanken zu finden;" (362) und zum zweiten eine Bewunderung realistischer Sprache:

> Seine Könige und Königinnen schämen sich so wenig als der niedrigste Pöbel, warmes Blut im schlagenden Herzen zu fühlen, oder kützelnder Galle in schalkhaftem Scherzen Luft zu machen, denn sie sind Menschen, auch unterm Reifrock, kennen keine Vapeurs, sterben nicht vor unsern Augen in müßiggehenden Formularen dahin, kennen den tötenden Wohlstand nicht. (362)

In der ersten Stellungnahme spricht Lenz über die Beziehung zwischen Sprache und Gedanken. Diese Beziehung in Verbindung mit der Struktur

---

⁵ Alle Zitate, einschließlich derjenigen aus „Über die Bearbeitung der deutschen Sprache im Elsass, Breisgau und den benachbarten Gegenden" und „Über die Vorzüge der deutschen Sprache," sind dem ersten Band von Jakob Michael Reinhold Lenz, *Werke und Schriften*, Hrsg. Britta Titel und Hellmut Haug (Anm.) entnommen und durch Seitenzahl im Text kenntlich gemacht.

⁶ Allan G. Blunden, „Lenz, Language and *Love's Labour's Lost*," *Colloquia Germanica* (1974): 255-57.

⁷ Blunden, S. 257-58.

und dem Ursprung der Sprache[8] war ein vieldiskutiertes Thema im achtzehnten Jahrhundert. Wie David Wellbery in *Lessing's „Laocoon", Semiotics and Aesthetics in the Age of Reason* gezeigt hat, nimmt die Aufklärung Sprache als ein Instrument wahr, „which rational beings use to mark, externalize, manipulate, and communicate their mental representations."[9] Dieses „Instrument" besteht aus arbiträren Zeichen, welche „essentially name[s], freely chosen to mark a representation itself directly knowable" sind.[10] Im Gegensatz zu Post-Saussurescher linguistischer und semiotischer Theorie hat das Zeichen die Möglichkeit, durchsichtig zu sein, und obwohl der Hörer (und Sprecher) dadurch geblendet und fehlgeleitet werden kann, kann die Sache, die es vertritt, solange erkannt werden, wie gewährleistet ist „to associate a word with a clear idea."[11] Nichtsdestoweniger ist die Erkenntnis, daß das Zeichen in der Lage ist, Konfusion und Mißverstehen zu erzeugen, ein wichtiger Faktor in der Sprachtheorie der Aufklärung. Mißverständnisse werden verursacht durch Mißbrauch und Nachlässigkeit[12] aber auch durch die den Zeichen inhärente Faszination für und die Macht über ihre Benutzer. Wellbery beschreibt dies folgendermaßen: „even nonsensical signs insist on being spoken and accepted."[13] Die Aufklärung erklärte sprachlicher Unsicherheit den Krieg, indem sie ihre Hoffnung in verschiedene Sprachreformen setzte, die zu einem völlig durchsichtigen Zeichensystem führen sollten. Lenz war durch diese Sprachreformen beeinflußt und unterstützte sie in seinen theoretischen Aufsätzen; aber in seinen Stücken stellt er Menschen als Benutzer von Sprache dar, die in eben diese Konfusion, die die Aufklärung zu verhindern gehofft hatte, verstrickt werden.

Einen Gedanken klar auszudrücken erscheint der Aufklärung so lange möglich, wie der Sprecher die Idee hinter dem Wort im Auge behält. Wie problematisch dies aber ist, wird in Lenzens Worten über die sprachliche Kreativität Shakespeares deutlich. Das Bild eines Menschen, der Himmel und Erde bewegt, ein geeignetes Wort zu finden, mag typische Sturm-

---

[8] In „Meynungen eines Layen." Vgl. Jakob Michael Reinhold Lenz, *Werke und Schriften*, Hrsg. Richard Daunicht. Reinbek bei Hamburg 1970, S. 180.

[9] David E. Wellbery, *Lessing's „Laocoon" - Semiotics and Aesthetics in the Age of Reason*, Cambridge 1984, S. 18.

[10] Wellbery, S. 19.

[11] G. W. Leibniz, „Of the Abuse of Words," *New Essays on Human Understanding*, Übers. und Hrsg. Peter Remnant und Jonathan Bennett. Cambridge 1981, S. 340.

[12] Leibniz, S. 340.

[13] Wellbery, S. 24.

und Drang-Übertreibung sein, aber gleichzeitig bringt es erfolgreich eine bestürzte Dringlichkeit zum Ausdruck. Nicht nur ist es *wichtig*, das geeignete Wort zu finden, es ist auch *schwierig*. Klopstock drückt eine ähnliche Überzeugung aus, wenn er schreibt: „Wie dem Mädchen, das aus dem Bade steigt, das Gewand anliegt, so sollt es die Sprache dem Gedanken, und gleichwohl immer noch zehn Röcke übereinander und ein Wulst darunter."[14] Die Stürmer und Dränger geben dem Diskurs über Sprache eine weitere Dimension, insofern sie eine Vorstellung einbringen, die dem Denken der Aufklärung über Sprache fremd ist, eine Vorstellung, die sich direkt aus der Reflexion über das Verhältnis zwischen Sprache und Gedanken entwickelt. Obwohl nicht ausdrücklich in Lenzens Aufsätzen über Sprache, noch als solches bei anderen Sturm- und Drang-Dramatikern, die keine theoretischen Abhandlungen über das Thema verfertigen, vorhanden, kommt es doch deutlich in ihren Texten zum Ausdruck. Für die Aufklärung ist das Zeichensystem, bekannt als „Sprache", ein notwendiges, wenn auch unvollkommenes Instrument des Ausdrucks und der Verständigung, das fähig ist, seine Ziele zu erreichen, wenn sie rational und bewußt angestrebt werden. Der Sturm und Drang aber bringt Werther hervor, der als Held eines Bestsellers freimütig erklärt, daß kein bloßes Wort ausdrücken kann was er *fühlt*, obwohl er die Prämisse nicht in Frage stellt, daß Sprache geeignet ist, *einen* Aspekt menschlicher Erfahrung auszudrücken, nämlich den rationalen Gedanken, und der gleichzeitig behauptet, daß sie nicht in der Lage sei, *alle* menschliche Erfahrung auszudrücken. Sprache *per se* wird der Unvollkommenheit bezichtigt, nicht nur ihrer unangemessenen Verwendung durch die Sprecher, die der Magie des Zeichens erlegen sind. Für ein Zeitalter, das so viel Vertrauen in menschlichen Fortschritt setzte, suggeriert ein Projekt, daß unauflöslich an Sprache gebunden ist, Kulturpessimismus. Durch ihre dramatisierte Sprachkritik erzählten die Stürmer und Dränger ihrem Zeitalter, daß, während seine Errungenschaften auf dem Gebiet der Wissenschaft und des Geistes bewundernswürdig waren, es im menschlichen Bereich versagte. Eigentlich sagten sie, daß diese humanste aller Fähigkeiten, die Fähigkeit zu sprechen, in einer Weise gebraucht wurde, die zeigte, daß ihr Zeitalter den Menschen zugunsten der Wissenschaft und der Maschinen ignorierte. Für Lenz (und andere Sturm- und Drang-Dramatiker) boten Gesten eine Alternative, da sie natürlicher und deshalb zuverlässiger zu sein schienen;

---

[14] Friedrich Gottlieb Klopstock, „Die deutsche Gelehrtenrepublik, ihre Einrichtung, ihre Gesetze, Geschichte des letzten Landtages," *Sämtliche Werke*. Leipzig 1823, 12, S. 116.

ihre häufige Verwendung im Drama des Sturm und Drang kann bestimmt so erklärt werden.

Lenzens Bezugname auf die notwendigen Anstrengungen, sogar für Shakespeares, die wünschenswerteste geschriebene Repräsentation einer Idee hervorzubringen, ist nicht seine einzige Verbindung zum Nachdenken über Sprache in seiner Zeit. In seinen zwei Aufsätzen zur Sprache, „Über die Bearbeitung der deutschen Sprache im Elsass, Breisgau und den benachbarten Gegenden" und „über die Vorzüge der deutschen Sprache," Vorträge, die Lenz 1775 vor der „Deutschen Gesellschaft in Straßburg" hielt, eine Gesellschaft, die er in der Nachfolge der „Société de Philosophie et de Belles-Lettres" gegründet hatte, bringt Lenz seine Ansichten zum Ausdruck, die ein Echo auf die Meinungen Hamanns, Herders und Klopstocks darstellen. Blunden interpretiert Lenzens Texte zur Sprache als patriotisches Wagnis, wenn auch mit eher kulturellen als politischen Absichten.[15] Da beide Aufsätze speziell die „deutsche" Sprache thematisieren und Lenz die Deutsche Gesellschaft in Straßburg[16] mit der Absicht begründete, ein Diskussionsforum für deutsche Kultur zu schaffen, scheint dies eine plausible Erklärung zu sein. Als ein jetzt im Elsaß lebender Livländer lebte Lenz immer an den Rändern der deutschen Kultur, und man kann leicht seinen Enthusiasmus für die Kultivierung der Sprache verstehen, in der er schrieb und dachte. In diesen Aufsätzen drückt sich seine Bindung zu deutscher Kultur, nicht zum deutschen „Vaterland" aus, welches zu dieser Zeit ohnehin noch immer eine recht nebulöse Idee war. Das Wort „politisch" verstanden als eine Beschreibung seiner Aktivitäten in puncto deutscher Kultur, ein Wort, dessen Bedeutung sich in unserer eigenen Zeit über die Grenzen von Regierungs- und Staatsangelegenheiten hinaus ausgeweitet hat, paßt hier nicht, worauf auch Blunden hinweist.[17] Lenz benutzt den Begriff „politisch" in einem Brief an Herder, in dem er seine Freude zum Ausdruck bringt, daß letzterer seine „Soldaten" in der Weise gelesen habe, in der er, Lenz, sie gelesen wissen wollte, „von der Politischen [sic] [Seite]."[18] Ein Lenzsches Anliegen in „Die Soldaten" ist Militär- und Sozialreform; er spricht jedoch nicht über das Thema der Regierung. Es ist seine Hoffnung, daß sein

---

[15] Allan Blunden, „Language and Politics: the Patriotic Endeavours of J. M. R. Lenz," *Deutsche Vierteljahrsschrift, Sonderheft* (1975): 169-74.

[16] J. F. Haußmann, „Die Übereinstimmung von Hamann, Herder und Lenz in ihren Ansichten über die deutsche Sprache." *Euphorion*, 14 (1907): 256-59.

[17] Blunden, „Language and Politics", S, 170.

[18] *Briefe von und an J. M. R. Lenz*, 1, S. 145.

Stück Einfluß auf die öffentliche Sphäre haben würde und ein Werkzeug für soziale Reformen sein würde. Wenn er in „Über die Soldatenehen" schreibt, daß seine vorgeschlagenen Militärreformen in ein Soldatentum mündeten, daß eine „feurige Mauer ums Vaterland" wäre[19], so paßt das Bild ebenso sehr für Frankreich, für dessen König die Abhandlung ursprünglich bestimmt war, wie auch für Weimar, dessen Herzog es schließlich gewidmet war. Lenz war kein „Fürsprecher" für Deutschland, wie J. F. Haußmann, der in der Zeit des Wilhelminschen Deutschland schrieb, behauptete.[20] Aber Lenz förderte den Gebrauch des Deutschen als ein Bindeglied zu deutscher Literatur und Kultur.

Die beiden Aufsätze Lenzens zur Sprache tragen keine fundierten neuen Einsichten zur Sprachdebatte bei. Einer der Hauptpunkte dieser Debatte war die Frage nach dem Ursprung der Sprache. Die Hauptgegner waren Condillac, dessen „Essai sur l'origine des connaissances humaines" (1746) den menschlichen Ursprung der Sprache vertrat und der deren Schöpfung mit der Entwicklung des Verstandes in Verbindung brachte, und Süßmilch, dessen „Versuch eines Beweises, daß die erste Sprache ihren Ursprung nicht vom Menschen, sondern allein vom Schöpfer erhalten habe" (1766) diese Position bestritten.[21] Lenz, der über Jahre hinweg unausgesetzt mit Herder korrespondierte, muß mit dessen 1772 veröffentlichter „Abhandlung über den Ursprung der Sprache", dem Aufsatz, der den Preis der Berliner Akademie für 1770 erhielt und also wohlbekannt war, sehr vertraut gewesen sein. Herder erneuerte Condillacs Standpunkt vom menschlichen Ursprung der Sprache und führte den Begriff „Besonnenheit" in die deutsche Debatte ein, ein Begriff, der die unausweichliche Verbindung zwischen Sprache und Vernunft betont.[22] Viele von Herders frühen Schriften, besonders *Über die neuere deutsche Literatur* (1767/68), wie auch Hamanns „Versuch über eine akademische Frage" (1760), beschäftigen sich mit der Beziehung zwischen Sprache und Gedanken.

Während das in Deutschland von Christian Wolff vertretene rationalistische Denken behauptete, daß Vernunft der Sprache vorausgehe, hatte

---

[19] J. M. R. Lenz, „Über die Soldatenehen," Hrsg. Karl Freye, Leipzig 1914, S.96.

[20] Anm. 16.

[21] Einen Überblick über die Debatte gibt Hans Aarsleff, „The Tradition of Condillac: The Problem of the Origin of Language in the Eighteenth Century and the Debate in the Berlin Academy before Herder", *Studies in the History of Linguistics*, Hrsg. Dell Hymes, Bloomington 1974, S. 93-156.

[22] Johann Gottfried Herder, „Abhandlung über den Ursprung der Sprache," *Sturm und Drang, Kritische Schriften*, 3. Ausg., 3 Bde., Heidelberg 1972, S. 422.

Condillac umgekehrt argumentiert. Herder versuchte beide Positionen zu verschmelzen, indem er vorschlug, daß Sprache und Vernunft gleichzeitig aufgetreten seien und daß beide die überzeugenden und besonderen Unterscheidungsmerkmale von des Menschen Menschlichkeit seien. Lenz scheint in diesem Punkt mit Herders Argumenten zufrieden gewesen zu sein, wenn er auch vielleicht der Frage nach dem Ursprung und der zeitlichen Abfolge weniger theoretisches Interesse beimaß als anderen linguistischen Problemen. Als Realist war er an pragmatischen Themen interessiert, etwa wie Sprache in der Gesellschaft funktioniert, und in seinen Dramen finden wir häufig eine unüberbrückbare Kluft zwischen Sprache und Vernunft. In seinen Aufsätzen jedoch erweist er sich als ein zuversichtlicher und informierter Problemlöser.

„Über die Vorzüge der deutschen Sprache" ist der unbedeutendere der beiden Vorträge. Wie sein Titel anzeigt, ersann ihn Lenz eines bestimmten Gedankens wegen: daß das Deutsche dem Französichen überlegen sei. Der Vortrag wurde während des zweiten Treffens der Deutschen Gesellschaft in Straßburg am 9. November 1775 gehalten. (688) Lenz bezieht sich speziell auf die Gründung der neuen Gesellschaft. „Wir fangen von heute an uns zu einer sich selbst durch gewisse Regeln bindenden Gesellschaft zusammenzutun" (458), sagt er den versammelten Bewunderern deutscher Kultur und skizziert kurz die Regeln. Der Zweck der Gesellschaft, wie die versammelten Herren erfahren, ist „weiter [zu] nichts als unsere gesellschaftliche Bemühungen für die Aufnahme einer gebildeten deutschen Sprache in diesen Gegenden durch schriftliche oder mündliche Beiträge oder auch nur durch Ihr Ansehen und Vorspruch zu unterstützen" (458). Vorträge sollten nur auf Deutsch gehalten werden, denn Lenzens Anliegen war es, daß die Mitglieder, die, obwohl einige Franzosen zu ihnen gehörten, hauptsächlich Deutsche waren, die deutsche Sprache kultivieren und an ihr feilen sollten.[23] Lenz hatte tatsächlich eine „Sprachgesellschaft" in einer Stadt gebildet, in der Deutsch nicht die Muttersprache war. Obwohl die Idee der Sprachgesellschaft nicht einzigartig war – einige blühten bekanntermaßen während des 17. Jahrhunderts – unterschied sich Lenzens Gesellschaft in wichtigen Einzelheiten von ihren barocken Vorgängern. Im Unterschied zu den barocken Sprachgesellschaften war Lenzens Ziel nicht eine gehobene, gegen die Unreinheiten der Dialekte und Fremdwörter geschützte, formale Sprache. In der Tat glaubte Lenz, daß das Deutsche durch das Studium von Dialekten und die Nähe zu einer fremden Sprache

---

[23] M. N. Rosanow, *Jakob M. R. Lenz: der Dichter der Sturm und Drangperiode*, Übers. C. von Gütschow, Leipzig 1909, S. 258-59.

profitieren und bereichert werden könnte. Lenz geht in seiner philologischen Begeisterung so weit, das Studium des Gotischen zu empfehlen, um einen historisch reichen und lebendigen Wortschatz zu erwerben und zu erweitern. Seine Betonung der Geschichte und der Mannigfaltigkeit des Deutschen erinnert an Leibniz. Der Titel von Leibnizens Aufsatz über den Stand der deutschen Sprache, „Ermahnung an die Teutsche, ihren verstand und sprache beßer zu üben, sammt beygefügten vorschlag einer Teutsch gesinten Gesellschaft" reflektiert die gleichen linguistischen Belange, die auch Lenz beschäftigen. Da dieser Aufsatz nicht vor 1846 veröffentlicht wurde, konnte Lenz ihn nicht gekannt haben;[24] gekannt haben konnte er jedoch einen 1717 veröffentlichten Aufsatz: „Unvorgreiffliche Gedanken betreffend die Ausübung und Verbesserung der Teutschen Sprache."[25] Leibniz beanstandete die radikale Eliminierung aller Fremdwörter aus dem Deutschen, da er glaubte, daß dies zu weit getrieben werden und der Sprache eher schaden als sie verbessern könnte. Er erachtete Französisch und andere zeitgenössische Spracheinflüsse als der deutschen Sprache nützlich, die sie erweiterten und bereicherten, aber wie Lenz ermutigte er seine Landsleute die Geschichte des Deutschen zu erforschen und dessen archaisches Vokabular zu reintegrieren.

Leibniz war einer der ersten Gelehrten, der sich für die Förderung des Deutschen für wissenschaftliche Zwecke ernsthaft einsetzte, obwohl er interessanterweise in seinen eigenen Schriften nicht seine Muttersprache, sondern Latein und Französisch verwendete. Er lobte das Deutsche seiner Konkretheit wegen und fand es insbesondere für den philosophischen Diskurs geeignet. Es wurde als Gegenmittel gegen die Abstraktheit der Scholastik und als populär angesehen, worunter Blackall „accessible to all and concise"[26] versteht.

In seiner Betonung der Konkretheit drückt sich bei Leibniz die Sehnsucht aus, der Gefahr der Verdunkelung und Verwirrung zu entgehen, um dem Realen, Natürlichen und Authentischen näher zu kommen. Lenz stimmt dem zu, indem er vorschlägt, der moribunden Sprache durch den Gebrauch von Dialekten neues Leben einzuflößen:

---

[24] Vgl. Erik Blackall, *The Emergence of German as a Literary Language 1700-1775,* Cambridge 1959, S. 2-11.

[25] Allan Blunden argumentiert überzeugend, daß Lenz insbesondere in der Perspektiven- oder Standpunktfrage von Leibniz wesentlich beeinflußt war. „J.M.R. Lenz and Leibniz: A Point of View," *Sprachkunst. Beiträge zur Literaturwissenschaft,* 9 (1978): 3-18.

[26] Blackall, S. 9.

> Wenn wir in die Häuser unserer sogenannten gemeinen Leute gingen, auf ihr Interesse, ihre Leidenschaften acht gäben, und da lernten, wie sich die Natur bei gewissen erheischenden Anlässen ausdrückt, die weder in der Grammatik noch im Wörterbuch stehen: wie unendlich könnten wir unsere gebildete Sprache bereichern... (455)

Deutsch sollte nicht nur eine feine und „gebildete," sondern auch eine authentische Sprache sein.

„Authentizität" oder „Natürlichkeit" wird in Opposition zur französischen „Künstlichkeit" gesetzt, wird zur als „typisch" Deutsch definierten Tugend erhoben, und wird so zum Brennpunkt, um den die Erschaffung einer eigenen deutschen Literatur und Kultur kreist. Lenzens Rechtfertigung des Deutschen und Verunglimpfung des Französischen in „Über die Vorzüge der deutschen Sprache" sind ein Beispiel für den Versuch, „Deutsche" auf der Grundlage ihrer spezifischen Unterschiede zu „Franzosen" zu schaffen. Künstlichkeit suggeriert Hemmung, Natürlichkeit impliziert Freiheit. So stellt Lenz fest, daß das Deutsche dem Französischen überlegen sei, „weil sie [die deutsche Sprache] dem Geist mehr Freiheit läßt." (459) Die Grundlage dieses Arguments ist das deutsche Verb, von dem Lenz behauptet, daß es peripherischer Natur und in der Lage sei, verschiedene Positionen im Satz innezuhaben, eine syntaktische Freiheit, die das französische Verb nicht genieße. Lenz hatte natürlich Unrecht. Das ‚Verb als zweites Element' wird als grammatikalische Regel in das Gedächtnis eines jeden oder doch fast jeden „Deutschstudenten" im ersten Jahr eingepflanzt. Um diesen Punkt zu illustrieren, gibt Lenz den französischen Satz „J'aime Dieu et mon prochain" (459) vor und gibt dann drei deutsche Übersetzungen: „Ich liebe Gott und den Nächsten", „Gott und meinen Nächsten liebe ich", und „Gott liebe ich und meinen Nächsten" (460). Dies könnte als Beispiel im Unterricht dienen, um die Regel zu lehren, nach der das Verb an zweiter Stelle zu stehen hat, aber Lenz nimmt in seinem Eifer, die Flexibilität des Deutschen zu beweisen, nicht wahr, daß Subjekt und Objekt ihre Position verändern, während das Verb an gleicher Stelle verbleibt. Wie Blunden zeigt, war Flexibilität der Sprache ein thematischer Schwerpunkt,[27] und wir können Lenz seine enthusiastischen Versuche nicht vorwerfen, das Deutsche als gegenüber dem Französischen privilegiert darzustellen. Interessanter ist Lenzens Favorisierung des Verbs, einer Neigung, in der er Herder folgt. Herder

---

[27] Blunden, „Language and Politics", S. 177.

hatte geschrieben: „tönende Verba sind die ersten Machtelemente"[28] und argumentierte, daß die Struktur der Sprache die Entwicklung des menschlichen Geistes widerspiegele. Da Handlungen vor allem anderen bezeichnet werden mußten, repräsentieren Verben die frühesten Elemente der Sprache. Lenz führt diesen Punkt genauer aus, indem er behauptet:
Die Zeitwörter (verbes) als die Bestimmung aller Handlungen und Veränderungen der Dinge, sind daß ich so sagen darf der edlere Teil und die Seele aller Sprachen, da die Nennwörter (substantifs et adjectifs) wenn mir erlaubt ist dieses Gleichnis fortzusetzen, nur den Körper derselben ausmachen. (459)
Während Lenz das Verb aufwertet, setzt er die Bedeutung des Substantivs herab, was ihm den Widerspruch von Karl Kraus eingebracht haben würde. Kraus behauptete: „Das Hauptwort ist der Kopf, das Zeitwort ist der Fuß, das Beiwort sind die Hände", hinzufügend: „Die Journalisten schreiben mit den Händen."[29] Das genaue Gegenteil von dem was Lenz sagt, gleichwohl ähnlich in einer Hinsicht: diese beiden für Sprache so sensiblen Autoren gebrauchten Grammatik, um über wichtige Themen ihrer Zeit zu reflektieren.

Lenzens Vertrauen in die Wichtigkeit des Verbs mag eine Erklärung für seine merkwürdige Behauptung sein, daß man zuerst handeln müsse, bevor man sprechen könne. Seine Äußerung: „Überhaupt, m.H. muß man *handeln* um *reden* zu können" (456), die den zweitletzten Absatz von „Über die Bearbeitung der deutschen Sprache im Elsass, Breisgau und den benachbarten Gegenden" eröffnet, ist verblüffend. Lenz übernimmt Herders Erklärung nicht, welche fraglos von Condillacs Sicht beeinflußt wurde, nach der die ersten Sprechversuche „with some motion, gesture or action"[30] begleitet gewesen seien, die zu einem „mode of speaking by action"[31] führe, sondern verbindet sie mit dem Fremdsprachenerwerb. „Welch ein Unterschied," schreibt Lenz, „unter einer Sprache die nur *erlernt* ist und einer die wir uns selber *gelehrt* haben? Das erste macht Papageien, das andere Menschen." (456)

Historisch wurde eine Verbindung zwischen Rede und Handlung postuliert, was aber wenigstens ebenso problematisch erscheint wie die Verbindung von Sprache und Denken. Das Bemühen der gegenwärtigen

---

[28] *Sturm und Drang, Kritische Schriften*, S. 438.
[29] Karl Kraus, *Über die Sprache*. München 1962, S. 10.
[30] Etienne Bonnot de Condillac, *An Essay on the Origin of Human Knowledge*, Übers. Thomas Nugent. Gainesville 1971, S. 172.
[31] Condillac, S. 174.

Sprachphilosophie, Sprache im kommunikativen Kontext zu verstehen, hat die Sprechakttheorie hervorgebracht, die Äußerungen mit Aktionen verbindet.³² Aber es gibt einen weiteren Aspekt der Verbindung zwischen Rede und Handlung, die prägnant durch die Spruchweisheit „gesagt, getan" ausgedrückt wird. Ein Glaube an die Kraft und die Autorität des Wortes ist in dieser oft zitierten Maxime offensichtlich. In der westlichen Denktradition ist das Wort als Anfang aller Dinge idolisiert worden. Hamann, der religiöseste der Stürmer und Dränger, spricht, den Leser auf eine Bibelstelle verweisend, von Gott als dem „kräftigen Sprecher"³³: „Denn wenn er spricht, so geschieht's; wenn er gebietet, so steht's da."³⁴ Der Sturm und Drang kehrte diese Ordnung natürlich um, indem er die Tat vor das Wort stellte.³⁵ Lenz war von dieser Idee angeregt und stimmte zu, „daß handeln, handeln die Seele der Welt sei, nicht genießen, nicht empfinden, nicht spitzfündeln, daß wir dadurch allein Gott ähnlich werden, der unaufhörlich handelt und unaufhörlich an seinen Werken sich ergötzt."³⁶ Die Stürmer und Dränger sind nicht so radikal in ihrer Abwertung der Sprache wie es zunächst den Anschein hat, da die Aufklärung in ihrem Verständnis der Sprache als Instrument diese bereits schon teilweise demystifiziert hatte. Wahrheit war nicht länger in Autorität und Rhetorik zu finden, sondern in der Wissenschaft, die die Erfahrung voraussetzt. Und diese Betonung der Erfahrung spielt auch eine Hauptrolle im Lenzschen Denken. Seiner Erklärung von „[man muß] handeln um reden zu können" fügt er hinzu: „Ich habe kein Buch in einer fremden Sprache leichter und geschwinder, daß ich es sagen mag *ohne Lehrmeister* verstanden, als wenn ich's in einer ähnlichen Lage der Seele las, in der der Verfasser geschrieben." (456) Diese Bemerkung scheint sich nicht unmittelbar auf Handlung zu beziehen. Erfahrung ist aber die mit dem Fremdsprachenerwerb verbundene Handlung, und dadurch ist Lenz als Leser in der Lage, sich in

---

³² Zur Sprechakttheorie siehe John R. Searle, *Speech Acts*, London 1969 und J. L. Austin, *How to do Things with Words*, Cambridge 1962.

³³ Johann Georg Hamann, „Kreuzzüge des Philologen," *Sturm und Drang, Kritische Schriften*, Heidelberg 1972, S. 124.

³⁴ Psalm 33.9.

³⁵ Dies nimmt Bezug auf die bekannte Szene aus *Faust I*, in der Faust sich entschließt, die Bibel zu übersetzen, aber zögert als er zu der Stelle kommt, an der es heißt „Im Anfang war das Wort", weil er dem Wort nicht soviel Gewicht beimessen kann. Er löst das Problem folgendermaßen: „Mir hilft der Geist! Auf einmal seh' ich Rat/ Und schreibe getrost: ‚Im Anfang war die Tat'." Johann Wolfgang Goethe, *Werke*, 14 Bde., 9. Ausg. Hamburg 1972, 3, S. 44.

³⁶ Das Zitat ist „Über Götz von Berlichingen" entnommen, Titel 1, S. 378-79.

die Perspektive des anderen (Autors) zu versetzen oder ihr – Lenz schreibt „in einer *ähnlichen* Lage der Seele" – wenigstens nahe zu kommen. Lenz' fortgesetztes Trachten nach Realismus hängt sowohl davon, daß man sich dem Standpunkt Anderer nähert als auch von der Erfahrung ab, sonst haben Autoren nichts zu sagen.

Lenz gründete seinen Glauben daran, daß man sich nur durch die Lektüre in der Originalsprache dem Geist des Werkes nähern kann, auf die Herdersche Identifizierung von Sprache mit Kultur. Für Herder verkörpert eine Sprache das Denken einer Nation.[37] Der Wohlstand einer Nation und ihre Sprache spiegeln sich gegenseitig wider, und wie die Kultur oder ein Individuum, durchläuft die Sprache verschiedene Stationen von der Geburt bis zum Tod. Die Stürmer und Dränger glaubten, daß das Deutsche verfalle und daß dies eine Bedrohung der deutschen Kultur bedeute. Bei der Dringlichkeit, mit der Lenz über die Rettung der deutschen Sprache vor dem weiteren Abstieg schreibt, handelt es sich um nichts Geringeres als den Versuch, die deutsche Kultur zu bewahren. Wenn er schreibt:

und werden wir, wie verständige Cameralisten,[38] unserm Vaterlande nicht unsterbliche Dienste erweisen, wenn wir Landesprodukte nicht in fremden Ländern aufsuchen, auf Kosten unserer ganzen Art zu denken, zu empfinden und *zu handeln*, auf Kosten unsers National-Charakters, -Geschmacks und -Stolzes. (452)

Die kostbaren „Landesprodukte," die verschwendet werden, sind Wörter. Der eigentliche Geist und die Identität der deutschen Nation wird durch die zu große Abhängigkeit vom Französischen an der Entfaltung gehindert. Lenz befürchtet insbesondere die Herrschaft, die ein verbreiteter Gebrauch französischer Wörter über das geistige Leben seines Landes ausüben kann und Frankreich zum „Herrscher unserer Seele" (453) mache. Er schreibt die deutsche Abhängigkeit vom französichen Wortschatz dem Mangel des Deutschen an Abstraktionsbegriffen zu: „Mir scheinen in unserer Sprache noch unendlich viele Handlungen und Empfindungen unserer Seele *namenlos*." (452) Verantwortlich dafür ist die deutsche Bewunderung für alles Fremde. Aber wirklich menschlich sein heißt, *frei* nach seiner *eigenen* Natur zu handeln und zu sprechen; sich einem anderen unterwerfen ist Trägheit, die zu Unterwürfigkeit degenerieren kann und dadurch den Adel

---

[37] Siehe „Über die neuere deutsche Literatur," *Sturm und Drang, Kritische Schriften*, S. 259-271.

[38] Wie Titel und Haug in 1, S. 687 bemerken, sind „Cameralisten" Ökonomen; die „Kammer" war ursprünglich Privatvermögen des Prinzen.

der Seele abtötet. (453) Die eifrige Befürwortung des Deutschen mag Patriotismus sein, wie Blunden meint, aber es handelt sich auch um den dringenden Wunsch nach Stärkung des Spezifischen eines Individuums und einer Kultur und ist somit ebenfalls ein Hinweis auf das, was persönliche Freiheit wesentlich ausmacht, die Lenz in so vielen seiner Texte beschäftigt.

Die ökonomische Metapher[39], die Lenz gebraucht, indem er einen Linguisten wie einen Ökonomen mit der Bewachung der „Landesprodukte" betraut, indiziert, daß Lenz das Verständnis der Aufklärung von Sprache als Mittel, Instrument, und Produkt ererbt hat. Dies steht im Widerspruch zur Identifikation von Sprache mit Kultur, die vereinigt, während das Verständnis von Sprache als Produkt Sprache und Kultur teilt. Als Produkt ist Sprache nicht ‚heilig' und kann nach den Bedürfnissen der Gesellschaft geformt werden. Lenzens Vorschlag daß institutionelle Sprachreform, und wir müssen annehmen Sprachkontrolle, durch „Klopstockische[n] Landtage" begonnen werden sollte, war natürlich durch Klopstock aber auch durch den Glauben der Aufklärung motiviert, daß es möglich sei, das Zeichen zu transzendieren und eine rein rationale, philosophische Sprache hervorzubringen, Sprache zu transformieren und einzig im Streben nach Rationalität anzuwenden. Lenz beeilt sich, hinzuzufügen, daß die mit der Sprachreform betraute Versammlung aus „Mitglieder[n] aus den *verschiedensten Ständen*...um eine *verständliche Sprache für alle* hervorzubringen" (451), bestünde, nicht mit dem Ziel eines „einseitigen despotischen, sondern *republikanischen Sprachgebrauch[s]*." (454) Hamann verspottete dieses Klopstocksche Projekt, das Lenz beeinflußt hatte, insofern als Sprache lebendig ist und nicht künstlich beschränkt werden kann.[40] Lenz hätte sicherlich seine Zweifel gehabt, hätte er die politischen und pyschologischen Konsequenzen einer strikten Sprachkontrolle, die sein Unternehmen impliziert, berücksichtigt. Er ist sich mit Sicherheit des Verhältnisses zwischen Sprache und Macht bewußt, wenn er den Gebrauch zu vieler französischer Wörter gerade aus diesem Grund zurückweist. Sein Vorschlag kann deshalb nur im Licht seiner Betonung der Funktion von Sprache in der Gesellschaft als eines Mittels zur Verständigung und auf-

---

[39] Ökonomische Metaphern kommen auch bei anderen Gelegenheiten vor, etwa in „Verteidigung des Herrn W. gegen die Wolken", in dem Lenz von Dichtern als von „Kaufleute[n]...von denen jeder seine Ware, wie natürlich, am meisten anpreist". Titel 1, S. 428.

[40] Blackall, S. 450. Die beiden Aufsätze, in denen Hamann Klopstocks Gedanken zur Sprachreform angreift, sind „Zweifel und Einfälle über eine vermischte Nachricht" (1776) und „Zwey Scherflein zur neuesten Deutschen Literatur" (1780).

grund seines Glaubens, daß standardisierte Sprache das einzige Mittel zur Verbesserung der Verständigung sei, verstanden werden.

Obwohl Lenz den Glauben an die Reformierbarkeit der Sprache mit der Aufklärung gemein hat, unterscheiden sich seine Ansichten zur Sprachreform fundamental von denen der Aufklärung. Diese verbindet Wissensfortschritt mit Sprachverfeinerung. Mit der Zeit ist die Sprache philosophischer geworden; Begriffe werden mit sicheren Definitionen versehen, abstrakte Begriffe werden eingeführt, die Sprache wird grammatikalischer und mehr regelgeleitet.[41] Letztendliches Ziel der Aufklärung war die Schaffung einer „fully perfected, quasi divine [language]"[42], einer vor menschlichem Versagen geschützten, wissenschaftlichen Sprache. Lenz auf der anderen Seite interessiert sich nicht so sehr für die esoterische Sprache der Philosophie als vielmehr für die Umgangssprache, für Kommunikation. Bei Lenz ist Sprache, wie die Kunst[43] und die Militärreform, die er in „Über die Soldatenehen" vorschlägt, das Mittel, durch das Einheit unter den Klassen zu erreichen sei. Wir erinnern uns, daß nach Lenz die Sprachreform demokratisch sein sollte, um eine *„verständliche Sprache für alle"* und nicht eine spezialisierte Sprache für wenige zu schaffen. Er ist sich in hohem Maße der vorrangigen Rolle bewußt, die Sprache in allen menschlichen Bemühungen, nicht nur in der Wissenschaft, nicht nur im Handel (den Lenz, der unpraktischste aller Realisten, nicht zu erwähnen vergißt), sondern auch in sozialen und persönlichen Wechselbeziehungen spielt, „die Liebe und die Freundschaft selbst nicht ausgenommen." (456) Kommunikation ist für die menschliche Existenz so zentral, daß Lenz eine Katastrophe vorhersagt wenn sich die Menschen nicht aufrichtig bemühen, einander besser zu verstehen.

Treffen wir mit andern in Ansehung unserer gemeinschaftlichen Sprache keine Verabredung, so vereinzeln wir uns selbst auf die allergrausamste Weise. Sind es gar Leute, mit denen wir zu teilen haben, und verstehen nicht alle Schattierungen in ihrer Sprache, so entstehen daraus unzählige Verwirrungen und Mißverständnisse, die oft mit der Zeit zu Haß, Feindseligkeiten, und Untergang ganzer

---

[41] Wellbery, S. 33-34.

[42] Wellbery, S. 29.

[43] In „Verteidigung des Herrn W. gegen die Wolken" beschreibt Lenz guten Geschmack, der den niederen Klassen anerzogen werden müsse, als „das einzige Band zwischen Großen und Kleinen, Beherrschern und Untertanen, das einzige Geheimnis aller wahren Staatskunst, ohne welches alle bürgerliches Verhältnisse und Beziehungen auseinander fallen..." Titel 1, S. 428.

Familien, Gesellschaften und Nationen ausschlagen können. (456-57)

Besorgt um Beschaffenheit und Nuance der Sprache, betrachtet Lenz die „Sprache der Philosophie" mit Mißtrauen. Wie Herder[44] glaubt Lenz, daß eine durchdachte und logische Sprache keine Entwicklung hin zur Perfektion sondern hin zum Verfall bedeute, weil die Sprache „künstlich" wird und somit die Dichtung zerstöre. Die Abneigung des Sturm und Drang gegen die Künstlichkeit und seine Glorifizierung der Natürlichkeit kommt in dieser von Rousseau übernommenen Haltung klar zum Ausdruck. Rousseau macht in seinem „Versuch über den Ursprung der Sprache" enthaltenen Kapitel über das Schreiben letzteres dafür verantwortlich, daß Präzision durch Ausdruckskraft ersetzt[45] und die Sprache dadurch ihres Genius beraubt würde. Selbst Schriftsteller, waren die Stürmer und Dränger freilich nicht bereit, ihre Schriften zugunsten der mündlichen Überlieferung aufzugeben, wiesen aber mit Rousseau die Einengungen zurück, die er an Formalsprachen wahrnahm. Lenzens Ideal ist der „freie Gebrauch der Sprache", ein Gedanke, der bestimmte Auswirkungen auf seine Dramaturgie hat. In seinen Stücken strebt er nach Natürlichkeit und Authentizität und versucht deshalb, alltägliche Dialoge zu reproduzieren sozusagen Verständigung in ihrer Genese zu zeigen. Die Sprache des Realismus ist aber gefährlich, denn sie führt den sprachlichen Abgrund[46] herbei, von dessen Vermeidung er in „Über die Bearbeitung der deutschen Sprache" spricht.

Kommunikation ist unbestreitbar ein zentrales Thema in Lenzens wichtigsten Dramen, „Der Hofmeister" und „Die Soldaten." Lenz ergreift die Gelegenheit, dramatisch zu demonstrieren wie Sprache in der Gesellschaft funktioniert – mit Folgen, die den Sprachoptimismus der Aufsätze verleugnen. Nicht die deutsche Sprache im besonderen, sondern Sprache an und für sich lenkt Lenzens sondierende Aufmerksamkeit auf sich. Bei

---

[44] „Von den Lebensaltern einer Sprache," *Sturm und Drang, Kritische Schriften*, S. 201-204.

[45] Jean-Jaques Rousseau, *The First and Second Discourses Together with the Replies to Critics and Essay on the Origin of Languages"*, Hrsg. und Übers. Victor Gourevitch. New York 1986, S. 253.

[46] Ich habe diese Formulierung dem Titel eines unveröffentlichten Referats von Daniel O. Dahlstrom entnommen: „The Linguistic Abyss and its Origin: Heidegger and Hamann on Language."

der Sprache des Realismus⁴⁷ handelt es sich nicht um die formale Sprache des klassizistischen Dramas, in dem sich die Dramenfiguren im wesentlichen derselben Sprache bedienen, sondern vielmehr um ein durch die von Lenz bevorzugte Polyperspektive herbeigeführtes „Aufeinanderprallen von Codes."⁴⁸ Walter Höllerer weist in einem die komplexe Verwendung von Sprache in „Die Soldaten" untersuchenden Aufsatz fünf verschiedene Sprachsphären im Stück nach: die von Wesener verwendete Sprache des mittelständischen Geschäftsmannes, die von der Gräfin repräsentierte Sprache der Empfindsamkeit, den Rokoko-Manierismus und die übertriebene höfische Etikette Desportes', die Sprache des Rationalismus (Eisenhardt, Spannheim) und ihre Parodie (Pirzel) sowie schließlich die „Sprache des Genies" der Offiziere.⁴⁹

Da Lenz ein realistisches Bild des Lebens präsentieren will, versucht er den Standpunkt verschiedener Individuen einzubringen. Dies führt zu einem Nebeneinander der Standpunkte.⁵⁰ Das uns Dargebotene wirkt nicht mehr wie eine harmonisch ganze, sondern wie eine fragmentierte Gesellschaft. Die bestehende soziale Disharmonie wird nicht nur durch das dargestellt, was die Figuren sagen, sondern wie sie es sagen. Jede der Dramenfiguren ist durch die Sprache seiner/ihrer jeweiligen Klasse oder intellektuellen Orientierung festgeschrieben. Wenn sie miteinander sprechen, findet häufig keine Kommunikation statt, da sie nicht denselben sprachlichen Code benutzen. Marie⁵¹, die Hauptfigur der *Soldaten*, ist das offensichtlichste Opfer des Mißverstehens als Folge der ihr unbekannten Sprache. Der adlige Desportes, geübt in den Feinheiten höfischer Rede,

---

⁴⁷ Deirdre Burton meint, daß neben dem wesentlichen Unterschied, den es natürlich zwischen Dramendialogen und authentischen Gesprächen gebe, doch eine bemerkenswerte Verwandtschaft zwischen beiden bestehe. Der moderne dramatische Dialog insbesondere weist spezifische Eigenschaften auf, die auch in authentischen Gesprächen feststellbar seien. Der Dialog in den Lenzschen Dramen versucht, authentische Konversation wie Gesprächsstile zu imitieren. *Dialogue and Discourse*. London 1980, S. 5.

⁴⁸ Vgl. Kapitel 5, Abschnitt 2 meiner Dissertation, „Language: The Dialogue of Realism--A Collision of Codes," *Non-Aristotelian Drama in Eighteenth Century Germany and its Modernity: J. M. R. Lenz*. Bern und Frankfurt/Main 1982, S. 216-238. Einiges des folgenden Materials ist diesem Abschnitt entnommen.

⁴⁹ Walter Höllerer, „Lenz, ‚Die Soldaten'," *Das deutsche Drama vom Barock bis zur Gegenwart*, Hrsg. Benno von Wiese. Düsseldorf 1962, S. 132-35.

⁵⁰ Blunden, „J. M. R. Lenz and Leibniz," S. 17.

⁵¹ Titel und Haug benutzen den Namen Mariane um zu erklären, daß die Änderung von Mariane zu Marie, unter dem die Figur traditionellerweise bekannt ist, wahrscheinlich von Lenz selbst stammt 2, S. 736.

verführt Marie vor allem durch Worte. Die Wirkung dieses Sprachmodus'
auf die kleinbürgerliche Marie und ihren Vater zeigt sich deutlich an ihrer
Reaktion auf Desportes' Verse: „Du höchster Gegenstand von meinen
reinen Trieben/ Ich bet dich an, ich will dich ewig lieben./ Weil die Versicherung von meiner Lieb und Treu/ Du allerschönstes Licht mit jedem
Morgen neu"[52] (196). Wesener ist durch sie wieder beruhigt und ruft aus:
„Er denkt doch honett seh ich" (196). Aber er hat die geschliffene und
gekünstelte Sprache des höfischen Kavaliers irrtümlich für wirkliche Ergebenheit gehalten. Wenn Marie gegen alle Augenscheinlichkeit bis zum
Ende darauf besteht: „Er liebte mich aber" (227), so müssen wir daraus
folgern, daß ihre Selbsttäuschung in erster Linie Folge der sprachlichen
Täuschung Desportes' ist. Marie ist unfähig, Desportes' Worte zu „durchschauen", zum Teil, weil sie in ihn verliebt ist und die Wahrheit nicht
wissen will und zum Teil, weil sie einem sprachlichen Code ausgesetzt ist,
mit dem sie nicht umgehen kann. Für ihre sprachliche Unerfahrenheit und
Naivität, die sie schließlich vernichten, ist scheinbar ihre niedrige soziale
Stellung verantwortlich. Ihre Schwester Charlotte und ihre Freundin Jungfer Zipfersaat, die derselben sozio-ökonomischen Gruppe angehören, teilen
allerdings Maries Empfänglichkeit für sprachliche Signale nicht. Als Marie
beispielsweise in Anwesenheit von Jungfer Zipfersaat Desportes' Syntax
und Vokabular nachzuahmen versucht, antwortet Jungfer Zipfersaat verlegen und verständnislos: „Ich weiß nich wie du bist Marianel" (208) und
verläßt die Freundin, die ihr eine Fremde geworden ist. Wenn die Sprache
den Geist einer Kultur oder einer Nation ausdrückt, so zeigt Lenz, daß
gleiches auch für Individuen gilt. Marie ahmt nicht nur die Sprachmuster
Desportes' nach, sie imitiert auch den Geschäftsstil ihres Vaters, übernimmt den empfindsamen Stil im Gespräch mit der Gräfin und spricht
gelegentlich wie die kleinbürgerliche Kaufmannstochter, die sie ist. Gefangen in einem sprachlichen Mahlstrom, ringt sie um Worte wie eine
Ertrinkende, die nach Luft schnappt. „Schwester weißt du nicht, wie
schreibt man Madam" (184) sind ihre ersten Worte und die ersten Worte
des Stücks. Sie fleht ihre Schwester an: „So sag doch wie heißt das Wort

---

[52] Alle Zitate aus „Die Soldaten" und „Der Hofmeister" sind dem zweiten
Band von Jakob Michael Reinhold Lenz, *Werke und Schriften*, Hg. Britta Titel und
Hellmut Haug. Stuttgart, 1966 entnommen und im Text durch Seitenzahl kenntlich
gemacht.

nun" (215). Verliert Marie ihre Sprache, verliert sie ihre Identität.[53] Ihrer Umwelt wird sie immer fremder, und sie isoliert sich zunehmend bis sie überhaupt nicht mehr spricht. Ihre Gefühle bei der Wiederbegegnung mit ihrem Vater drückt sie nicht mit Worten aus. An der Unfähigkeit zu kommunizieren leidet auch der Major im „Hofmeister." Er und die Majorin bewegen sich auf verschiedenen sprachlichen Ebenen. Die mit französisch angereicherte Sprache der Majorin ist prätentiös und gekünstelt, während die des Majors zwischen Gefühlsausbrüchen und der absichtsvoll tobenden, brausenden Sprache des Genies schwankt. Kommunikation findet nicht statt, und als der Major am Abend vom Feld nach Hause zurückkehrt, gibt er schließlich auf und sitzt „stumm wie ein Stock." (42) Der Verlust an sprachlicher Authentizität wird, vor allem bei Marie, von einem Identitätsverlust begleitet.

Wie läßt sich nun der Zusammenhang von Persönlichkeitsverfall und Sprachverlust mit Lenzens Ideen zur Sprachreform in Einklang bringen? Der Verfall der Sprache kann dabei keineswegs von der Destruktion des Individuums getrennt werden. Aber welche Auswirkungen hätte eine Sprachreform auf das Individuum? Spräche jeder dieselbe Sprache, wäre Verständigung und somit harmonisches, gesellschaftliches Zusammenleben möglich: so argumentiert Lenz in seiner Schrift, aber würde dadurch nicht gleichzeitig das Wesen des Individuums zerstört, da Sprachreform auch bedeutet, daß dem einzelnen Sprecher von einer äußeren Gewalt etwas auferlegt wird? Interessanterweise hat Lenz die Ergebnisse der Sprachreform nicht dramatisiert. Ganz im Gegenteil, seine Stücke offenbaren einen Mangel an Vertrauen in die gesprochene Sprache als eines verläßlichen Verständigungsmittels und nehmen ihre Zuflucht stattdessen zur Alternative der Gesten.[54] Der Sprachskeptizismus hat Ähnlichkeit mit dem von Karl Kraus, der schreibt: „In keiner Sprache kann man sich so schwer verständigen wie in der Sprache."[55] Viele der Dramenfiguren befinden sich

---

[53] Zum Thema der Identität vgl. Alan C. Leidner, „The Dream of Identity: Lenz and the Problem of *Standpunkt*", *German Quarterly*, 59 (1986): 387-400. Leidner beschäftigt sich nicht mit Sprache, sondern verbindet Identität mit „identification with a group," was aber auch einen linguistischen Aspekt hat.

[54] Gesten sind ein immanenter Bestandteil von Lenzens Dramen und werden so häufig benutzt an Stellen, an denen sie offenlegen was Sprache verbirgt, oder erklären was Sprache verwirrt, daß sie als ein Anzeichen von Sprachskeptizismus bei Lenz gewertet werden müssen. Vgl. meinen Aufsatz „Gesture as Evidence of Language Skepticism in ‚Der Hofmeister' and ‚Die Soldaten'," *German Quarterly*, 57 (1984): 306-22.

[55] Kraus, S. 7.

in einem sprachlichen Sumpfland. Aber sie verkörpern gleichzeitig geschlagene Individuen, die unfähig sind zu „handeln". Vielleicht nehmen sie deshalb ihre Zuflucht zu Gesten als eines Mittels zur Verständigung.[56]

Lenz dramatisiert jedoch seine Überzeugung, daß Sprache demokratisch und nicht despotisch zu sein habe. In seiner Darstellung des Sprachmißbrauchs in den „Soldaten" und im „Hofmeister" offenbart sich ein Bewußtsein vom Verhältnis zwischen Sprache und Macht. Sowohl Desportes als auch Charlotte manipulieren und beherrschen Marie durch die Art und Weise wie sie Gebrauch von der Sprache machen. Desportes' übertriebene Höflichkeit und gezierte Schmeichelei werden von Marie als überlegene Sprache wahrgenommen. Er nennt Marie „göttliche Mademoiselle" [185] und „goldenes Marianel" [206] und erzählt der orthographisch wie kalligraphisch Unbegabten: „Wenn ich nur glücklich wäre, einen von Ihren Briefen, nur eine Zeile von Ihrer schönen Hand zu sehen" [185]). Es ist Desportes' Sprache, nicht nur seine Erscheinung, die Marie in seinen Bann schlägt. Sie ist ein Opfer rhetorischer Verzauberung. Umgarnt von einem magischen Wortnetz, ist sie unfähig, sich selbst freizumachen. Desportes ist der Zauberer, der sie kontrolliert: wir bemerken, daß *er* ihrer Sprechweise nicht erliegt, denn ihre Rede hält weder Magie noch Interesse für ihn bereit. Bezeichnend ist hier die Funktion der Sprache als Indikator der gesellschaftlichen Klasse. Desportes mag Maries eigene Rede, die des unteren Mittelstands, höchstens für erfrischend oder amüsant halten, aber sie hat keinerlei Signifikanz für ihn, da sie nicht an Macht gebunden ist.

Desportes mißbraucht Sprache ähnlich wie Wenzeslaus und der Geheime Rat. Im „Hofmeister" gebrauchen sowohl Wenzeslaus, der aufrechte Schulmeister, als auch der Geheime Rat, die Stimme der Vernunft, Sprache weniger als Mittel der Verständigung, als vielmehr der Einschüchterung und der Überrumpelung. Beide machen sich die Sprache des Rationalismus nutzbar und sind mit langatmigen Redeschwällen, die auf die Überredung des Zuhörers durch schiere Gewalt abzielen, beschäftigt. Läuffers Erwiderung: „Ich bin satt überhörig" (59), eine der einsilbigen Einwürfe, zu denen er während Wenzeslaus' Lobrede auf seinen Lebensstil kommt, ist eine Antwort auf Wenzeslaus' Angebot eines weiteren Stücks Brot; gleichzeitig beschreibt diese Antwort aber die Wirkung sprachlichen Overkills. Das bloße Volumen der sprachlichen

---

[56] Bruce Kieffer nennt das Sprachverständnis des Sturm und Drang „decidedly pessimistic, at moments even tragic." Vgl. S. 2, *The Storm and Stress of Language, Linguistic Catastrophe in the Early Works of Goethe, Lenz, Klinger, and Schiller.* University Park and London 1986.

Wasserfälle Wenzeslaus' und des Geheimen Rats verfehlen ihre Ziele, weil sie den Zuhörer überfluten. Jede der beiden Dramenfiguren möchte ihren Gesprächspartner im Namen der Vernunft überreden und versuchen jeweils ihre Autorität über den anderen auszuüben. Aber ihre Worte bleiben wirkungslos. Sie mißbrauchen die Sprache, weil sie nicht an wirklicher Verständigung interessiert sind, sondern vielmehr die Rolle des Meisterpädagogen spielen, indem sie ihre Zuhörer zu unwissenden Schülern herabwürdigen. Ihre Rede ist rigide und dogmatisch geworden und hat damit eine quasi verselbständigende Eigendynamik enwickelt, die nur um ihrer selbst und nicht um der Verständigung willen zu existieren scheint. Selbst auf Charlottes sprachliches Verhalten paßt diese negative Charakteristik. Deutlich wird dies in der höchst emotionalen Szene, in der Marie sie überredet hat, einen Brief in Maries Namen zu schreiben. Marie erkennt am Ende, daß die Worte, die der an Stolzius gerichtete Brief enthält, eine Lüge sind und zerreißt den Brief daraufhin in Stücke. Charlotte reagiert verärgert: „Luder! warum zerreißt du denn, da ich eben im besten Schreiben bin" (215).

Dieser Aspekt sprachlicher Verhaltensweise wirft Fragen nach der Natur der Sprache auf. Diese Fragen wurden von der Aufklärung zwar erörtert, aber deren problematische Aspekte waren - außer im Sturm und Drang - bis zur Literatur des zwanzigsten Jahrhunderts nicht von zentraler Bedeutung. Der Mißbrauch der Sprache, der auch in Sprach-„Spielen" eines oder beider Gesprächspartner offenkundig wird, ist menschliches Versagen. Gustchen zum Beispiel konstruiert in Läuffers Gegenwart eine phantastische Formulierung von Liebe als Tragödie, die erfolgreich ihre Gefühle vor Läuffer verbirgt und ihn von der Kommunikation ausschließt. Aber ist dies nicht wenigstens teilweise ein Ergebnis der Macht, die Sprache über das Individuum hat, Ergebnis ihrer schwer faßbaren und spezifischen Natur, die sich organisierter Beherrschung oder Kontrolle entzieht? Dies sind komplexe Fragen, die Lenz in seinen optimistischen Aufsätzen zur Sprache nicht stellt. In seinen Stücken jedoch ist der Sprach-Optimismus abwesend und durch die Dramatisierung von Kommunikation ersetzt. Theoretisch glaubt Lenz wie die Aufklärung an die Modellierbarkeit der Sprache zum Zwecke fortschreitenden Wissens und gesellschaftlicher Interaktion. In seinen Stücken ist er sich dessen jedoch nicht so sicher.

Bordell oder Familie?
Überlegungen zu Lenzens „Soldatenehen"[1]

Horst Albert Glaser (Essen)

Lenzens „Soldaten"-Drama[2] (1776) skizziert den Fall einer honetten Bürgerstochter ins Elend einer Soldatenhure. Daß die Tochter des Galanteriehändlers Wesener am Ende ihrer sozialen Karriere, die zum Stand einer „gnädigen Frau" (I, 6) führen sollte, als malhonette „Weibsperson" (V, 4) zugrunde geht, kreidet der Autor unmißverständlich den Offizieren der Garnison an. Zum Zeitvertreib verführten sie arglose Bürgerstöchter, die sie – trotz vorher gegebener „Promesse de mariage" – sitzenließen, sobald sie ihrer überdrüssig seien. Hinter der Misere einer gefallenen Bürgerstochter ist deutlich sichtbar der Ständekonflikt zu erkennen, der es den adligen Offizieren erlaubte, mit dem Leben und der Moral einfältiger Haustöchter straflos zu spielen. Die heuchlerisch gegebene ‚Promesse de mariage' war faktisch nicht einzuklagen, da Mesalliancen der Genehmigung durch den Landesherrn oder die betroffenen Familienchefs bedurften. Das Sitzengelassenwerden bedeutete freilich für die Bürgerstöchter etwas andres als für die beteiligten Offiziere. Was diesen eine abgelegte Liaison war, deren Erzählung bereits langweilt, ist jenen die soziale Katastrophe schlechthin. Diese bürgerliche Sicht der Dinge ist zweifellos auch die Sicht des Autors, der sie durch den Feldprediger Eisenhardt vortragen läßt. Diesem zählt die außer- oder voreheliche Sexualität zu den „größten Verbrechen gegen die heiligsten Rechte der Väter und Familien", die die Mädchen mit dem Verlust ihrer „ganzen künftigen Glückseligkeit" (I, 4) zu bezahlen haben. Daß aus dem illegitimen Verhältnis einer wohlhabenden Bürgerstochter mit einem feschen Offizier deren sittlicher Ruin und das Fallissement der väterlichen Firma folgen muß, ist so recht nicht einzusehen. Die Konstruktion eines notwendigen sozialen Untergangs, der eintritt, sobald außereheliche Sexualität statthat, verdankt ihre Herkunft eher pietistischen Sexualtabus als realer Erfahrung. Das belegt schon die Biographie jener Cleophe Fibich, einer Straßburger Juwelierstochter, deren Affaire mit einem Baron von Kleist Lenz zu seinem „Soldaten"-Drama inspirierte. Auch hier wird die Bürgerstochter von ihrem Geliebten sitzen-

---

[1] „Über die Soldatenehen," *Jakob Michael Reinhold Lenz: Werke und Briefe in drei Bänden.* Hrsg. Sigrid Damm. Bd. II. München / Wien 1987, S. 787–827.

[2] „Die Soldaten," *Jakob Michael Reinhold Lenz: Werke und Briefe in drei Bänden.* Hrsg. Sigrid Damm. Bd. I. München / Wien 1987, S. 191–246.

gelassen und eine notariell gegebene ‚Promesse de mariage' nicht eingelöst. Lenz, der sich selbst in Cleophe verliebte, aber abgewiesen wurde, dramatisiert das gebrochene Verlöbnis, verleiht ihm aber solch groteske Dimensionen, daß Froitzheim, der spätere Biograph der Familie Fibich, sich nicht genug darob verwundern kann. Denn keineswegs stürzt Cleophe in den moralischen Ruin, da der Baron aus Kurland nicht mehr zurückkehrt, um sie zu heiraten und verkommt schon gar nicht zu einer Soldatenhure. In sonderbarer Treue nur verbringt Cleophe Fibich ihr weiteres Leben ehelos, widmet sich der Pflege des Vaters und stirbt 1820 friedlich im relativ hohen Alter von 66 Jahren. Dessen Juwelenhandel bricht allerdings bald zusammen – jedoch nicht, da ein adliger Bräutigam abhandenkam (wie beim Galanteriehändler Wesener), sondern infolge der französischen Revolution. Sie ließ manche Rechnung für Juwelen platzen, die der Straßburger Juwelier an verschiedene Höfe und vornehme Familien geliefert hatte.[3]

Man sieht: weder die sozialen Ambitionen einer Juwelierstochter, noch ihre illegitime Liaison mit einem Adligen haben in Straßburg, das die Kulisse der „Soldaten" bildete, zu einer tragödienhaften Katastrophe geführt. Das tun sie nur in Lenzens Lille, wohin er die Geschichte der Cleophe Fibich verfrachtete, um sich Verdruß mit Straßburger Freunden und Bekannten zu ersparen. Einige entrüsteten sich dennoch über die dramatische Ausbeutung einer Straßburger Skandalgeschichte – insonderheit aber wohl über die tragödienhafte Verzerrung, die Lenz ihr antat.

Schon im ersten Akt deutet Lenz an, daß die Richtung, die der „Trieb" nehme, über das Wohl und Wehe der Menschen entscheide. Verlaufe er außerhalb der Bahnen der Ehe, müssen sie wohl oder übel auf irdische „Glückseligkeit" verzichten. „Der Trieb ist in allen Menschen, aber jedes Frauenzimmer weiß, daß sie dem Triebe ihre ganze künftige Glückseligkeit zu danken hat, und wird sie die aufopfern, wenn man sie nicht drum betrügt?" (I,4) Daß es die Sünde der ‚Konkupiszenz' ist, der die Menschen allzu leicht die „Glückseligkeit" aufopfern, verkündet der livländische Pastorensohn unmißverständlich in dem theologischen „Supplement zur Abhandlung vom Baum des Erkenntnisses Guten und Bösen"[4]. Es ist das „Verbot" der Konkupiszenz, von der er sich das Glück der Menschen

---

[3] Johannes Froitzheim, *Lenz, Goethe und Cleophe Fibich von Strassburg. Ein urkundlicher Kommentar zu Goethes Dichtung und Wahrheit* [...]. Strassburg 1888, S. 77–80.

[4] „Supplement zur Abhandlung vom Baum des Erkenntnisses Gutes und Bösen," *Jakob Michael Reinhold Lenz: Werke und Briefe in drei Bänden.* Hrsg. Sigrid Damm. Bd. II. München / Wien 1987, S. 514–522.

verspricht, nur das „Verbot" könne die ursprüngliche Konkupiszenz, die der Mensch mit dem Tier teile, in „Freiheit im Handeln" verwandeln. „Freie Wesen" seien wir erst dann, wenn wir der „Konkupiszenz" entgegenwirkten. „Moralisch gute" Ehen kommen zustande, indem die „Liebe anstatt unsere Begierden zu empören und zu reizen sie vielmehr unterdrückt und also bis auf eine glückliche Zukunft in Geduld und ungeschwächt erhält."[5]

Welche seiner moralisch-theologischen Schriften man auch aufschlagen mag, es gibt kaum eine, in denen Lenz nicht mehr oder minder direkt die Glückseligkeit von der Kontrolle der Konkupiszenz ableitet, also das Maß und den Erfolg dieser Kontrolle über das irdische Schicksal entscheiden läßt. Die sogenannten „Lebensregeln"[6] beschließt er mit einem Bekenntnis zu protestantischer Askese: „Überhaupt ist's gut das Fleisch zu kasteien und zu kreuzigen damit der Geist wachsen und sich bilden könne und müssen wir erstere nicht anders pflegen und warten als wenn wir eine merklich Abnahme unsrer Kräfte spüren, den Verrichtungen unsers Geistes obzuliegen."[7]

Die manische Fixierung auf den Sexus, von denen die moralisch-theologischen Schriften geprägt sind, bestimmt denn auch die Katastrophe der „Soldaten". Daß es eine außer Kontrolle geratene Konkupiszenz ist, die das Mädchen (aber nicht ihren Cavalier) ins Unglück stürzen muß, wird der Autor nicht müde anzudeuten. Man siehe hierzu die Reden des Feldpredigers Eisenhardt und der Gräfin La Roche. Es kann infolgedessen nicht überraschen, wenn auch das Reformprojekt, mit dem die „Soldaten" abschließen, wiederum der Kontrolle der Konkupiszenz gewidmet ist. Die Gräfin La Roche und der Regimentskommandeur Graf von Spannheim dürfen nämlich Lenzens Ansicht zur Frage vorstellen, wie dem sozialen Elend vorgebeugt werden könne, das von den adligen Officiers über die Bürgerstöchter und deren Familien ausgegossen werde.

Für die Epoche ungewöhnlich, aber doch vielleicht sachgemäß schlägt Lenz vor, von Staats wegen Soldatenbordelle einzurichten. Werden die sexuellen Energien der Soldaten und Offiziere nur rechtzeitig und effizient kanalisiert, werde es in den Garnisonsstädten keine unglückseligen Liebschaften, keine sitzengelassenen Bürgerstöchter und keine unehelichen Kinder oder gar Kindstötungen mehr geben. Freilich nennt Lenz seine

---

[5] Supplement, Bd. II, S. 498-499.

[6] [„Meine Lebensregeln"], *Jakob Michael Reinhold Lenz: Werke und Briefe in drei Bänden*. Hrsg. Sigrid Damm. Bd. II. München / Wien 1987, S. 487–499.

[7] [„Lebensregeln"], Bd. II, S. 498-499.

Veranstaltungen keine Bordelle, sondern spricht von Amazonen und Konkubinen, die sich freiwillig dem Ruhme des Vaterlandes aufopfern müßten. In der ersten, ungedruckten Fassung lautet die entsprechende Passage:
GRÄFIN: Das sind die Folgen des ehlosen Standes der Herren Soldaten.
OBRIST *zuckt die Schultern*: Wie ist dem abzuhelfen? Wissen Sie denn nicht gnädige Frau, daß schon Homer gesagt hat, ein guter Ehmann sei immer auch ein schlechter Soldat.
GRÄFIN: Ich habe allezeit eine besondere Idee gehabt, wenn ich die Geschichte der Andromeda gelesen. Ich sehe die Soldaten an wie das Ungeheuer, dem schon von Zeit zu Zeit ein unglückliches Frauenzimmer freiwillig aufgeopfert werden muß, damit die übrigen Gattinnen und Töchter verschont bleiben.
OBRIST: Ihre Idee ist lange die meinige gewesen, nur habe ich sie nicht so schön gedacht. Der König müßte dergleichen Personen besolden, die sich auf die Art dem äußersten Bedürfnis seiner Diener aufopferten, denn kurz um, den Trieb haben doch alle Menschen; dieses wären keine Weiber die die Herzen der Soldaten feig machen könnten, es wären Konkubinen die allenthalben in den Krieg mitzögen und allenfalls wie jene medischen Weiber unter dem Cyrus die Soldaten zur Tapferkeit aufmuntern würden.
GRÄFIN: O daß sich einer fände diese Gedanken bei Hofe durchzutreiben. Dem ganzen Staat würde geholfen sein.
OBRIST: Und Millionen Unglückliche weniger. Die durch unsere Unordnungen zerrüttete Gesellschaft würde wieder aufblühen und Fried und Wohlfahrt aller und Ruhe und Freude sich untereinander küssen. (V, 5)
Auf Anraten Herders änderte Lenz die Szene und läßt nunmehr den Obristen, aber nicht mehr die Gräfin (was wohl gegen die Delicatesse verstieß) den Vorschlag machen, „Pflanzschulen von Soldatenweibern" zu gründen. In der Druckfassung lautet die Szene:
GRÄFIN: Das sind die Folgen des ehlosen Standes der Herren Soldaten.
OBRISTER *zuckt die Schultern*: Wie ist dem abzuhelfen? Schon Homer hat, deucht mich, gesagt, ein guter Ehmann sei ein schlechter Soldat. Und die Erfahrung bestätigt's. – Ich habe allezeit eine besondere Idee gehabt, wenn ich die Geschichte der Andromeda gelesen. Ich sehe die Soldaten an wie das Ungeheuer, dem schon von Zeit zu Zeit ein unglückliches Frauenzimmer freiwillig aufgeopfert werden muß, damit die übrigen Gattinnen und Töchter verschont bleiben.

GRÄFIN: Wie verstehen Sie das?
OBRISTER: Wenn der König eine Pflanzschule von Soldatenweibern anlegte; die müßten sich aber freilich denn schon dazu verstehen, den hohen Begriffen, die sich ein junges Frauenzimmer von ewigen Verbindungen macht, zu entsagen.
GRÄFIN: Ich zweifle, daß sich ein Frauenzimmer von Ehre dazu entschließen könnte.
OBRISTER: Amazonen müßten es sein. Eine edle Empfindung, deucht mich, hält hier der andern die Waage. Die Delikatesse der weiblichen Ehre dem Gedanken, eine Märtyrerin für den Staat zu sein.
GRÄFIN: Wie wenig kennt ihr Männer doch das Herz und die Wünsche eines Frauenzimmers.
OBRISTER: Freilich müßte der König das Beste tun, diesen Stand glänzend und rühmlich zu machen. Dafür ersparte er die Werbegelder und die Kinder gehörten ihm. O ich wünschte, daß sich nur einer fände, diese Gedanken bei Hofe durchzutreiben, ich wollte ihm schon Quellen entdecken. Die Beschützer des Staats würden sodann auch sein Glück sein, die äußere Sicherheit desselben nicht die innere aufheben, und in der bisher durch uns zerrütteten Gesellschaft Fried und Wohlfahrt aller und Freude sich untereinander küssen.[8]

An dem Vorschlag, Soldatenbordelle mit Amazonen einzurichten, verblüfft nicht eigentlich sein Amoralisches, sondern die Voraussetzung, unter der er gemacht wird. Der Vorschlag suggeriert nämlich, als habe es im 18. Jahrhundert keine Soldatenbordelle gegeben und müßten erst auf Vorschlag eines Pastorensohnes durch die Regierungen eingerichtet werden. Da die Prostitution zu den ältesten Gewerben der Welt gehört, dürfte sie auch in Straßburg an der Tages- oder besser: der Nachtordnung gewesen sein. Sozialgeschichtliche Darstellungen bestätigen übrigens ihr Vorhandensein auch in den deutschen Territorialstaaten.

Neben diesem will es nicht recht einleuchten, wie durch Soldatenbordelle gleich die gesamte durch „Unordnungen zerrüttete Gesellschaft" geheilt und auf den rechten Weg gebracht werden kann. Wenn Konkubine und Soldat einander umarmen, imaginiert Lenz, daß „Fried und Wohlfahrt aller und Ruhe und Freude sich untereinander küssen". Diese Vorstellung von den wohltätigen Wirkungen der Prostitution mutet wie die Vorstellung eines Mannes an, der die Sachen nicht kennt, von denen er redet. Kehrt man Lenzens Schlußfolgerung nämlich um, so besagt sein Vorschlag

---

[8] „Die Soldaten," Bd. I, S. 733-734. [Anmerkungen]

nichts andres, als daß die Zerrüttungen im System der Ständegesellschaft auf die unkontrollierte Sexualität von Soldaten zurückzuführen seien. Die sozialen Folgen, die den Garnisonsstädten aus der Libertinage (aber gewiß auch aus der Prostitution) erwuchsen, mögen nicht als geringfügig veranschlagt werden. Doch handelt es sich bei beiden eher um soziale Epiphänomene als um die Ursachen tiefgreifender Zerrüttungen in den Ständegesellschaften des 18. Jahrhunderts. Libertinage und Prostitution sind Nebenwirkungen jener stehenden Söldnerheere, wie sie für die deutschen Territorialstaaten des 18. Jahrhunderts charakteristisch sind und welch letzteren sie für die sogenannten Kabinettskriege unentbehrlich waren. Selbst wenn die Libertinage zugunsten einer staatlich finanzierten Prostitution eingedämmt worden wäre – die sozialen Kosten der Söldnerheere, die drakonischen Disziplinarstrafen in diesen Heeren wie auch ihre kümmerliche Effektivität (in der Schlacht von Jena und Auerstedt 1806 zutagegetreten) wären nicht beseitigt. Mit anderen Worten: all die sozialen und ökonomischen Mißstände, die Lenz als Folgen mit der militärischen Libertinage verknüpft hat, würden auch ohne Libertinage weiter bestehen, ja durch die sozialen Kosten der Prostitution nahezu aufgewogen.

Das breite Panorama gesellschaftlicher, ökonomischer und militärischer Reformen, das Lenz in der Schrift „Über die Soldatenehen" entwirft, gleicht denn auch einer Seifenblase mehr als einem Vorschlag für die praktische Politik. Gleichwohl wollte Lenz sein Reformprojekt der Soldatenehen den Höfen in Weimar und Paris vorlegen, auf daß diese all ihre Probleme mit Soldaten, Finanzen, unehelichen Kindern oder Kindstötungen mit einem Schlage loswürden.

Lenz hat sich nämlich mit den Spekulationen nicht zufriedengegeben, die am Schluß der „Soldaten" von der Gräfin La Roche resp. dem Regimentskommandeur angestellt werden. In einer umfangreichen, freilich nicht vollendeten Abhandlung nimmt er sich des Themas – der unkontrollierten Sexualität der Soldaten – noch einmal an und versucht nicht weniger, als eine kritische Bestandsaufnahme seiner Epoche zu geben. Nachgerade für alles Elend in den deutschen Duodezfürstentümern macht er die Ehelosigkeit der Soldaten, ihre Libertinage, verantwortlich. Sie sei schuld an der schlechten Moral der Heere, an der drakonischen Besteuerung der Landbevölkerung und der Gewerbetreibenden, der Ebbe in den Staatskassen, der moralischen Verluderung vieler Weibspersonen, dem Ruin gar mancher Familie und der Grausamkeit bei der Kriegsführung. Fast ließe sich sagen, daß der achtzehnjährige Autor vergessen habe, die Libertinage seinem Gedicht von den sechs „Landplagen" wie Krieg, Hungersnot, Pest, Feuernot, Wassernot und Erdbeben noch als siebte Plage einzuverleiben. In der Reformschrift will er das Heil der Gesellschaft

freilich nicht mehr durch Soldatenbordelle erreichen; jetzt sind es Soldatenehen, auf die Lenz seine reformerischen Hoffnungen setzt.
Wunderbar nimmt sich die Vision aus, die Lenz für die Fürstentümer seiner Zeit imaginiert, wenn nur Soldaten heiraten dürften:

> Nehmt die andern Vorteile, nehmt die wiederauflebenden Sitten [...] nehmt die wiederauflebenden Künste und den wiederaufblühenden Handel. Wenn der Bürger und Bauer glücklich sind, und der Soldat ist es mit ihnen, dann erst wird der Überfluß Geschmack, und das häßliche Wort Luxus, das itzt nichts weiter als Grillen der Reichen bedeutet, wird dann erfreuliche Pracht, die in dem innern Verhältnis eines jeden Standes ihren Grund hat. Der Handel bleibt keine Spitzbüberei und Betrug der Mode, sondern wird Umsatz wahrer Güter, die in dem Vermögen und der daher notwendigen Verfeinerung jedes Standes ihren Grund haben. Alle Stände, die jetzt gleichsam auseinander gerissen sind, werden wieder in ihre rechten Gelenke gerichtet, und der Staatskörper wird gesund.[9]

Ein paar Seiten weiter oben wird zur Vision einer blühenden Gesellschaft das Kontrastbild entworfen. Die schlimmen Verhältnisse der Epoche sind das Spiegelbild jener schönen Verhältnisse, die eintreten würden, wenn nur die Sexualität der Soldaten zweckmässiger organisiert sei.

> Eine feige, sklavische Generation Zwergmenschen, die von ihren Müttern alle Lüderlichkeit und Zügellosigkeit der Wünsche und von ihren Vätern doch zu wenig Kräfte geerbt, sie auszuführen. Wieviel zerrissene Ehen, wieviel sitzengebliebene Jungfrauen, wieviel der Population so gefährliche Buhlerinnen, wieviel andere schröckliche Geschichten, Kindermorde, Diebstähle, Giftmischereien, die dem Nachrichter so viel zu schaffen geben – der Handel stockt, da die Befriedigung der Brutalität selbst zum Luxus keine Kosten mehr übrig lassen will, die Künste liegen/: wie sollte in solche Menschen göttliche Begeisterung kommen, und wenn sie in einem käme, wo würde er Kenner finden:/, die Gelehrsamkeit wird verspottet, der Ackerbau nur aus Verzweiflung getrieben, etwa wie eine Festungsarbeit, alle Stände seufzen, alle Bande des Staats gehn auseinander – wo die Ursache? Ich darf hier keinen Pinsel führen, ich darf nur herrechnen. Ich verweise meine Leser auf ein Gemälde, das neulich von einem gewissen Holländer Steenkerk in Leipzig ist aufgestellt worden.[10]

---

[9] „Soldatenehen," Bd. II, S. 819-820.
[10] „Die Soldaten," Bd. I, S. 805.

Das Gemälde der Epoche, das Lenz einem Holländer namens Steenkerk zuschreibt, ist Lenzens eigenes Gemälde. Gemeint ist sein „Soldaten"-Drama, das er zeitweise unter dem Pseudonym Steenkerk veröffentlichen wollte. Scherpe hat darauf hingewiesen, daß der Realismus des Dramas den Verhältnissen gerechter werde, als es den abstrakten Theorien der Reformschrift gelingt.[11] Wenn Lenz sich mimetisch auf die Verhältnisse einläßt, gelingen ihm tiefere Einblicke, als wenn er Programme zur Überwindung der Verhältnisse sich ausdenkt. Doch sollte die Katastrophe der „Soldaten" wohl nicht das letzte Wort sein, das Lenz zur Situation der Soldaten sagt. Praktischer Aufklärer, der er trotz allem war, sollten Verhältnisse des historischen Augenblicks nicht tragisch stillgestellt, sondern als aufhebbare der kritischen Reflexion unterworfen werden. Freilich mißriet die Reflexion, und der Reformvorschlag war unbrauchbar. Lenz verwechselte Ursache mit Wirkung: denn die Ehelosigkeit der Soldaten folgte notwendig aus der Einrichtung der zusammengekauften Söldnerheere selbst. Die Soldaten zu verheiraten, um sie von der Libertinage abzuhalten, bedeutete, die Söldnerheere selbst infrage zu stellen. Welcher Bauer oder Gewerbetreibende würde seine Tochter einem Habenichts von Söldner zur Frau geben – mit der Aussicht, diesen wenig ansehnlichen Ehemann und seine Frau noch jeweils ein halbes Jahr auf eigne Kosten aushalten zu dürfen? Denn so stellte sich Lenz die Sache vor: den Sommer über dient der Soldat bei der Truppe, im Winter in der Familie. Von der wenig humanen Maßregel zu schweigen, daß die Kinder aus dergleichen Soldatenehen entweder wieder Soldaten werden müßten oder einen Soldaten heiraten. Wenn alternierend die Hälfte der Truppe im Winter entlassen wird, konnte jeder Kenner der Materie voraussagen, daß nur wenige der zum Dienst gepreßten, schlecht bezahlten und der Prügelstrafe unterworfenen Soldaten sich im nächsten Frühjahr wieder bei der Truppe einfinden werden. Und sie würden dies umso weniger tun, als sie häufig aus einem anderen als jenem deutschen Kleinstaat kamen, zu dessen Truppe sie gehörten. Mit anderen Worten: Die Truppen der Fürsten würden auseinanderlaufen, führte man Lenzens Reformen ein. Und weshalb sollten sie es auch nicht tun? Gerade Lenz schildert die Lebensbedingungen in den Söldnerheeren mit krassesten Farben: „Baut Galgen, schmiedt Galeerenketten für die Deserteurs, im entscheidenden Augenblick, im Augenblick der Schlacht werdet ihr [i.e. die Fürsten] sie nicht halten, wenn ihr sie

---

[11] Klaus R. Scherpe, „Dichterische Erkenntnis und ‚Projektemacherei'. Widersprüche im Werk von J.M.R. Lenz," *Goethe Jahrbuch* 94 (1977), S. 224-225.

nicht durch andere Bande gebunden habt."[12] Gemeint sind die Bande Hymens; ohne diese Fesselung ihrer Sexualität, seien Soldaten nur

Ein großer Haufen Unglücklicher, die mehr wie Staatsgefangene als wie Beschützer des Staats behandelt werden, denen ihr Brot und ihre Schläge täglich zugemessen sind, denen außer den verbotenen Freuden, die ihr am Ende doch bestrafen müßt um nicht aus eurem Staat eine Mördergrube zu machen [...] fast keine einzige unschuldige Freude des Lebens übrig gelassen ist – aus denen wollt ihr eure Verteidiger machen?[13]

Lenz malt sich aus, daß man aus gepreßten und geprügelten Söldnern mutigere und nützlichere Soldaten machen könne, wenn man sie nur verheirate (gleichgültig an wen). Dann werde der Soldat nämlich in der Schlacht wie ein „Löwe" kämpfen und nicht als Deserteur klugerweise versuchen, sein Leben zu retten. Das Bild glücklichen Familienlebens, das den Soldaten im Augenblick der Schlacht begeistern werde, stellt sich Lenz dergestalt vor:

[...] er sieht sein Weib mit Ähren und Trauben bekränzt ihm liebevoll entgegen kommen, ihn nach dem halbjährigen Entbehren, Sehnen und Unruhe, nach dem Schwitzen und Arbeiten auf beiden Seiten, er sie zu beschützen, sie ihn zu erhalten, wieder an ihre volle Brust drücken, wo die Gesundheit und die Freude ihm entgegenbläht.[14]

Wenn Lenz die Soldaten verheiraten und zu Familienvätern machen will, dann läuft das Projekt auf ein Bürgerheer hinaus. Lützeler, Kreutzer und Scherpe haben das bereits gesehen, aber es war auch nicht zu übersehen, denn Lenz sagt es schon mit deutlichen Worten.[15] Der Soldat werde nur dann ein guter Soldat sein, wenn er in der Schlacht eigne Interessen – und das meint seine Familie – verteidige. Für Kabinettskriege, wie sie das 18. Jahrhundert weithin kannte, werde er sein Leben nicht in die Schanze werfen. „Der Mensch ist keine Maschine, die sich nach den Ideen eines einziges Kopfs zusammen setzen läßt, er muß aufs höchste in einen willkürlichen Tanz komponiert werden, selbst wenn man was zu seinem

---

[12] „Soldatenehen," Bd. II, S. 794.

[13] „Soldatenehen," Bd. II, S. 794-795.

[14] „Soldatenehen," Bd. II, S. 799.

[15] Paul Michael Lützeler, „Jakob Michael Reinhold Lenz: ‚Die Soldaten'," *Interpretationen. Dramen des Sturm und Drang*, Stuttgart 1987. Leo Kreutzer, „Literatur als Einmischung: Jakob Michael Reinhold Lenz," Walter Hinck Hrsg., *Sturm und Drang. Ein literaturwissenschaftliches Studienbuch*. Kronberg/Ts. 1978.

Besten bewürken will."¹⁶ In den „willkürlichen Tanz" werde der Soldat aber allein versetzt, wenn er bei seiner „Vaterliebe" gepackt werde: „[...] die Liebe für die Ehre und das ganze künftige Glück ihrer Kinder, [ist] ein Zwang, der millionenmal mehr Nachdruck hat als die Stöcke und Backel eurer Eselstreiber."¹⁷

Der Ruf nach einem Bürgerheer, er kam, wie vieles in Lenz' Werk, zur unrechten Zeit; er kam zu früh. Auch wenn die Reformschrift publiziert oder den Fürsten in Paris und Weimar überreicht worden wäre – man hätte wenig mir ihr anfangen können. Das bewog wohl auch Goethe, dem Freund von dem ganzen Projekt abzuraten. Es wird ihm nur abstruses Produkt jener unseligen Projektemacherei gewesen sein, von der die aufgeklärten Geister des 18. Jahrhunderts umgetrieben wurden. Die kritischen Bemerkungen, die Lenz über die Unsinnigkeit der Kabinettskriege macht, werden Goethe von der Inopportunität der Reformschrift gänzlich überzeugt haben.

Die Länder die den Schauplatz des Krieges machten, sind verheert, eine unsägliche Menge Menschen aufgeopfert worden, und am Ende trat mit den unerheblichsten oft mehr unvorteilhaften Veränderungen alles wieder in seinen vorigen Zustand zurück. Es darf also fast kein Krieg mehr in Europa unternommen werden, weil man das Ende so ziemlich zum voraus absehen kann.¹⁸

Lenzens unzeitgemäße Betrachtungen über den Soldatenstand, die Kabinettskriege und ein neu zu schaffendes Bürgerheer sind erst fünfunddreißig Jahre später erneut angestellt worden. Es waren Scharnhorst und Gneisenau, die in ihren Entwürfen einer preußischen Heeresreform wieder auf Gedanken kamen, die Lenz schon vor der französischen Revolution formuliert hatte. Die Militärtheoretiker des von Frankreich besiegten Preußen sahen deutlich, daß den französischen Revolutionstruppen, der ‚levée en masse', nur ein deutsches Volksheer gewachsen sein werde. Die Unfähigkeit der herkömmlichen Söldnerheere hatte sich in der Niederlage von Jena und Auerstedt zu deutlich gezeigt. Der Soldat muß der „Verteidiger des Vaterlandes" sein, als „Instrument der Einfälle der Fürsten und der Leidenschaften ihrer Minister" wird er versagen – Scharnhorst würde hinzufügen: die Marionette wird umfallen, wenn sie gegen eine ‚levée en masse' antreten muß. Scharnhorst zog aus diesen Überlegungen den Schluß, daß eine allgemeine Wehrpflicht einzuführen und auch durchzu-

---

¹⁶ „Soldatenehen," Bd. II, S. 818-819.
¹⁷ „Soldatenehen," Bd. II, S. 819.
¹⁸ „Soldatenehen," Bd. II, S. 793-794.

setzen sei. Sie erst könne das sich selbst verteidigende Bürgerheer schaffen – das Bürgerheer, dem kein Söldnerheer gewachsen sei. „Alle Bewohner des Staates sind geborene Verteidiger desselben" – lautet der pathetische §1 von Scharnhorsts „Verfassungsentwurf für eine Reserve-Armee"[19], der auf der „allgemeinen Konskription ohne Exemtion"[20] basiert. Wie wirksam die bürgerliche Reserve-Armee war, sollte sich in den Befreiungskriegen zeigen.[21] Auf den Gedanken der allgemeinen Wehrpflicht kommt Lenz nicht in seiner Schrift „Über die Soldatenehen". Das Bürgerheer, das ihm gleichwohl vorschwebt und das ihm nicht zuletzt auch als Schutzwehr vor traditionellen Kabinettskriegen galt – dieses Bürgerheer wollte er erzeugen, indem er die Soldaten eines zusammengekauften und zusammengetriebenen Söldnerheeres verheiratete. Aus kindlicherem Geiste ist im 18. Jahrhundert wohl kein anderer Vorschlag zur Heeresreform gemacht worden. Die Armee als Bordell oder die Familie als „militärische Schule"[22] – das waren die zwei Möglichkeiten, die sich Lenz darboten. Beide basierten auf unterschiedlichen Reglements der Sexualität. Doch die Triebregulierung unvermittelt zum Ausgangspunkt von Heeres- und Gesellschaftsreformen zu machen – es konnte nur einem Autor beifallen, dem die eigne Sexualitäts aufs unglücklichste mißraten war.

---

[19] Entwurf Scharnhorsts zur Bildung einer Reserve-Armee vom 31. August 1807. In: Beiheft zum Militair-Wochenblatt für Oktober bis einschließlich Dezember 1854 und für Januar bis einschließlich Juni 1855: ‚Die Reorganisation der Preußischen Armee nach dem Tilsiter Frieden', I. und II. Abschnitt bis zum Schluß des Jahres 1807, S. 82-84.

[20] Vorläufiger Entwurf der Verfassung der Provinzialtruppen [...]. ebd., S. 89-91.

[21] Max Braubach: *Von der französischen Revolution bis zum Wiener Kongreß*, München 1976. [D.i.: Gebhardt: *Handbuch der deutschen Geschichte*. Neunte, neu bearbeitete Auflage, hrsg. v. Herbert Grundmann, Bd. 14].

[22] „Soldatenehen," Bd. II, S. 819.

„Kein lachendes Gemälde"
Beaumarchais, Lenz und die Komödie des
gesellschaftlichen Dissens

Edward McInnes (Hull, UK)[1]

I

Es ist höchst unwahrscheinlich, daß Beaumarchais je von Lenz gehört hat. Hingegen ist gewiß, daß der deutsche Dramatiker von Beaumarchais wußte.[2] In der Rezension seines eigenen Stückes „Der neue Menoza," die wahrscheinlich 1775 geschrieben wurde, erwähnt er das Werk des französischen Dramatikers, als Zeichen einer Krise in der Entwicklung der Komödie; einer Krise, die sich in einer Zunahme des kritischen Bewußtseins niederschlug und zwar zu Lasten des heiteren, sorglos komischen Überschwangs:

Komödie ist Gemälde der menschlichen Gesellschaft und wenn die ernsthaft wird, kann das Gemälde nicht lachend werden. Daher schrieb Plautus komischer als Terenz, und Molière komischer als Destouches und Beaumarchais. (419).

An dieser Stelle verraten die Bemerkungen von Lenz, wie immer in seinen Besprechungen der Komödie, ein Gefühl für den mehrdeutigen, widersprüchlichen Charakter des Komischen, der ihn seine ganze Karriere hin-

---

[1] Aus dem Englischen von Gabriele Hoover.

[2] Angaben zu *Die Soldaten* beziehen sich auf die Ausgabe *J.M.R. Lenz: Werke und Schriften* Hg. Britta Titel und Hellmut Haug, Stuttgart 1966-67 Bd. 2. Angaben zu den theoetischen Schriften beziehen sich auf Band 2 dieser Ausgabe. Zu der Lenzschen Dramenkonzeption gibt es eine Reihe von wichtigen Arbeiten, von denen ich einigen besonders viel verdanke: Karl Guthke, *Geschichte und Poetik der deutschen Tragikomödie*, Göttigen 1961. Rene Girard, *Lenz 1751-1792. Genèse d'une Dramaturgie du Tragi-Comique*, Paris 1968. John Osborne, *J.M.R. Lenz. The Renunciation of Heroism*, Göttingen 1975. John Guthrie, *Lenz and Büchner. Studies in Dramatic Form*, Frankfurt a. M. 1984. Bruce Duncan, "The Comic Structure of Lenz' Soldaten," *Modern Language Notes 91*, (1976): 515-523. Leo Kreutzer, „Lenz, Literatur als Einmischung: J.M.R. Lenz," *Sturm und Drang. Ein Literaturwissenschaftliches Studienbuch*, Kronberg 1978, 213-229. Es liegen jedoch immer noch keine ausgedehnten Versuche vor, die Lenzsche Dramatik in ihrem Zusammenhang mit den Hauptentwicklungen der europäischen Komödie zu untersuchen. Ansätze hierzu liegen in der informativen Studie von Inbar vor: Eva Maria Inbar, *Shakespeare in Germany: Der Fall Lenz*, Tübingen 1982. Angaben in den Texten Beaumarchais' beziehn sich auf die folgende Ausgabe: P.A.C. de Beaumarchais, *Théâtre*, Paris 1980.

durch als Dramatiker beunruhigte. Seine früh einsetzende liebevolle Beschäftigung mit dem Werk von Plautus scheint sein intuitives Gefühl für Komödie als eine ihrem Wesen nach konventionelle Form gestärkt zu haben, die nur in einem solchen Rahmen wirksam sein konnte, wo sie frei war von den einengenden Forderungen nach Wahrscheinlichkeit und Glaubwürdigkeit, wie sie die realistischeren Formen des Dramas bestimmten. Lenz spürte, daß die Komödie in dem Maße gedieh, in dem der Schriftsteller mühelos einen reichen Vorrat an bekannten Situationen, an Typen der Entwicklung und Lösung ausschöpfen konnte, von denen er wußte, daß das Publikum sie eifrig und mit ganzem Herzen annehmen konnte.

Gleichzeitig jedoch war sich Lenz ebenso bewußt, daß die Komödie mehr als jede andere Art des Dramatischen an die spezifisch soziale Welt, in der sie entstanden war, gebunden war und diese reflektierte.[3] Denn trotz aller Abhängigkeit von der Konvention versuchte die Komödie konkrete soziale Bedingungen dergestalt zu erfassen, daß der Zuschauer sie als bekannt und überzeugend annehmen konnte.

Die Komödie war daher für Lenz eine Darstellungsform, die eine schwankende, mehrdeutige Position einnahm zwischen Künstlichkeit und Beobachtung, zwischen dem Drang, einen selbständigen komischen Bereich zu verwirklichen, und dem Wunsch, die spezifischen sozialen Gegebenheiten zu erforschen. Die Krise innerhalb des Genres am Ende des 18. Jahrhunderts hatte ihren Ursprung, so scheint Lenz gespürt zu haben, in der Tatsache, daß der Dramatiker nicht mehr länger dieser aufkommenden Inkongruenz in der komischen Form auf eine schöpferische und produktive Weise begegnen konnte. Der zeitgenössische Bühnenschriftsteller, angetrieben von einem starken Gefühl der Entfremdung von der ihn umgebenden Welt, konnte keine lebendige komische Handlung mehr konzipieren, ohne dabei den Realitäten des Lebens in der Gesellschaft den Rücken zuzukehren, während sein Wunsch, die Ungerechtigkeit und Unterdrückung in der Gesellschaft aufzudecken, ihn mehr und mehr von der naiven befreienden Freude abtrennte, ohne die die Komödie nicht gedeihen konnte.

Im Licht dieser Lenzschen kritischen Überlegungen möchte ich nun näher betrachten, wie die beiden Dramatiker Beaumarchais und Lenz, die in Frankreich, beziehungsweise Deutschland, während der 1770er Jahre schrieben, die komische Handlung und ihre Verbindungen zu der sie um-

---

[3] Siehe auch Edward McInnes, *‚Ein ungeheures Theater'. The Drama of the Sturm und Drang*, Frankfurt a. M. 1978, bes. S. 26-27; S. 51-54.

gebenden Welt der Gesellschaft in ihren reifsten und einflußreichsten Werken, „Le Mariage de Figaro" und „Die Soldaten," darstellen.

II

Gleich am Anfang von „Le Mariage de Figaro" scheint der Dramatiker darauf aus zu sein, das Publikum in ein lebhaftes, komisches Schauspiel hineinzuziehen – in ein Spektakel von der Sorte, von dem Lenz glaubte, daß es in der zeitgenössischen Komödie unerreichbar wäre. Die verwickelten Ereignisse auf der Bühne entfalten sich mit einem Tempo, das atemberaubend und oft beunruhigend ist, aber sie scheinen durch die ganze Komödie hindurch doch innerhalb eines festen und erkennbaren komischen Rahmens zu bleiben.[4] Wir können sofort sehen, daß beispielsweise der Konflikt zwischen Figaro und dem Grafen in einer alten und ehrwürdigen Tradition steht, nämlich der der Konfrontation eines mächtigen Herrn mit seinem schlauen, erfinderischen Diener, der keinen Zweifel an seiner Fähigkeit hegt, die Nachteile seiner gesellschaftlichen Knechtschaft zu überwinden und seinen Willen durchzusetzen. In dieser Welt werden wir keineswegs überrascht durch die Nachricht, daß Marceline, die versucht hat, Figaro zu Heirat zu zwingen, in der Tat seine Mutter ist, oder daß sein alter Gegner, Bartholo, sein Vater ist. (269-270) Beaumarchais hält es nicht für nötig, derartige Entdeckungen zu begründen; er benutzt sie einfach als angenommenes, konventionelles Mittel, um die komische Lösung herbeizuführen, von der wir auf jeden Fall wissen, daß sie unvermeidbar ist. Diese feststehenden, bekannten Verfahren wirken beruhigend. Von Anfang an wissen wir, wo sich unsere Sympathien befinden sollen und daß der Ausgang des Stückes sie nicht Lügen strafen wird. Der Höhepunkt der Handlung, der in der Hochzeit von Figaro mit der nichtkompromitierten Suzanne und der Versöhnung von Almaviva und Rosine liegt, ist lediglich das, was wir schon die ganze Zeit erwartet haben. (328ff)

Beaumarchais' Handhabung der komischen Handlung deutet an, daß er versucht, eine phantasievolle Welt ins Leben zu rufen, in der alle beunruhigenden Konflikte harmonisch gelöst werden können und das Leben – dadurch bereichert – wieder neu beginnen kann. Dieser bejahende Impetus jedoch bleibt nie völlig unangetastet; es bleibt eine Diskrepanz bestehen

---

[4] Siehe auch die Arbeiten von Schérer und Warning zur komischen Struktur von „Le Mariage de Figaro" J. Schérer, La Dramaturgie de Beaumarchais, Nizet 1954, 40. Warning, „Komödie und Satire am Beispiel von Beaumarchais ‚Mariage de Figaro'," *Deutsche Vierteljahrsschrift* (1954): 547-563 bes. S. 550-552.

zwischen den verschiedenen Arten von Einsichten und Andeutungen, die die dramatische Entwicklung differenzieren und in Frage stellen. Selbst da, wo Beaumarchais die Abgetrenntheit der friedlichen Welt von Aguas-Frescas etabliert, hat er gleichzeitig die Absicht, ihr Ausgeliefertsein an die Spannungen einer drohenden, unpersönlichen Außenwelt bloßzustellen. In dieser komischen Handlung – so schlägt er vor – sind zerstörende Kräfte am Werk, die die Gestalten selbst nicht vollkommen verstehen können, die aber ihre Beteiligung an den bittern Konflikten einer brüchigen, in sich gespaltenen Gesellschaft aufdecken. Dies ist am auffälligsten in der Darstellung der Hauptauseinandersetzung zwischen Figaro und Almaviva. Dieser Konflikt, der offensichtlich an den herkömmlichen komischen Kampf zwischen dem hinterlistigen Diener und seinem dominierenden Herrn erinnert, deckt in der Tat, wie Beaumarchais klarmacht, Kräfte von Feindseligkeit und Groll auf, die die Persönlichkeiten der beiden Männer transzendieren und tiefsitzende Antagonismen aufdecken, die die gesellschaftliche Existenz im späten 18. Jahrhundert prägen. Der Dramatiker zeigt, daß Almaviva im Laufe der Handlung immer mehr vom Wunsch besessen ist, sich an Figaro zu rächen. (238; 268) Diese Tatsache deckt deutlich die Kraft seiner Frustration auf, aber es ist eine Frustration, wie Beaumarchais andeutet, von besonderer Art, die nicht einfach aus der Tatsache entsteht, daß sein Verlangen nach Suzanne vereitelt wird, sondern aus der Tatsache, daß es ihm versagt wird von einem Mann, der sein Diener ist und der alles der Gnade und dem Wohlwollen seines Grafen verdankt. Die Bitterkeit seines Zornes entsteht aus einem tiefsitzenden, nicht klar ausgedrückten Gefühl, daß seine Stellung und Autorität als Adliger in Frage gestellt wird, ja, daß die Ordnung der Gesellschaft selbst in Frage gestellt ist.

Beaumarchais zeigt die entscheidenden Einflüsse der sozialen Erfahrung, wie sie sich auch in Figaros Benehmen niederschlagen. Was diesen erbost, ist nicht so sehr die Lüsternheit des gelangweilten Ehemannes, sondern das unterschwellige An-Sich-Reißen der Macht von Seiten Almavivas, des Rechtes zu kontrollieren und besitzen. Der Herrscher, der so dramatisch auf sein *droit de seigneur* verzichtete, fordert jetzt dessen Gebrauch herrschsüchtig zurück. Der Dramatiker sucht in Figaros Antworten die vorantreibende Kraft eines Klassengefühls herauszustellen, dessen sich dieser erst gegen Ende der Handlung voll bewußt wird, als sein Glaube an seine eigene Unüberwindbarkeit zum ersten Mal ernsthaft untergraben wird und er mit der Möglichkeit konfrontiert ist, Suzanne zu verlieren. (304)

Dieses Aufdecken des Drucks des Klassenbewußtseins im Benehmen der beiden Hauptfiguren verstärkt eine entscheidende Wandlung in der

Perspektive. Beaumarchais scheint die Zuschauer des späten 18. Jahrhunderts dahin bringen zu wollen, den dramatischen Konflikt aus der Sicht ihrer eigenen gesellschaftlichen Erfahrung zu sehen, ihn so zu sehen, wie er die tiefgründigen und bitteren Widersprüche widerspiegelt, die ihren Ursprung im Leben der Gesellschaft hatten und für die, wie er genau wußte, es keine Hoffnung auf eine einfache Lösung gab. Das Ziel des Dramatikers ist an dieser Stelle, so scheint es, die Versöhnung und Hoffnung in Frage zu stellen, die die unverhohlenen Ziele der komischen Handlung sind, dadurch daß er sie mit der strengen Wirklichkeit des Zusammenlebens außerhalb des Theaters verbindet, die der Zuschauer aus erster Hand kennt.[5]

Beaumarchais ist auch darauf aus, die komische Entwicklung und seine affirmativen Behauptungen von einem anderen, doch offensichtlich verwandten Blickpunkt in Zweifel zu ziehen. Er scheint uns im Laufe der Handlung immer wieder dazu zwingen zu wollen, daß wir uns von den Ereignissen lösen und sie skeptisch, zweifelnd betrachten. In solchen Fällen zeigt der Dramatiker, daß sogar die Personen selbst Zweifel an der Wirklichkeit der Ereignisse hegen. Im chaotischen Hin- und- Her von Handlung und Gegenhandlung weichen sie manchmal in völligem Unglauben vor der willkürlichen, unvoraussagbaren Art und Weise, in der ihre kollidierenden Pläne aufeinander einwirken, und vor der riesigen Macht des Zufalls in ihrem Leben zurück.

Im III. Akt wird Almaviva von der geradezu traumartigen Unwirklichkeit des Durcheinanders ergriffen, in dem er gefangen ist. (246-47) Kurz danach hat er erneut anlaß, sich verwundert zu fragen, ob er sich noch in der wirklichen Welt befindet, oder ob er nicht vielmehr gezwungen ist, wie ein hilfloser Darsteller eine Rolle in einem grotesken Stück zu

---

[5] Beaumarchais' Bewußtsein von den gesellschaftlichen Spaltungen in seiner Gegenwart und den daraus entstehenden Spannungen und Feindseligkeiten sind deutlich radikaler als die seiner direkten Vorgänger im *drame bourgois* wie Sedaine und Mercier. Siehe auch Edward McInnes, „Lois-Sébastian Mercier and the Drama of the Sturm and Drang," *Proceedings of the English Goethe Society LIV* (1984): 76-82. Wie Professor R.D. Jimack freundlicherweise anmerkte, waren kritischere Positionen zum Klassenbewußtsein im Roman der Zeit und in den polemischen Schriften im Frankreich der 1770er Jahre nicht ungewöhnlich. Beaumarchais konnte daher damit rechnen, daß ein gebildetes Publikum seine kritischen Intentionen verstand.

spielen. (306)⁶ Auch Figaro findet die Unwahrscheinlichkeit der Ereignisse in zunehmendem Maße unglaublich. An Suzanne gerichtet, drückt er seinen Unglauben aus. (279) Im letzten Akt erreicht sein Erstaunen einen Höhepunkt:
> O bizarre suite d'evenements! Comment cela m'est'il arrivé? Pourquoi ces choses et non pas d'autres? Qui les a fixées sur ma tête? Forcé de parcourir la route ou je suis entré sans la savoir, comme j'en sortirai sans le vouloir... (306)

Die sich wiederholende Andeutung, daß die dramatische Entwicklung vielleicht zufällig und willkürlich ist, daß sie die alltäglichen Normen der Wahrscheinlichkeit verhöhnt, wird immer eindringlicher im letzten Teil von „Le Mariage de Figaro." An dieser Stelle glaube ich, daß ein Vergleich mit „Le Barbier de Séville" lehrreich ist. Im früheren Stück weisen die Personen auch von Zeit zu Zeit auf die Unwahrscheinlichkeit der Ereignisse hin. Das geschieht jedoch merklich weniger häufig und weniger emphatisch und hat nicht die Wirkung, soweit ich es sehe, die dramatische Illusion zu zerstören. Dieser unterschiedliche Eindruck kommt daher, daß in „Le Mariage de Figaro" die Anspielungen auf die Unwahrscheinlichkeit der Handlung in einer Spannung zu ihrem dramatischen Zusammenhang stehen. Es ist deutlich, daß sie an dieser Stelle verbunden sind mit satirischen Hinweisen auf die Zensur, die Privilegien, falsche Haft und ebenso auf gerichtliche Korruption sowie mit dem zunehmenden Offenbarwerden der Risse im kollektiven Leben der Gesellschaft. Sie sind anscheinend bewußt eingesetzt zur Verstärkung des Bewußtseins der Diskrepanz zwischen der komischen Welt des Stückes und der wirklichen Alltagswelt des Zuschauers, die von Antagonismen zerrissen ist, die nur unausgesprochen und größtenteils indirekt im Bereich der dramatischen Handlung offenbar werden.⁷ Diese beiden Welten scheinen tatsächlich völlig unvereinbar. In der ersten (so würde es scheinen) kann der Dramatiker die Ereignisse nach seinen eigenen Wünschen manipulieren und sie zur gewünschten Verwirklichung bringen durch souveräne Nichtbeachtung der Mächte, die die tatsächliche Welt der Gesellschaft bestimmen; über die letztere jedoch scheint er keine Kontrolle zu haben. Obschon er die Übel

---

⁶ P. Gaillard, *Beaumarchais, „Le Mariage de Figaro"* Paris 1977 (2. Aufl.), S. 147 charakterisiert den hilflosen Unglauben des Grafen folgendermaßen: „Il a l'impression qu'il joue malgré lui un personnage dans une pièce qu'il ignore, marionette dont un autre tire les ficelles."

⁷ Siehe Gaillard, „L'action se passe certes dans une Espange de fantasie, mais c'est toute la fin de l'"ancien régime en France qui s'y laisse lire." (S. 185)

der Gesellschaft verurteilen kann und ihre verzerrende Wirkung auf die Denkweise der dramatischen Figuren andeuten kann, ist seine Macht, so scheint es, auf den fiktiven Bereich von Aquas-Frescas begrenzt, den er bewußt getrennt hält von der korrupten und drohenden Welt außerhalb. Die Komik-Auffassung von Beaumarchais in „Le Mariage de Figaro" umfaßt zwei grundverschiedene Arten oder Ordnungen der imaginativen Andeutung, die immer in gegenseitiger Spannung stehen. Auf einer Stufe ist er offensichtlich daran interessiert, eine komische Handlung von lebhafter und fesselnder Stärke zu verwirklichen. Sein Ziel ist es an dieser Stelle, den Zuschauer völlig am dramatischen Spektakel teilnehmen zu lassen – eine Teilnahme, die den Unglauben überwindet. Aber gleichzeitig ist es ebenso Beaumarchais' Absicht, auf die Entfremdung dieser Handlung von der tatsächlichen Welt hinzuweisen, auf ihre Unfähigkeit, die sich vertiefenden Konflikte des 18. Jahrhunderts auszusprechen. Er scheint somit, wie ich angedeutet habe, die Glaubhaftigkeit der komischen Lösung und die Kraft der Hoffnung, die sie durchzieht, in Frage zu stellen. Auf diesen Punkt müssen wir an späterer Stelle nochmals zurück kommen.

III

Die Welt in „Die Soldaten" von Lenz scheint weit entfernt von Aguas-Frescas. Lenz zielt hier darauf ab, ein unerbittlich kritisches Bild des täglichen Lebens in der Provinz in einer Garnisonstadt zu malen. Er zeigt, wie die Anwesenheit der zügellosen, adligen Offiziere das gesetzte, äußerlich friedvolle Leben dieser Kleinstadt-Gemeinde unterbricht und tiefsitzende Ängste und Ressentiments auslöst, deren sich die Figuren selbst zum großen Teil nicht bewußt sind. Der untersuchende, weitgehend realistische Standpunkt von Lenz scheint Merciers Familiendrama näher zu stehen als Beaumarchais' traditionellerer komischer Form. Die dramatische Anfangssituation ist jedoch erkennbar und, so sollte man meinen, vielversprechend komisch. Im anfänglichen Teil der Handlung sehen wir, wie Marie Wesener, die Tochter eines wohlhabenden Juweliers der Mittelklasse, die mit Stolzius einem Stoffhändler ähnlichen Hintergrunds, verlobt ist, Beute des verführerischen Drängens eines schneidigen, adligen Offiziers, Desportes, wird. Lenz zeigt, daß Marie zweimal hintergangen wird. Sie ist fasziniert von den banalen und fragwürdigen Beteuerungen eines Gefühls, welches Desportes eindeutig nicht fühlt; und, sogar noch bedeutender, sie wird irregeführt von dem Glauben, daß was sie an Desportes bindet, ehrliche, romantische Liebe ist, obwohl – wie Lenz es verdeutlicht – es ihr tiefster Wunsch ist, in der Gesellschaft aufzusteigen durch die Heirat mit einem Adligen. Obwohl diese Situation reiche komische

Möglichkeiten besitzt, ist die Handlung, die der Schriftsteller darstellt, keineswegs komisch im herkömmlichen Sinne. Auch wenn das Stück den Titel „Komödie" trägt, gehen die Ereignisse vom 3. Akt an immer mehr in die Richtung einer Reihe von Katastrophen.[8] Alle Hauptpersonen in ihren spezifischen Situationen scheinen in immer größer werdende Gefahr zu geraten. Nachdem sie von Desportes verlassen worden ist, versucht Marie vergeblich zuerst Mary für sich einzunehmen, einen von Desportes' Mit-Offizieren, und dann den jungen Grafen, den Sohn der Gräfin de la Roche. Als sie schließlich dazu gezwungen wird, ihren Fehler einzusehen, entflieht Marie dem Schutz der Gräfin und setzt alles darauf, Desportes zu finden und ihren Anspruch auf ihn geltend zu machen. (233) Zur gleichen Zeit hat Desportes die widrigen Konsequenzen seines Verhältnisses mit Marie erkannt und die möglichen katastrophalen Implikationen ihrer erneuten Versuche, ihn zu finden, eingesehen. (233) Er schickt seinen Jäger, um sie abzufangen mit dem klaren Hinweis, daß es ihm nicht unangenehm wäre, wenn der Jäger sie angriffe und vergewaltigte, oder möglicherweise schlimmeres (240), um auf diese Weise ein für alle Male ihren beharrlichen Anstrengungen, ihn zu finden, ein Ende zu bereiten. In der Zwischenzeit folgt Stolzius, der sich der Armee als Putzer angeschlossen hat, seinem eigenen Rachebedürfnis an dem Mann, der, wie er glaubt, Marie getäuscht und verdorben und sie von ihm gestohlen hat. (213; 238)

Gegen jede Wahrscheinlichkeit wird Marie jedoch aus der Katastrophe gerettet. Lenz stellt in der Tat die Wiedervereinigung mit ihrem Vater so dar, daß sie an eine herkömmliche Komödienlösung erinnert. Denn Marie und ihr Vater siegen über alles Unglück, das sie befallen hat, und begegnen dem Leben wieder zusammen. Sie hat weder der Gewalt von Desportes' Jäger nachgegeben noch ist sie der Versuchung erlegen, sich das Leben zu nehmen. Selbst wenn sie zur Prostitution getrieben wurde, um zu überleben, wie Lenz es anzudeuten scheint (242), hat sie auch dieses überwunden. Wesener hat ebenso eine Reihe von schrecklichen Schicksalsschlägen überlebt. Obgleich er zum Bankrott getrieben wurde und all seine frühere gesellschaftliche Sicherheit und Stellung verloren hat, verringerte dies keineswegs seine Liebe zu Marie (243). Trotz allem was geschehen ist, denkt er nur daran, sie zu finden und sicher nach Hause zu bringen. Die Wiedervereinigung von Vater und Tochter stellt so einen

---

[8] Aus den Lenzschen Briefen läßt sich seine Unsicherheit, bezüglich der Gattungsbezeichnung deutlich ablesen. Siehe *Briefe von und an J.M.R. Lenz* Hrsg. Freye und Stammler, Leipzig 1918, S. 191-192.

höchst gefühlvollen Triumph dar. Es ist falsch, so meine ich, Lenz – wie z.B. Girard – so zu interpretieren, als versuche er, „l'irremediable décheance de tout le milieu bourgeois"⁹ zu zeigen. Die Familie Wesener überlebt, weil sie durch eine Liebe vereint ist, die es ihren Mitgliedern ermöglicht, das Schlimmste, was das Leben ihnen antun kann, zu überwinden und trotzdem einen neuen Anfang zu finden. Diese Liebe ist eine Kraft, die über Desilusion, Mißerfolg und Enttäuschung triumphiert und die die Hoffnung auf Wiedererneuerung zu bieten scheint, eine Hoffnung, die verstärkt wird, so scheint es durch das Versprechen des Obersts in der letzten Szene des Stücks, den Weseners finanziell zu helfen. So gesehen gleicht sich die Wiedervereinigung von Vater und Tochter dem grundlegenden Archetypus einer komischen Lösung an, wie sie z.B. von Northrop Frye definiert wird.¹⁰

So zu argumentieren heißt jedoch, einen Teil der dramatischen Entwicklung auf eine Weise zu isolieren, die die Wirkung, die Lenz anstrebt, auf schwerwiegende Weise verzerrt. Sein Ziel ist es, uns zu zwingen, sowohl das ‚happy-end' einerseits zu akzeptieren und andererseits in Frage zu stellen, es als rührend und zugleich zweideutig anzusehen und gleichzeitig als durch die anderen Ergebnisse der dramatischen Handlung in Frage gestellt. Marie kann tatsächlich vor dem Untergang bewahrt werden, aber was für ein Leben erwartet sie nun, da sie gesellschaftlich und moralisch in Verruf geraten ist und ihre Familie weder Position noch Einfluß hat? Ist sie verurteilt, wie die Gräfin fürchtet, ihre Tage in einer Herberge für gefalle Frauen zu verbringen? (244) Ist dies eine Form des gelebten Todes, den die Gräfin für sie fürchtet? Was kann des Vaters Liebe und das Mitleid der Gräfin erreichen angesichts der überwältigenden und grausamen Ablehnung der Gesellschaft?

Die Zweifelhaftigkeit des „komischen" Endes wird weiterhin verstärkt durch seine Verbindung zu anderen Handlungsentwicklungen. Der Dramatiker präsentiert die Versöhnung zwischen Marie und dem Vater gleich nach Stolzius' Mord an Desportes und seinem Selbstmord. Diese schrecklichen Ereignisse haben keinerlei leidenschaftliche oder moralische Größe, die die Wirkung von Maries Rettung verstärken könnten. Denn die Rache von Stolzius ist, wie Lenz sie darstellt, grotesk. Sie ist ein nutzloser Akt, der aus einer absurd verschwommenen Sicht von Marie als reinem und unschuldigem Opfer stammt und wird erst ausgeführt, als es schon zu spät ist: als sie keine praktische Hilfe mehr ist für das Mädchen, das er liebt

---

⁹ Girard, S. 397.
¹⁰ Northrop Frye, *Anatomy of Criticism*, Princeton 1951, S. 51-53.

und für die er zu handeln vorgibt. (239ff) Sie ist ebenso eine Tat ohne Mut. Erst als er merkt, daß das Gift in ihm zu wirken beginnt, rebelliert Stolzius schließlich gegen die Unterwerfung unter seine adligen Vorgesetzten, die ihn von Anfang an davon abgehalten hat, auf seine Liebe zu Marie zu bestehen. Diese Rache, die ihren Ursprung in Selbsttäuschung hat und ohne rettende Kraft ist, ist ohne Bedeutung und in ihrer Nutzlosigkeit überschattet, und verkürzt in gewissem Maße die glückliche Wiedervereinigung von Marie und ihrem Vater.

Lenz verstärkt weiterhin den Eindruck der Diskrepanz und des Zweifels durch die Art, wie er die Schlußszene des Stückes darstellt, die sich der „komischen" Versöhnung anschließt. An dieser Stelle schlägt der Oberst von Desportes' Truppe vor, daß ein Staatsbordell eröffnet werden sollte, besetzt mit Freiwilligen, als Mittel, die räuberischen sexuellen Energien der Soldaten von den angesehenen Familien der Mittelklasse abzuwenden. Die Tatsache, daß es in der ersten Fassung die Gräfin de la Roche selbst war, die diese Idee vorschlug, deutet schon an, daß Lenz sie sehr ernst nahm. Trotzdem ist es die Gräfin, die in der Endfassung den Vorschlag des Obersts ablehnt mit der Bergründung, daß er im gegenwärtigen Zustand der Gesellschaft nicht zu verwirklichen ist. Noch grundlegender jedoch ist die Tatsache, daß dieser Vorschlag sich nur an das Symptom einer gesellschaftlichen Unordnung richtet und nicht an seine Ursache. Die ganze Zeit hat Lenz es sehr klar gemacht, daß die aggressive, mißachtende Sexualität der Offiziere ihren Ursprung in der Klassensicht der Aristokratie hat, die sich selbst berechtigt fühlt, Menschen aus der niederen gesellschaftlichen Schicht als Mittel zu ihrem eigenen Vergnügen oder zur Bereicherung zu benutzen. Selbst die erfolgreiche Einrichtung einer solchen Anstalt könnte die tiefen Widersprüche nicht beeinflussen, die die Gesellschaft durchziehen und die der wirkliche Grund all diesen Leids und all dieser Verschwendung sind, die der Dramatiker bloßgestellt hat. Diese Szene eröffnet eine deprimierende gesellschaftliche Perspektive, die wiederum die Bedeutung der Wiedervereinigung der vorhergehenden Szene relativiert. Da sich die zerstörenden sexuellen Energien der Offiziere offensichtlich nicht kontrollieren lassen, wird es in Zukunft, so müssen wir annehmen, viele andere Mädchen wie Marie geben, Mädchen, die getäuscht und in große Gefahr gestürzt werden und die vielleicht nicht, wie Marie, das Glück haben, gerade noch zur rechten Zeit gerettet zu werden.

Der „komische" Faden der Entwicklung und seine Auflösung in der Wiedervereinigung von Vater und Tochter wird so gebremst und zweifach eingeschränkt: zum einen durch die vorausgehenden katastrophalen Ereignisse und zum anderen durch die gesellschaftliche Resignation, wie sie sich in der letzten Szene manifestiert. Lenz ist darauf aus, die Bedeutung dieses positiven Schlusses auf eine möglicherweise noch radikalere Weise in Frage zu stellen, nämlich dadurch, daß er ihn in der unerbittliche Fortdauer der kollektiven Existenz stellt, in der er (wie die anderen dramatischen Entwicklungen) weder eine Vormachtstellung noch eine sichtbare Wirkung hat. Lenz beschwört dieses banale Sich-Dahinziehen des gesellschaftlichen Lebens durch seinen nuancierten Gebrauch von Szenen aus dem Militärleben, die immer eindeutiger als ironisches, herabsetzendes Begleitelement zur dramatischen Handlung erscheinen. Die sinnlose Quälerei des Stolzius von Seiten der Offiziere in den ersten Akten wird wiederholt in der ebenso sadistischen Behandlung anderer hiflosen Menschen später in der Handlung – Menschen, die in keinerlei Beziehung zu den Hauptpersonen stehen. Die ziellosen Diskussionen im Offizierskasino im 1. Akt werden auf groteske Weise in den leeren Unterhaltungen von Pirzel und Eisenhardt weitergeführt, die ebenfalls keinerlei Bedeutung in Bezug auf die dramatischen Handlung haben. Auch wenn sich das Leben der Haupfiguren drastisch ändert, so geht die ermüdende Existenz der Soldaten endlos weiter, so scheint es, und führt nirgendwo hin. Daß es die Absicht von Lenz ist, diesen Kontrast zu zeigen, ist augenscheinlich in der unvermittelten Weise, in der er diese Szenen in die dramatische Handlung einfügt. Die grundlose Verfolgung von Aaron, dem alten Juden von Seiten der Offiziere (die nichts weiter ist als eine Wiederholung ihrer Verfolgung von Stolzius) spielt sich sofort nach der Verführung von Marie ab (209ff); ihre grausame Verhöhnung von Frau Bischof folgt genau auf Maries Flucht aus dem Haus der Gräfin. (274ff) Auf ähnliche Weise spielt sich die sinnlose Unterhaltung zwischen Pirzel und dem Kaplan ab, gerade als wir erfahren, daß Desportes Marie verlassen hat. (216-217) Es kommt Lenz dabei deutlich auf das unterbrechende Moment dieser Szenen an. Dadurch daß sie wiederholt eingebracht werden, gerade nachdem ausschlaggebende Ereignisse geschehen sind, benutzt er sie, die Beteiligung des Zuschauers an der Haupthandlung zu unterbrechen. Gerade in solchen Augenblicken, wenn die Schicksale der Hauptfiguren auf des Messers Schneide stehen, unterbricht Lenz die Weiterführung der dramatischen Entwicklung und lenkt das Interesse auf eine Welt außerhalb ihrer Reichweite, in welcher ihr Leben keinerlei Bedeutung hat. Dieser wiederholte Hinweis auf die Umwelt über die Sphäre der dramatischen Handlung hinaus, in der die leeren alltäglichen Strukturen des Lebens sich ohne Abwechslung oder scheinbaren Sinn wiederholen, dient dazu, die Wichtigkeit aller Ereignisse, ob „tragisch" oder „komisch," auf der Bühne in Zweifel zu ziehen, und selbst den Wert des sozialen Anliegens von Lenz in Frage zu stellen. Denn diese ruhige Weiterführung der gesellschaftlichen

Existenz, wie Lenz sie darstellt, scheint die Fähigkeit zu besitzen, alle scheinbar sehr entscheidenden dramatischen Momente aufzusaugen, zu neutralisieren, ohne von ihnen auf irgendeine Weise beeinflußt zu werden. Und diese Tatsache, so scheint mir, wirft die grundsätzliche Frage auf nach der Auswahl, warum der Dramatiker gerade dieses oder jenes flüchtige und nicht aufschlußreiche Ereignis darzustellen wählt, statt eines der sich gleichzeitig abspielenden Ereignisse, die wahrscheinlich von ebenso großer Wichtigkeit sind.

IV

Auf der Grundlage dieser Diskussion der beiden Stücke komme ich nun zur Frage zurück, die den Ausgangspunkt unserer Untersuchung bildete: wie suchen die beiden Dramatiker die komische Handlung im Rahmen einer sozialkritischen Sicht zu verwirklichen?

In „Le Mariage de Figaro" nimmt der Dichter, wie wir gesehen haben, die Welt des sozialen Konflikts und Zwangs außerhalb des konventionellen Raumes der komischen Entwicklung zur Kenntnis. Aber obgleich er die treibende Kraft der Klassenfeindschaft bloßlegt in der zentralen Begegnung zwischen Figaro und Almaviva, ist Beaumarchais am Ende darauf aus, die Vorherrschaft des komischen Bereichs von Aguas-Frescas zu festigen gegenüber den eindringenden Spannungen der zeitgenössischen Gesellschaft: er zeigt die Überwindung dieser Spannung durch die vereinende Bewegung der komischen Handlung. Die dramatischen Figuren, wie Beaumarchais zu zeigen versucht, können ihrer gesellschaftlich auferlegten Identität entwachsen. Figaro zum Beispiel kann sehr wohl von den Klassenantagonismen beeinflußt werden, die er selbst weder versteht, noch kontrollieren kann. Er scheint jedoch nie als das Opfer dieser Klassenzwänge, sondern als Individuum, das in der Lage ist, sie sich kraft seiner großen emotionalen Energie unterzuordnen und sie zu transzendieren. Während Maries Liebe zu Desportes oder die von Stolzius zu Marie geladen ist mit Illusionen und Selbsttäuschung, erscheint Figaro durch das ganze Stück hindurch als Mann, getrieben von einer echten, lebenswichtigen Liebe zu Suzanne, die es ihm ermöglicht, sich selbst und seine Situation zu verstehen. Die komische Lösung in „Le Mariage de Figaro" spiegelt die Vorherrschaft des persönlichen Selbst über die sozial bedingte Person wider. Die schließliche Wiedervereinigung zeigt, daß Almaviva nicht (wie Figaro und Bartholo annehmen) gefühlsmäßig und moralisch durch seine Machtstellung verdorben ist. Er ist ebenso wie der Held ein Mann, der seine Liebe annehmen und über die einengenden Zwänge seiner gesellschaftlichen Situation hinauswachsen kann.¹¹ Die komische Lösung schwächt auf diese Weise die Wirkung von Beaumarchais' politisch-sozialer Anklage. Sie zeigt die Möglichkeiten von persönlicher Erfahrung und Entwicklung auf, die über die entscheidenden sozialen Kräfte hinausreichen und einen sich formenden Optimismus auszudrücken scheinen, der an die Komödie der Aufklärung erinnert. Es ist in der Tat diese Spannnung zwischen bejahender humaner Einsicht und sozialkritischem Anliegen, die der Ursprung dieser fremdartigen Ambivalenz ist, die sich durch die Darstellung der komischen Handlung von Beaumarchais zieht und die „Le Mariage de Figaro" ein solch provokatives doch schwer faßbares Werk macht.

Im Gegensatz dazu ist es Lenz unmöglich, die komische Entwicklung auf diese triumphierende, prägnante Weise darzustellen. Sein ironisches Ziel ist es daher, ihre Kapitulation vor den harten Zwängen der sozialen Wirklichkeit zu zeigen, ihre Ohnmacht gegenüber diesen Zwängen zu demonstrieren. Der Strang der dramatischen Handlung, der zunächst eine befreiende komische Entwicklung darzustellen scheint, schreckt sowohl vor den Ereignissen, die ihn umgeben, wie auch vor dem blinden, gleichgültigen Leben der Gesellschaft zurück, die ihn der Glaubwürdigkeit und möglichen Bedeutung beraubt. Lenz scheint in der Tat gerade die Möglichkeit einer radikalen, sozial-kritischen Form zu verleugnen. In „Die Soldaten" zeigt er, daß der Einzelne, der das Opfer seiner gesellschaftlichen Umgebung ist, dessen Gefühle und Impulse verzerrt sind von ihrem verbiegenden Einfluß, als dramatischer Akteur in einem wirklichen Sinne nicht funktionieren kann. Ihm fehlt (so scheint Lenz zu behaupten) der Grad von Freiheit und spontaner Energie, die für die dramatische Vermittlung unerläßlich sind, gleich ob sie komisch oder tragisch ist. Das Leben dieser gesellschaftlich eingeengten, verstümmelten Wesen kann manchmal traurig oder absurd sein, oder beides gleichzeitig, aber es verkörpert keine formend imaginative oder moralische Bedeutung und ist so für Lenz inkongruent mit irgendwelchen gängigen Vorstellungen von literarischer Form, die alle letzten Endes die Möglichkeit der eindeutigen Bewertung und Interpretation voraussetzen. Aus dieser Sicht müssen wir den Lenzschen Versuch sehen, eine neue Art von Tragikomödie zu schaffen, die sowohl untragisch und nicht-komisch ist, was zeigt, daß Komödie und Tragödie, wie sie traditionell verstanden werden, unzulänglich sind, die zufallsbedingten, zweideutigen Wirklichkeiten des Lebens in der Gesellschaft darzustellen. Sein ironisches Vorhaben ist idiosynkratisch und

---

¹¹ Sieh auch McInnes, „Louis-Sébastien Mercier," S. 76-80.

ohne Entsprechung im Drama seiner Zeit. Sieht man jedoch zurück, so kann man sehen, daß er in seiner beunruhigenden, tastenden Weise viele der Hauptanliegen des naturalistischen Dramas um ein Jahrhundert vorwegnahm.

Aber wie sehr sich auch die Ziele der beiden Dramatiker unterscheiden, stimmen sie doch darin überein, so scheint mir, daß sie einen fundamentalen Konflikt zwischen komischer Sichtweise und dem empirischen Bewußtsein annehmen. Auf ihre unterschiedliche Weise konfrontieren sie die Erkenntnis, daß die Sichtweisen und Methoden der Komödie, so wie sie sie verstehen, grundsätzlich unvereinbar sind mit einem analytischen Anliegen, das das Wirken von unpersönlichen gesellschaftlichen Kräften erforschen und reproduzieren soll. Wir können, meine ich, die geschichtliche Bedeutung des Widerspruchs-Verständnisses abschätzen, wenn wir es vergleichen mit Merciers Auffassung eines integrierten Realismus, der das Komische aufsaugt, während er gleichzeitig die Komödie als separates Genre zerstört. Durch die 1760er Jahre hindurch verfolgte er sowohl als erfolgreicher Bühnenschriftsteller als auch als dramatischer Theoretiker eine neue Art von Drama, das *drame*, das ein vollständigeres und differenzierteres Bild der gesellschaftlichen Existenz schaffen würde, wie es sein Zeitalter seiner Meinung nach verlangte.[12] Er versuchte, seine synthetisierende Wirkungsabsicht am vollständigsten in seiner vielgelesenen Studie „Du Théâtre. Nouvel Essai sur l'art dramatique" zu definieren, die ein paar Jahre vor unseren beiden Stücken 1773 herausgekommen war. Die komische Auffassung, so betont Mercier, besitzt ein großes realistischen Potential aber sie kann nur die Aufmerksamkeit eines zeitgenössischen Zuschauers fesseln, als Teil einer facettenreichen und gefestigten Sicht des Lebens in all seiner Verschiedenheit. Mit anderen Worten, das Komische muß die Grundlage bilden und dazu beitragen, eine überzeugende realistische Illusion der Existenz aufrecht zu erhalten. Es muß Hilfestellung leisten beim Prozeß, die Analyse der sozialen Kräfte zu dramatisieren, dieses in eine bewegende Darstellung umzugestalten, die tief im Alltäglichen verankert ist, jedoch ohne die geistige Stärke und Glaubhaftigkeit zu schwächen.

Beide, Beaumarchais und Lenz, gehen von der Annahme aus, so scheint er mir, daß solch integrierender versöhnender Realismus nicht erreicht werden kann in der Gesellschaft ihrer Zeit. Lenz' Sicht von der Abhängigkeit seiner Figuren von einer unpersönlichen und unkontrollierbaren

---

[12] Siehe Beaumarchais, *Théâtre. Lettres relatives a son Théâtre*, Paris 1957, S. 5-21, bes. S. 8.

Welt führt zu einer bitter ironischen Auflösung der herkömmlichen komischen Form.

Beaumarchais seinerseits möchte diese Kräfte des Instinkts und des Gefühls in seinen Figuren sichern, die diese über die Zwänge einer entfremdenden Gesellschaft erhebt und es ihnen ermöglicht, ihre vollkommene potentielle Menschlichkeit zu verwirklichen. Beide jedoch wollen einen Widerspruch ausdrücken, der grundlegend und unvereinbar ist. Auf diese Weise, meine ich, decken beide Werke eine Krise in der Entwicklung des realistischen Dramas in Europa auf. Beide drücken in ihrer entgegengesetzten Art den zweifachen Willen aus, den Aufeinanderprall zwischen dem inneren seelischen Selbst und dem gesellschaftlich begrenzten Wesen zu erforschen, nämlich genau das, was im Mittelpunkt der Suche nach einem modernen realistischen Drama lag, im Laufe der folgenden anderthalb Jahrhunderte und darüberhinaus.[13] Aber für beide, Lenz und Beaumarchais, waren diese Werke ein letzter Versuch, diese fundamentale Diskrepanz auf diese Weise darzustellen. „Die Soldaten" war der letzte Versuch von Lenz, eine Komödie dieser Art zu schreiben, und Beaumarchais, obgleich er seine Trilogie beendete, rückte den letzten Teil „La Mère coupable," weg von dem konventionellen komischen Bereich von Aguas-Frescas und hin zur düsteren, pessimistischen Welt des *drame bourgeois*, einer prosaischeren Welt und einer, die sich mehr an die einengenden Normen der tatsächlichen Erfahrung hält.

---

[13] Siehe Edward McInnes, *Das deutsche Drama des 19. Jahrhunderts*, Berlin 1983, S. 158-1641.

Ist es eine Komödie? Ist es eine Tragödie?
Drei Bemerkungen dazu, was bei Lenz gespielt wird

Carsten Zelle (Siegen)

> Wenn Sie Recht hätten, fiel der Rechtgläubige ein, so wären Lenzens Dramen eigentlich mehr Novellen in Dialog, als ächte Schauspiele.
> Ludwig Tieck

> Wenn ich in Ruh komme, dramatisiere ich sie alle.
> J.M.R. Lenz

Zu Lenzens Komödientheorie ist seit den grundlegenden Aufsätzen von Fritz Martini[1] wenig hinzuzufügen, das plautinische Erbe darin ist seit den Beiträgen von Karl Otto Conrady[2] und Roger Bauer[3] gut belegt, die Aufnahme voraufklärerischer, komödiantischer Gestaltungsweisen in Lenzens Komödienpraxis haben mit Blick auf den Bewegungsstil der *commedia*

---

[1] Fritz Martini, „Die Einheit der Konzeption in J. M. R. Lenz' ‚Anmerkungen übers Theater'," *Jahrbuch der deutschen Schillergesellschaft* 14 (1970): 158-182; Fritz Martini, „Die Poetik des Dramas im Sturm und Drang. Versuch einer Zusammenfassung," [1971]. *Deutsche Dramentheorien I. Beiträge zu einer historischen Poetik des Dramas in Deutschland*. 3., verb. Aufl. Hrsg. Reinhold Grimm, Wiesbaden 1980, S. 123-156. Ich verzichte hier auf die vergleichende Angabe weiterer Forschungsliteratur zu Lenz und verweise stattdessen pauschal auf den Forschungsbericht von Hans-Gerd Winter, *J.M.R. Lenz*, Stuttgart 1987. Lenzens Briefe werden mit dem Datum, seine Dramen unter Angabe von Akt und Szene und weitere Werke nach der dreibändigen Ausgabe von Sigrid Damm (Leipzig 1987; zit. Damm I-III) zitiert. Die desolate Editionslage des Lenz'schen Werks beklagt zurecht Rüdiger Scholz, „Eine längst fällige historisch-kritische Gesamtausgabe: Jakob Michael Reinhold Lenz," *Jahrbuch der deutschen Schillergesellschaft* 34 (1990): 195-229 sowie Gert Vonhoff, „Unnötiger Perfektionismus oder doch mehr? Gründe für historisch-kritische Ausgaben," *Jahrbuch der deutschen Schillergesellschaft* 34 (1990): 419-423.

[2] Karl Otto Conrady, „Zu den deutschen Plautusübertragungen," *Euphorion* 48 (1954): 373-396, bes. S. 389-396.

[3] Roger Bauer „Die Komödientheorie von Jakob Michael Reinhold Lenz, die älteren Plautus-Kommentare und das Problem der ‚dritten' Gattung," *Aspekte der Goethezeit*. Hrsg. Stanley A. Corngold, Michael Curschmann, Theodore J. Ziolkowski, Göttingen 1977, S. 11-37.

dell'arte Walter Hinck[4], mit Bezug auf populäre Theaterformen, wie die Stehgreifkomödie und die Haupt- und Staatsaktion der Wanderbühnen, das Marionettentheater in Straßburg[5] sowie die comédie française Elisabeth Genton[6] herausgestellt. Lenz shakespearisierenden Stil hat Eva-Maria Inbar[7] untersucht. Den Erwartungshorizont eines an der sächsischen Typenkomödie und an dem weinerlichen Lustspiel geschulten Theatergängers oder Rezensenten um 1770 hat schließlich Karl Eibl[8] in der Absicht rekonstruiert, aufzuzeigen, wie Lenz gerade diese Erwartungen im Verlauf seiner Komödien zerstört.

Drei Bemerkungen sollen im folgenden das Bezugsgewebe andeuten, mit dem Lenz seine diskursiven und ästhetischen Beiträge zur Komödientheorie der siebziger Jahre verknüpft. Dabei soll das Augenmerk erstens dem Signalwort ‚Komödie' selbst gelten, das auf den Titelblättern seiner Hauptdramen die Gattungswahl bezeichnet. (I.) Zweitens soll der von Lenz in den „Anmerkungen übers Theater" herausgestellte Begriff der „Sache" oder „Begebenheit," die sein unorthodoxes Komödiengenre strukturiert, aus der Perspektive einer poetikgeschichtlichen *longue durée* profiliert werden (II.), um in einem dritten Schritt einige intertextuelle Momentaufnahmen zu fixieren und sie für Lenzens Komödienabläufe als motivierend zu behaupten. Die expositorische Funktion der Komödienszene in den „Soldaten" (I 4) und ihr Kontext werden dabei im Mittelpunkt stehen. (III.)

---

[4] Walter Hinck „Materialien zum Verständnis des Textes". *J. M. R. Lenz: Der Neue Menoza. Eine Komödie. Text und Materialien zur Interpretation besorgt von Walter Hinck,* Berlin 1965, S. 73-95; Walter Hinck, *Das deutsche Lustspiel des 17. und 18. Jahrhunderts und die italienische Komödie,* Stuttgart 1965, bes. S. 324-348.

[5] Den Wert und Charakter des Straßburger Puppenspiels schildert etwa Matthison, der es dem nur mittelmäßigen Schauspiel der Stadt bei seiner Durchreise 1803 mit der Bemerkung vorzog, daß man zwar lächeln werde, „mich an einem Belustigungsorte anzutreffen, der nur für die niederen Volksklassen bestimmt zu sein scheint: aber ich muß freimüthig bekennen, daß jede Haupt- und Staatsaction in der armseligen Bude mir lieber ist, als ein tollhäusisches Ritterdrama [...]. Das Marionettentheater zu Straßburg verdient in seiner Art vollkommen genannt zu werden. Die Puppen sind über halbe Lebensgröße und werden mit taktfester Präcision dirigiert [...]." Friedrich von Matthison, *Erinnerungen.* Bd. II, Zürich 1810, S. 220.

[6] Elisabeth Genton, *J. M. R. Lenz et la scène Allemande,* Paris 1966.

[7] Eva-Maria Inbar, *Shakespeare in Deutschland: Der Fall Lenz,* Tübingen 1982.

[8] Karl Eibl, ‚Realismus' als Widerlegung von Literatur. Dargestellt am Beispiel von Lenz' ‚Hofmeister'," *Poetica* 6 (1974): 456-467.

I.

Auf die hermeneutische, den Erwartungshorizont des Publikums einstellende Funktion der Gattungsbezeichnung hat einmal beiläufig Thomas Bernhard in einer Prosaskizze aufmerksam gemacht, als er seinen Lesern den Dialogfetzen hinwarf: „‚Nun wäre es tatsächlich interessant,' sagte er, ‚zu wissen, ob [...] im Theater eine Komödie oder eine Tragödie gespielt wird... Das ist das erste Mal, daß ich nicht weiß, was gespielt wird'."

In der Tat ist sich Lenz ebensowenig darüber klar gewesen, was gespielt wird, wie seine damaligen Rezensenten und seine heutigen Interpreten. Die Eindeutigkeit, mit der die Titelblätter der drei großen dramatischen Stücke sie als ‚Komödien' annoncieren, nimmt deren Verfasser in Stellungnahmen zu ihnen doch stets wieder zurück. Ein Lehrer, der sich kastriert und dessen von ihm verführte Schülerin ins Wasser geht („Der Hofmeister," 1774), ein orientalischer Prinz, der mit seiner Schwester schläft („Der neue Menoza," 1774), ein verliebter Tuchhändler schließlich, der erst seinen Nebenbuhler und dann sich selbst vergiftet („Die Soldaten," 1776) – solche Sujets taugten allemal, um Jammer und Schaudern zu erregen, würden sie nicht durch die banalsten Komödientricks: Wiedererkennungen in letzter Minute und Verheiratungen zuhauf hintertrieben.

Gegenüber Salzmann nennt Lenz den „Hofmeister" gleich zweimal ein „Trauerspiel," nicht ohne das eine Mal einzuschränken, daß er sich der „gebräuchlichen" Genrebezeichnung bedienen müsse (28. Juni 1772), und das andere Mal mit dem Wort vom „Raritätenkasten", für den er um Wertschätzung bittet (Okt. 1772), an das barocke Kuriositätenkabinett zu erinnern, in dem gänzlich Heterogenes zusammenhanglos und nebeneinander versammelt wurde.[9] Das Titelblatt der Handschrift hält die Ambivalenz der Gattungszuordnung fest, insofern die von Lenz gewählte Bezeichnung „Lust und Trauerspiel" von fremder Hand gestrichen und zu „Lustspiel" korrigiert ist. Der Druck bietet dann die Genrebenennung „Komödie," die einerseits den vorliterarischen Gebrauch dieses Wortes, den Lenz in seinen „Anmerkungen übers Theater" herausgestellt hatte assoziiert („[...] Komödie! ächzen die alten Frauen."), andererseits auf die französische Tradition und den griechischen Ursprung der Gattung anspielt. „Der Neue Menoza" erscheint Lenz Gotter gegenüber als eine „übereilte Komödie"

---

[9] Zur Literaturgeschichte dieses Genres vgl. Günter Oesterle, „Eingedenken und Erinnern des Überholten und Vergessenen. Kuriositäten und Raritäten in Werken Goethes, Brentanos, Mörikes und Raabes," *Literatur und Geschichte 1788-1988*, Hrsg. Gerhard Schulz, Tim Mehigan. Bern, Frankfurt/M., New York, Paris 1990, S. 81-111.

(10. Mai 1775), der La Roche gegenüber als ein „übereiltes Stück" (Juli 1775). Ein „Stück" nennt Lenz auch die „Soldaten" (an Herder, 23. Juli 1775), dann eine „Komödie" (an Herder, 29. Sept. 1775), die er freilich, als sie gedruckt ist, lieber in ein „Schauspiel" umbenannt wüßte, da die eindeutige Gattungsbezeichnung dem unorthodoxen Komödienschreiber mittlerweile als Image[10] anhaftete, Lenz aber als Verfasser der „Soldaten" anonym und unbekannt bleiben wollte. Die zeitgenössischen Rezensenten sind der Neigung zur Gattungsnivellierung gefolgt. In den *Göttingischen Anzeigen von gelehrten Sachen* (81. St., 7. Juli 1774) nennt Heyne den „Hofmeister" ein „merkwürdig[es] Stück, seines Inhalts wegen und als Drama". Und im gleichen Rezensionsorgan spricht Haller vom „Menoza" als einem „Schauspiele", dem freilich Plan, Zusammenhang und Absicht mangele und dem, wolle man es als „Parodie" der Gattung ansehen, das gehörige Salz fehle.[11] Der Rezensent des Leipziger *Almanachs der deutschen Musen auf das Jahr 1775* fragt sich im Hinblick auf die im Hofmeister aufgebotenen *res atroces* zurecht: „Wenn das kein Trauerspiel ist [...], so möchte manche französische Tragödie dagegen Lustspiel heißen." Dem Tenor dieser Besprechungen scheint auch Schröder gefolgt zu sein, als er seine „Hofmeister"-Bearbeitung für die Mannheimer Nationalbühne als „Schauspiel" ankündigte. Gegen Wieland, der den „Neuen Menoza" in seiner Besprechung im *Teutschen Merkur* im Dez. 1774 lieber „Mischspiel" als Komödie geheissen hätte, hat sich bekanntlich Lenz verwahrt (an Gotter, 10. Mai 1775) und daraus den Impuls zur ‚Selbstrezension' bezogen. In einer von Rosanow mitgeteilten, undatierten Handschrift hat Lenz ein Zugleich von Lachen und Weinen darüberhinaus als „Barbarey" gebrandmarkt.[12] Gleichwohl sind Lenzens Rezensenten noch von den Literaturhistorikern mit ihrer „Lust"[13], den Gattungsnamen von

---

[10] „Herr Lenz hat als Dramatiker eine sehr auszeichnende und keiner Abänderung unterworfene Physiognomie." (Rez.) *„Die Soldaten. Eine Komödie". Breslauische Nachrichten von Schriften und Schriftstellern,* 29. St., 3. Aug. 1776, S. 226-228 (zit. nach: Hermann Jantzen, „Proben der Breslauer Literaturkritik des 18. Jahrhunderts," Fs. f. Theodor Siebs, Breslau 1933, S. 251-264, hier S. 260-261.

[11] Zugabe zu den *Göttingischen Gelehrten Anzeigen,* 18. St., 13. Mai 1775. Mehr parodistisches Salz im *Neuen Menoza* als seinerzeit Albrecht von Haller hat 1988 Klaus Gerth entdeckt, „‚Vergnügen ohne Geschmack'. J. M. R. Lenz' ‚Menoza' als parodistisches ‚Püppelspiel'," *Jahrbuch des Freien deutschen Hochstifts 1988,* S. 35-56.

[12] Matjev N. Rosanow, *J.M.R. Lenz, der Dichter der Sturm und Drang Periode,* Leipzig 1909 (Reprint 1972), S. 231-232.

[13] Bauer, „Die Komödientheorie," (Anm. 3), S. 11.

Lenzens Hauptkomödien zu korrigieren, übertrumpft worden, wenn sie mit Blick auf das soziale Milieu dieser Dramen (frei nach Brecht) zur Einordnung ins ‚bürgerliche Trauerspiel' (Burger, Höllerer), unter Berücksichtigung der Diskrepanz von dramatischem Handlungsablauf und *dramatis personae* zur Subsumtion unter die ‚Tragikomödie' (Girard, Guthke) und unter Anerkennung von Lenzens engagiertem Literaturbegriff zur Nobilitierung zum ‚sozialkritische[n] Gegenwartsdrama' (Damm) neigen. „Der Neue Menoza" jedoch erschien trotz allen barocken Schrecklichkeiten der Donna Diana-Nebenhandlung gegenüber den Versuchen interpretatorischer Gattungsnivellierung stets als Lenzens komischste Komödie,[14] deren Bauprinzip der schockartigen Überrumpelungssituation und der grellen, kontrastiven Szenenfügung einem Ablauf folgt, als wäre in ihm Kants Definition, daß das Lachen „ein Affekt aus der plötzlichen Verwandlung einer gespannten Erwartung in nichts"[15] sei, Form geworden.

Nun ist freilich gegenüber der Tragödie die Komödie stets die offenere und realistischere Gattung gewesen, deren übergreifende Merkmale im einzelnen in der Geschichte äußerst unterschiedlich beurteilt worden sind. Das Lachkriterium ist darin jedoch nie bestimmendes Kennzeichen gewesen. Mit dem meist glücklichen Ausgang, der Themen- und Stoffwahl aus dem Bereich des Alltäglichen, den Figuren aus den unteren Gesellschaftsschichten, der Tendenz zu stereotyper Handlungsführung und Personentypisierung sowie einer Darstellungsperspektive, die fast immer den sozial niedrig Gestellten entsprach, ergeben sich einige Kriterien, durch die sich Lenzens Komödien zwanglos in die Tradition dieser Gattung einreihen. Bernhard Asmuth[16] etwa nennt sechs dramenanalytische Unterscheidungsmerkmale, um die beiden wesentlichen Untergattungen der dramatischen Literatur zu diskriminieren. Dabei steht der Dramenausgang bzw. das Affektkriterium neben der Historizität der Fabel (Mythos/Fiktion), der moralischen Qualität (besser/schlechter), dem sozialen Stand (Ständeklausel), dem Redestil (sublime/humile) und dem Stoff. Die Frage nach Lachen oder Weinen bildet also durchaus nicht das Zentrum der Gattungs-

---

[14] Jetzt Marianne Koneffke, *Der ‚natürliche' Mensch in der Komödie ‚Der Neue Menoza' von Jakob Michael Reinhold Lenz*, Bern, Frankfurt/M., New York, Paris 1990.

[15] KdU, Anm. nach § 53 [§54].

[16] Bernhard Asmuth, *Einführung in die Dramenanalyse*, 2. Aufl. Stuttgart 1984, S. 24-36.

zuweisung. Schon Sulzer stellte in seinem Artikel zur ‚Comödie'[17] heraus, daß es nicht allein die Absicht dieses Genres sei, „lachen" zu machen, sondern daß es vielmehr darauf ankomme, im Sinne eines weitgefaßten Horazischen ‚delectare' zu „belustigen". Nicht „lächerlich", sondern „interessant" müßten daher die gewählten Sujets sein.

Bekanntlich führen nun die Widersprüche zwischen sozialem Standesmerkmal und Affektkriterium im Laufe des 18. Jahrhunderts dazu, daß sich zwischen die beiden 'reinen' Formen eine mittlere Gattung (rührendes Lustspiel, bürgerliches Trauerspiel) drängt, in dem sich, wie Lessing in seinem Vorwort zur Übersetzung von Gellerts *pro commoedia commovente* festhielt, die Helden aus dem Mittelstande den „tragischen Stiefel" anziehen, weil sie sich nicht länger lächerlich machen wollten. An diesem Punkt der Tradition reibt sich auch Lenz, wenn er in seiner „Selbstrezension, des ‚Neuen Menoza'" gegenüber der affektiven Gattungsscheidung durch Lachen und Weinen die soziale Bestimmung ausspielt, daß seine Komödie ein „für das Volk" bestimmtes „Gemählde der menschlichen Gesellschaft" sein solle. Wirkungspoetischer Publikumsbezug und werkpoetische Stoffwahl ergänzen sich dabei gegenseitig. So wie Dantes Titel *Comedia* sich durch den Rückgriff auf die italienische Volkssprache rechtfertigt, nimmt Lenzens Gattungsbezeichnung ‚Komödie' den insbesondere für Aristophanes und Plautus herausgestellten egalisierenden Adressatenbezug auf,[18] insofern dem jungen Mann in dem Publikum seines Nationaltheaters „die unteren Stände mit den obern gleich gelten" (an Gotter, 10. Mai 1775). Daß der Stürmer und Dränger sich mit der Evokation seines Publikums einerseits in die Nationaltheateridee der Aufklärung einschreibt, und daß das Pathos seines Ideals „Mein Theater ist [...] unter freyem Himmel vor der ganzen deutschen Nation" andererseits das Antikenbild

---

[17] Johann Georg Sulzer, *Allgemeine Theorie der schönen Künste*, Neue verm., 2. Aufl. 4 Bde, 1 Reg.-Bd. Leipzig 1792-1799 (Ndr. 1967-1970), s.v. ‚Comödie' [zuerst 1771], Bd. I (1792), S. 486-500. Blanckenburgs ‚litterarischer Zusatz' (S. 501-572) versammelt die damals bekannte, einschlägige Literatur mit Ausnahme der deutschsprachigen. Im Zusatz zum Artikel ‚Drama. Dramatische Dichtkunst' referiert der wohlinformierte Blanckenburg Lenzens „Anmerkungen übers Theater" (1774).

[18] Vgl. Bauer, „Die Komödientheorie," (Anm. 3), S. 11-37.

Rousseaus zitiert[19], sei *en passant* bemerkt. Auf letzteres werde ich zurückkommen.

Die Tatsache, daß die Komödien von Lenz auf zunehmende Ablehnung seitens seiner Rezensenten gestoßen ist, geht vor allem darauf zurück, daß er mit ihnen die aufklärerische Säuberung der Gattung hintergeht, so daß seine plautinische Schreibweise mit ihren Tabuverletzungen, Grobianismen, dialektalen Rollen und insbesondere mit ihren Obszönitäten auf das terentianische Ideal der von Gottsched geprägten Aufklärungspoetik prallte, das sich trotz Lessings ‚Plautus-Rettung' (1750) durchgesetzt hatte. Plautus „bequemte sich zu sehr nach dem Geschmacke des Pöbel, und mengte viel garstige Zoten und niederträchtige Fratzen hinein." Die Komödien von Terenz dagegen, „[o]b er gleich ein Afrikaner war," sind dagegen nicht nur „regelmäßig," sondern es ist auch „nichts unflätiges oder zweydeutiges darinnen".[20] Der alte Streit über die plautinischen Obszönitäten, auf den Lenz in der (ungedruckten) Vorbemerkung seiner Ausgabe der „Lustspiele des seeligen Plautus" mit dem Hinweis anspielt, daß über „diese Materie von erleuchteten und unerleuchteten Gottesgelehrten *pro et contra*" schon viel gesagt worden sei,[21] war ja in der Aufklärung nicht etwa beigelegt worden, sondern er hatte sich zu einer grundlegenden ‚Querelle du Théâtre' ausgeweitet, in denen die alten christlichen Vorurteile gegen die Komödie nicht nur fröhliche Wiederauferstehung in der noch zu erörternden Position Rousseaus feierten, sondern in der pietistischen Adiaphora-Lehre und den durch sie geprägten Vorurteilen seines in Halle ausgebildeten Vaters für Lenz auch immer präsent geblieben sind.[22] Lenz

---

[19] „Diese großen und prächtigen Schauspiele [der Griechen], die unter freiem Himmel in Gegenwart einer ganzen Nation aufgeführt wurden [...]." Jean-Jacques Rousseau, „Brief an d'Alembert über die Schauspiele" [1758]. *Theater der Aufklärung. Dokumentation zur Ästhetik des Französischen Theaters im 18. Jahrhundert*, Hrsg. Renate Petermann, Peter-Volker Springborn, München, Wien, Berlin 1979, S. 325-437, hier S. 383.

[20] Johann Christoph Gottsched, *Versuch einer Critischen Dichtkunst* [1729]. 4., sehr. verm. Aufl. Leipzig 1751, S. 634-636.

[21] „Lustspiele nach dem Plautus fürs deutsche Theater" [1774], zit. nach *Gesammelte Werke in vier Bänden*, Hrsg. Richard Daunicht. Bd. 1. München 1967 [mehr nicht erschienen], S. 124.

[22] „Einige Comödien sind offenbar heidnisch und gottlos, und wegen ihres leichtfertigen und verführischen Hauptinhalts schon an und für sich verwerflich [...]." Hieronymus Freyer: *Oratoria in tabulas compendiarias redacta et ad usum iuventutis scholasticae accomodata*. Halle: Waisenhaus ⁷1745, S. 213 f.; zit. nach: Wolfgang Martens, „Hallescher Pietismus und Rhetorik. Zu Hieronymus Freyers ‚Oratoria'". *IASL* 9 (1984): 22-43, hier S. 23.

hat die Position der „waisenhäuserischen Freudenhässer" in der ‚Selbstrezension' (Damm II, 701) zwar einerseits verspottet, andererseits ist er ihr nie entkommen, wodurch sich die autoaggressive Vehemenz erklärt, mit der er sich nach dem Verweis in Schlossers Broschüre *Prinz Tandi an den Verfasser des neuen Menoza*[23] dem Theologen Herder gegenüber anklagt, wobei der Hinweis, daß auch „Fromme" sich nach dem „Menoza" von ihm abgewandt hätten, über das Ehepaar Schlosser hinausgeht und den Plautus-Topos der ‚obscoenitas' evoziert: „Ich verabscheue die Scene nach der Hochzeitsnacht. Wie konnt' ich Schwein sie auch malen! Ich, der stinkende Athem des Volks [...]." (an Herder, 28. Aug. 1775) In einer anonymen, von Daunicht Lenz zugeschriebenen Besprechung von Schlossers Broschüre in den *Frankfurter gelehrten Anzeigen* (Nr. 72, 8. Sept. 1775) wurde dagegen die Kritik an der „Scene auf dem Kanapee," die nicht in Schlossers „moralischen Katechismus" passe, mit dem Hinweis auf die Mannigfaltigkeit des Geschmacks und mit dem unterschiedlichen Standpunkt[24] in der Realismusfrage abgebürstet: „Mit dem Urtheil von dem, was in der Natur oder nicht in der Natur war, ist es nun einmal eine kützliche Sache, und der *Medius terminus*, der das Minosurtheil hervorbrachte, ist immer das gefärbte Glas, wodurch ein jeder sieht."

II.

Bekanntlich hat Lenz in seinen „Anmerkungen übers Theater" (1774, Damm II, 641-672) die Hauptidee der Tragödie in der „Person," die Hauptempfindung der Komödie dagegen in der „Begebenheit" erblickt. Wie die „Anmerkungen" im allgemeinen in der Fluchtlinie der *Querelle des Anciens et des Modernes* stehen, so ist besonders die gattungsbestimmende Gegenüberstellung dieser beiden Hauptgedanken in der Perspektive des damit verbundenen Streits über die alte und neue Tragödie

---

[23] Zuerst 1775; zit. nach Johann Georg Schlosser, *Kleine Schriften. Tl. II*, Basel 1780, S. 261-280, hier 276-278: „Auch ist die Morgen Scene [III 3] ganz unwahr, die du mich mit Minna halten läßt, ehe Zopf ankam. [...] Wir haben die Scen' aus dem Buch geschnitten.- [...] Ach *Lenz!* vertilge die Scene, die du ganz verzeichnet hast."

[24] Zur vieldiskutierten „Standpunkt"-Frage bei Lenz zuletzt: Martin Rector, „Götterblick und menschlicher Standpunkt. J. M. R. Lenz' Komödie ‚Der neue Menoza' als Inszenierung eines Wahrnehmungsproblems". *Jahrbuch der deutschen Schillergesellschaft* 33 (1989): 185-209.

zu situieren.[25] Das Grundmuster dieses Vergleichs hatte Saint Évremond in einer kurzen Schrift *De la Tragédie Ancienne et Moderne* festgelegt, in der er sich vom Klassizismus in Hinsicht auf Tragödienregel und Tragödieneffekt abgegrenzt hatte. Dabei führte der Vergleich zwischen Antike und Moderne den in London exilierten Frondeur gegenüber der klassizistischen Nachahmungsforderung der alten Musterkultur zur Einsicht in die historisch begründeten Unterschiede der tragischen Gattung. Determinierende Faktoren von Form, Sujet und Wirkung seien insbesondere die jeweils geltenden Religionsbegriffe eines Zeitalters. Götter, Orakel und Seher des Mythos machten die griechische Tragödie zu einem Schauspiel von Aberglauben und Schrecken, die sich in tausend Irrtümern fortpflanzten und zu weiteren Übeln führten. In der Moderne dagegen sei der Mensch seiner selbst bewußt, mündig, handlungs- und geschichtsmächtig. Seiner *grandeur* widerspreche Blindheit und Unterwerfung gleichermaßen. Das *fatum* der griechischen Tragödie stoße daher den Zuschauer der Moderne ab. Die neue Tragödie dürfe nicht mehr Jammern und Schaudern, sondern sie müsse vielmehr Bewunderung zu erwecken suchen. Trotz und Größe solchen neuzeitlichen Ichs sind in dem berühmten „Moi" der Medea in Corneilles „Medée" (1635, I 5, 320) zum Topos der Erhabenheit zusammengefaßt worden.

Alle motivierende höfische Dezenz einmal beiseitegelassen, so ist das auf den Handlungsbegriff zielende Hauptargument Saint Évremonds, daß die antike Tragödie den modernen Geschmack nicht mehr treffe, durchaus traditionsstiftend geworden. Die Stoßrichtung des Vergleichs zwischen alter und moderner Tragödie taucht paradoxerweise im *Sturm und Drang* wieder auf, mögen sich dessen Vertreter auch sonst als ‚Franzosenfresser' gerieren. Weil der Mensch ein „freihandelnde[s] selbständige[s] Geschöpf[e]" ist (Damm II, 645), oder doch wenigstens die Anlage dazu besitzt, kann Lenz der Aristotelischen Tragödiendefinition, die in der „Handlung" (650) bzw. der „Fabel" (655), dem Mythos also, ihr wesentliches Kriterium findet, nicht zustimmen. Hinter diesem Begriff nämlich verbirgt Aristoteles der heute gängigen Meinung nach, „was nach griechischer Ansicht mit Notwendigkeit aus der Begrenztheit der mensch-

---

[25] Vgl. Carsten Zelle, „Alte und neue Tragödie - Mythos, Maschine, Macht und Menschenherz. Beiträge zur Querelle des Anciens et des Modernes von Saint-Évremond, Lenz, Molitor, Robert und Kürnberger," *Germanisch-Romanische Monatsschrift* 41 (1992): 284-300. Das folgende nach dem dortigen Abschnitt zu Lenz.

lichen Fähigkeiten folgt: das Walten des Schicksals."²⁶ Wie der Franzose in der *Querelle*, so sieht auch Lenz in seinen rhapsodischen „Anmerkungen," in denen die Theaterschauspieler „alter und neuer Zeiten nun vor unserm Auge vorbeiziehen sollen" (642), die „Religionsbegriffe" der Menschen als den Grund an, auf den die Kulturformen „gefropfet" (667) sind. Aus dem „Ursprung" der Tragödie aus dem Gottesdienst erklärt Lenz, daß „fatum" ihr beherrschendes Prinzip war. Dem entspricht, daß „blinde und knechtische Furcht" die „Hauptempfindung" war, die das Drama erregte: „Es war Gottesdienst, die furchtbare Gewalt des Schicksals anzuerkennen, und vor seinem blinden Despotismus hinzuzittern." (667) Lenz schreibt also aus der Perspektive des Aufklärers und der Position des neuzeitlichen Ich gleichermaßen, wenn er vom Dichter „Rechenschaft" über die Gründe der Glückswechsel der Handlung fordert und das dramaturgische Gebot aufstellt: „Du sollst mir keinen Menschen auf die Folter bringen, ohne zu sagen warum." (668)

Ob Lenz Saint Évremond gelesen hat, steht dahin. Er könnte dessen Ideen durch Herder²⁷ vermittelt bekommen haben. Die Ansicht über die „gefährliche Lehre [...] des Fatalismus", dessen „eisernem Joch sich alle Sterbliche unterwerfen mußten" könnte Lenz indessen bezeichnenderweise dem Kapitel ‚Von der alten und neuern Tragödie' entnommen haben, das Mercier 1773 seinem Buch *Du Théâtre ou Nouvel Essai sur l'Art Dramatique*²⁸ beigegeben hatte. Vielleicht hat sie Lenz aber auch in dem *Essai sur le drame sérieux* (1767)²⁹ gefunden, der schon 1768 in deutscher Übersetzung vorlag, und in dem Beaumarchais über die alte Tragödie seinen „Unwillen" ausgedrückt hatte, der sich einerseits wie bei Saint Évremond auf die verabscheuungswürdigen Sujets,³⁰ andererseits darauf bezog, daß wir aus der Darstellung „unvermeidlichen Geschick[s] [fata-

---

²⁶ Manfred Fuhrmann, *Einführung in die antike Dichtungstheorie*, Darmstadt 1973, S. 18.

²⁷ Herders Kenntnis von Saint Évremond seit den sechziger Jahren macht Erich Hassinger, „Zur Genesis von Herders Historismus," *Deutsche Vierteljahrsschrift* 53 (1979): 251-274 wahrscheinlich.

²⁸ Hier zit. nach der deutschen Übersetzung von Heinrich Leopold Wagner, *Neuer Versuch über die Schauspielkunst*, Leipzig 1777 (Reprint: Heidelberg 1967), S. 42.

²⁹ Zit. nach Pierre-Augustin Caron de Beaumarchais, „Versuch über das ernsthafte Drama". *Theater der Aufklärung*, (Anm. 19), S. 510-529, die folgenden Zitate S. 516.

³⁰ „Man geht darinnen nur unter Ruinen einher, durch Ströme von Blut, schreitet über Totengebürge hinweg, und gelangt zur Katastrophe nur durch Vergiftungen, Totschläge, Blutschande, und Vatermord." (Ebd.)

lité]" nichts lernen und keine „Sittenlehre" ziehen könnten: „Überdies lassen die unvermeidlichen Schläge des Schicksals keine sittliche Anwendung auf uns zu. Wenn man bloß zittern und stillschweigen soll, was ist dann ärger, als nachzudenken?" Und schon Lessing hatte im 74. Stück der *Hamburgischen Dramaturgie* hinsichtlich der antiken Tragödie „Schicksal" und „Verhängnisse", wodurch der Menschen in eine „Maschine" verwandelt würde, aufgegriffen, freilich weniger, um ein Manko aufzudecken, als um angesichts der auf der attischen Bühne gestalteten Greuel die Helden von der Verantwortung zu entlasten und dergestalt einem naheliegenden negativen Menschenbild auszuweichen. Kurz: die in der *Querelle* gegen die Mustergültigkeit der antiken Tragödie geltend gemachten Vorbehalte waren mittlerweile zu Topoi geronnen, die insbesondere nun von den jungen bürgerlichen Dramatikern zur Folie genommen wurden, von der sich ihre mit der Tradition brechende Bühnenkunst positiv abheben konnte. In der Tat geht Lenz hier also „auf den Wegen der Aufklärung weiter", wie Martini[31] beobachtet hat, ohne freilich hinzuzufügen, daß auch die Aufklärer Beaumarchais und Mercier nur jenes topische Argumentationsinventar aufgriffen, das im französischen „Federkrieg" (J. I. Pyra) bereits geschmiedet worden war.

Demgegenüber ist die dramatische Darstellung „des neuzeitlichen Menschen, des zum Selbstbewußtsein seiner individuellen Freiheit gelangten Ich"[32] das Anliegen der von Lenz anvisierten modernen Tragödie. Nicht Mythos oder Maschine, sondern Charaktere, „die selbstständig [!] und unveränderlich die ganze große Maschine selbst drehen, ohne die Gottheiten in den Wolken anders nötig zu haben, als wenn sie wollen zu Zuschauern" (654) fordert Lenz auf dem Schauplatz. Die Auszeichnung solcher *dramatis personae* führt zu zwei Konsequenzen, die nur kurz angerissen werden können.

Erstens nämlich ist nicht zu sehen, wie in den neu abgesteckten „Grenzen unsers Trauerspiels" (668) noch tragische Verwicklung in Szene gesetzt werden soll. Dem emphatisch herausgestellten ‚Charakter' von Lenzens Drama eignet aufgrund der forcierten Entgegensetzung mit den Helden der antiken Tragödie eine eigentümlich „schicksallose[n] Größe",[33] die ihn in die Nähe jener *grandeur* rückt, deren dramatische Nachahmung zum Zwecke der Bewunderung auch Saint Évremond hervorgehoben hatte. Die Bewunderung heischende erhabene Größe der *dramatis personae* war

---

[31] Martini, „Die Einheit der Konzeption," (Anm. 1), S. 171, Fußn. 37.

[32] Martini, „Die Poetik des Dramas im Sturm und Drang," (Anm. 1), S. 146.

[33] Martini, „Die Einheit der Konzeption," (Anm. 1), S. 172.

ja schon damals eher auf den untragischen Charakter und auf ein glückliches Ende hin berechnet, wie in Corneilles „Nicomède," und an der Mischform einer *tragédie-comédie* orientiert, wie Corneilles „Cid." Die Exempelfunktion des theatralischen Helden hat sich freilich bei Lenz gegenüber der Tradition markant verschoben, insofern bei dem Franzosen die Nacheiferung des Vorbilds durch admirative Identifikation vollzogen werde sollte, bei unserem Stürmer und Dränger hingegen durch ein nachahmendes „Agieren" – durch aktives Rollenspiel also.[34]

Zweitens finden wir nun alles, was Lenz aus der modernen Tragödie hinausgeworfen hat, als Bestimmungen einer anderen dramatischen Gattung: der Komödie wieder, in der Lenz bekanntlich die sozialen Erfahrungen der damaligen Gesellschaft gestaltet hat. „[...] und was bleibt nun der Mensch noch anders als eine [...] kleine Maschine, die in die große Maschine [...] besser oder schlimmer hineinpaßt. [...] ein Ball anderer zu sein, ist ein trauriger niederdrückender Gedanke, eine ewige Sklaverei"[35] – dieses dunkle Gemälde, das Lenz entwirft, um dagegen die Selbsthelferfigur seines Charakters nur um so heller strahlen zu lassen, paßt ja einerseits genau auf die von ihm geschaffene Figur der Komödie und andererseits auf die *dramatis personae* der alten Tragödie, so wie sie den jungen Männern damals erschien. Das Bild von der kleinen Maschine faßt La Mettries *L'homme machine* (1747), das Bild von der großen Maschine d'Holbachs *Système de la Nature* (1770) zusammen.[36] Lenz konfrontiert mithin ein idealistisches Menschenbild voller Subjekt-Autonomie, für das er sich den dramatischen Gestaltungsraum einer neuen Trauerspielform imaginiert, mit der materialistischen Diagnose vollständiger Subjekt-Determination, die er einerseits mit der Unterwerfung des Einzelnen unters *fatum* in der antiken Tragödie gespiegelt sah, und die er andererseits in seiner Komödientheorie anvisierte, vor allem aber in seinen Komödien auch gestaltet hat. Die Gestaltung der Macht der sozialen Verhältnisse in einer ‚Schicksalskomödie' statt in dem Genre des bürgerlichen

---

[34] Lenz, *Über Götz von Berlichingen* (entst. 1773/75; gedr. 1901; Damm II, S. 637-641, hier S. 641).

[35] Ebd., S. 637-638.

[36] Vgl. Martin Rector, „La Mettrie und die Folgen. Zur Ambivalenz der Maschinen-Metapher bei Jakob Michael Reinhold Lenz," *Willkommen und Abschied der Maschinen. Literatur und Technik - Bestandsaufnahme eines Themas*, Hrsg. Erhard Schütz. Essen 1988, S. 23-41.

Trauerspiels[37] rettete nun freilich Lenz vor der Trivialität und seinen Namen für die Literaturgeschichte. Die Fatalität der alten Tragödie kehrt sozusagen als Entfremdung der modernen Groteske zurück.[38] Nur bei Konvergenz von Mythos und Maschine erhellt sich mir der Sinn des Ausspruchs „Die Leiden griechischer Helden sind für uns bürgerlich" in Lenzens Farce „Pandämonium Germanicum."[39] Freilich markiert Lenz hier zugleich die von ihm gegenüber der Gestaltung des Mythos in der antiken Tragödie vorgenommene Gattungsverschiebung für die Darstellung der modernen Leiden an der Macht der Verhältnisse: „[...] was ehmals auf dem Kothurn ging sollte doch heutzutag mit unsern im Soccus reichen. Soviel Trauerspiele sind doch nicht umsonst gespielt worden, was ehmals grausen machte, das soll uns lächeln machen."

Was aber sind die Orakel der Moderne, die das neue *fatum* verkünden und die Personen auf den Geschehensablauf unwiderruflich festlegen?

III.

Daß der Schluß des „Hofmeisters" die Familientableaus empfindsamer Rührstücke parodiert und daß die epilogartigen Schlußszenen im „Neuen Menoza" die Poetik von dessen exentrischem Geschehensablauf aussprechen, weist auf ein wesentliches Moment der poetischen Selbstreflexivität, die Lenzens Komödien eigen ist. Seine Literaturparodie, die Biederlings Wort der im „Menoza" auftretenden „Papiergeschöpfe" (I 1) ernst nimmt, schlägt auf den unterschiedlichsten Ebenen ihren Witz aus der Reflexion über die Literarizität der komödiantischen Schreibweise. Keine *dramatis personae* bei Lenz, die nicht, wie die Idealmenschen des „unsterbliche[n] Wieland," in einem „Buche" (I 7) zu finden wären. Als sei die Literatur schon um 1770 ‚erschöpft', zitiert Lenzens Pontoppidan

---

[37] Der Vers „So wird's ein Lustspiel und hier keins", mit dem Bertolt Brecht die Differenz von Beaumarchais' und Lenzens Dramen in seinem Gedicht ‚Über das bürgerliche Trauerspiel *Der Hofmeister* von Lenz' (1938/39) markieren will, übergeht ja gerade die auf den Titelblättern gedruckte Gattungsbezeichnung.

[38] Diese von Wolfgang Kayser für Lenzens Komödien ins Spiel gebrachte Bezeichnung ist von Dieter Liewerscheidt, „J. M. R. Lenz: ‚Der Neue Menoza,' eine apokalyptische Farce," *Wirkendes Wort* 33 (1983): 144-152 reaktualisiert worden.

[39] (entst. 1775; gedr. 1819), Damm I, S. 247-271, die Zitate S. 269.

zitierende Komödie⁴⁰ vom „Neuen Menoza" den Topos des guten Wilden und des unschuldigen Mädchens, die Masken der *comédie italienne*, die Typen der sächsischen Komödie und die Empfindsamen des Rührstücks, die harten Fügungen der barocken Haupt- und Staatsaktionen, den grotesken Bewegungsablauf des Marionettentheaters, die shakespearisierenden Ortswechsel, die bühnenerprobten Motive des verlorenen Sohnes und der vertauschten Tochter, daraus folgende Inzestsituationen, erlösende Wiedererkennungen, schließlich rasende Weiber, dazugehörende Eifersucht, Mord und alle Schikanen um Punsch oder Pülverchen. Und namentlich zitiert Lenzens Szenenanweisung „Der Schauplatz ist hie und da" die antiklassizistische Tradition, nämlich Schlegels gegen die Einheit des Ortes gerichtete Empfehlung, der Verfasser eines Schauspiels solle die Anweisung „unter das Verzeichnis seiner Personen [...] setzen: *Der Schauplatz ist auf dem Theater.*"⁴¹ Dieser Empfehlung ist Lenz nachgekommen. Wohl kaum ist in diesem intertextuellen Pastiche Tandi als der „veritable[n]"⁴² Charakter zu bezeichnen, den Lenzens Tragödientheorie entwarf, mochte sich auch der Verfasser der ‚Selbstrezension' dieser Illusion ebenso hingeben wie die von ihm erfundene Komödienfigur. Die ästhetische Erkenntnis der Stücke ist dem diskursiven Horizont ihres Verfasser stets voraus.⁴³ Die von Lenz entworfenen Figuren entwickeln vielmehr ihre aus Papier geschöpfte Eigendynamik. Biederling handelt, wie es sein sprechender Name verlangt. Bei Läuffer, Rammler und den anderen ist es nicht anders.

Die Figuren sind auf die Rollenhandlungen ihrer literarischen Muster festgelegt. Das literarische Zitat erhält eine bemerkenswert mythische Dimension, der Lenz seine Personen nicht entrinnen läßt. Die Intertextualität der *dramatis figurae* im „Hofmeister," der marionettenhafte Bewe-

---

⁴⁰ Vgl. Erich Unglaub, „Ein neuer Menoza? Die Komödie ‚Der neue Menoza' von Jakob Michael Reinhold Lenz und der ‚Menoza'-Roman von Erik Pontoppidan," *Orbis litterarum* 44 (1989): 10-47.

⁴¹ Johann Elias Schlegel, „Gedanken zur Aufnahme des dänischen Theaters" [entst. 1747, gedr. 1764]. Johann Elias Schlegel, *Canut Ein Trauerspiel*, Hrsg. Horst Steinmetz, Stuttgart 1967, S. 75-111, hier S. 108. Auch der Gedanke aus der ‚Selbstrezension', daß der komische Dichter dem tragischen das Publikum erschaffe (Damm II, S. 704), könnte Schlegels Abhandlung (S. 90-93) entnommen sein.

⁴² So Rector, „Götterblick und menschlicher Standpunkt," (Anm. 24), S. 207.

⁴³ So Klaus R. Scherpe, „Dichterische Erkenntnis und ‚Projektmacherei'. Widersprüche im Werk von J. M. R. Lenz," *Goethe-Jahrbuch* 94 (1977): 206-235.

gungsstil im „Neuen Menoza" und die expositorische Komödiendebatte in den „Soldaten" gibt der Fatalität der Lenz'schen Komödien ihren Lauf.

Die Personen im „Hofmeister" empfangen ihr ‚Leben' aus den Zitaten der Bücher, die sie lesen und deren Muster ihr „chimärische[s] Wesen"[44] wiederholt – die Geschichte von Damon und Pythias, Romeo und Julia, die Neue Heloïse oder ein Gellertsches Gedicht. Lenzens Komödienfiguren sind von den literarischen Mustern fixiert, die sie zitieren. Gustchen und Fritz verlieben, Läuffer kastriert sich aus zweiter Hand. Dazwischengeschaltet dient ein Komödienbesuch der Motivation, daß Gustchen als Julia ihren Partner wechselt. Die Rolle des Romeo geht von Fritz auf den Läuffer über, weil jener ausgerechnet in Halle Lessings Komödie „Minna von Barnhelm" dem Schreiben von Liebesbriefen vorzieht. (II 3) Enttäuscht zitiert Gustchen ihr Leben ein weiteres Mal und küßt ihrem neuen Romeo (hinterszenisch) nicht nur die Hand, wobei dem Domestiken freilich bereits sein papierenes Schicksal dämmert: „Es könnte mir gehen wie Abälard – –." (II 6) Dann läuft der sprechende Name fort. „Er flieht noch als Romeo, doch seine Flucht endet bereits in der nächsten Rolle: der Abälards."[45]

In Lenzens Komödien dient auch die Konstellation des Theaters auf dem Theater der Selbstthematisierung der Gattungswahl. Wird im „Hofmeister" Lessings „Minna" gegeben, so legen die epilogartigen Abschlußszenen im „Neuen Menoza" die Auslegung nahe, daß der Bürgermeister seine „Rekreation" in einem solchen „Püppelspiel" sucht, wie es der Zuschauer von Lenzens Komödie soeben auf dem Theater gesehen hat und dessen Handlungsdynamik sowenig den von Zierau geforderten „Regeln", der „schöne[n] Natur", den „drei Einheiten" und der „Illusion" folgten (V 2), wie das Stück, um dessen „Plesir" die genaue Beobachtung der Kollegia seines Sohnes den Bürgermeister gebracht hat. (V 3). Sprechen die beiden Abschlußszenen des „Neuen Menozas" die unaristotelische Dramaturgie dieser Komödie in anspielungsreicher Abgrenzung von Batteux aus, so antwortet in den „Soldaten" auf die richtige Erkenntnis des Frömmlers (I 4), daß man in der Komödie nur lerne, wie wachsame Väter betrogen und unschuldige Töchter verführt werden, die Komödienhandlung mit der Fabel, daß der wachsame Vater Wesener betrogen und seine un-

---

[44] Gert Mattenklott, *Melancholie in der Dramatik des Sturm und Drang* [1968]. Erw. u. durchges. Aufl. Frankfurt/M. 1985, S. 147. Mattenklott hat erstmals die Bedeutung der „Zitate" (S. 147-152) als Kompositionsprinzip von Lenzens Komödien herausgestellt.

[45] Mattenklott, S. 152.

schuldige Tochter Marie verführt werden. In der Komödie „Die Freunde machen den Philosophen" (1777) wird das Theater endlich selbst Träger des Geschehens, insofern eine Theateraufführung in der Theateraufführung im dritten Akt zur Schürzung des Knotens beiträgt: „Itzt den Komödianten gemacht, Strephon, oder den Narren auf ewig - - (*Der Vorhang wird aufgezogen.*)" (III 1)

Ist die poetologische Selbstreflexion, die der Dialog über „Plesir" und „Püppelspiel" im „Neuen Menoza" bietet, von der Form her noch nicht in den Geschehensablauf einbezogen, sondern als ein epilogartiger Kommentar nur in additiver Weise angehängt, so hat es Lenz in den „Soldaten" verstanden, das die Komödie problematisierende Formelement in die Exposition völlig zu integrieren, weswegen die Szene I 4 bisher als komödientheoretische Stellungnahme Lenzens auch kaum registriert worden ist.

Die vierte Szene im ersten Akt der „Soldaten" exponiert nämlich nicht nur den „gantze[n] Stand" der Soldaten (an Zimmermann, Anfang März 1776), so wie es Diderots Dramaturgie der Komödie vorschrieb,[46] sondern das Gespräch über die Schaubühne exponiert auch die Komödie, die Marie im folgenden von Desportes gespielt werden wird. Doch hat die Szene auch einen spezifischen Eigenwert, insofern die Debatte über den „Nutzen" der Komödie, über den Lenz Haudy und Eisenhardt streiten läßt, in eine Diskussion eingreift, die d'Alembert mit seinem Artikel „Genève" in der *Encyclopédie*[47] ausgelöst hatte. Bekanntlich hatte der Satz „On ne souffre point à Genève de comédie" den energischen Einspruch Rousseaus hervorgerufen. Sein *Brief über die Schauspiele* (1758)[48] traf im deutschsprachigen Raum auf eine große Resonanz, die von Sulzers *Philosophischer Betrachtung über die Nützlichkeit der dramatischen Dichtkunst* (1769, ²1773) bis zu Schillers Mannheimer Rede zur Frage *Was kann eine gute stehende Schaubühne eigentlich wirken?* (1784) reichte.[49] Wie ein Echo darauf erscheint Eisenhardts Widerspruch gegen die Feststellung des Hofmeisters,

---

[46] „Daß man, eigentlich zu reden [...] die Stände auf die Bühne bringen muß. [...] Die Stände!" Denis Diderot: „Dorval und ich" [frz. 1757]. *Das Theater des Herrn Diderot*. Hrsg., Übers. Gotthold Ephraim Lessing [1760]. Mit einer Einleitung von Wolfgang Stellmacher, Leipzig 1981, S. 99-176, hier S. 157-159. Auch die gattungsbestimmende Unterscheidung von „Arten" (Komödie) und „Individua" (Tragödie), S. 147, wird hier präfiguriert.

[47] T. VII, 1757, S. 578-578 D.

[48] Im folgenden zit. nach *Theater der Aufklärung*, (Anm. 19), S. 325-437.

[49] Vgl. Thomas Koebner, „Zum Streit für und wider die Schaubühne im 18. Jahrhundert," *Fs. f. Rainer Gruenter*, Hrsg. Bernhard Fabian, Heidelberg 1978, S. 26-57.

daß eine „Schaubühne eine fast unentbehrliche Sache für eine Garnison ist," durch die die Debatte unter den Offizieren ausgelöst wird.

Die ‚Querelle du Théâtre' ist so alt wie die Institution und wird in Hinsicht auf die audiovisuellen Medien mit den gleichen Argumenten heute unverdrossen fortgeführt, ob die Darstellung schlimmer Dinge den Zuschauer von ihnen entlastet oder erst darauf Appetit macht – die letzte Position vertreten seit Platon Kirchenväter, Jansenisten, Pietisten, Rousseauisten, Feministen und andere Fundamentalisten. Sulzers Artikel ‚Schauspiel' aus dem zweiten Teil seines ästhetischen Wörterbuchs (1774), den Lenz wohl ebenso kannte, wie den Artikel ‚Interessant'[50] aus dem ersten (1771), faßt die Kontrapositionen prägnant zusammen und gibt überdies das Stichwort des Bühnendialogs: „Die frommen Eiferer und die finstern Moralisten, die alle zum Zeitvertreib veranstaltete Schauspiele verwerfen, bedenken nicht, was für wichtige Gelegenheiten, dem Menschen nützlich zu seyn, sie den schönen Künsten zu benehmen versuchen."[51] Während Feldprediger Eisenhardt, seinem Namen Ehre machend, die Position des frommen Eiferers vertritt, steht Haudy für den „Zeitvertreib" ein, den ein Offizier haben müsse. Eisenhardts Beiträge mögen nun an den „Ton einer Kapuzinerpredigt" erinnern, wie Lützeler, dem das Verdienst zukommt, auf die „im Offizierskasino geführte Gattungsdiskussion aufmerksam gemacht zu haben"[52], schreibt, doch tatsächlich verwandeln sich die alten theologischen Topoi, wie sie etwa in der einflußreichen *Traité de la Comédie* (1658) des Jansenisten Pierre Nicole reaktiviert worden waren, in die Argumente des „finstern Moralisten" Rousseau. Das Komödienverdikt, unter dem Lenz im Vaterhaus gelitten haben wird, steht in einer langen Tradition und es kehrt durch die Schrift des radikalen französischen Aufklärers in die aktuelle zeitgenössische Diskussion zurück, in der Lenz mit der Soldatenszene Stellung bezieht.

---

[50] Der wirkungspoetische Zentralsatz aus Lenzens Aufsatz „Über die Veränderung des Theaters im Shakespear" (1776) „Das Interesse ist der große Hauptzweck des Dichters [...]." (Damm II, S. 745) mag Sulzers „Das Interessante ist die wichtigste Eigenschaft ästhetischer Gegenstände [...]" (*Allg. Theorie*, [Anm. 17], II 692) zitieren oder greift direkt auf Diderots Abschnitt „Vom Interesse" in seiner Abhandlung *Von der dramatischen Dichtkunst* (frz. 1758, dtsch. 1760) zurück.

[51] *Allgemeine Theorie*, (Anm. 17), IV 253.

[52] Paul Michael Lützeler, „Jakob Michael Reinhold Lenz: *Die Soldaten*". *Dramen des Sturm und Drang. Interpretationen*, Stuttgart 1987, S. 129-159, hier S. 152.

D'Alemberts Empfehlung, in Genf ein Theater zu errichten, um dem Geschmack der Bürger ein Schicklichkeits- und Feingefühl („finesse de tact", „délicatesse de sentiment") zu verleihen, das sie ohne diese ästhetische Erziehungsanstalt schwerlich erwerben könnten, gilt für Rousseau als ein „gefährlicher Rat" (327), denn das Schauspiel sei ein bloßer „Zeitvertreib" (330). Ein Vater, ein Sohn, ein Ehemann oder ein Staatsbürger hätten freilich so wichtige Pflichten zu erfüllen, daß ihnen keine Zeit für „Langeweile" bliebe.[53] Neben dem Schimpf auf den Zeitvertreib, der gegen ein Vergnügungstheater gerichtet ist, das sich ausschließlich dem ‚delectare' verschreibt, zielt Rousseaus Schelte auf die Zurückweisung eines unterstellten Nutzens (‚prodesse') der Komödienfabel, indem er den Nachweis führt, „daß die Wirkung der Komödie auf die Sitten desto unheilvoller ist, je angenehmer und vollkommener sie ist." (347) Vor allem aber verschärft er das Ressentiment gegen die Schauspieler. Ein Mann, der auf der Bühne den Verführer spielt, werde diese Kunst im Leben sicherlich mißbrauchen. Und eine Frau, die sich auf der Bühne für Geld zur Schau stellt, werde sich bald für Geld zur Verfügung stellen, um das Verlangen, das ihre Kunst hervorruft, auch zu befriedigen. Das Theater erscheint nicht als eine Schule der Tugend, sondern als eine „Schule des Lasters und der schlechten Sitten." (347) Insbesondere der in den Komödien dargestellten Liebe wird ein ansteckender Effekt nachgesagt, der über die Szene ins Parkett dringe. Den Topos, daß Romanlektüre in „Lüsternheit und Brunst"[54] setze, hatte Lenz bereits als Handlungsmotiv seinen jungen Protagonisten im „Hofmeister" unterlegt. Den Verdacht, daß Schauspiele zu den unschuldigen Zerstreuungen nicht gerechnet werden dürften und insbesondere für die Jugend gefährlich seien, weil in diesem Lebensabschnitt selbst „die Vorstellung einer Chimene unerlaubte Triebe erregt," hatte im gleichen Jahr wie Rousseau auch der philanthropische Pädagoge Basedow ausgesprochen.[55] Es bliebe zu prüfen, auf welche Texte der *Querelle du Théâtre* Lenz nachweislich Bezug nimmt. Insbesondere bleibt offen, ob die von Eisenhardt und Haudy auf die Frage zugespitzte Debatte,

---

[53] Daß hier Pascals unter dem Stichwort ‚divertissement' gesammelten Ressentiment gegen das Schauspiel durchscheint, ist deutlich. Vgl. zur Ästhetik der Zerstreuung und ihren Gegnern: Carsten Zelle, ‚*Angenehmes Grauen'. Literaturhistorische Beiträge zur Ästhetik des Schrecklichen im 18. Jahrhundert*, Hamburg 1987, S. 117-157, 304-315.

[54] Gotthard Heidegger, *Mythoscopia Romantica oder Discours von den so benanten [!] Romans [...]*, Zürich 1698, S. 70-71.

[55] Johann Bernard Basedow, *Practische Philosophie für alle Stände*, Kopenhagen, Leipzig 1758, S. 127.

inweit die Komödie in ihrer doppelten Bedeutung als Bühnenhandlung und als Bühnenort dazu beiträgt, daß aus Bürgerstöchtern Mätressen und Huren gemacht werden, auf diskursive Vorlagen, die er etwa im pietistischen Vaterhaus hat kennenlernen können, zurückgreift, oder ob hier der Komödienschreiber Lenz das von Rousseau nur angespielte Thema von Verführung und Prostitution auf eigene Rechnung verschärft.

Die szenische Komödiendiskussion, die Lenz in der Exposition seiner „Soldaten" an der Stelle einfügt, an der die Vorstellung der Figurenkonstellation Marie, Stolzius, Desportes, Wesener abgeschlossen ist, markiert den dramatischen Auftakt der Komödienhandlung. Sie steht an der Stelle, an der die alte Dramaturgie durch mantische Vorausdeutung einerseits das Geschehen auf die schiefe Ebene brachte, auf der die *dramatis personae* unwiderruflich dem Telos der Form zugravitierten, und andererseits dem Zuschauer Orientierungshilfe dafür gab, auf was er sich einzustellen habe. Den früheren Prophetien, Orakel und Träumen entspricht in Lenzenz Komödie Eisenhardts Antikomödienpredigt, die das Schicksal vorausnimmt, das in der Folgeszene (I 5) mit Maries aufgekratzter Replik „ich bin in der Komödie gewesen" seinen Lauf nimmt. Die in Szene gesetzte Komödiendiskussion ist also nicht abstrakt, wie Lützeler denkt, auf Horaz' Grundsatz „aut prodesse volunt aut delectare poetae" (*ars poetica* 333) zu beziehen, sondern mit ihr greift Lenz konkret in die aktuelle Debatte seiner Zeit über die Schädlichkeit des szenischen Mediums ein. Daß dem Komödiengegner der Komödienablauf recht gibt, indiziert einen performativen Widerspruch, der den Freunden von Lenzens sozial engagierter Dramatik zu denken geben sollte. Wie einst nur ein delphisches Orakel spricht Eisenhardts Satz „Einen wachsamen Vater zu betrügen, oder ein unschuldiges Mädchen in Laster zu unterrichten, das sind die Preisaufgaben, die dort [in der Komödie] gelöst werden." das *fatum* der Begebenheiten aus, die Lenz anschließend mit zunehmender Beschleunigung abspult.

So erweist der Blick auf die kurze Szene ihren vierfachen Sinn: Sie exponiert den Stand der Soldaten und gestaltet gesprächsweise die im Offizierskorps herrschende Langeweile, die es durch Zeitvertreib zu zerstreuen gilt. Als vorausdeutende Szene verrät sie dem Publikum, welche Art der Komödienverwicklung es zu erwarten hat. Beide expositorischen Funktionen übernimmt eine Diskussion über Nutzen oder Schaden der Komödiengattung, mit der Lenz einerseits in eine aktuelle Debatte eingreift und zugleich andererseits Reflexivität über Grundlagen, Bedingungen und Möglichkeiten eigenen Komödienschreibens herstellt.

Eine Art von Schauspiel hatte Rousseau übrigens in der Antitheaterepistel nicht nur von seinem bösen Blick ausgenommen, sondern ausdrücklich zu erneuern gefordert. Es ist das Schauspiel, das sich das Volk im Fest selbst gibt. „Stellt in der Mitte eines Platzes einen mit Blumen bekränzten Pfahl auf, versammelt dort das Volk, und ihr werdet ein Fest haben." (427) Eine solche unschuldige Orgie der Naivität hat Lenz im *Landprediger* (1777), seiner „Absage [...] an die gegenwärtigen Möglichkeiten seiner eigenen Kunst",[56] mit der Mädchenfeier beschrieben. Dem Reigen der schönen Jungfrauen, die als Schäferinnen verkleidet sind, dürfen Mannspersonen von eigens errichteten Gerüsten aus zuschauen. Daß keine Vermischung der Geschlechter geschieht, dafür sorgen „bei jeder Reihe Bänke zwei Mann Wache mit scharfgeladenem Gewehr", die Befehl haben, „auf jeden zu feuern, der nicht in den Schranken [...] bleiben würde." (Damm II, 455-456) Die repressive Idylle hat den Stand der Soldaten verwandelt – nicht mehr Verführer der Bürgerstöchter, sondern deren Beschützer sind sie geworden.

---

[56] Damm II, S. 875, Komm.

Für Marketa

Von Macht, Menschen und Marionetten:
Zur Titelfigur in Lenz' *Der Hofmeister*

Thomas Salumets (Vancouver, Kanada)

I. Gemüsehändler und Aushängeschilder

> The manager of a fruit and vegetable shop places in his window, among the onions and carrots, the slogan: „Workers of the world, unite!" Why does he do it? What is he trying to communicate to the world? Is he genuinely enthusiastic about the idea of unity among the workers of the world? [...] I think it can safely be assumed that the overwhelming majority of shopkeepers never think about the slogans they put in their windows, nor do they use them to express their real opinions. That poster was delivered to our greengrocer from the enterprise headquarters along with the onions and carrots. He put them all into the window simply because it has been done that way for years, because everyone does it, and because that is the way it has to be [...] He does it because these things must be done if one is to get along in life. It is one of the thousands of details that guarantee him a relatively tranquil life „in harmony with society," as they say.[1]

Freilich täuscht der Anspruch auf Versöhnung – hier und im Schlußtableau von Lenz' „Hofmeister." Der Weg jedoch, der Havels Gemüsehändler und Lenz' Hofmeister-Gestalt aus den repressiven Verhältnissen ihrer inszenierten Wirklichkeiten führen könnte, bleibt versperrt, solange Macht als Objekt mißverstanden wird. Dieser Irrtum legitimiert die alltägliche Vorstellung von der Marionette Mensch, die wiederum die Standardauffassung perpetuiert, daß man Macht, als handle es sich um einen Gegenstand, „besitzen" und auch „verlieren" könne.

Eine Zusammenschau von Václav Havels Gemüsehändler samt seinem Aushängeschild und Lenz' „Hofmeister" (1774) kann dazu beitragen, dieser menschenfeindlichen Zirkularbewegung, diesem „Doppelbinder"

---

[1] Václav Havel, „The Power of the Powerless." Übers. Paul Wilson. *Cross Currents* (1983): 3-22, bes. S. 6/7. Im Text als „Die Macht der Machtlosen" zitiert.

entgegenzuwirken.² Der Blick für eine solche Verknüpfung scheint jedoch von vornherein verstellt. Die Bilder, die Havels Essay „Die Macht der Machtlosen" (1978/1979) und Jakob Michael Reinhold Lenz' Lust- und Trauerspiel hervorrufen, klaffen weit auseinander. Immerhin rund zwei Jahrhunderte stehen zwischen dem 1990 in seiner Heimat, der Tschechoslowakei, zum Schriftsteller-Präsidenten avancierten, ehemaligen „politischen" Häftling Havel und dem 1792 in den Straßen Moskaus – obdachlos, krank und verfolgt – verstorbenen Exilanten Lenz.

Mit dem „Hofmeister" begeben wir uns denn nicht nur in die feudalabsolutistische Ständegesellschaft Preußens, wir werden nicht nur zu Zeugen der Misere des Hofmeisterstandes, wie sie sich aus der Sicht eines Stürmers und Drängers ausnimmt. Am Rande lesen wir vielmehr auch Lenz' Kindheitserinnerungen mit.³ Sie versetzen uns in die noch tiefere und entlegener anmutende Vergangenheit der baltischen Provinzen. Dorthin hatte es seinen Vater, Christian David Lenz, nach Abschluß des Theologiestudiums in Halle verschlagen. Als eingewanderter Deutscher tritt er 1749 die Stelle eines Pastors im livländischen Kirchspiel Casvaine an.

Die Deutschen hatten sich in diesem Teil des zaristischen Rußlands Katharinas II. (1729-1796) die Rolle der Etablierten erzwungen. Die Kosten hierfür mußten in hohem Maße die Außenseiter, die „Undeutschen", die einheimische Bevölkerung von estnischen und lettischen Bauern tragen. Als Sohn des Pastors erlebt so der junge Lenz eine Alltagswelt, in der „'Saks tulleb', der Deutsche [genauer: der deutsche Herr] kommt, [...] ein Schreckwort [ist], mit dem der estnische Bauer sein schreiendes Kind einschüchtert."⁴

Freilich, Václav Havels Essay weist trotz aller Unterschiede auf ein ebenso tief verwurzeltes sozialpolitisch zugespitztes Engagement hin. In

---

² In seinem Buch *Engagement und Distanzierung* schreibt Elias: „[...] im Zentrum eines Doppelbinderprozesses steht ein Machtkonflikt. Die Gefahren, die er für die in ihn verwickelten Menschen mit sich bringt, sind eben deswegen für sie schwer zu überwinden, weil ihre eigene Mentalität, die durch die Bedrohung mit geprägt wird, die Bedrohung immer von neuem reproduziert." Norbert Elias (1897-1990) verdanke ich die für diesen Aufsatz nötigen Denkwerkzeuge. Norbert Elias, *Engagement und Distanzierung*, Frankfurt 1987, S 85.

³ Zum autobiographischen Hintergrund der im *Hofmeister* in Szene gesetzten Verführungsgeschichte vgl. Damm, S. 9/10. Sigrid Damm, *Vögel, die verkünden Land: das Leben des Jakob Michael Reinhold Lenz*. Berlin und Weimar 1985.

⁴ Eine ausführliche und sehr lesbare lebensgeschichtliche Orientierung bietet das 1985 erschienene Buch zu Lenz von Sigrid Damm, S. 17. Für eine kürzere biographische Skizze und wertvolle Hinweise auf weiterführende Literatur vgl. Hans-Gerd Winter, *J.M.R. Lenz*, Stuttgart, 1987.

erster Linie handelt es sich jedoch um einen ideologiekritischen Essay, der auf den Begriff „Dissident" in seiner machtsoziologischen Einbettung zielt, wie ihn Havel als mehrfach Inhaftierter in der „posttotalitären" Tschechoslowakei der siebziger Jahre des zwanzigsten Jahrhunderts begreifen lernt.[5] Diese Voraussetzungen sollten jedoch nicht dazu verleiten, eine Zusammenschau von Havels „Die Macht der Machtlosen" und Lenz' „Hofmeister" überhaupt auszuschließen. Damit wäre die Möglichkeit für eine effektive, sinnstiftende Synthese genommen.

Der von der Forschung vorgegebene Gedanke, die Titelfigur von Lenz' „Hofmeister" sei ein unkritisches Opfer einer menschenfeindlichen Mentalität, bildet für eine solche Synthese den Ausgangs- und auch den ersten Berührungspunkt.[6] Denn mit dem Aushängeschild des Gemüsehändlers bezichtigt Havel den Verwaltungsapparat der kommunistischen Partei menschenfeindlicher Strategien, denen sich die Betroffenen, wie etwa der Gemüsehändler, mit routinierter Selbstverständlichkeit fügen. Wie Havel 1975 in einem offenen Brief an den Generalsekretär der kommunistischen Partei der Tschechoslowakei schreibt, wird so jegliche Individualität mit mechanischer Präzision unterdrückt:

[O]rder prevails: a bureaucratic order of grey monotony that stifles all individuality; of mechanical precision that suppresses everything of unique quality [...] What prevails is order without life.[7]

Menschenfeindlichkeit, Unterdrückung, Leblosigkeit, ein „Rollenzwang, den die Gesellschaft verhängt, um reibungslose Funktionalität zu garantieren"[8], dies sind Stichwörter, die an das erinnern, was man auch als

---

[5] Die Vorsilbe „post-" soll hier keinen Gegensatz signalisieren: „I do not wish to imply by the prefix ‚post-' that the system is no longer totalitarian; to the contrary, I mean that it is totalitarian in a way fundamentally different from classical dictatorships, different from totalitarianism as we usually understand it." Havel, S. 6.

[6] Marketa Goetz-Stankiewicz versteht Havels Essay als Analyse der Unterdrückung des Individuums in einer totalitären Gesellschaft: „Havel has been writing a steadily increasing number of essays on topics of urgent concern to our modern world, from peace to power, from ecology to the nature of faith. The best known of these essays is ‚The Power of the Powerless' (1978), in which Havel eloquently analyses the pressures exerted on an individual in a totalitarian society." Marketa Goetz-Stankiewicz Hrsg., *The Vanek Plays: Four Authors, One Character.* Vancouver 1987, S. XVI.

[7] Marketa Goetz-Stankiewicz, *The Silenced Theatre: Czech playwrights without a stage.* Toronto 1979, S. 87.

[8] Walter Hinderer, *Über deutsche Literatur und Rede: historische Interpretationen.* München 1981, S. 69.

eine Art Aushängeschild bezeichnen könnte – ein Aushängeschild, auf dem oftmals das Wort „Marionette" als Ausdruck eines am Gängelband fristenden Daseins, kurz: von „Machtlosigkeit" zu lesen ist. Die Lenz-Forschung hat es für sich in Anspruch genommen, vor allem in der Beurteilung der Titelfigur des „Hofmeisters."

Mit diesem Aushängeschild fällt man jedoch hinter die kritische Kompetenz des Livländers zurück, denn dieses tradierte Bild von der Marionette Mensch geht Hand in Hand mit Tendenzen zur Entmenschlichung, denen schon Lenz entgegenzuwirken suchte. Mit anderen Worten: Einen Menschen mit einer Marionette als Sinnbild vermeintlicher „Machtlosigkeit" gleichzusetzen, ist selbst ein menschenfeindlicher Anachronismus. Zurecht ist es zu einer Selbstverständlichkeit geworden, Ansprüchen auf „totale Autonomie", seien sie auch noch so versteckt, mit dem Vorwurf zu begegnen, es handle sich dabei um antiquierte „Einheitsobsessionen".[9] Auf Phantasievorstellungen „totaler Abhängigkeit" hingegen, wie sie sich etwa mit der Marionetten-Metapher weiterhin reproduzieren, ist dieses Wissen jedoch noch nicht ausgeweitet worden. Anders formuliert: auch der heute zwingend gewordene Gedanke von der „Macht der Machtlosen" sollte obligat werden, denn solche fossilen Aushängeschilder, von denen hier im Zusammenhang mit Havel und Lenz die Rede ist, sind uns nicht dienlich.[10] Dennoch gehört die Verbindung Marionette/Mensch zum geläufigen Sprachgebrauch.

---

[9] Vgl. hierzu etwa Huyssen: „What has become obsolete, however, are those codifications of modernism in critical discourse which, however subliminally, are based on a teleological view of progress and modernization." Andreas Huyssen *After the Great Divide,* Bloomington 1986, S. 218. Vgl. auch Welsch: „Die postmoderne Vielheit ist als grundlegend positives Phänomen zu begreifen. Wer verlorener Einheit nachtrauert, trauert einem - wie immer auch sublimen - Zwang nach. Das Rad der Geschichte ist nicht durch ein Einheitsdekret zurückzudrehen, und die postmoderne Vielheit ist nicht mehr am Maßstab solcher Einheit zu messen." Wolfgang Welsch, *Unsere postmoderne Moderne.* Weinheim 1988, S. 40, bes. auch S. 35.

[10] Vgl. hierzu Welschs Behauptung, daß die Postmoderne verstehen lehre, „daß letzte Einheit gar nicht anders als repressiv und totalitär erreicht werden könnte." S. 36.

II. Menschen und Marionetten

A. Die Marionette als literarische Metapher

„[W]illenloser, anderen als Werkzeug dienender Mensch" heißt es zum Begriff der Marionette in einem gängigen Deutschen Wörterbuch.[11] Ähnlich lautet es in einer 1924 veröffentlichten Dissertation zur literarischen Marionette:
In dem symbolischen Sinn der ohne Willen und Bewegungsfreiheit am Draht gezogenen, jeder Laune und Willkür einer fremden Leitung, jeder Zufälligkeit des Materials preisgegebenen Puppe scheint uns ein wesenhafter Zug des Puppenspiels [...] zu liegen. Wo bewußt oder unbewußt ein Gefühl des Menschen für die Zufälligkeit, die Relativität der ihn umgebenden Erscheinungswelt vorhanden ist, wo er sich aus dumpfer Furcht [...] ihm unbegreiflichen, aber in Ehrfurcht erkannten transzendenten Willen unterwirft, da kann auch das Symbol der Marionette [...] erkannt werden.[12]
Mit der Gliederpuppe verleihen schon die Stürmer und Dränger gern dem Furchtbild eines auf Nichts reduzierten Entscheidungsspielraums Gestalt.[13] Lady Milford in Schillers „Kabale und Liebe" (1784) spricht so zum Beispiel von einer „fürstliche[n] Drahtpuppe." (IV.9)[14] Werther (1774) greift auf diese Metapher in einem Versuch zurück, Lotte sein naiv egozentrisches Selbstverständnis greifbar zu machen: „Ich spiele mit, vielmehr, ich werde gespielt wie eine Marionette und fasse manchmal meinen Nachbar an der hölzernen Hand und schaudere zurück" (Brief vom

---

[11] Gerhard Wahrig Hrsg., *Deutsches Wörterbuch*, Gütersloh 1972, S. 2362.

[12] Eleonore Rapp, *Die Marionette in der deutschen Dichtung vom Sturm und Drang bis zur Romantik,*. Diss. U München 1917. Leipzig 1924, S. 7.

[13] Vgl. hierzu auch Rudolf Druxs 1986 erschienene Studie *Marionette Mensch*, wo er in diesem Zusammenhang u.a. schreibt: „Als ‚Metapher' muß die Marionette seit dem Sturm und Drang als Ausdruck für Erstarrung, Kraft- und Leblosigkeit und gestelzte Manier in der Kunst herhalten." Rudolf Drux, *Marionette Mensch: ein Metaphernkomplex und sein Kontext von Hoffmann bis Büchner*, München 1986, S. 177.

[14] Vgl. auch folgende Replik Ferdinands in der Auseinandersetzung mit seinem Vater: „Fein und bewundernswert, ich gestehs, war die Finte, den Bund unsrer Herzen zu zerreißen durch Eifersucht - Die Rechnung hatte ein Meister gemacht, aber schade nur, daß die zürnende Liebe dem Draht nicht so gehorsam blieb, wie deine hölzerne Puppe" (V.8). Friedrich Schiller, *Schillers Werke, Nationalausgabe*. Hrsg. Heinz Otto Burger, Walter Höllerer. Bd. 5. Weimar 1957.

20. Januar 1772, 65).¹⁵ Herder beschreibt die französische Bühne in seinem *Shakespear*-Aufsatz (1773) als „Puppe des Griechischen Theaters."¹⁶ „Puppe" steht hier in einem Zusammenhang, der von Wörtern gebildet wird, die vor allem Leb- und Wirkungslosigkeit signalisieren, wie etwa „Nachbild" und „Statue" (213). Auch Jakob Michael Reinhold Lenz stellt hier keine Ausnahme dar.

In den „Anmerkungen übers Theater" (1774) sucht der Livländer seine Vorstellungen eines zeitgemäßen Theaters zu vermitteln.¹⁷ Dabei gibt er immer wieder der Neigung nach, in Denkmustern zu argumentieren, wie sie seit Plato und insbesondere mit Descartes (1596-1650) im Abendland bestimmend geworden sind.¹⁸ Zugrunde liegt ihnen eine Vorstellung unüberbrückbarer Gegensätze. Lenz begegnete dieser inszenierten Wirklichkeit, die die „Subjekt-Objekt Beziehung [...] als eine unveränderliche Universalie" darstellt¹⁹, u. a. als 18-jähriger Theologiestudent und Hofmeister in Königsberg, wo er zweieinhalb Jahre lang die beliebten Vorlesungen des Privatdozenten und 1770 zum Professor ernannten Immanuel Kant besuchte.²⁰ Die Grundannahme, die für die „Kantische Zweiweltenlehre" bestimmend wurde, wird in einer seiner späteren Schriften besonders deutlich.²¹ In seiner *Preisschrift über die Fortschritte der Metaphysik* (1791) heißt es:

Die Form des Objectes, wie es allein in einer Anschauung a priori vorgestellt werden kann, gründet sich also nicht auf die Beschaffen-

---

¹⁵ Johann Wolfgang von Goethe, *Werke, Hamburger Ausgabe*, Hrsg. Erich Trunz. Bd. 6, München 1988.

¹⁶ Johann Gottfried Herder, *Herders sämmtliche Werke* Bd. 5., Hrsg. Bernhard Suphan, Berlin 1891, S. 213.

¹⁷ Lenz' theoretische Schriften werden nach der Ausgabe von Britta Titel und Hellmut Haug Hrsg., Lenz, Jakob Michael Reinhold. *Werke und Schriften I*, Stuttgart 1966 zitiert.

¹⁸ Vgl. Stephen Mennell, *Norbert Elias: civilization and the human self-image*, Oxford 1989, S. 188 und auch Richard Rorty, *Philosophy and the Mirror of Nature*, Princeton 1979, S. 3-13.

¹⁹ Norbert Elias, „Über die Natur," Übers. Michael Schröter, *Merkur* 40.6 (1986): 469-481, S. 469.

²⁰ M.N. Rosanow, *Jakob M. R. Lenz der Dichter der Sturm- und Drangperiode. Sein Leben und seine Werke*, Übers. C. von Gütschow, Leipzig 1909, S. 49-55 und Damm, S. 62-69.

²¹ Vgl. Norbert Elias, „Wissenschaft oder Wissenschaften? Beitrag zu einer Diskussion mit wirklichkeitsblinden Philosophen," *Zeitschrift für Soziologie* 14.4 (1985): 268-281, bes. S. 277.

heit dieses Objectes an sich, sondern auf die Naturbeschaffenheit des Subjects [...]."²²

Transzendentalen Metaphysikern, wie Kant, ist die Vorstellung gemeinsam „von einer eigentümlichen Scheidewand, die sich zwischen das Bild, das sich ein Mensch sozusagen im Inneren von den Gegenständen macht, und den Gegenständen ‚außerhalb seiner,' wie sie ‚an sich' sind, einschiebe."²³ Eine ewige Kluft trennt das „Subjekt" vom „Objekt" oder, um mit Lenz zu formulieren, sie trennt die „freihandelnden selbstständigen Geschöpfe" („Anmerkungen" 333) von denjenigen, die „ein Ball anderer" sind („Über Götz von Berlichingen" 378). Haffner situiert Läuffer so zum Beispiel in eine „zu ihm beziehungslose[] Umwelt"²⁴, als stünde tatsächlich eine Mauer zwischen dem „Ich" und dem „Wir", als müsse man auch heute noch wählen zwischen „innen" und „außen", zwischen „alt" und „neu", zwischen „französischem" und „englischem" Theater, zwischen „Regelzwang" und formal „unabhängiger" Kreativität. Für Klaus Bohnen ist im „Hofmeister" überhaupt „allen privaten und sozialen Beziehungen" die Basis entzogen, denn der „Irrtum" ziehe „die Möglichkeit von Verständigung [...] in Zweifel" und sei schlechtin das „dramatische[s] Grundmuster" des Textes.²⁵ Dort, wo in Lenz' theoretischen Schriften zwischenmenschliche Beziehungen auseinandergedacht werden, findet Sprache auch Erwähnung, wenngleich nicht nach dem von Bohnen artikulierten poststrukturalistischen Muster. Vielmehr geht es um die Art der Aneignung von Sprache und einer für Lenz daraus resultierenden Zweiteilung: „Welch ein Unterschied unter einer Sprache", schreibt Lenz in „Über die Bearbeitung der deutschen Sprache" (1775), „die nur *erlernt* ist und einer die wir uns selber *gelehrt* haben? Das erste macht Papagaien, das andere Menschen." (456)

Den Rahmen dieser gedanklichen Einbettung, der sich hier an dem Gegensatz zwischen „traditio" und „innovatio" festmachen ließe, sprengen auch die Vorstellungen nicht, in dem Lenz den Begriff der Marionette situiert. Sie fügen sich im Gegenteil mühelos ein. In den „Anmerkungen"

---

[22] Immanuel Kant, *Kant's gesammelte Schriften*, Bd. 20, Dritte Abteilung/Handschriftlicher Nachlaß/Bd. 7. Berlin 1942, S. 267.

[23] Elias, „Wissenschaft oder Wissenschaften," S. 277.

[24] Herbert Haffner, *Lenz, „Der Hofmeister", „Die Soldaten": mit Brechts „Hofmeister"-Bearbeitung und Materialien*, München 1979, S. 21.

[25] Klaus Bohnen, „Irrtum als dramatische Sprachfigur. Sozialzerfall und Erziehungsdebatte in J.M.R. Lenz' *Hofmeister*," *Orbis Litterarum* 42.3-4 (1987): 317-331, S. 318.

dient die Marionette so z. B. als Metapher für die Kritik, die Lenz an der „blutleere[n], fabelfixierte[n] Charaktere" der tradierten Tragödie übt.[26] [E]s ist die Rede von Charakteren, die sich ihre Begebenheiten erschaffen, die selbstständig und unveränderlich die ganze große Maschine selbst drehen, ohne die Gottheiten in den Wolken anders nötig zu haben, als wenn sie wollen zu Zuschauern; nicht von Bildern, von Marionettenpuppen – von Menschen. (343)

B. Die Marionette als Aushängeschild der „Hofmeister"-Forschung

Die Lenz-Forschung bedient sich oftmals dort der Marionette als Metapher, wie sie uns auch durch Büchners *Lenz* vertraut ist, wo es um die Hofmeister-Gestalt geht.[27] Für Walter Hinderer entspricht es zum Beispiel der kritischen Intention Lenz' am Beispiel Läuffers „ein Marionettendasein, das es nicht zu selbständiger Existenz bringt," entblößt zu haben. (72)[28] Läuffer spiele nicht nur die Rolle, die sein Vater und die Gesellschaft ihm zudiktierten, sondern er verschwinde in ihr als Individuum (72, 74). Auch Gert Mattenklott argumentiert in diesem Zusammenhang so, als ob man Individuum und Gesellschaft nicht nur unterscheiden könne, sondern auch trennen müsse, als ob man entweder dem einen oder dem anderen „Bereich" angehören müsse: „Läuffer läuft stets davon und stets unter Scharrfüßen. Er ist die Marionette des Majors [...] Die Bewegungen, die er zu vollführen hat, schreibt das Milieu vor"[29], denn, so Mattenklott an anderer Stelle, die „Abhängigkeit von den historisch-gesellschaftlichen Objektivitäten ist so total."[30] Für Inge Stephan und Hans-Gerd Winter ist die „Abhängigkeit des Hofmeisters von seinen Geld-

---

[26] Drux, S. 177.
[27] Im „Kunstgespräch" heißt es: „Über Tisch war Lenz wieder in guter Stimmung, man sprach von Literatur [...] die idealistische Periode fing damals an [...] Er [Lenz] sagte: [...] Die Leute können auch keinen Hundsstall zeichnen. Da wolle man idealistische Gestalten, aber Alles, was ich davon gesehen, sind Holzpuppen." Georg Büchner, *Sämtliche Werke und Briefe*. Bd. 1. Hrsg. Werner R. Lehmann, Hamburg o.J., S. 86/87.
[28] Vgl. auch S. 83 (Hinderer): „[...] wie sich menschliche Marionettenhaftigkeit in den klischeehaften Formulierungen spiegelt."
[29] Gert Mattenklott, *Melancholie in der Dramatik des Sturm und Drang*, Stuttgart 1968, Königstein/Ts. 1985, S. 126.
[30] Mattenklott, S. 123/124.

gebern [...] in der Tat total."[31] Sigrid Damm bestätigt das Bild Läuffers als Marionette, über die andere „unumschränkte Gewalt" haben[32], bezieht aber weitere Figuren (wie etwa den Stadtprediger Läuffer, den Major und Gustchen) mit ein, wenn sie schreibt, daß Lenz

> in seinem ersten Drama eine Kunstwirklichkeit [geschaffen habe], in der die Gestalten auf beklemmende Weise Ausgelieferte sind, herrschen wollen und doch beherrscht werden. [...] Jakob läßt seine Gestalten wie Marionetten agieren, die Spieler sind unsichtbar, Bewegung und Handlung aber sind unweigerlich von ihnen bestimmt.[33]

Schon Bertolt Brecht läßt sich in seiner *Hofmeister*-Adaption, die er 1949/50 für das Berliner Ensemble vorbereitete, von dieser Art Zweiteilung in selbständige und unselbständige Menschen leiten. In den „Anmerkungen" zum Prolog seines *Hofmeisters* wird dies besonders deutlich:

> Der Prolog vor dem Vorhang wurde zu den feinen Tönen einer Spieldose gesprochen. Da der Prologsprecher die ganze historische Spezies Hofmeister vertritt, wurde ihm etwas von der Mechanik von Glockenspielfiguren verliehen.[34]

Brechts Vergleich erinnert an Lenz' „Über Götz von Berlichingen," wo er den Menschen und jene „vorzüglich-künstliche kleine Maschine" nebeneinanderstellt (378). Brecht knüpft jedoch auch an die Marionetten-Metapher an, von der bei Lenz an anderen Stellen die Rede ist[35], um seine Absicht zu verdeutlichen, der Hofmeister-Figur möglichst wenig Lebendigkeit zu lassen und ein Höchstmaß an Mechanischem zu verleihen. In Brechts Kommentaren zum Prolog heißt es nämlich weiter:

> Obgleich auch etwas die Kinnlade schnappte und die Komplimente in zwei Rucken vollführt wurden, wie üblich bei einer mechanischen Figur, war das Ganze zunächst nicht besonders durchgeführt, verblieb bei der Andeutung und bewahrte die Lebendigkeit des Schauspielers. Jedoch arbeitete dieser für die späteren Aufführungen das Puppenhafte weiter aus. (1222)

---

[31] Inge Stephan und Hans-Gerd Winter, *„Ein vorübergehendes Meteor"?: J.M.R. Lenz und seine Rezeption in Deutschland*, Stuttgart 1984, S. 145.

[32] Haffner, S. 30.

[33] Damm, S. 92-94.

[34] Bertolt Brecht, *Gesammelte Werke*, Bd. 17, Schriften zum Theater Bd. 3. Hrsg. Elisabeth Hauptmann, Frankfurt 1967, S. 1222.

[35] Brecht „Anmerkungen," S. 343, S. 351.

C. Läuffer - ein „Sklave[] im betreßten Rock"?

Der „Hofmeister" bestätigt dieses zum Gemeinplatz gewordene Bild der, so Bohnen in seinem 1987 erschienenen Aufsatz, „bis zur Selbstaufgabe gehende[n] Unterwürfigkeit und Schwäche" Läuffers. (327)[36] Kommentare anderer Figuren, Selbstbestimmungen Läuffers, Sprache und Gestik bezeugen es zur Genüge. Der Hofmeister sieht sich etwa gezwungen, eine Stelle in einem Haushalt anzunehmen, in dem die Frau „alleweil herrschen" will. (I.4)[37] Der Geheime Rat formuliert im Gespräch mit dem Pastor die Lage Läuffers am pointiertesten:

> essen wenn er satt ist und fasten, wenn er hungrig ist, Punsch trinken, wenn er p-ss-n möchte, und Karten spielen, wenn er das Lauffen hat. Ohne Freyheit geht das Leben bergab rückwärts, Freyheit ist das Element des Menschen wie das Wasser des Fisches. (II.1)

Der Geheime Rat ist der Ansicht, daß Läuffer ein Sklave sei, „über den die Herrschaft unumschränkte Gewalt hat" (II.1). Läuffer selbst bezeichnet sich Wenzeslaus gegenüber als „Sklaven im betreßten Rock." (III.4) Wenzeslaus, der Läuffer Unterschlupf gewährt und ihn in Schutz nimmt, möchte Läuffer nach seinem Gutdünken umziehen: „Ich will Euch nach meiner Hand ziehen, daß Ihr Euch selber nicht mehr wieder kennen sollt." (III.4) Ähnlich behandelt er seine Schüler, wie aus seinem ersten Gespräch mit Läuffer, in dem er seine monistischen, an einen „Dressurakt" erinnernden Erziehungsgrundsätze darlegt, deutlich wird[38]: „Sehen Sie, da muß ich meinen Buben selber die Linien ziehen, denn nichts lernen die Bursche so schwer als das Gradeschreiben, das Gleichschreiben - Nicht zierlich geschrieben; nicht geschwind geschrieben; sag' ich immer, aber nur grad geschrieben [...]." (III.2)

Was aus dieser Sicht an Zweifel am Status Läuffers bleiben könnte, wird durch seine am französischen Hochadel orientierte Manieriertheit, seinen „klischeehaften Formulierungen"[39] und, so Helga Stipa Madland,

---

[36] Zitiert wird nach der von Michael Kohlenbach 1986 herausgegebenen synoptischen Ausgabe von Handschrift und Erstdruck des *Hofmeister*. Zitatnachweise mit Akt- und Szenenangabe im Text. Jakob Michael Reinhold Lenz, *Der Hofmeister*. Hrsg. Michael Kohlenbach, Frankfurt 1986.

[37] Vgl. auch der Geheime Rath in I.6: „Wenn doch der Major vernünftiger werden wollte, oder seine Frau weniger herrschsüchtig!"

[38] Bohnen, S. 322

[39] Hinderer, S. 83.

durch seine Gesten vollends aufgehoben. Die Bühnenanweisung etwa, die Läuffer an dem Geheimen Rat und dem Major „mit viel freundlichen Scharrfüßen" vorbei gehen läßt (II.11), verrate sein Sklavenverhältnis: „The deferential curtsies and bows executed by Läuffer the Hofmeister reveal him to be a slave [...] More effectively than the language of his monologue, his gestural behavior reveals the subordinate status denoted by the title 'Hofmeister'."[40] Auch die Gestik Läuffers scheint demnach das Bild des willenlosen, des machtlosen Menschen, mit anderen Worten, das der Marionette zu bestätigen. Ist dieses Bild von Läuffer als Marionette tatsächlich dem, was wir im „Hofmeister" beobachten können, angemessen?

III. Die Macht der Machtlosen
A. „Langsicht"-Defizit

Macht Lenz – im Unterschied zu Brechts „Hofmeister"-Bearbeitung, die darauf zielt, Läuffers Misere allein aus den gesellschaftlichen Bedingungen heraus zu erklären – nicht vielmehr deutlich, daß Läuffer mitverantwortlich ist für seine Lage? „Lenz takes care to demonstrate", schreibt schon Kitching in seiner 1976 veröffentlichten Dissertation, „that Läuffer's situation is, to a certain extent, of his own making."[41] Diese Mitverantwortung ließe sich in mehrfacher Hinsicht als „Langsicht"-Defizit, als Mangel an Selbstbeherrschung, an zukunftsorientiertem Verhalten formulieren.

Vor allem mit der Figur des Geheimen Rats findet der Gedanke Eingang in den „Hofmeister," daß Menschen vom Schlage eines Läuffer sich vor allem durch eine unzulänglich ausgebildete Fähigkeit „zur Unterordnung gegenwärtiger Bedürfnisse unter erwartete künftige Belohnungen" auszeichnen.[42] Der Geheime Rat wirft den Hofmeistern vor, dem für ihren

---

[40] Helga Stipa Madland, „Gesture as Evidence of Language Skepticism in Lenz's *Der Hofmeister* and *Die Soldaten*," *German Quarterly* 57.4 (1984): 546-557, S. 551.

[41] Laurence P.A. Kitching, *„Der Hofmeister": A Critical Analysis of Bertolt Brecht's Adaption of Lenz's Drama*, München 1976, S. 82. Vgl. auch Hinderer: „Durch die gegenseitige und vielfältige Korrektur der Wirklichkeitsperspektiven lenkt Lenz schärfer als seine Zeitgenossen zurück auf die gesellschaftlichen Bedingungen, ohne damit freilich die Eigenverantwortung des Menschen aufzuheben." S. 73.

[42] Norbert Elias, *Über die Zeit*, Frankfurt 1984, S. 126.

eigenen Erfolg und für den der öffentlichen Schulen nötigen Maß an Zurückhaltung nicht zu genügen: „Mögen die Elenden, die ihre Ideen nicht zu höherer Glückseligkeit zu erheben wissen, als zu essen und zu trinken, mögen die sich im Keficht zu Tode füttern lassen." (II.1) Es sind demnach die Hofmeister, die für den Geheimen Rat ins Zentrum der Verantwortung für die soziale Misere zu rücken haben:

> Würde der Edelmann nicht von Euch in der Grille gestärkt, einen kleinen Hof anzulegen, wo er als Monarch oben auf dem Thron sitzt, und ihm Hofmeister und Mamsell und ein ganzer Wisch von Tagdieben huldigen, so würd' er seine Jungen in die öffentliche Schule thun müssen; er würde das Geld, von dem er jetzt seinen Sohn zum hochadlichen Dummkopf aufzieht, zum Fond der Schule schlagen: davon könnten denn gescheidte Leute salarirt werden und alles würde seinen guten Gang gehn. (II.1)

Daß es Läuffer an Langsicht abgeht, wird auch dort deutlich, wo es ihm nicht gelingt, seinen Trieb- und Affekthaushalt dem gesellschaftlichen Standard anzupassen. Das führt nicht nur zum Verlust seiner unterbezahlten Stelle als Hofmeister, sondern zu der ungewollten Schwangerschaft Gustchens und lebensgefährdenden Situationen sowohl für Läuffer als auch für die Tochter des Majors. Seine Anwärterschaft auf das Amt Wenzeslaus' fällt ebenso einer Leidenschaft zum Opfer, denn er kann „so vielen Reitzungen" (V.10), die von Lise, einem Mädchen, das er in der Kinderlehre gesehen hatte, nicht widerstehen. In der Selbstkastration enthüllt sich auf besonders eklatante Weise Läuffers Hang, seinen Impulsen unmittelbar nachzugeben. Er kastriert sich aus „Verzweiflung" (V.3) nur um die Tat bald darauf zu bereuen. (V.3)[43]

Der Emanzipationsanspruch, den man mit dem Sturm und Drang verbindet und der auch mit der Läuffer-Gestalt signalisiert wird, äußert sich demnach auf eine Weise, die die Unterlegenheit des Bürgertums nicht etwa vermindert. Sie wird vielmehr weiter gefestigt, denn der einzelne Mensch erhält erst „durch die Aneignung sozial vorgegebener Muster der Selbstregelung die Möglichkeit [...], sich zu einer relativ autonomen Person [...] zu entwickeln."[44] Die dazu nötige Langsicht fehlt Läuffer. Sein Verhalten wirkt entsprechend affirmativ und ähnelt darin nicht nur dem

---

[43] Vgl. hierzu Hinderer: „Oberflächlich betrachtet sieht es nun so aus, als habe Läuffer mit der Selbstentmannung die wörtliche Empfehlung zur radikalen Askese (aus Matthäus 18) in die Tat umgesetzt, aber es ist zweifelsohne bloß eine Affekthandlung, die er sofort bereut." S. 86.

[44] Elias, *Über die Zeit*, S. XXVIII.

Wunschbild des Majors, der sich selbst in seinem Sohn reproduziert sehen möchte (I.2), sondern auch dem jenes Gemüsehändlers, von dem Havel schreibt:

> the greengrocer declares his loyalty (and he can do no other if his declaration is to be accepted) in the only way the regime is capable of hearing: that is, by accepting appearances as reality, by accepting the prescribed 'ritual', by accepting the given rules of the game. In doing so, however, he has himself become a player in the game, thus making it possible for the game to go on, for it to exist in the first place.[45]

B. Macht als Objekt

Nun gesellt sich damit die Verantwortung des Einzelnen – die im Falle des „Hofmeisters" apostrophiert worden ist als „Mangel an Vernunftwürde und formeller gesellschaftlicher Disziplin, den noch 1775 weite Teile des deutschen Bürgertums und seine jungen Dichter gegenseitig an sich feierten" – zu einem Ineinander der Verantwortung derer, die man gern mit dem Wort „Gesellschaft" bezeichnet.[46]

Wäre es angesichts des hier angedeuteten Verflechtungszusammenhanges von einer Art „Ich-Verantwortung" und „Wir-Verantwortung" nicht sinnvoll zu fragen, ob die Machtverhältnisse im „Hofmeister" nicht verfehlt, wer die Läuffer-Gestalt mit dem Begriff der Marionette etikettiert. Ist es nicht widersprüchlich, eine Person als machtlos zu bezeichnen, die einer anderen das vorenthalten könnte, was sie benötigt? „Nicht nur der Herr hat über den Sklaven Macht", so etwa könnte man den Sachverhalt mit Elias formulieren, „sondern auch – je nach seiner Funktion für ihn – der Sklave über den Herrn. Im Falle der Beziehung zwischen [...] Herrn und Sklaven sind die Machtgewichte sehr ungleich verteilt. Aber ob die Machtdifferentiale groß oder klein sind, Machtbalancen sind überall da

---

[45] Havel, „Power," S. 10.

[46] Rolf Christian Zimmermann, „Marginalien zur Hofmeister-Thematik und zur ‚Teutschen Misere' bei Lenz und bei Brecht." *Drama und Theater im 20. Jahrhundert. Festschrift für Walter Hinck.* Hrsg. Hans Dietrich Irmscher und Werner Keller, Göttingen 1983, S. 213-227, S. 220.

vorhanden, wo eine funktionale Interdependenz zwischen Menschen besteht."⁴⁷

Die Annahme, daß man entweder Macht „hat" oder nicht, das Pendeln zwischen diesem „Überbleibsel magisch-mythischer Vorstellungen", diesen imaginären Endpunkten eines Prozesses, verschleiert jedoch die Widersprüchlichkeit, die der Begriff der Marionette als Metapher für einen Menschen mit relativ geringen Machtchancen anzeigt.⁴⁸

Daß man dazu neigt, den Machtbegriff in solchen ausschließlichen, antithetischen und statischen Formulierungen zu fassen, als ob man diesen Denkwerkzeugen einen Ewigkeitswert beimessen müßte, macht allein ein Blick in *Grimms Wörterbuch* deutlich. „Macht" wird wie ein Gegenstand behandelt, wenn es heißt, daß man ihn „geben, empfangen, ergreifen", aber auch „verlieren" kann.⁴⁹ In der reifizierten Form, wie uns der Begriff „Macht" als Substantiv in vielen Sprachen begegnet, wird man freilich dazu verleitet, an ein ruhendes Objekt zu denken: „[Power] suggests an object which can be put in a pocket or which can be otherwise possessed, like the piece of soap in the bathroom of a sahib which his Indian servant believed to be the magical source of the White man's power."⁵⁰

C. Macht als „Struktureigentümlichkeit menschlicher Beziehungen"

Ein solcher Machtbegriff verstellt den Blick dafür, daß Läuffer, trotz der großen Machtdifferentiale, die ihn als Marionette des relativ fest etablierten Adels erscheinen lassen, Verfügungschancen über Machtquellen

---

⁴⁷ Norbert Elias, *Was ist Soziologie?* Weinheim 1986, S. 77. Vgl. auch Elias in seinem Aufsatz *Knowledge and Power*: „The whole sociological and political discussion on power is marred by the fact that the dialogue is not consistently focused on power balances and power rates, that is, on aspects of relationships, but rather on power as if it were a thing." Norbert Elias, „Knowledge and Power: An Interview by Peter Ludes," *Society and Knowledge*. Hrsg. Nico Stehr und Volker Meja, New Brunswick (1984): 251-291, S. 251. Wichtig in diesem Zusammenhang ist auch der Aufsatz von Richard M. Emerson, „Power-Dependence Relations," *Power in Societies,* Hrsg. Marvin E. Olsen, New York 1970, S. 44-53. Dort heißt es u. a.: „Hence, to say that 'X has power' is vacant, unless we specify 'over whom.' In making these necessary qualifications we force ourselves to face up to the obvious: power is a property of the social relation; it is not an attribute of the actor." S. 45.

⁴⁸ Elias, *Was ist Soziologie?* S. 77.

⁴⁹ Jacob Grimm und Wilhelm Grimm, *Deutsches Wörterbuch* Bd. 6. Leipzig 1885, S. 1400.

⁵⁰ Elias, *Knowledge and Power*, S. 251.

hat. Versteht man „unter Macht unzweideutig die Struktureigentümlichkeit einer Beziehung", wird es im Falle Läuffers leichter, zu erkennen, daß er über Machtchancen vor allem in den zwei interdependenten Bereichen „wissensmäßiger" und „affektiver" Macht verfügt.[51]

Läuffer selbst schätzt seine Kenntnisse relativ hoch ein:[52]
Zum Pfaffen bin ich auch zu jung, zu gut gewachsen, habe zu viel Welt gesehn und bey der Stadtschule hat mich der geheime Rath nicht annehmen wollen. Mag's! er ist ein Pedant und dem ist freylich der Teufel selber nicht gelehrt genug. Im halben Jahr hätt' ich doch wieder eingeholt, was ich von der Schule mitgebracht, und dann wär' ich für einen Klassenpräceptor noch immer viel zu gelehrt gewesen (I.1).

Auch wenn Läuffers Selbstvertrauen hier überschüssig ist, wie der Geheime Rat nahelegt (I.1 und II.1 „Schurken, die den Namen vom Gelehrten nur auf den Zettel tragen und im Kopf ist leer Papier...") und die Hofmeister überfordert sind,[53] hat sein Wissen eine Funktion für andere. Daß Läuffers Einfluß als Lehrer der beiden Kinder des Majors und der Majorin etwa im Zeichnen („das einzige, was [Gustchen] mit Lust" tut. II.2) oder bei der Aneignung gesellschaftlicher Umgangsformen und dergleichen relativ gering gewesen sein mag, soll hier nicht bestritten werden. Es geht lediglich darum, deutlich werden zu lassen, daß der gängige Vergleich Läuffers mit einer Marionette in die Irre führt. Von völliger Machtlosigkeit kann nicht die Rede sein. Der Text setzt im Gegenteil voraus, daß der Lehrerstand – und damit auch Läuffer – trotz aller Kritik an den Hofmeistern, eine Funktion hat. Die Streitfrage im „Hofmeister" ist nicht *ob*, sondern *wie* man den „jungen Herrn [...] Verstand und gute Sitten beybringen" solle. (II.1)

---

[51] Elias, *Was ist Soziologie*, 97. Zur Typologie der Machtquellen, an der ich mich hier orientiert habe, vgl. Volker Krumrey, „Strukturwandlungen und Funktionen von Verhaltensstandards--analysiert mit Hilfe eines Interdependenzmodells zentraler sozialer Beziehungstypen," *Materialien zu Norbert Elias' Zivilisationstheorie*, Hrsg. Peter Gleichmann et. al. Frankfurt 1982, S. 194-214.

[52] Vgl. hierzu Madland: „Läuffer's criticism of the Geheimrat suggest that he believes himself to be intellectually competent and thinks that the Geheimrat has severely misjudged him. He also expresses self-assurance earlier in the monologue when he observes that within half a year he could review needed skills, whereupon he would still be too learned for a ‚Klassenpräzeptor'," S. 550.

[53] Zum Hofmeisterstand vgl. Ludwig Fertig, *Die Hofmeister: ein Beitrag zur Geschichte des Lehrerstandes und der bürgerlichen Intelligenz*, Stuttgart 1979.

Das hohe Machtdifferential, das im Bereich des Wissens zugunsten der „Unterprivilegierten" besteht, wird besonders mit der Figur Wenzeslaus' deutlich. Auf die Frage Läuffers, wie man damit fertig wird, wenn man als Hofmeister „den Grillen eines wunderlichen Kopfs" Rechenschaft ablegen muß (III.4), antwortet Wenzeslaus, indem er sich auf seinen Verstand beruft und damit auch nahelegt, daß er als Lehrer einen gewissen Zwang auszuüben vermag: „Ja nun – dann müst' er aber auch an Verstand so weit über mich erhaben seyn, wie ich über meine Schulknaben, und das trift man selten, glaub ich wol; besonders bey unsern Edelleuten." (III.4)

Offenkundiger werden die Zwänge, die Läuffer ausübt, im affektiven Bereich. Als Hofmeister trägt Läuffer dazu bei, „die affektiven Bedürfnisse der Höheren nach Heraushebung" zu befriedigen.[54] Die Majorin glaubt sich so zum Beispiel dem Grafen Wermuth gegenüber profilieren zu können, indem sie Läuffers Position als „Außenseiter" besonders betont: Als Graf Wermuth die Majorin mit seinen Kenntnissen in Sachen Tanzmeister mehr durch Redegewandtheit als durch Sachkenntnis zu beeindrucken sucht, wird er durch Läuffer bloßgestellt:

Graf. [...] Wie ich Ihnen sage, gnädige Frau, in Petersburg hab' ich einen Beluzzi gesehn, der ihm [Pintinello] vorzuziehen war: aber dieser hat eine Leichtigkeit in seinen Füssen, so etwas freyes, göttlich-nachläßiges in seiner Stellung, in seinen Armen, in seinen Wendungen – –
Läuffer. Auf dem Kochischen Theater ward er ausgepfiffen, als er sich das letztemal sehen ließ. (I.3)

Der Text liefert keine Indizien, aus denen abzulesen wäre, daß durch Läuffers Bemerkungen das Image des Grafen in den Augen der Majorin in Mitleidenschaft geraten könnte. Der Graf geht auch nicht auf die Bemerkung Läuffers ein. Völlig ignoriert wird sie allerdings nicht. Vielmehr veranlaßt diese (für den Leser zu Bedenken gebende) Replik die Majorin, Läuffer nicht etwa mit einer wissensmäßigen, sondern mit einer positionalen Machtquelle zu begegnen. Sie schickt ihn auf sein Zimmer, als gelte es, eine durch Mangel an Kenntnis erlittene Machteinbuße auszugleichen. „Merk Er sich, mein Freund! daß Domestiken in Gesellschaften von Standespersonen nicht mitreden. Geh Er auf Sein Zimmer" (I.3)

Den funktionalen Wert, der dem Hofmeister Läuffer im Hause des Majors und der Majorin beigemessen wird kann man unter anderem auch daran ablesen, wie sehr sich der Major und die Majorin zu finanziellen

---

[54] Krumrey, S. 197.

Verpflichtungen hinreissen lassen, denen sie in dem gewünschten Maße nicht gewachsen sind.[55]

Dieses Verlangen nach Bestätigung der Rolle als Etablierte geht Hand in Hand mit der Sorge um den guten Ruf. Ihm kann der Hofmeister schaden. Die Majorin sieht sich deshalb gezwungen Läuffer ausdrücklich dazu anzuhalten, „[ihrem] Hause keine Schande zu machen." (I.3) Der Major droht Läuffer sogar damit, ihm „die erste beste Kugel durch den Kopf" zu schießen (I.4), falls er seiner Tochter zu nahe treten und so seinen Wunschtraum, sie möge „die erste Parthie im Königreich werden", gefährden sollte (V.12).

Das affektive Engagement des Majors und der Zwang, den Läuffer auf ihn deshalb ausüben kann, läßt sich mit besonderer Deutlichkeit an einer Bemerkung des Geheimen Rats ablesen: Nachdem der Major erfahren hat, daß Gustchen ein Kind von Läuffer erwartet, macht er ihn ausfindig und schießt ihn in seinem Zorn an. Der Geheime Rat greift schlichtend ein und erklärt Läuffer das Verhalten des Majors, indem er zu verstehen gibt, welchen Zwängen der Hofmeister den Major ausgesetzt hat. „Ich darf ihn nicht aus den Augen lassen. (wirft Läuffern einen Beutel zu) Lassen Sie Sich davon kuriren, und bedenken Sie, daß Sie meinen Bruder weit gefährlicher verwundet haben, als er Sie." (IV.3)

Daß es den Sachverhalt verfehlt, im Rahmen der intimen Beziehung zwischen Gustchen und Läuffer von Machtlosigkeit auszugehen, scheint offensichtlich. Es wäre aber ebensosehr verfehlt, von Macht im Sinne einer männlichen Potenz nach der jüngst in der Forschung beanstandeten Formel „Vaterschaft gleich Männlichkeit gleich Macht" zu sprechen.[56] In der Sexualität zeigt sich vielmehr „die fundamentale Ausgerichtetheit eines Menschen auf andere" auch im „Hofmeister" am deutlichsten.[57] Erstens dient die intime Beziehung zwischen Läuffer und Gustchen der Erfüllung der Gefühlsbedürfnisse beider. Zweitens bringt die Schwangerschaft eine Reihe gravierender Zwänge mit sich, sowohl für Gustchen als auch für Läuffer. Den Verflechtungszusammenhang positionaler, physischer, ökonomischer, affektiver und wissensmäßiger Machtquellen verdeckt der

---

[55] Läuffer hat sich, so Zimmermann, „auf eine Familie eingelassen, die sich einen Hofmeister höfischer Norm gar nicht leisten kann (Majorin) oder will (Major)." S. 216.

[56] Barbara Becker-Cantarino, „Jakob Michael Reinhold Lenz: *Der Hofmeister*," *Interpretationen: Dramen des Sturm und Drang*, Stuttgart 1987, S. 33-53, S. 55.

[57] Elias, *Was ist Soziologie?* S. 149.

Besitzanspruch auf Macht auch im sexuellen Bereich[58], wie er uns heute z. T. noch in solchen zwischengeschlechtlichen „Ganzheitsobsessionen" begegnet, die sich mit dem Gedanken männlicher Potenz verbinden. Läuffer glaubt sich seiner „Macht," als handle es sich um ein Objekt, durch Kastration entledigen zu können. Auf diese Weise meint er denn möglicherweise auch, den Wunschvorstellungen, die dem gesellschaftlichen Standard der Zeit weitgehend entsprachen, gerecht zu werden – nämlich sich selbst als „ohn-mächtig" und die Etablierten als „all-mächtig" zu begreifen.

Die nach unkonventionellen Lösungen drängenden Nöte des Hofmeisters lösen sich folglich schwankhaft auf. Ein tragisch-komisches Ende wird heraufbeschworen: Die Kritik des Stückes gilt den Machtdifferentialen, die verringert werden sollen. Der hohe Phantasiegehalt des Wirklichkeitsdesigns und dementsprechende soziale Struktureigentümlichkeiten der Zeit sowie des Selbstverständnisses Läuffers blockieren jedoch den Weg zu einer Nivellierung der Machtverhältnisse. Freilich ist es auch emotional befriedigender, sich Macht als Objekt vorzustellen, das der eine „hat" und der andere nicht.

D. Eine Welt ohne Marionetten: das Wirklichkeitsdesign der Gegenwart

Es ist schwer, diesem „Teufelskreis" effektiv entgegenzuwirken – auch heute noch.[59] Wir stellen uns selbst Hindernisse in den Weg, wenn wir etwa Menschen mit Marionetten gleichsetzen. Eine solche Etikettierung, wie sie zum Aushängeschild der Lenz-Forschung für die Läuffer-Gestalt geworden ist, mag vielleicht dem Selbstverständnis Lenz' entsprechen. Aber selbst da möchte das Bild einer Kluft zwischen Individuum und Gesellschaft, wie es der Marionette als Metapher im alltäglichen Sprachgebrauch zugrunde liegt, nicht so recht passen, wenigstens nicht in dieser Ausschließlichkeit. Lenz verrät in seinen theoretischen Schriften ein größeres Maß an Distanz. Er deutet Ansätze zu einer relationalen Denkweise an, wenn er etwa in seinem „Versuch über das erste Principium der Moral" schreibt:

---

[58] Vgl. Krumrey, S. 199.

[59] „Unfähigkeit zur Kontrolle geht gewöhnlich Hand in Hand mit hoher Emotionalität des Denkens und Handelns; dadurch bleibt die Chance zur Gefahrenkontrolle auf einem niedrigen Niveau, wodurch wiederum die Emotionalität der Reaktion auf einem hohen Niveau gehalten wird, und so weiter." Elias, *Engagement und Distanzierung*, S. 83.

Die meisten, die größesten und fürtrefflichsten unserer Fähigkeiten liegen tot, sobald wir aus aller menschlichen Gesellschaft fortgerissen uns *völlig allein* befinden. Daher schaudert unserer Natur für nichs [!] so sehr, als einer gänzlichen Einsamkeit, weil alsdenn unser Gefühl unserer Fähigkeiten das kleinstmöglichste wird." (490)
Die kritische Kompetenz des Livländers, aber auch das, aus heutiger Perspektive hoch anmutende Maß an Befangenheit in Vorstellungen, die ihn zu einem Pendeln zwischen Identität und Identitätsverlust, Individuum und Gesellschaft, Subjekt und Objekt zwingen, wird am Briefwechsel Jakob Michael Reinhold Lenz' deutlich. In seinen Briefen zeigt sich eine Sensibilität für die Wechselwirkung von Beobachter und Beobachtetem. Folglich kommt nicht eine „Wahrheit", sondern es kommen viele „Wahrheiten" zu Worte. „For to write a letter is not merely to report on life, but to be engaged in living it as well, and Lenz tells it differently because he feels and sees it differently on each occasion."[60] Anders formuliert, er zeigt ein Bewußtsein dafür, daß er sich in einem „Interdependenzgeflecht" mit entsprechend variierenden Machtbalancen befindet. Lenz vermag darin jedoch, so artikuliert Allen Blunden den Sachverhalt, allein Anpassung im Sinne der „Gefahr einer totalen Selbstentäußerung" zu erblicken.[61]

Versteckt zeigt sich hier die Verstrickung Lenz' in Bemühungen, die er noch nicht in den Vorteil verwandeln konnte, der in unserer Gegenwart mit solchen Begriffen wie etwa „Figuration" (Elias)[62] im Bereich der Humanwissenschaften überhaupt und dem Begriff „Postmoderne" vor allem im Bereich der Literatur- und Kulturwissenschaften münzbar geworden ist. Hinter diesen Begriffen steckt der Gedanke eines ständig fluktuierenden Verflechtungszusammenhanges „aufeinander ausgerichteter, voneinander abhängiger Menschen."[63] Er dient als Korrektiv für unsere, auch in der Lenz-Forschung offensichtliche Neigung, Prozesse auf Zustände, auf statische Ganzheitsvorstellungen zu reduzieren.

Orientiert man sich an Botho Strauss' Bestandsaufnahme in der *Zeit* vom 19. April 1991, dann müßte man annehmen, daß das Denken in vor-

---

[60] Allen Blunden, „A Case of Elusive Identity: the Correspondence of J.M.R. Lenz," *Deutsche Vierteljahrsschrift* 50 (1976): 103-126, S. 108.

[61] Blunden, „Case," S. 103.

[62] Vgl. Bernhard Schäfers, Hrsg., *Grundbegriffe der Soziologie*, Opladen 1986, S. 89-91.

[63] Norbert Elias, *Über den Prozeß der Zivilisation: soziogenetische und psychogenetische Untersuchungen*, Frankfurt 1976, 2 Bde., Bd.1, S. LXVII.

gestellten Endpunkten, in imaginären Oppositionen jedoch keiner Korrektur mehr bedarf - als ob es einer Vergangenheit angehöre, von der wir uns bereits verabschiedet hätten: „Der (einst) moderne Mensch zwischen Privatheit und Öffentlichkeit, zwischen technischer Rationalität und dem 'Irrationalen' - dergleichen Gegensätze haben sich mittlerweile in ein höheres Problematisches aufgelöst."[64] Der Legitimierungsprozeß dieses Wirklichkeitsdesigns der Postmoderne steht freilich nicht mehr im Mittelpunkt der Diskussion. Wir wissen seit geraumer Zeit, daß der „alte" Subjektbegriff passé ist, weil er, wie Wolfgang Welsch in seinem Buch *Unsere postmoderne Moderne* (1988) schreibt, „weit eher eine Ideologie darstellt, als daß er durch die Praxis der Subjekte - noch der freiesten und profiliertesten - gedeckt wäre. Denn ein absoluter Souverän, ein Herrscher und Meister - so die Quintessenz dieses angeblich moderne-notorischen Subjektbegriffs - ist das Subjekt postmodern in der Tat nicht mehr."[65] Von einer Auflösung jener Struktureigentümlichkeiten der Moderne zu sprechen, ist allerdings gewagt, nicht zuletzt in Anbetracht des hier zur Diskussion stehenden Begriffs der Marionette.

Es muß erst gezielt erörtert werden, daß für die im Kontext der Postmoderne marginalisierte Vorstellung von dem Menschen *als* Marionette in einer pluralistischen Gedankenwelt ebensowenig Platz sein dürfte, wie für das prominente, scheinbar total autonome Subjekt, das „aus einem intangiblen intelligiblen Punkt die Erscheinungen" regiert.[66] Daß der Gedanke an die „Macht der Machtlosen" bereits einen Zugang in das Wirklichkeitsdesign der Gegenwart gefunden hat, dafür hat Václav Havel mit seinem oben erwähnten Essay Sorge getragen. Denn, dies soll nochmals betont werden, je mehr man jenem alten Subjektbegriff verpflichtet bleibt, desto mehr bewegt man sich in Richtung jener repressiven „posttotalitären" Gesellschaft, von der Havel handelt. Aus ihr gibt es für jenen Gemüsehändler und andere Gleichgesinnte keinen sinnstiftenden Ausweg, solange sie sich als machtlos, als Marionetten verstehen, als ob sie immer noch eine Art von Glauben an „ein eisernes Schicksal," den schon Lenz beanstandete, in sich trügen. („Anmerkungen übers Theater" 341)

Metaphorically speaking, without the greengrocer's slogan the office worker's slogan could not exist, and vice versa. Each proposes to the other that something be repeated and each accepts the other's proposal. Their mutual indifference to each other's slogans is only

---

[64] Botho Strauss, *Die Zeit* Nr. 16, 19. April, 1991, Feuilleton, S. 14.
[65] Welsch, S. 316.
[66] Welsch, S. 316.

an illusion: in reality, by exhibiting their slogans, each compels the other to accept the rules of the game and to confirm thereby the power that requires the slogans in the first place. Quite simply, each helps the other to be obedient. Both are objects in a system of control, but at the same time they are its subjects as well. They are both victims of the system and its instruments.[67]

Es ist, mit anderen Worten, an der Zeit, nicht mehr von Marionetten *als* Menschen, sondern von Marionetten *und* Menschen zu sprechen. Diese, zum 200. Todestag des Livländers Lenz geschriebenen Bemerkungen wollen als Beitrag zur Aufarbeitung dieser Perspektive verstanden werden.

---

[67] Havel, „Power," S. 14.

Das „offene" Kunstwerk als Signum der Moderne

Hans H. Hiebel (Graz)

Vielleicht ist es kein Zufall, daß Umberto Eco[1] und Volker Klotz[2] den Begriff der „Offenheit" für zwei anscheinend unterschiedliche Phänomene bzw. Epochen gebrauchen. Vielleicht ist die „Offenheit" des „offenen Dramas" – als ein symbolisches Über-Sich-Hinausweisen der Momente des Dramas – letztlich doch verwandt mit der „Offenheit" jener vieldeutigen Werke der klassischen Moderne, von welchen Eco spricht. Die ‚antike' Moderne wäre demnach der Ursprung ‚klassischen' Moderne.

Wenn wir Volker Klotz' Bestimmungen historisch wenden, so können wir einen Übergang von einem tektonisch gebauten Ideendrama – bei Racine, Gottsched, Lessing – zu einem symbolisch-charakteristischen, die Dinge nur andeutenden Figurendrama – bei Lenz – rekonstruieren. Die Explikation weicht der Implikation, das erschöpfende Aussagen der Sachgehalte dem symptomatischen Andeuten der Phänomene. Der „Ausschnitt als Ganzes" weicht dem „Ganzen in Ausschnitten"[3], eine durch Kontinuierlichkeit und logische Geschlossenheit ausgezeichnete Einheit weicht einer kaleidoskopischen Vielheit. Sowohl das einzelne Detail als auch die Summe der Bruchstücke weisen auf etwas, das außerhalb des direkt Ausgesprochenen liegt. *Die Ordnung der Buchstäblichkeit wird durch eine Ordnung des Verweisens ersetzt.*

Wenn Gottscheds Arsene im „Sterbenden Cato" sagt: „Mein Herz, wie mich bedünkt, zerteilet sich für euch. / Es rührt mich Caesars Ruhm und Catons Heil zugleich"[4] – und damit in vollständiger Buchstäblichkeit alles ohne Rest expliziert, was zu sagen ist, dann ist dies das Merkmal eines gänzlich anderen „Diskurses," als wenn Marie Wesener in Lenz' „Soldaten" mit stummer Gebärde einen Vorhang zuzieht. Diese symptomatische Geste weist in höchst indirekter Weise auf Maries Angst und zugleich Resignation bezüglich eines heraufziehenden – nicht nur in seiner Wört-

---

[1] Umberto Eco, *Das offene Kunstwerk*, Frankfurt a. M. 1977; Umberto Eco, *Lector in fabula. Die Mitarbeit der Interpretation in erzählenden Texten*, München 1987.

[2] Volker Klotz, *Geschlossene und offene Form im Drama*, München 1972 (1. Aufl. 1969).

[3] Vgl. diese Formel bei Volker Klotz, *Form*, S. 215.

[4] Zit. bei Gottfried Zeißig, *Die Ueberwindung der Rede im Drama*, Leipzig 1930, S. 10.

lichkeit zu verstehenden – „Gewitters". Marie hat ihren Verlobten, Stolzius, an den Offizier Desportes verraten:

> Das Herz ist mir so schwer. Ich glaube, es wird gewittern die Nacht. Wenn es einschlüge – (Sieht in die Höhe, die Hände über ihre offene Brust schlagend.) Gott! was hab' ich denn Böses getan? – Stolzius – ich lieb' dich ja noch – aber wenn ich nun mein Glück besser machen kann – und Papa selber mir den Rat gibt – (Zieht die Gardine vor.) Trifft mich's, so trifft mich's, ich sterb' nicht anders als gerne. (Löscht ihr Licht aus.)[5]

Die Ordnung der Buchstäblichkeit ist hier durch die Ordnung der Uneigentlichkeit ersetzt – nicht in der Weise, daß Maries Worte und Gebärden oder die Naturerscheinungen hier wörtlich oder allegorisch gemeint wären, sondern so, daß über der Ebene der Buchstäblichkeit noch eine Schicht von Konnotationen liegt: Das Gewitter deutet indirekt und quasi *en passant* auf eine sich zusammenbrauende Katastrophe im Verhältnis von Marie, Stolzius (ihrem ‚Verlobten') und Desportes (dem Verführer). Und auch die Nacht, die Marie aussperrt und verhängt, ist nicht nur in ihrer Buchstäblichkeit zu nehmen. Das Bild deutet auf das dunkel geahnte Unbewußte: auf das verdrängte Wissen darum, daß aus dem Verrat des eigenen Standes und der verhängnisträchtigen (Mes-)Alliance mit Desportes nichts Gutes kommen kann.

Sind die Worte hier noch fest an ihre Bedeutungen gekoppelt? Die Signifikanten an ihre Signifikate gebunden? Lassen sich die allegorisch angedeuteten Phänomene noch so deutlich fassen wie die Embleme des Barock? Fast könnte man behaupten, das Prinzip der „Repräsentation" sei dem der „Signifikation" gewichen, wenn man Michel Foucaults Begriffe aus der „Ordnung der Dinge" etwas frei gebrauchte.

Nach Foucault verdrängt die Epoche der „Repräsentation", die das sprachliche Zeichen binär definiert als die „Verbindung eines Bezeichnenden und eines Bezeichneten", das Zeitalter der „Signaturen", d.h. der magischen Analogien, Echos und Spiegelungen.[6] Die Epoche der „Signifikation" wiederum zerstört das stählerne Band zwischen Signifikat und Signifikant und geht von der Relativität der Zeichen aus, die nur als Elemente eines differentiellen Systems aufgefaßt werden. Die Bedeutung

---

[5] Jakob Michael Reinhold Lenz, „Die Soldaten," *Sturm und Drang. Werke in drei Bänden Bd. 3*, Hrsg. René Strasser, Frankfurt a. M. o. J., S. 373-374.

[6] Michel Foucault, *Die Ordnung der Dinge*, Frankfurt a. M. 1974, S. 46-78, Zit. S. 74.

eines Elements ergibt sich aus der Stellung im System der oppositionellen Beziehungen und der determinierenden Kraft des jeweiligen Kontextes.

Schon für Lenz also scheint zu gelten, daß die exakte Repräsentation der bezeichneten Referenten einem Spiel mit den Bedeutungsträgern oder Signifikanten weicht. Eine eindeutige Zuordnung von Signifikant und Signifikat ist nicht länger Intention des Diskurses.

Das ist freilich eine übertreibende Pointierung, aber sie macht deutlich, daß das „offene Drama" vielleicht doch einen ersten zaghaften Schritt in die Richtung der offenen Formen der Vieldeutigkeit und Unbestimmtheit der Moderne bedeutet, wie wir sie bei Joyce und Kafka und einem Teil der modernen Lyrik seit Mallarmé finden.

Der wesentliche Unterschied liegt wohl darin, daß das achtzehnte Jahrhundert letztlich doch noch an der „Repräsentation" festhält. In gewissem Sinn wird sogar mimetische Repräsentation der Wirklichkeit erst freigesetzt. (Diese Feststellung bedeutet einen Widerspruch, ist eine Antithese zum bisher Gesagten.) Die Mimesis von „Charakteren," von gesprochener Sprache ersetzt nämlich ein Ideendrama, in welchem alle Personen die gleiche elaborierte, argumentative Sprache sprechen. Das „auktoriale" Drama, in dem der Autor sein argumentatives Gedankengebäude in die Allegorie einer Handlung kleidet, weicht einem „personalen" Drama, das mimetisch bzw. phänomenalistisch den Akzent auf die dargestellten Personen, Reden und Orte legt.[7]

Das „auktoriale" Drama gehorcht dem Prinzip der „Repräsentation" insofern, als eine für alle verbindliche Konvention die Sprache reguliert, den Signifikanten (seien es auch emblematische, symbolische, allegorische) feste Signifikate zuordnet. Diese fest verankerte enzyklopädische Ordnung bedingt, daß alle Figuren des Dramas die gleiche Sprache sprechen. Die ganze Welt ist kartographiert, jedes Ding hat seinen Namen, jeder Sprecher kann – ohne Rest – alles erschöpfend und klar zur Sprache bringen. Sogar die Personen selbst sind nichts als Signifikanten, Zeichen für ganz bestimmte Phänomene: Caesar ist das Zeichen des anti-republikanischen Tyrannen, Cato das Symbol des republikanischen Märtyrers.

---

[7] Vgl. zu diesem Übergang Gottfried Zeißig, *Die Ueberwindung der Rede im Drama*, bzw. Verf., „Auktoriales und personales Drama," Hans H. Hiebel Hrsg., Gottfried Zeißig. *Die Ueberwindung der Rede im Drama*. Mit einer wissenschaftsgeschichtlichen Studie des Herausgebers: Auktoriales und personales Drama, Bielefeld 1990, S. 1-115 bzw. Verf., S. 116-197.

Der Held der heroischen Tragödie bis Gottsched ist in seiner Exempelhaftigkeit zu verstehen, er tritt als Repräsentant einer Eigenschaft auf.[8] Eine Marie Wesener dagegen wird erst zu dem, was sie ist. Sie ist, wie schon Sara Sampson, anonym: „Mit ihr [Sara Sampson] verbindet sich keine vorgegebene Bedeutung. Sie ist zunächst ein ‚bloßes' Individuum [...]".[9] Ein Cato dagegen hat Zeichenwert: „Cato [...] ‚bedeutet' die Problematik der Standhaftigkeit und des Freitods [...]. Miss Sara Sampson hingegen ‚bedeutet' zunächst einmal überhaupt nichts, muß erst in mühseliger Expositionsarbeit im Drama selbst ‚bedeutend' gemacht werden."[10]

Der hier von Karl Eibl bezeichnete Verlust der Repräsentation bedeutet nun nicht, daß Mimesis als Wirklichkeitsdarstellung einem Spiel der „Signifikation" zum Opfer fallen würde. Im Gegenteil, Mimesis wird erst freigesetzt, da den Phänomenen zu ihrem Recht verholfen wird, indem das Netz der konventionalisierten Wörter und Symbole zerrissen wird. Eine dogmatische Wirkungs- und Lehrpoetik, die von einer fertig-abgeschlossenen Welt ausgeht, wird abgelöst durch eine Ausdruckspoetik bzw. eine Poetik der naturalistischen Mimesis von Charakteren, Reden und Orten: Neuheit, Originalität, Individualität und Authentizität sind ihre Charakteristika. Daher sprechen Herder, Goethe, Lenz, Gerstenberg davon, daß die *Zwecke* eines Werkes irrelevant seien, wenn nur die Darstellung „wahr" oder „wahrhaftig" ist.[11] Das autor-zentrierte Drama wird abgelöst durch ein figuren-zentriertes bzw. objekt-zentriertes Drama. Damit konstituiert sich aber etwas Antithetisches:

1) „Repräsentation" bleibt aufrechterhalten im Sinne eines Präsentmachens, im Sinne der wahrhaftigen Mimesis des Wirklichen.

2) „Repräsentation" wird aber zugleich auch schon aufgehoben, indem die konventionalisierten Zeichen aufgelöst werden, Welt originell gesehen wird, neue Perspektiven produziert werden mit Hilfe neuartiger Sprachspiele, deren Voraussetzung die Zerstörung des Bandes der Konvention (zwischen Signifikant und Signifikat) ist.

---

[8] Vgl. Kurt Wölfel, *Aufklärung und Tragödie. Lehrbrief der Fernuniversität Hagen*, Hagen 1986, S. 209.

[9] Wölfel, *Aufklärung und Tragödie*, S. 209.

[10] Karl Eibl, „Bürgerliches Trauerspiel," Hans-Friedrich Wessels Hrsg., *Aufklärung. Ein literaturwissenschaftliches Studienbuch*, Königstein/Ts. 1984, S. 86.

[11] Vgl. Siegfried Melchinger, *Die Dramaturgie des Sturms und Drangs*, Gotha 1929, S. 29-36, S. 76 u. passim.

3) Der neue Realismus oder *Phänomenalismus* ist auf Grund seiner Poetik des „Charakteristischen"¹² zugleich ein *Symbolismus*. Lenz' „Soldaten" weisen an jeder Stelle über sich hinaus, auf einen bestimmten Charakter, auf das Eigentümliche eines Standes, auf die Totalität der Ständegesellschaft.

Diese Innovation läßt sich beziehen auf Goethes Unterscheidung von Allegorie und Symbol: „Die Allegorie verwandelt die Erscheinung in einen Begriff, den Begriff in ein Bild, doch so, daß der Begriff im Bilde immer noch begrenzt und vollständig zu halten und zu haben und an demselben auszusprechen sei. – Die Symbolik verwandelt die Erscheinung in Idee, die Idee in ein Bild, und so, daß die Idee im Bild immer unendlich wirksam und unerreichbar bleibt und, selbst in allen Sprachen ausgesprochen, doch unaussprechlich bliebe."¹³

Reden, Pantomimen, Gegenstände bedeuten im „offenen Drama" stets mehr als das, was sie unmittelbar sagen. Aber nicht im Sinne einer emblematischen oder allegorischen Enzyklopädie, sondern so, daß der Rezipient sich das in neu-unvorgedachter – und in offen-unbestimmter – Weise Angedeutete erst erschließen muß. Und zudem garantiert das Symptomatisch-Charakteristische dieser Art von „Symbolik"¹⁴, daß das Spiel der Andeutungen und Konnotationen nicht auf Kosten der naturalistischen Darstellung geht, die auf der Ebene der Buchstäblichkeit bzw. Denotation angesiedelt ist.

Anklänge an Goethes Symbolbegriff finden sich in Volker Klotz' Studie *Geschlossene und offene Form im Drama* bzw. in Heinrich Wölfflins *Kunstgeschichtlichen Grundbegriffen*, auf die sich Klotz bezieht.¹⁵ Klotz zitiert Wölfflins grundlegende Definition: Die geschlossene Form ist „eine Darstellung, die mit mehr oder weniger tektonischen Mitteln das Bild zu einer in sich selbst begrenzten Erscheinung macht, die überall auf sich

---

¹² Vgl. Melchinger, *Dramaturgie des Sturms und Drangs*, S. 75 f.

¹³ Johann Wolfgang von Goethe, „Maximen und Reflexionen Nr. 1112 f." Zit. bei Heinz Schlaffer, *Faust Zweiter Teil. Die Allegorie des 19. Jahrhunderts*, Stuttgart 1981, S. 194.

¹⁴ Vgl. diesen generalisierten Begriff von Symbol oder Symbolik bei Paul Ricoeur, *Die Interpretation. Ein Versuch über Freud*, Frankfurt a. M. 1974, S. 24; „Etwas anderes sagen wollen, als man sagt, das ist die symbolische Funktion." Ich versuche hier, unter Zuhilfenahme von Ricoeurs Bestimmung den Goetheschen Symbolbegriff mit dem Ecoschen in Beziehung zu setzen.

¹⁵ Heinrich Wölfflin, *Kunstgeschichtliche Grundbegriffe. Das Problem der Stilentwicklung in der neueren Kunst*, München 1915; die folgenden Zitate entstammen, wenn nicht anders angegeben, der 5. Aufl., München 1921.

selbst zurückdeutet, wie umgekehrt der Stil der offenen Form überall über sich selbst hinausweist, unbegrenzt wirken will."¹⁶ Die Parallele in der Begriffsbestimmung des Symbolischen in Kunst- und Literaturgeschichte legt nahe, daß es Parallelen in der historischen Entwicklung der Wortkunst und der Bildenden Kunst geben muß.

Klotz greift in seiner Studie nur eine der fünf Oppositionen Wölfflins auf, wenngleich die vielleicht wesentlichste; indessen ließe sich die Gesamtheit der Antithesen: „Lineares/Malerisches, Fläche/Tiefe, geschlossene/offene Form, Vielheit/Einheit und Klarheit/Unklarheit" auf die Entwicklung der literarischen Gattungen, insbesondere der dramatischen, applizieren.¹⁷ Das kann hier allerdings nur angedeutet werden.

Wenn man nach dem Prinzip des Paradigmawechsels fragt, den Wölfflin formanalytisch beschreibt, bzw. nach einer gemeinsamen Wurzel des

---

[16] Heinrich Wölfflin, *Kunstgeschichtliche Grundbegriffe*, München 1921, S. 133; zit. bei Klotz, *Form*, S.14.

[17] Hier sei nur Folgendes gesagt: *Lineares/Malerisches*: dem entspricht *hier* das Lehrhafte, Argumentative, Begriffliche, Sentenzhafte, die Einheit der Handlung und der Zeit, das Kontinuierlich-Teleologische (im Drama bis Lessing), *dort* das Kaleidoskopische, Atmosphärische, Umgangssprachliche, Erlebnishafte und die Auflösung der Einheit der Handlung (in den „Soldaten", dem „Urfaust"); *Fläche/Tiefe*: dem entspricht *hier* das plane Explizieren und An-die-Oberfläche-Treten alles Bewußtseins, *dort* das Implizieren (Symptom, Erlebnismoment, Gebärde) und symbolische Verweisen (der Gegenstände, Räume, Bilder usw.) (in den Dramen Lenz' oder in der Lyrik Goethes); *geschlossene/offene Form*: dem entspricht - im engeren Sinn (Klotz dehnt dieses eine Begriffspaar gewissermaßen über das ganze System Wölfflins aus) - *hier* die funktionale Verzahnung der Figuren, Reden und Argumente (im Drama von Racine bis Lessing) - der „Ausschnitt als Ganzes", *dort* die Diskontinuierlichkeit der Äußerungen, Reden, Handlungen und das Individuell-Erratische der Figuren, charakteristischen Gesten, Erlebnisäußerungen, Szenen, Orte und Gegenstände - das „Ganze in Ausschnitten"; *Vielheit/Einheit*: dem entspricht *hier* die Vielheit von „Problematiken" (Rudolf Unger) in Roman und Drama, die Vielheit der Motive (in der Barocklyrik), *dort* die Einheit des Gesamteindrucks und Stils (Einheit der lyrischen Stimmung, Einheit des charakteristischen Gesamteindrucks im offenen Drama - trotz seiner offen-vielheitlichen Form - z.B. in Lenz' „Die Soldaten", „Der Hofmeister" oder Goethes „Urfaust", die Einheit der Sinngebung im Bildungsroman gegenüber der Problem-, Stil- und Gattungsvielfalt beispielsweise der Gellertschen *Schwedischen Gräfin* oder der Schnabelschen *Insel Felsenburg*). *Klarheit/Unklarheit*: dem entspricht *hier* das Explikative, Ideelle, Moralisch-Dogmatische, Emblematische, Allegorische, ‚Gemünzte', Enzyklopädische von Barock und Frühaufklärung, *dort* das Symptomatisch-Andeutende, das Symbolisch-Charakteristische, das Vieldeutige, Unbestimmte, das (Goethesche) Symbolische, die romantische Verschwommenheit, die Schnitte, Auslassungen und Sprünge - die „Leerstellen" - im Drama („Die Soldaten", „Der Hofmeister", „Urfaust").

Wandels von Gestalt und Gehalt, von bildnerischen wie gehaltlichen Prinzipien sucht, wird man vielleicht die Opposition *repräsentativ/charakteristisch* als Nenner angeben können, d.h. einen Gegensatz, der das Konventionell-Repräsentative dem Realistisch-Phänomenalen wie zugleich Andeutend-Symbolischen gegenüberstellt. Diese Opposition faßt die Gegensätze allegorisch/realistisch, emblematisch/symbolisch, festlegend/andeutend, fixiert/spielerisch, gebunden/frei, konventionell/unvorgedacht, enzyklopädisch festgelegt/unendlich offen usw. in sich.

Blicken wir auf die Kunstgeschichte: Aus der allegorischen „Eva" mit dem Apfel von Dürer[18] wird eine anonyme und zugleich individuelle Person im „Weiblichen Akt" von Rembrandt.[19] Aus emblematischen Christus-Figuren werden Portraits von Individuen (beispielsweise der Rubens'sche Dr. Thulden).[20] Aus symbolisch-repräsentativen Gebäuden wie dem Haus der „Verkündigung", dem „Stall zu Bethlehem" oder dem „Gehäuse" des Hieronymus[21] wird eine anonyme Gasse: Vermeers „Straße von Delft"[22];

---

[18] Albrecht Dürer, „Eva," Wölfflin, *Grundbegriffe*, S. 36. Vgl. zum Typisiert-Allegorischen auch: Lucas Cranach d. Ä., *Adam und Eva*, 1521, Kunstkarte Kunstverlag, C 30, München.

[19] Rembrandt, „Weiblicher Akt," Wölfflin, *Grundbegriffe*, S. 37.

[20] Man denke z. B. an die typisierte Christusgestalt mit der Geste des Erlösers (dem gestreckten Mittelfinger und Zeigefinger): Mariotto Albertinelli, „Der Erlöser," um 1513-14, *Kindlers Malerei Lexikon, 12 Bde.*, München 1976, (künftig zitiert als *KML*), Bd. 3, S. 42; oder: Pier Francesco Bissolo (1470-1554), „Auferstehung Christi," *KML*, Bd. 1, S. 357; oder: Meister Bertram von Minden, „Grabower Altar," um 1379, *KML*, Bd. 1, S. 336-337; oder: Rogier van der Weyden (1399-1464), „Braque-Altar," *KML*, Bd. 12, S. 269; oder: Caspar Isenmann (ca. 1400-1484), „Der auferstandene Christus," *KML*, Bd. 6, S. 316. - Vgl. dagegen die Säkularisierung der allegorischen, typologischen und repräsentativen Figuren bereits bei Albrecht Dürer (1471-1528), „Selbstbildnis," 1500, *KML*, Bd. 3, S. 289. Hier ist die Erlöser Geste säkularisiert und fast unkenntlich geworden und erhält den Charakter einer unbestimmt-symbolischen Allusion. Restlos säkularisiert erscheint: Albrecht Dürer, „Der Vater des Malers," National Gallery, London. Ein typisches Beispiel eines atektonischen und nun wahrhaft barocken Portraits: Peter Paul Rubens, „Bildnis des Dr. Thulden," Wölfflin, *Grundbegriffe*, S. 147.

[21] Vgl. Domenico Venezian, „Verkündigung an Maria," um 1442-48, *KML*, Bd. 3, S. 254. (Der Palast ist reiner, eigenschaftsloser Schauplatz; stilisierte, zeit- und ortsenthobene Kulisse zum Geschehen.) Rogier van der Weyden (1399-1464), „Dreikönigsaltar: Verkündigung an Maria, Anbetung der Könige, Darbringung im Tempel," *KML*, Bd. 12, S. 270; Albrecht Dürer, „Anbetung der Könige," 1504, *KML*, Bd. 1, S. 291; Albrecht Dürer, „Hieronymus im Gehäus," Wölfflin, *Grundbegriffe*, S. 53. Stets sind es entweder das Emblematische der Requisiten (wie Totenkopf bzw. Ochs und Esel), der allegorische Charakter, die Typisierung oder die Kulissenartigkeit bzw. Eigenschaftslosigkeit, welche die vorbarocke

nichts ist hier mehr zeichenhaft-emblematisch, schon deshalb nicht, weil weder Haus noch Gasse als Ganzes dargestellt sind. Realistisch wird Alltäglich-Zufälliges portraitiert, und doch weist das „Charakteristische" an dieser Darstellung unbestimmt-symbolisch auf den bürgerlichen Alltag im allgemeinen. Phänomenalität und andeutende Symbolik schließen sich zusammen.

Aus einem Stil der „Repräsentation" wird ein Stil des „Phänomenalen" und zugleich des „Charakteristischen". Die Phänomene sind nicht mehr allegorisch, nicht mehr zeichenhaft, nicht mehr „gemünzt" („gemünzt auf etwas", wie Münzen geprägt, stilisiert).[23]

Und das betrifft neben den inhaltlichen auch die formalen Strukturen. Auch Materialien, Stoffe, Oberflächen, Muster, Farben, Schraffierungen, Linienführung, Zonen-Aufteilung, Kompositionsgesetze haben nicht mehr den Charakter des Konventionalisierten und Bedeutend-Allegorischen. Aus bestimmten Mustern und Ornamenten werden Licht und Bewegung[24]; aus Gegenständen werden Schatten. Aus vorgegebenen Symmetrien und bestimmten „bedeutenden" Einzelheiten (wie z.B. in Albrecht Altdorfers

---

Gebäudedarstellung kennzeichnen.

[22] Jan Vermeer (1632-1675), „Straße von Delft," Wölfflin, *Grundbegriffe*, S. 230, und *KML*, Bd. 12, S. 164. Wölfflin macht den Verlust des Zeichencharakters der Gebäude und Gegenstände und Naturerscheinungen unmißverständlich deutlich: „Zu den Eigentümlichkeiten barocker Landschaft [...] wird aber auch gehören, daß der Ausschnitt nicht eigentlich sachlich legitimiert erscheinen darf. Das Motiv verliert das Unmittelbar-Einleuchtende und es kommen jene gegenständlich-uninteressierten Aufnahmen, für die die Landschaftsmalerei natürlich ein geeigneterer Boden ist als das Bildnis oder die Historie. Beispiel: die Straße von Delft von Vermeer - nichts Ganzes, weder das einzelne Haus noch die Gasse." Ebd. S. 228. - Die anonyme Gasse ist jetzt an sich selbst wichtig, nicht mehr als Zeichen für anderes. Ähnlich wird der Raum im „offenen Drama" individualisiert, während er im Drama bis Lessing mehr nur Schauplatz und Rahmen der Handlung darstellte.

[23] Jetzt werden Gold, Silber, Kupfer frei geformt, d.h., erstens tritt der Materialwert/Gebrauchswert hervor; zweitens wird hier nicht mehr emblematisch-digital verfahren, sondern mimetisch-analog (sozusagen naturalistisch); drittens wächst dem mimetisch nachgeformten Phänomen wieder Bedeutung oder Symbolik zu, aber nun in jenem Sinne der „Offenheit", des unbegrenzten Verweisens, auf den Goethes Definition des Symbolischen im Unterschied zum Allegorischen zielt.

[24] Vgl. Angiolo Bronzino (1503-1573), „Eleonore von Toledo," Wölfflin, *Grundbegriffe*, S. 50, im Gegensatz zu Velasquez (1599-1660), „Infantin Margaretha Theresia," Wölfflin, *Grundbegriffe*, S. 51. Noch „malerischer" - auf reine Licht- und Farbwirkungen hin gearbeitet - ist das spätere Gemälde: Velasquez, *Infantin Margareta Theresa*, Hanfstengl-Künstlerpostkarte, Nr. 324, München.

„Donaulandschaft"²⁵ oder Dürers „Landschaft mit der Kanone"²⁶) wird ein asymmetrisches Licht-Schatten-Bild, in dem es keine repräsentativen Einzelheiten mehr gibt (wie z.B. in Rembrandts „Landschaft mit drei Eichen"²⁷, wo Wiese und Bäume und dunkle Schlagschatten eine Einheit bilden); es gibt keine selbständigen, zeichenhaften Gegenstände – und auch keine sozusagen form-semiotisch strukturierten Zonen mehr.²⁸

Mit der Lösung aus den Banden der Konvention und Repräsentation geht das Moment der Selbstreflexion des künstlerischen Mediums einher. Die Moderne als Ausdifferenzierungsprozeß impliziert den Autonomisierungsprozeß des Ästhetischen; und dies führt zur sozusagen autoreferenziellen Selbstreflexion der poetischen oder bildnerischen Mittel.²⁹

Aus der „Münze" wird ungeprägtes Gold und Silber, d.h. aus dem „Gemünzten" wird die freie Erscheinung des Materials (Marmor, Bronze, Farbe)³⁰, das sowohl zur Mimesis der Phänomene wie zur Evokation einer symbolischen Aura gebraucht wird. Auf Vermeers „Straße von Delft" z.B. tritt das Weiß der dargestellten, weiß angestrichenen Mauer als sozusagen bedeutungsfreie Farbe hervor, als Farbe an sich.³¹ Ähnliches gilt, wie Wölfflin zeigte, auch für Rembrandt und Rubens: „Die Farbe fängt an sich zu verselbständigen und das Licht macht sich frei von den Dingen."³²

---

²⁵ Albrecht Altdorfer (ca. 1480-1538), *Donaulandschaft mit Schloss Wörth*, Hirmer Kunstpostkarte, VD 2148, München.

²⁶ Albrecht Dürer, „Landschaft mit der Kanone," Wölfflin, *Grundbegriffe*, S. 106; in konventionalisierter Weise werden quasi nach form-semiologischen Regeln die Bestandteile der Form „Vordergrund, Mittelgrund, Hintergrund" festgelegt, vgl. Wölfflin, *Grundbegriffe*, ebd.; der Zeichencharakter der Kanone, des Dorfes, des Berges, des Baumes - und in formaler Hinsicht auch der Zonen, des Striches, der Schraffierung - usw. ist offensichtlich.

²⁷ Rembrandt, „Landschaft mit drei Eichen," Wölfflin, *Grundbegriffe*, S. 189.

²⁸ „Keine Spur mehr von Teilung nach einzelnen Zonen. Kein Baum, den man als etwas Selbständiges außerhalb der gesamten Form- und Lichtbewegung des Bildes auffassen könnte." Wölfflin, *Grundbegriffe*, S. 190.

²⁹ Vgl. Jürgen Habermas, „Die Moderne - ein unvollendetes Projekt," J. H., *Kleine Politische Schriften I-IV*, Frankfurt a. M. 1981, S. 444-464.

³⁰ Das zeigt sich wortwörtlich an den Glanzlichtern und Glätten im Marmor von Bernini, vgl. Bernini, „Cardinal Borghese," Wölfflin, *Grundbegriffe*, S. 63; „Entzückung der hl. Therese," ebd. S. 67.

³¹ Vor allem deshalb, weil die Farbe im Dargestellten über bestimmte Flächengrenzen hinausreicht, wodurch das „Angemaltsein" deutlich hervortritt.

³² Wölfflin, *Grundbegriffe*, S. 224; Wölfflin fährt fort: „Im Zusammenhang damit geht das Interesse an der vollständigen Durchbildung des plastischen Motivs natürlich immer mehr zurück, und wenn man auf das Deutliche der Erzählung nicht verzichten kann, so wird diese Deutlichkeit doch nicht mehr direkt aus dem

Der Blick erfaßt also sowohl - in unvorgedachter, origineller Weise - die Phänomene und richtet sich zugleich bereits auf die Materialien und die Mittel: auf Farbe, Strich, Hell-Dunkel-Werte, Licht.[33] Am Ende dieses Prozesses hören die Materialien schließlich auf, „primär der Darstellung zu dienen", wie Jürgen Habermas in seiner Studie zur modernen Kunst formuliert.[34]

Dem entspricht auf dem Gebiet der Literatur die Reflexion auf die Sprache als Material: der intendierte *Selbstbezug der Signifikanten*.[35] Auch

---

Gegenstand heraus gewonnen, sondern sie ergibt sich scheinbar zufällig als ein glückliches Nebenresultat." D.h., das Hervortreten des Materials bzw. des Mediums - der Malerei - rückt das Prinzip der „Repräsentation" oder die „Gemünztheit" noch weiter in den Hintergrund.

[33] Die Verselbständigung des Striches und der Hell-Dunkel-Werte ist sehr gut zu erkennen auf Rembrandt, „Landschaft mit drei Eichen."

[34] Jürgen Habermas, „Die Moderne - ein unvollendetes Projekt," S. 455 u. S. 456 f. Nach Habermas führt der Prozeß der Ausdifferenzierung und Autonomisierung der ästhetischen Leistung über Renaissance, Aufklärung und Ästhetizismus in die Moderne; dieser Prozeß gilt als der Entwicklungsweg der „modernen Kunst". Der Prozeß der Autonomisierung führt Habermas zufolge schließlich auch zum Charakteristikum der Autoreflexivität der Künste. Habermas unterscheidet in der Folge von Kants drei Kritiken reine Vernunft, praktische Vernunft und Urteilskraft (bzw. Wissenschaft, Ethik und Ästhetik): „Das Projekt der Moderne, das im 18. Jahrhundert von den Philosophen der Aufklärung formuliert worden ist, besteht nun darin, die objektivierenden Wissenschaften, die universalistischen Grundlagen von Moral und Recht und die autonome Kunst unbeirrt in ihrem jeweiligen Eigensinn zu entwickeln." Ebd. S. 453. Das Ästhetische mit dem Ziel des interesselosen Wohlgefallens bestimme sich „unabhängig von seinen praktischen Lebensbezügen". Ebd. S. 456. Sein Gebiet sei der „konzentrierte Umgang mit einer dezentrierten, von den Zwängen des Erkennens und Handelns losgesprochenen Subjektivität". Ebd. S.456. Das „Objektivwerden der dezentrierten, sich selbst erfahrenden Subjektivität" realisiere sich als „Bruch mit den Konventionen der Wahrnehmung und der Zwecktätigkeit". Mit Baudelaire setze eine autoreferenzielle Bewegung ein, der Prozeß der Autonomisierung führe schließlich zur (Selbst-)Reflexion der ästhetischen Materialien und Produktionsvorgänge: „Farben, Linien, Laute, Bewegungen hören auf, primär der Darstellung zu dienen; die Medien der Darstelllung und die Techniken der Herstellung avancieren selber zum ästhetischen Gegenstand." Ebd. S. 456-457. So ergibt sich in der „Entwicklung der modernen Kunst" eine „Linie fortschreitender Autonomisierung": Renaissance, Aufklärung, Ästhetizismus bzw. L'art pour l'art. Ebd. S. 455.

[35] Vgl. Roman Jakobsons Definition des „Poetischen": Elmar Holenstein, *Roman Jakobsons phänomenologischer Strukturalismus*, Frankfurt a. M. 1975, bes. S. 158-159. „Charakteristisch für die poetische Funktion ist die Einstellung auf die Mitteilung als solche, auf das sprachliche Medium in all seinen Aspekten und Facetten. In dieser Einstellung kommt die Sprache in ihrer ‚Selbstwertigkeit' und ‚Selbstmächtigkeit' zum Bewußtsein." Ebd. S. 168. Was Roman Jakobson das

die Literatur rückt vom „Gemünzten" ab und bildet jetzt z.b. Alltagsrede bzw. Formen der Mündlichkeit ab. Die Reflexion auf das Material dient hier dazu, das Sprechen in Tonfall, Dialektfärbung und Prozeßhaftigkeit als Phänomen mimetisch-naturalistisch einzufangen.[36] Das Material gesprochener Sprache wird dabei aber zugleich, sozusagen in meta- oder autoreflexiver Weise, als solches anschaulich. Die scheinbar heteronomen Komponenten: das Naturalistische, die Selbstreflexivität und drittens der symbolische Verweischarakter bilden hier eine Einheit, die ermöglicht wird durch das Prinzip des „Charakteristischen."[37]

„Poetische" nennt, der - spielerische, autoreferenzielle - Selbstbezug der Sprache bzw. der Signifikanten, ist demnach ein Resultat des von Habermas skizzierten Autonomisierungsprozesses. Zunächst freilich ist die früh-naturalistische „Darstellung" bzw. „Präsentation" (nicht „Repräsentation" im Sinne allegorisch-enzyklopädischen Realitätsbezugs) der „Phänomene" ein erstes Ergebnis des Autonomisierungsprozesses, d.h. der Lösung der Darstellung aus Zweckbezügen (sakralen, höfischen und schließlich auch moralisch-didaktischen). Mit dieser Autonomisierung geht einher der Gedanke an die „Wirkung" als solche, die „Wirkung" als Selbstzweck, wie es sich erstmals zaghaft bei Bodmer und Breitinger andeutet (Lessing ist in dieser und nur in dieser Hinsicht noch nicht modern; Nachahmung und Wirkpoetik unterstehen bei ihm noch den Zielen der moralisch-didaktischen Aufklärung): Nach Bodmer und Breitinger arbeitet die „poetische Mahlerey" „mit der Einbildungskraft auf die Einbildungskraft" zum Zwecke der „Entzückung der Phantasie". Zit. bei Hans [Helmut] Hiebel, *Individualität und Totalität*, Bonn 1974, S. 141.

[36] Vgl. dazu Gottfried Zeißig, *Die Ueberwindung der Rede*; skizziert wird der Übergang von der „Rede" zum „Ausdruck", von der „Aussage" zur „Sagung", vom Inhalt (Signifikat) zum Mitteilungsvorgang (Signifikant), vom Gebrauch von Fertigformen zum „allmählichen Verfertigen" der Sätze und Gedanken, vom Begrifflichen zum „Symptom" eines Erlebnisvorgangs, von den „willkürlichen" zu den „natürlichen" Zeichen, von der Ordnung der Logik und Grammatik zur Assoziation usw. Vgl. hierzu bzw. zu Zeißig auch Hans H. Hiebel, *Auktoriales und personales Drama*. - Der skizzierte Übergang bedeutet - obwohl er im Dienste von Mimesis, Präsentation, Phänomen-Darstellung steht - die Auflösung der „Repräsentation" von Bedeutungen und die Destruktion des Emblematisch-Fertigen bzw. „Gemünzten"; er führt zur Konzentration auf den Umgang mit dem Signifikanten-Material (zunächst vor allem im Hinblick auf die oral-mündliche Seite der Sprache).

[37] Das „Charakteristische" - im Sinne des Sturm-und-Drang-Dramas - bildet naturalistisch gesprochene Sprache ab, es verweist in unbestimmt-offener und symbolischer Weise auf größere Kontexte (Charaktere, Gesellschaftsschichten usw.) - und es impliziert (wie später die Dialektlyrik) die Selbstreflexion des Materials (der gesprochenen Sprache). (Poesie als Statthalterin von Mündlichkeit wird sich ihrer Eigenart nicht zufällig im Zeitalter entfalteter Schriftkultur und entwickelten Buchdrucks bewußt.)

Doch das Entscheidende an der (Selbst-)Reflexion des Signifikanten-Materials bzw. der Mittel des Mediums Poesie besteht darin, daß sie weg von der „Präsentation", der direkten Mimesis der Phänome, führt; sie initiiert das Prinzip der Andeutung bzw. das Symbolische im weitesten Sinne des Wortes. Im metonymischen Hinweis oder im symbolischen Verweis bezieht sich Sprache als Spiel auf sich selbst: Das Angedeutete oder Symbolisierte muß immer erst vom Rezipienten als aktivem „Mitspieler" erschlossen werden.[38] Hier sind Vieldeutigkeit, Unbestimmtheit, Uneigentlichkeit am Werk; d.h., stets ist das Prinzip „Leerstelle" – im Sinne Wolfgang Isers[39] – impliziert. Es bedarf nun eines „erschließenden Verstehens" anstatt eines nur „erkennenden" bzw. auf-schlüsselnden Verstehens.[40] „Leerstelle" und „Uneigentlichkeit" konstituieren zusammen ein Spiel im Rahmen des Selbstbezugs der Sprache.

So entspricht also der Übergang von einem „geschlossenen" zu einem „offenen" Drama (bzw. von einem „auktorialen" zu einem „personalen" Drama)[41] auf dem Gebiet der Wortkunst dem Übergang von der „repräsentativen" zur „charakteristischen" Darstellung auf dem Gebiet der Malerei. In beiden Fällen ist nicht nur der neue Naturalismus, sondern auch der *Selbstbezug des Mediums*, im Sinn von Materialreflexion wie im

---

[38] Vgl. Gottfried Zeißig, *Die Ueberwindung der Rede*; der Weg führt von der „Aussage" zur „Andeutung", ebd. S. 87; vom „ausdrücklich Mitgeteilten" zum „Verschwiegenen" und „Unbewußten", ebd. S. 24; vom „erschöpfend" Mitgeteilten zum „Erschließbaren" und „Ahnbaren", ebd. S. 87 u. S. 99; von der Aussage zum „Symptom" als Anzeichen eines Erlebnisvorgangs oder Charakters, ebd. S. 99-100; von der „Deutlichkeit" zur „Undeutlichkeit", vom Benennen zum „Verbergen", vom „Ausgesprochenen" zum „Unausgesprochenen", ebd. S. 99; vom Explizieren zum Implizieren, vgl. ebd. S. 99; vom „Reden" zum „Schweigen", ebd. S. 87; von der Oberflächen-Darstellung zur Darstellung einer angedeuteten „Tiefe", ebd. S. 104. Rezeptionsästhetisch gesehen, sind hier „Unbestimmtheit" und „Vieldeutigkeit" - also auch „Offenheit" - impliziert.

[39] Vgl. Wolfgang Iser, „Die Appellstruktur der Texte," Rainer Warning Hrsg., *Rezeptionsästhetik*, München 1975, S. 228-253. Es handelt sich vor allem um Schnittstellen in Erzählprosa, deren Unbestimmtheit, „Leere" und Offenheit den Leser veranlassen, Beziehungen (kausaler, erklärender, charakterisierender Art usw.) herzustellen. Man kann indessen m. E. diesen Begriff der „Unbestimmtheit" oder „Leerstelle" auch für die Analyse der Poetik der Andeutung, Anspielung, Konnotation, Symbolik usw. fruchtbar machen.

[40] Zeißig, *Ueberwindung der Rede*, S. 104.

[41] D.h. also von einem auktorial-allegorischen zu einem figurenzentriert-naturalistischen Drama, von einem lehrhaft-explizierenden zu einem andeutenden bzw. von einem emblematisch-dogmatischen zu einem offen-symbolischen Drama. Vgl. Hans H. Hiebel, „Auktoriales und personales Drama."

Sinne des Verweis-Spiels bzw. der Symbolik, von entscheidender Bedeutung.[42] *Und dieser freie Selbstbezug konstituiert „Offenheit".*

Aber springen wir nun von den Anfängen des angedeuteten Autonomisierungsprozesses zu den extremen Entwicklungsresultaten der ‚modernen Moderne' bzw. zu einem Theoretiker eines Aspekts dieser Extremformen: der Offenheit und Vielbezüglichkeit.

In seinem Buch *Das offene Kunstwerk* sagt Umberto Eco, Pousseur zitierend, daß „Poetik des offenen Kunstwerks" danach strebe, im Interpreten ‚Akte bewußter Freiheit' hervorzurufen, ihn zum aktiven Zentrum eines Netzwerkes von unausschöpfbaren Beziehungen zu machen, unter denen er seine Form herstellt, ohne von einer *Notwendigkeit* bestimmt zu sein, die ihm die definitiven Modi der Organisation des interpretierten Kunstwerks vorschriebe.[43]

Es ist sozusagen ein hohes Maß an Unbestimmtheits- oder Leerstellen vorausgesetzt, um wieder mit Wolfgang Iser zu sprechen, ein hohes Maß an Vieldeutigkeit bzw. Unbestimmtheit, damit sich „Offenheit" konstituieren kann. „Ein Werk, das ‚andeutet', nimmt bei jeder Interpretation das in sich auf, was der Leser an emotiven und imaginativen Elementen dazubringt."[44] Es versteht sich, daß hier dem Symptom, dem charakteristischen Detail, dem Symbol eine wichtige Funktion zukommt.

Und dieser Umstand macht deutlich, daß ein Prototyp der Moderne, das „offene" Kunstwerk, seinen Ursprung in der Epoche hat, die das Prinzip der „Repräsentation" in Frage stellt und das Universum fixer Bedeutungen auflöst, d.h., die Ordnung der Buchstäblichkeit durch eine Ordnung des symptomatischen bzw. symbolischen Verweisens zu ersetzen

---

[42] In der Malerei z.B. Rubens' oder Vermeers gibt es eine ähnliche Verknüpfung von Naturalismus und Autoreflexion (z.B. bezüglich abstrakter Farbwerte). Allerdings ist - wie die „abstrakte" Kunst beweist - im Falle der Malerei die Verselbständigung von Farbe, Form, Strich, Hell-Dunkel Werten usw. weniger mit „Bedeutungen" (Signifikaten) verknüpft wie im Falle der Literatur. Die (implizite) Selbstreflexion der sprachlichen Mittel (z.B. Vieldeutigkeit, Konnotation, Metonymie, Metapher, Homophonie usw.) führt in der Wortkunst in der Regel erneut zu Bedeutungen, zu den ‚angedeuteten' Bedeutungen nämlich (auch wenn das Andeuten wichtiger ist als das Angedeutete); nur im Falle der Inszenierung bzw. Ausstellung von bloßen Klang- oder Grammatikstrukturen usw. (man denke an die „konkrete Poesie") wird die Selbst- und Materialreflexion mehr zum Zwecke der bedeutungsfreien Abstraktion (im Sinne der „abstrakten Kunst") ausgenützt.

[43] Eco, *Das offene Kunstwerk*, S. 31.

[44] Eco, *Das offene Kunstwerk*, S. 37.

beginnt - wenngleich diese Epoche dem Prinzip der Mimesis bzw. Naturnachahmung noch sehr verpflichtet ist.

Eco ist sich der zentralen Funktion des Symbolischen für das Konzept der „Offenheit" durchaus bewußt: „In diesem Sinne beruht ein großer Teil der modernen Literatur auf der Verwendung des Symbols als Ausdruck des Unbestimmten, der für immer neue Reaktionen und Interpretationen offenbleibt."[45]

Und Eco erläutert dies gleich an einem der Hauptvertreter der von ihm ins Auge gefaßten Poetik, an Kafka, den er neben Joyce und Mallarmé stellt:

Kafkas Werk etwa erscheint als Beispiel eines ‚offenen' Kunstwerks par excellence: Prozeß, Schloß, Erwartung, Verurteilung, Krankheit, Verwandlung, Folter sind nicht Situationen, die in ihrer unmittelbaren wörtlichen Bedeutung verstanden werden sollen. Doch sind im Unterschied zu den allegorischen Konstruktionen des Mittelalters die mitschwingenden Bedeutungen hier nicht in eindeutiger Weise vorgegeben, werden von keiner Enzyklopädie garantiert, beruhen auf keiner Ordnung der Welt. Die verschiedenen existentialistischen, theologischen, klinischen, psychoanalytischen Interpretationen der Kafkaschen Symbole können die Möglichkeiten des Werkes keineswegs erschöpfen: es bleibt unausschöpfbar und offen eben wegen dieser Ambiguität, deshalb, weil an die Stelle einer nach allgemeinen Gesetzen geordneten Welt eine auf Mehrdeutigkeit sich gründende getreten ist, sei es im negativen Sinne des Fehlens von Orientierungszentren oder im positiven einer dauernden Überprüfbarkeit der Werte und Gewißheiten.[46]

Eco stellt jedoch „das Werk von James Joyce" als das „Hauptbeispiel eines ‚offenen' Kunstwerkes"[47] hin:

Im *Finnegans Wake* schließlich haben wir wirklich einen [...] Kosmos vor uns, der zwar *endlich*, aber gerade darum *unbegrenzt* ist. Jedes Ereignis, jedes Wort steht in einer möglichen Beziehung zu allen anderen, und es hängt von der semantischen Entscheidung bei einem Wort ab, wie alle übrigen zu verstehen sind. [...] Wichtigstes Instrument dieser integralen Ambiguität ist der *pun*, der Kalauer: in dem zwei, drei, zehn Wortwurzeln so verschmolzen sind, daß ein einziges Wort zu einem Knoten von Bedeutungen wird, deren

---

[45] Eco, *Das offene Kunstwerk*, S. 37. Vgl. Anm. 14.

[46] Eco, *Das offene Kunstwerk*, S. 37-38.

[47] Eco, *Das offene Kunstwerk*, S. 38.

jede sich zu anderen Anspielungszentren in Beziehung setzen kann, wobei diese Zentren wiederum offen sind für neue Konstellationen und neue Lesemöglichkeiten.[48]

Die Geschichte von Humphrey Chimpden Earwicker - oder auch Here Comes Everybody (H. C. E.) - und seiner Frau Anna Livia Plurabelle - oder auch A. L. P. bzw. Aches-les-Pains/Aix-les-Bains, den Zwillingssöhnen Shem und Shaun und der Tochter Issy, Izzy, Isabel, Isolde in Dublins Chapelizod oder Chapelle d'Iseut - diese Geschichte ist keine *Geschichte* mehr. Daß sich Mr. Earwicker schuldig gemacht hat, als er zwei Mädchen im Phönix-Park beim Urinieren zugesehen hat, oder daß Tim Finnegan mit Hilfe von Whisky zum Leben erweckt wird, diese „Geschichten" verschwinden in einem Kosmos von Signifikantenspielen, Wort- und Buchstabennetzen.[49]

Es ist kein Wunder, daß Jacques Derrida, der Theoretiker der Unabschließbarkeit der Interpretation, der unentwegten „Dissemination," des endlosen Aufschubs bzw. der unabschließbaren „différance," sich kontinuierlich mit Joyce beschäftigt hat. In „Zwei Worte für Joyce" gibt er das zu erkennen.[50]

An den zwei Worten „He war" macht Derrida seinen Essay über das Wortvernetzungswerk von Joyce fest. Er bezieht sich auf den Schluß des ersten Buchs:

And let Nek Nekulon extol Mak Makal and let him say unto him: Immi ammi Semmi. And shall not Babel be with Lebab? And he war. And he shall open his mouth and answer: I hear, O Ismael, how they laud is only as my loud is one.

usw. bis zum Schluß:„ Loud, heap miseries upon us yet entwine our arts with laughters low! /Ha he hi ho hu. /Mummum."[51]

In den „zwei Worten" („he war") sieht Derrida eine Verdichtung von: „he wars" = „er führt Krieg" und „he was" = „er war" (wobei „he" als englisches und „war" als deutsches Wort gelesen wird). Doch diese „Übersetzung" ist schon eine Verfälschung, da der zweisprachigen Formel „He war" im Deutschen eigentlich „Er was [das englische ‚was']" entspräche.

---

[48] Eco, *Das offene Kunstwerk*, S. 39-40.

[49] Vgl. dazu Klaus Reichert, „Einleitung," James Joyce, *Anna Livia Plurabelle*, Frankfurt a. M. 1971, S. 7-33.

[50] Jacques Derrida, „Two words for Joyce," *Post-structuralist Joyce. Essays from the French*, ed. Derek Attridge and Daniel Ferrer, Cambridge u.a. 1984, S. 145-161.

[51] Zit. ebd. S. 152-153. James Joyce, *Finnegans Wake*, London 1975, S.258-259.

Ein zweisprachiges Gebilde läßt sich nicht in *eine* Sprache übersetzen und auf ein Signifikat reduzieren. Jedes dieser zwei Worte, sagt Derrida, „ist der Kopf, das Haupt oder, wenn Sie so wollen, das wesentliche Glied."[52] Am Anfang war „Er" – „He", YAHWEH (ein Anagramm von HEWAR), YAHWEH, der dem im Turm zu Babel zum Himmel strebenden Volk den „Krieg" erklärt und seine Sprache verwirrt. Die Babylonische Kriegserklärung setzt den Sprachen Grenzen, und genau diese Begrenzung drückt sich Derrida zufolge im Sprachen-Krieg von *Finnegans Wake* aus, im Gegeneinander von „He" und „war", da der Satz „simultan in Englisch wie in Deutsch"[53] geschrieben worden sei; er wiederhole die „Babylonische Kriegserklärung"[54]. Das Buch ist indessen aus weit mehr als aus zwei, nämlich aus ungefähr zwanzig, Sprachen zusammengesetzt. Man kann also auf verschiedenen Sprachen-Ebenen und auf verschiedenen Sprach-Ebenen (bzw. Assoziationsebenen) ‚abfahren.'

Die Unübersetzbarkeit des Sprachen-Babels von *Finnegans Wake*, von der Derrida spricht[55], bedeutet freilich, daß sich hier das Spiel der „Signifikation" sehr weit von festen Signifikaten entfernt hat. Der Logik dieses Spiels entspricht das strukturalistische Konzept des Wertes oder der Differenz: Jeder Zeichenkörper definiert sich und sein Signifikat durch bloße Differenzen zu anderen Signifikanten.

Die Signifikate werden produziert – durch sprachliche Operationen; es liegt nicht eine fertige Wirklichkeit bereit, deren Teile sich in einem enzyklopädischen Namensregister spiegelten. In einem solchen Konzept werden der Kontext und das intertextuelle Spiel zu entscheidenden Faktoren der ‚Bedeutungs'-Gebung oder besser: des Signifikantenspiels. Bei Joyce lassen sich verschiedene Kontexte heranziehen, um den zusammengepreßten Wortketten Sinn zu entlocken; aber dieser Sinn ist verschieden, je nachdem, welcher Kontext appliziert wird.

Derridas Grammatologie oder Schrift- und Sprachtheorie hat offenbar von Anfang an in *Finnegans Wake* ihr Anschauungs-Modell gehabt. Die Bedeutung des Kontextes für die Vernetzung der verschiedenen Bedeutungsknoten wird in diesem Modell anschaulich. Derrida weist auf das Hauptmotiv, die Vokabel „Babel"/„Babylon", die oft gekreuzt wird mit

---

[52] Derrida, „Joyce," S. 155 („In two words of which each is the head, the capital or, if you prefer, the principal member.")

[53] Derrida, „Joyce," S. 155: „It *was* written *simultaneously* in both English and German."

[54] Derrida, „Joyce," S. 155: „Babel's act of war declared".

[55] Derrida, „Joyce," S. 155.

„to babble"/„babbeln"[56], und die vielen Korrespondenzen: „And shall not Babel be with Lebab" – „the turrace of Babel" – „the babbling pumpt of platinism" – „Babbyl Malket for daughters-in-trade" usw. usf.[57] Dahin ist es also gekommen auf dem Weg der Entfernung von der „Repräsentation". Die „Offenheit" des Werkes ist an ihr Extrem gelangt.[58]

Was sich bei Joyce auf der Ebene der Buchstäblichkeit abspielt, das findet in ganz ähnlicher Weise bei Kafka auf der Ebene der Symbolik oder Metaphorik statt; den ineinandergeschobenen Worten bei Joyce entsprechen einander überlagernde oder ineinandergeschobene Metaphern: Das Gericht im *Prozeß* ist je nach appliziertem Kontext Metapher für das anklagende, bohrende, strafende, folternde, unzugängliche, abweisende Über-Ich - oder Symbol für Machthaber und selbsternannte Herrschaftscliquen im sozialen Bereich.[59] Die Bedeutung der Großmetapher „Gericht" – Eco sprach von „Symbol" – wandelt sich gewissermaßen von Satz zu Satz, sie kann jeweils mit anderen Kontexten in Verbindung gebracht werden. Wenn im *Prozeß* Josef K., dem Angeklagten, mitgeteilt wird: „Das Gericht will nichts von dir. Es nimmt dich auf, wenn du kommst, und es entläßt dich, wenn du gehst"[60], so definiert dieser Kontext das Gericht zur Metapher für innere Mächte. Wenn aber die Verhaftungsbeamten K. verbieten wegzugehen („Sic dürfen nicht weggehen, Sie sind ja verhaftet"[61]), dann erscheint das Gericht als das Symbol einer totalitären Macht, die hier niedrige Chargen zur Einschüchterung eines Untertanen entsandt hat. Die Metapher „gleitet" von Bedeutung zu Bedeutung oder anders: Metaphern werden ineinandergeschoben. Dieser Kompression von Metaphern – auf der Ebene der Uneigentlichkeit – entspricht bei Joyce die Kompression von Worten – auf der Ebene der Eigentlichkeit. Worte bzw. Signifikanten werden bei Joyce zusammengepreßt („That they shall

---

[56] Derrida, „Joyce," S. 153. Vgl. auch Klaus Reichert, „Einleitung," S. 7-33, hier S. 8.
[57] Derrida, „Joyce," S. 153.
[58] Vgl. Eco, *Das offene Kunstwerk*, S. 390.
[59] Franz Kafka, *Der Prozeß*, Frankfurt a.M. 1965. Vgl. zu dieser These der Zwei- und Vieldeutigkeit - der „gleitenden Metapher" - Hans H. Hiebel, *Die Zeichen des Gesetzes. Recht und Macht bei Franz Kafka*, München 1983.
[60] Kafka, *Der Prozeß*, S. 265.
[61] Kafka, *Der Prozeß*, S. 11.

not gomeet madhowiatrees"⁶²); wie Kafkas Metaphern changieren diese vieldeutigen Gebilde, auf der Ebene der Buchstäblichkeit, von Bedeutung zu Bedeutung. Für Joyce wie für Kafka gilt, daß die lineare Wortkette verdichtet wird, wodurch es, wie in einer Partitur, zu Überlagerungen oberhalb der linear-irreversiblen Kette kommt; dem mitarbeitenden Leser steht es frei, die ‚Obertöne' zu realisieren und deren zahllose über den Text verstreute Anklänge oder Korrespondenzen auszumachen, welche ihrerseits wieder Bedeutung generieren.

Paradigmatisch scheint hier Kafkas Erzählung „Ein Landarzt" zu sein, die vom Besuch eines Arztes bei einem unheilbar kranken Jungen erzählt. Die Ebene der Buchstäblichkeit macht hier kaum Sinn; bringt man jedoch den Kontext, d.h. das Netz der Konnotationen oder Korrespondenzen, zum Sprechen, so lädt sich das ‚Sinnbild', die ‚Metapher' der „Wunde" des Jungen mit Bedeutung auf; dieses „Symbol" ist gewissermaßen, mit Iser gesprochen, die große „Leerstelle" bzw. „Unbestimmtheits"-Stelle im Zentrum dieses „offenen Kunstwerks": „Rosa, in vielen Schattierungen, dunkel in der Tiefe, hellwerdend zu den Rändern [...]"⁶³. Diese „rosa" Wunde steht mit „Rosa", dem Dienstmädchen, in Verbindung; mit dem viehischen Knecht, der „zwei Zahnreihen" „rot eingedrückt" in „des Mädchens Wange" hinterläßt (und diese dann zu vergewaltigen scheint); mit dem „Schweinestall," aus dem dieser Knecht mit seinen Pferden hervorkriecht; dem „blutigen Handtuch", das die Schwester des Jungen schwenkt usw. usf.⁶⁴ Wir haben es mit einem Bedeutungs-Knoten zu tun, in dem Signifikanten zu Signifikaten und Signifikate zu Signifikanten werden können: Die Wunde ist ein Zeichen für Rosa, das Mädchen, und die Bedeutung von Rosa wiederum erschließt sich nur über die Wunde – als dem Signifikat des Zeichens „Rosa".

Wie bei Joyce hat sich das Prinzip der „Repräsentation" aufgelöst. Um mit Roland Barthes zu sprechen: Die irreversible Gerichtetheit des Handlungsablaufs und des Enträtselungsprozesses (der „Aktionen" und

---

⁶² Joyce, *Finnegans Wake*, S. 259. Folgendes scheint hier verdichtet worden zu sein: go and meet/commit; (idol)atries, (adul)teries/ mad/ madhouse/ (psych)iatries, (...)trice, meadowy/ maidhair tree/ maidenhood/ how/ waitress/ trees. Der Kontext (chill statt kill; merder statt murder) spielt auf die Zehn Gebote an. Vgl. „The Book of Deuteronomy," *The Holy Bible, with the approbation of James Cardinal Gibbons*, Baltimore/New York 1899, S. 184-223.

⁶³ Franz Kafka, „Ein Landarzt," F.K., *Sämtliche Erzählungen*, Hrsg. P. Raabe, Frankfurt a. M. 1969, S. 140.

⁶⁴ Vgl. Kafka, „Landarzt," S. 138 ff. Vgl. dazu Hans H. Hiebel, *Franz Kafka: „Ein Landarzt,"* München 1984.

„hermeneutischen" Prozesse) wird zugunsten eines unbegrenzten Spiels der reversiblen Verweise (der „Symbole", „Seme", „Referenzen") zurückgedrängt.⁶⁵ Das sich so konstituierende „Plurale" des Textes – dieses Sternen-Netz, diese Partitur – ist nach Barthes das Signum der Moderne.⁶⁶
„Leerstelle" und „Plurales" bzw. „Vieldeutigkeit" gehören indessen zusammen; ihr Ineinandergreifen konstituiert, was Eco „Offenheit" nennt. Allerdings ist hier zu ergänzen, daß „Vieldeutigkeit" in diesem Kontext soviel heißt wie: *angedeutete* Vieldeutigkeit, *schillernd-unbestimmte* Vieldeutigkeit. Andererseits setzen die Phänomene der „Unbestimmtheit" bzw. „Leerstelle" oder „Offenheit" immer ein Maß an (schillernder) *Vieldeutigkeit* voraus.

In der „Andeutung" aber hat die „Offenheit" ihren Ursprung, denn schon die Andeutung impliziert sowohl Mehrdeutigkeit wie Unbestimmtheit. Beim Andeuten wird immer gegeben und zugleich vorenthalten, d.h., es wird stets etwas ausgespart, „offen" gelassen, „leer" gelassen. Auch hier ist also so etwas wie eine „Leerstelle" vorausgesetzt. Die „Andeutung" fixiert den Leser nicht an Signifikate, sie setzt ihn frei und baut auf seine Mitarbeit.⁶⁷

Aber es ist das „offene Drama" – und das heißt im wesentlichen das Drama J. M. R. Lenz' –, mit welchem die Kultur der „Andeutung" – im Rahmen einer „fortschreitenden Autonomisierung"⁶⁸ – beginnt.

---

⁶⁵ Roland Barthes, *S/Z*, Frankfurt a. M. 1976; Barthes rechnet zum Irreversiblen des Text-Syntagmas den „aktionalen" Code (AKT) und den „hermeneutischen" Code (HERM), zum Reversiblen des Textes (seinem Paradigmatischen) die „symbolischen" Antithesen und Analogien (SYM), die indirekten „semischen" Hinweise auf Orte, Charaktere usw. (SEM) und die „Referenzen" (REF), die auf allgemeine Wissenskomplexe usw. hinweisen.
⁶⁶ Barthes, S/Z, S. 34-35.
⁶⁷ Vgl. Eco, *Lector in fabula*, S. 5: „Als ich 1962 *Das offene Kunstwerk* veröffentlichte, hatte ich [...] „einen besonderen Aspekt herausgearbeitet, nämlich die Aktivität der Mitarbeit, durch die der Empfänger dazu veranlaßt wird, einem Text das zu entnehmen, was dieser nicht sagt (aber voraussetzt, anspricht, beinhaltet und miteinbezieht), und dabei Leerräume aufzufüllen und das, was sich im Text befindet, mit dem intertextuellen Gewebe zu verknüpfen, aus dem der Text entstanden ist und mit dem er sich wieder verbinden wird. [...] Ich befaßte mich [...] mit der Frage, was im Text die Freiheit der Interpretation zugleich reguliert und stimuliert. Ich versuchte, die Form oder die Struktur der Öffnung zu definieren."
⁶⁸ Vgl. dazu nochmals Jürgen Habermas, „Die Moderne - ein unvollendetes Projekt," S. 455: Die „Entwicklung der modernen Kunst" realisiere sich in einer „Linie fortschreitender Autonomisierung".

J.M.R.Lenz' Poetik der Bedingungsverhältnisse: *Werther*, die „Werther-Briefe" und *Der Waldbruder ein Pendant zu Werthers Leiden*[1]

Karin Wurst (Lansing, USA)

Kurz nach dem Erscheinen von Goethes *Die Leiden des jungen Werthers* (1774)[2] verfaßte Lenz eine detaillierte Verteidigung dieses aufsehenerregenden Romans (Ende 1774-Mitte 1775).[3] Die zehn Briefe umfassende Abhandlung „Briefe über die Moralität der Leiden des jungen Werthers"[4] war als Eingriff in die öffentliche Debatte und vor allem als Positionsbekundung im Literaturstreit um den Roman konzipiert. Sie nimmt thematisch in je einem Brief die wichtigsten Streitpunkte, die in der Kontroverse um diesen Roman ins Feld geführt wurden, auf. Die Publikation unterblieb jedoch, da sich Friedrich Heinrich Jacobi, dem Goethe das Lenzsche Manuskript zur Veröffentlichung übergab, gegen die Drucklegung aussprach.[5]

Eine noch interessantere Art der Auseinandersetzung mit der zeitgenössischen Debatte ist die eigene produktive Ausdeutung der formalen und inhaltlichen Werther-Thematik in dem Briefroman *Der Waldbruder ein Pendant zu Werthers Leiden*. Schon 1776 trägt sich Lenz mit dem Plan, einen Roman zu verfassen, wie er an Boie (11. März) schreibt: „Keine Erzählung wie Zerbin aber ein kleiner Roman in Briefen von mehreren Personen, der einen wunderbaren Pendant zum Werther geben dürfte."[6]

Die vorliegende Arbeit soll nicht nur das spezifische Verhältnis zwischen den beiden Briefromanen herausarbeiten und somit zur Klärung

---

[1] J.M.R. Lenz, „Der Waldbruder ein Pendant zu Werthers Leiden," *Werke und Briefe in drei Bänden* Bd. 2 Hrsg. Sigrid Damm, Leipzig, München 1987, S. 380-412. Alle Angaben im Text beziehen sich auf diese Ausgabe, wobei die römischen Ziffern die vier Teile des Romans bezeichnen.

[2] Johann Wolfgang Goethe, *Die Leiden des jungen Werthers* 1. Text: Erste und zweite Fassung bearbeitet von Erna Merker. *Werke Goethes* Herausgegeben von der Deutschen Akademie der Wissenschaften zu Berlin, Berlin (Ost) 1954.

[3] Damm, *Werke und Briefe* 2 Anmerkungen, S. 915.

[4] J.M.R. Lenz, „Briefe über die Moralität der Leiden des jungen Werthers" *Werke und Briefe* 2, S. 673-690.

[5] *Werke und Briefe* 2, Anmerkungen S. 915.

[6] *Werke und Briefe* 3, S. 403.

beitragen, wie „Pendant" in diesem Fall zu verstehen ist, sondern in erster Linie eine Analyse seines ästhetischen Verfahrens – und somit einen Beitrag zur Lenzschen Poetik – zu leisten. Meine Hypothese ist, daß sich Lenz in der theoretische Auseinandersetzung mit Goethes *Werther* in den „Werther-Briefen" Kriterien erarbeitet, indem er das ästhetische Verfahren des Romans mit seinen komplexen Implikationen untersucht, um daraus seine eigene Ästhetik, die Poetik der Bedingungsverhältnisse, wie ich sie nennen will, gedanklich durchzuspielen, welche er in seinem eigenen Briefroman experimentell realisieren wird.

I.

In den „Briefen über die Moral des jungen Werthers" konzentriert sich Lenz vor allem auf drei wichtige Bereiche[7], auf die „Moral" bzw. den moralische Endzweck der Literatur, auf einen die verschiedensten Gesichtspunkte umfassenden Bereich, den man mit „Identifikationsproblemen" umschreiben könnte und auf die „Funktion" der literarischen Äußerung an sich. Wie sich aus diesen Untersuchungskriterien ergibt, geht es um mehr als um die Rezension eines Textes, es geht um die Funktionsbestimmung von Literatur allgemein, nicht zuletzt auch um die eigene Positions-

---

[7] Als Motto jedes Briefes greift er einen der zeitgenössischen Negativ-Urteile auf, so z.B. „Goethe hätte diesen Roman nicht drucken lassen sollen" (Erster Brief), „Werther als subtile Verteidigung des Selbstmords" (Zweiter Brief), „Die Darstellung so heftiger Leidenschaften wäre dem Publikum gefährlich" (Dritter Brief), „Nicolais Parodie ein Meisterstück" (Vierter Brief), „Die Darstellung eines solchen Enthusiasmus ist ansteckend und eben deswegen gefährlich" (Fünfter Brief), „*Werther* fände nicht immer Leser, die ihn ‚vernünftig' zu lesen wüßten" (Sechster Brief), „Man sollte das Ding nur nicht so reizend vorstellen" (Siebenter Brief), „Gefahr der Nachahmung der Leiden" (Achter Brief), „*Werther* als Kopie von St.Preux" (Neunter Brief). Der letzte Brief schließlich stellt die Möglichkeit, ein „Urteil" aus so geringer historischer Distanz fällen zu können überhaupt in Frage. In seiner Gegenargumentation geht er - wie es für seine ästhetischen Schriften überhaupt typisch ist - nicht systematisch argumentierend vor, sondern er reiht seine Gedanken assoziativ aneinander, wie schon Martini feststellte. Fritz Martini, „Die Poetik des Dramas im Sturm und Drang. Versuch einer Zusammenfassung" in *Deutsche Dramentheorien* Hrsg. Reinhold Grimm, Frankfurt 1973, S. 127. Daß es dabei um mehr geht als eine stilistische Revolution, nämlich um eine „unbedingte Konfrontation mit dem monumentalen Begriffsapparat der Poetik-Lehrbücher" wurde von Scherpe nachgewiesen. Klaus Scherpe, „Historische Widersprüche in der Gattungspoetik des 18. Jahrhunderts," *Germanisch-Romanische Monatsschrift* 34 (1984): 319.

findung.⁸ Die merkwürdigen Distanzierung am Ende der Rezension bestätigt ebenfalls, daß Lenz sich wohl in erster Linie selbst Rechenschaft über die eigenen Reaktionen auf die *Werther*-Debatte zu geben versucht:

[Ich habe] Goethe nicht rechtfertigen wollen sondern nur seine Rezens[enten und] deren Publikum zurecht weisen wollen, um deren Best[es willen] ließ ich mich zu diesem demütigen Ausdruck herab. W[eder Recht]fertigung noch Empfehlung braucht er. . .
(689-90)

Natürlich spricht aus dieser Zurücknahme auch eine Portion Taktik, sich gegenüber Goethe nicht der Anmaßung schuldig zu machen, ein Rollenspiel, dessen Lenz sich häufig bedient⁹, sei es um die eigene Kritik zu verbergen und somit einer direkten Konfrontation zu entgehen, sei es um die eigenen Urteile zu relativieren und sie somit als Eröffnung zum Dialog zu sehen. Im Schlußteil der Abhandlung trifft Lenz eine wichtige Unterscheidung zwischen einer Rezension, die seiner Meinung nach ein Urteil enthalten muß, und „dazu fühlt er [s]ich noch nicht im Stande" (690) und der von ihm gewählten Form der Besprechung. Es sei an dieser Stelle nochmals betont, daß es in den „Werther-Briefen" m. E. weder um eine immense Identifikation mit *Werther* und einer daraus folgenden Verteidigung *Werthers* gegen einen inzwischen arrivierten Goethe, noch um einen bewußten Affront gegen die zeitgenössische Meinung, die eine extreme Anerkennung zu seinen eigenen Bedingungen fordert, wie eine der wenigen Studien zu den Lenzschen „Werther-Briefen" postuliert¹⁰, sondern um eine Selbstauseinandersetzung mit der Form des Romans in der zeitge-

---

[8] „In der bedingungslosen Verteidigung von Goethes Werk entwickelte Lenz zugleich wichtige Elemente der eigenen Kunstkonzeption und Persönlichkeitsauffassung als Beitrag zur Theorie des Sturm und Drang." Damm, *Werke und Briefe*, 2, Anmerkungen, S. 915.

[9] Allen G. Blunden, „A Case of Elusive Identity: The Correspondence of J.M.R. Lenz," *Deutsche Vierteljahrsschrift* 50 (1976): 103-26.

[10] „Just as Lenz - somewhat perversely - defends Werther against Goethe, so he defends Amadis against Wieland... Rothe in ‚Der Waldbruder' cannot, however, simply be read as a Goethe-caricature." Anm. 15 und Osbornes Hauptthese: „The discussion will centre on Lenz's explicit defence of Goethe's novel, the ‚Briefe über die Moralität der Leiden des jungen Werthers.' It may well be that such an examination can throw some light on the psychological or social causes for Lenz's particularly strong sense of identification; this investigation is, however, to be concerned less with Lenz's motivation than with his rhetoric, his conscious attempt to challenge, to provoke, even to outrage contemporary opinion by demanding an acceptance of Goethe's novel on his extreme terms." John Osborne, „Exhibitionism and Criticism: J.M.R. Lenz's *Briefe über die Moralität der Leiden des jungen Werthers*," *Seminar* X, 3 (1974): 201.

nössischen Literaturdebatte und eventuell um eine Eröffnung eines literaturtheoretischen Dialogs mit Goethe, dem Lenz diese Schrift ja zuerst zukommen ließ.

Bei der für Lenz typischen nicht-konventionellen Argumentationsführung in „fits and spurts,"[11] geht es jedoch um mehr als um eine stilistische Marotte. Bezeichnend für seine kritische Vorgehensweise ist die Weigerung, feste Lehrsätze und Urteile zu postulieren. Ein Werturteil, so scheint er anzudeuten, kann erst aus der historischen Distanz heraus entstehen, die Lenz zu diesem Zeitpunkt noch nicht hat. Wie in vielen seiner anderen poetologischen Abhandlungen, steht die Vorläufigkeit der Argumente auch hier im Vordergrund. Indem er seine Gedanken in *statu nascendi* darlegt, weigert er sich, der eigenen Argumentationkette jegliche „Eindeutigkeit" oder „Wahrheit" zuzuschreiben.

Aus seiner theoretischen und poetischen Praxis wird jedoch auch deutlich, daß es sich bei dieser Vorläufigkeitsfloskel wohl um ein Konzession an die zeitgenössische Poetik handelt, die sich eine kohärente und konsistente Repräsentation einer monoperspektivischen Vision der jeweils dargestellten „Wirklichkeit" zum Ziel machte. Lenz, so meine These, weigert sich nicht nur vorläufig, sondern grundsätzlich, in Theorie und Praxis eine organische Einheit abzubilden. Stattdessen entwirft er ein Kräftefeld der verschiedenen zeitgenössischen literarischen Konventionen und des an ihnen geschulten Rezeptionsverhaltens in seiner Theorie und eine perspektivistische, offene Schreibweise in seinen fiktionalen Texten. Die Lenzsche „Poetik der Bedingungsverhältnisse" entwirft Texte, die als Kräftefelder, als Orte des Dissens, der schillernd wechselnden Interessen, als Gelegenheiten für das Aufeinanderprallen orthodoxer und subversiver Tendenzen zu interpretieren sind.[12]

Die sich aus dieser Strategie ergebende Komplexität seiner Reaktion auf die Kontroverse um *Werther* verbietet ihm daher den Gestus der „Systematisierung"[13] und der autoritativen Theoretisierung:

Spürbar bleiben soll die gegenwärtige Verfertigung der Gedanken beim Anschauen des poetischen Materials. Daher der exklamato-

---

[11] Osborne, „Briefe über Werther," S. 203.

[12] Im Original: „fields of force, places of dissension and shifting interests, occcasions for the jostling of orthodox and subversive impulses." Diese von Greenblatt an der Literatur der englischen Renaissance erarbeiteten Kategorien illustrieren den von mir geprägten Begriff der Poetik der Bedingungsverhältnisse. Stephen Greenblatt, (Hrsg.) *The Forms of Power and the Power of Forms in the Renaissance Genre XV* No. 1/2 (1982): 6.

[13] Scherpe, „Historische Widersprüche," S. 312.

rische Stil, die fragmentarisierende Rede um die Betonung des Vorläufigen aller benennbaren Ergebnisse. Mit seiner Bildersprache zeichnet Lenz einen Gegenentwurf zur institutionellen Vorgabe der Schulpoetik.[14]

Der für Lenz typische sprachliche Gestus indiziert jedoch mehr als nur eine Protesthaltung gegen die Regelpoetik; er problematisiert vielmehr grundsätzlich die Möglichkeit eindeutiger Positionen im Angesicht der komplexen Literaturdebatte seiner Zeit. Lenz zeigt seine Gedanken nicht nur als von den verschiedenen zeitgenössischen Literaturauffassungen abhängige, sondern ebenfalls von spezifischen Umständen und Situationen geprägte. Somit verbaut er sich die Möglichkeit einer urteilenden Festlegung auf einen bestimmten allgemeingültigen Standpunkt.[15] Diese Poetologie der Bedingungsverhältnisse statt einer monoperspektivischen Vision seiner zeitgenössischen Wirklichkeit spielt Lenz sowohl in seinen theoretischen Texten, wie hier in den „Werther-Briefen", als auch praktisch in seinem *Pendant zu Werthers Leiden* durch.

Die „Werther-Briefe" stecken das Feld der zeitgenössischen Literaturdiskussion[16] ab, indem sie die verschiedenen in ihr wirkenden Impulse aufeinander reagieren lassen. Die scheinbar umständliche und widersprüchliche Argumentationsführung läßt uns zum Zeugen dieses die verschiedensten Positionen zueinander in Beziehung setzenden Verfahrens werden. In diesem Kräftefeld nimmt der Autor Stellung, verwirft seine Position, experimentiert mit einer anderen Sichtweise und wertet Standpunkte um. Vorgestellt wird daher die Suche nach einer Orientierung, nicht die Darstellung einer Position.

Lenz wendet sich zunächst gegen die eindimensionale Auslegung eines literarischen Werkes. Er unterscheidet zwischen „moralischen Endzwecken" also einer bestimmten Lehre, einem „moralischen Satz" (Gottsched) und der Moral der Wirkung auf das Herz des Lesers:

---

[14] Scherpe, „Historische Widersprüche," S. 319.

[15] Auch in den „Anmerkungen übers Theater" in denen es explizit um den Standpunktbegriff geht, ist die Lenzsche Haltung keineswegs eindeutig. Ein ähnliches Verfahren nimmt auch dort Positionen auf und setzt sie in Beziehung, statt sich auf einen einzigen Standpunkt festzulegen. *Werke und Briefe* 2, S. 648.

[16] Für eine neuere zusammenfassende Übersicht über die Erstrezeption des *Werther* siehe Horst Flaschka. *Goethes „Werther" Werkkontextuelle Deskription und Analyse*, München 1987, Kapitel VI. Er teilt die Hauptpositionen und ihre Vertreter in drei Gruppen ein: die „Anhänger der Geniebewegung," „Vertreter der Aufklärung und Aufklärungsbildung" und in die „Repräsentanten kirchlicher Orthodoxie." Flaschka, *Werther*, S. 253-54.

Laßt uns also einmal die Moral dieses Romans untersuchen, nicht
den moralischen Endzweck den sich der Dichter vorgesetzt (denn
da hört er auf Dichter zu sein) sondern die moralische Wirkung die
das Lesen dieses Romans auf die Herzen des Publikums haben
könnte und haben müsse. (676-77)

Er sieht in den Kritikern, die *Werther* als Verteidigung der „Unmoral,"
sei es des Selbstmordes, oder der Mißachtung des Ehestandes[17] interpretieren, die Vertreter derjenigen aufklärerischen Literaturauffassung am
Werke, die davon ausgeht, die Einkleidung einer bestimmten festumreißbaren Aussage zu leisten, die zur Besserung der Sitten beitragen soll:

Sie halten ihn für eine subtile Verteidigung des Selbstmords ....
Warum legt man dem Dichter doch immer moralische Endzwecke
unter, an die er nie gedacht hat .... Als ob der Dichter sich auf
seinen Dreifuß setzte, um einen Satz aus der Philosophie zu beweisen. Das geht dem Autor wohl an der an den Nägeln käuet,
aber warum mißt man einen Riesen nach dem Zwerge. Nichts mehr
und nichts weniger als die Leiden des jungen Werthers wollte er
darstellen, sie bis an ihr Endziel verfolgen wie Homer den Zorn
Achills. Und das Ganze sollte so wenig Eindruck auf Sie gemacht
haben, daß Sie noch am Ende nach der Moral fragen können. (675)

Anspielend auf den Übergang von der Regel- zur Wirkungspoetik wertet
er die Nachahmung eines moralischen Satzes als unkünstlerisch ab.[18] Er

---

[17] „Goethe wurde bekanntlich als Verführer der Jugend angeklagt; und die Denuzierung hatte den Erfolg, daß der Roman teilweise durch die staatliche Zensur verboten wurde. Unverzeihlich erschien besonders, daß der Held den Freitod wählt, nachdem er die Absolutheit seines Gefühls durch die Wirklichkeit desavouiert sieht. Denn dieser Ausweg verstieß gegen das harmonische Weltbild der Aufklärung, demzufolge die Identität des Individuums sich in der Erfüllung seiner sozialen Pflichten bestimmt." Peter Uwe Hohendahl, „Empfindsamkeit und gesellschaftliches Bewußtsein. Zur Soziologie des empfindsamen Romans am Beispiel von *La Vie de Marianne, Clarissa, Fräulein von Sternheim* und *Werther*," *Jahrbuch der deutschen Schillergesellschaft* XVI (1972): 199. Siehe auch dessen Übersicht über die zeitgenössische Rezeption bes. Anmerkung 56 derselben Seite.

[18] Er reduziert dabei den Sachverhalt natürlich, denn insgesamt geht es bei der Aufklärungspoetik nicht nur um die Nachahmung eines philosophischen Satzes, sondern um die Bestätigung einer durch philosophische Kategorien abgesicherten abzubildenden Wirklichkeitsauffassung, daß sich nämlich die Welt „auf der Basis eines festen Bestandes konstanter Prinzipien, die erkennbar und einsichtig sind" konstituiert. Peter J. Brenner, *Die Krise der Selbstbehauptung: Subjekt und Wirklichkeit im Roman der Aufklärung*, Tübingen 1981. Diese nützliche Abhandlung geht auf die zentralen Kategorien der Subjektbildung und der Realitätsauffassung der Zeit ein, die auch im Zusammenhang mit der vorliegenden Arbeit von

setzt voraus, daß sein Gegenüber die ästhetische Wirkung, das *movere*, als Hauptinteresse des Dichters verstanden haben sollte und es somit müßig ist, nach dem *docere* zu fragen. Eine spezifische moralphilosophische Zwecksetzung wird damit ausgeschlossen. Lenz betont, daß es auf „nichts mehr und nichts weniger" als die Darstellung der „Leiden des jungen Werthers" ginge, genau wie es bei seinem „Hofmeister" um die „Sachen wie sie da sind" (675) gehe.[19] Diese in ihrer Nicht-Spezifik unbefriedigende Aussage bleibt zunächst wie ein blindes Motiv im Raum stehen. Der Autor greift nicht die Diskussion um die Frage der mimetischen Funktion der Literatur oder die Diskussion um den abzuschildernden Gegenstand auf, wie man erwarten würde[20], sondern er greift einen anderen Aspekt, nämlich den der Identifikation auf. Statt stringenter argumentativer Abhandlung eines Gesichtspunktes, stellt er die verschiedenen Aspekte der zeitgenössischen Literaturdiskussion in ihr Beziehungsfeld. Der Frage der Moral und der Identifikation – er greift hier den Standpunkt der rationalististischen Aufklärer vom Schlage Nicolais auf, die im starken Identifikationsangebot des Textes die Propagierung einer anti-bürgerlichen Haltung sahen – ordnet Lenz einen anderen Gesichtspunkt zu, nämlich den der formalen Distanzierungsstrategien.

Er insistiert auf der ästhetischen Distanz, die sich in der Unterscheidung von der individuellen Moralität des Werther als Charakter und der Moral des „Gemäldes", d.h. der Welt des Romans als ganzer, äußert. Die so entstehende Aussagedifferenz bricht die Konvention der kohärenten und konsistenten, nach invariablen Prinzipien konstruierten Aussage des Textes auf. Die Haltung Werthers, so betont Lenz, ist inkommensurabel mit der Gesamtaussage des Romans. Innerhalb des poetischen Textes wird keine repräsentative, sondern eine spezifisch subjektive Haltung dargestellt. Indem er den Gesichtspunkt der Distanz zwischen der spezifischen Haltung des individuellen Charakters und der Gesamtaussage des Textes in die Diskussion einbringt, verwirft er die Vorwürfe, *Werther* verherrliche eine bestimmte – unmoralische – Lebenshaltung. Die Problematik der Identifikation untersucht er dann auf ihre Genese.

Interesse sind, jedoch in den hier diskutierten Lenzschen Texten nicht direkt angesprochen werden und daher auch von der Analyse ausgeklammert werden.

[19] „...man hat nicht bedacht daß ich nur ein bedingtes Gemälde geben wollte, von Sachen wie sie da sind und die Philosophie des geheimen Rats nur in seiner Individualität ihren Grund hatte." (2, S. 675).

[20] Er tut dies an anderer Stelle vor allem in den „Anmerkungen übers Theater" *Werke und Briefe* 2, S. 642-71.

In Abwandlung des aufklärerischen Gemeinplatzes, die Literatur solle das Herz und den Verstand ansprechen, stellt er theoretisch die Fähigkeit das „Herz" und die „Imagination" zu fesseln ins Zentrum des künstlerischen Schaffens. (675) Inwieweit das für seine eigene Praxis zutrifft bliebe zu diskutieren und soll in der Analyse des *Waldbruders* erneut aufgenommen werden. Im an dieser Stelle notwendigerweise unspezifisch bleibenden Diskurs der „Sturm und Drang Poetik"[21] entthront das „Herz" als die Verkörperung der wichtigsten Seelenkräfte, das „Kalte Blut" (675) den Verstand, die ursprünglichen oberen Seelenkräfte des Menschen.[22] Die gegensätzliche Wirkungsweise dieser beiden Fakultäten beschreibt Lenz folgendermaßen:

> Daß man aber mit eben dem kalten Blute sich hinsetzt und nach der Moral der Leiden des jungen Werthers fragt, da mir als ich's las die Sinnen vergingen, ich ganz in seine Welt hineingezaubert mit Werthern liebte, mit Werthern litt, mit Werthern starb – das kann ich nicht vertragen. . . (675-76)

Obwohl der Begriff nicht fällt, ist hier wieder die Rede von einer starken Identifikation, die die Verstandeskräfte bewußt außer Kraft setzt bzw. sie zum ungeeigneten Reaktionsinstrument macht. In seiner Betonung der unmittelbar wirkenden Zauberkraft des Textes verwickelt sich Lenz zunächst anscheinend in Widersprüche. Die Argumente der *Werther*-Gegner zielten eben genau auf die Gefahr, die diese vom Verstande unmediatisierte Gefühlswirkung auf das Publikum hatte und die von Lenz nun, obwohl er das Gegenteil beweisen wollte[23], zunächst bestätigt wird. Es ist jedoch Teil des Lenzschen Argumentationsverfahren Gegensätze und Widersprüche zu benennen, sie in Relation zu setzen, sie jedoch nicht aufzulösen. So nimmt er zunächst Stellung gegen den Kritikpunkt der rationalistischen Aufklärer, der Roman lade zu stark zur unreflektierten Identifikation mit dem Helden ein.

Da er dieses Identifikationsangebot auf Grund der eigenen Erwägungen, die implizit und explizit auf der Macht der Identifikation beruhen, durch die die intendierte starke Wirkung erst erreicht wird, nicht negieren kann,

---

[21] Klaus Gerth, „Die Poetik des Sturm und Drang," Walter Hinck Hrsg. *Sturm und Drang. Ein literaturwissenschaftliches Studienbuch*, Kronberg 1987, S. 55-80.

[22] Gerth, „Poetik" besonders Teil 2 S. 58-62.

[23] „Die Darstellung eines solchen Enthusiasmus ist ansteckend und eben deswegen gefährlich. Und die Gefahr? Es könnte mehrere Lotten geben und die mehrere Werther finden. Das menschliche Herz ist geneigt alles nachzuahmen was es außerordentlich bewegt hat, wie schon Cicero eingesehen hat." (2, 679).

wertet er die Vorzeichen um. Die Nachahmung des Wertherschen Verhaltens wird nicht als negativ, sondern als positiv empfunden. Er will die verschiedenen Standpunkte, die er kurzfristig zu den eigenen macht, quasi gleichzeitig – was natürlich im Medium der Sprache nicht möglich ist – in Beziehung setzen. So kommt Lenz dann zu dem scheinbar widersprüchlichen Schluß, daß die Identifikation mit dem Enthusiasmus Werthers letztendlich nur für den „unglücklichen Schwärmer selber" von Schaden sei und dieser wiederum würde vor der äußersten Konsequenz doch wohl zurückschrecken: „Wenn es ein Werther ist, ward sein ganzer Zustand nicht warnend genug vorgestellt? Wer hätte Lust oder das Herz es ihm nachzumachen?" (679-80) Hinter dieser argumentativen *tour de force* verbirgt sich erneut das Argument der Fehlhaltung des ausschließlich distanzlosen, „idolisierenden" Leseverhaltens, das nicht auf implizite Distanzierungsmanöver zu reagieren weiß.[24] Sowohl der „sympathetische" als auch der rationalistisch ausgerichtete Leser begehe diesen Lesefehler.[25]

Indem Lenz den Aspekt der Distanzierung, die der Leser im *Werther* aufgrund der schwachen „Orientierungsmarken"[26] im Text selbst vollziehen muß, ausdrücklich in die Diskussion einbringt, weist er darauf hin, daß er, trotz der obigen Ablehnung des „kalten" Verstandes, nicht bedingungslos für dessen Ausschaltung plädiert, wie es häufig in der Sekundärliteratur dargestellt wird. So betont Gerth, daß die Genieästhetik durch einen „Strom der Begeisterung" den Zuschauer zum Akteur mache.[27] Die hiermit angesprochene Identifikation führt zu einer „Illusion", die den Abstand zwischen Akteur und Zuschauer verringert. Die Kräfte des Verstandes, die die Illusion als Täuschung entlarven, werden somit aus der Ästhetik verdrängt: „Im Sturm und Drang spricht niemand mehr davon, daß das Bewußtsein die Täuschung aufhebe."[28] Für Lenz gilt die Absage an die ratio-

---

[24] Mit dem Begriff der Idolisierung bezeichnet Flaschka den Vorgang „bei dem das Publikum eine nicht mehr zur moralischen Erbauung oder sittlichen Besserung geschaffene Figur der Dichtung dennoch mit dem besonders für eine Zweckästhetik typischen Rezeptionsmuster der distanzlosen Vereinnahmung und Identifikation aufgenommen wurde". Flaschka, *Werther*, S.295.

[25] Georg Jäger geht davon aus, daß die Mehrzahl der *Werther* Anhänger zu der Gruppe der „sympathetischen" Leser gehörten, die den Text distanzlos rezipierten: „Dem Dichter als Psychagogen entsprach der ‚sympathetische' Leser. Bei so viel Empfindungsüberschwang wurde die kritische Distanz, in die der Text Werther rückt, kaum wahrgenommen. Georg Jäger, *Die Leiden des alten und des neuen Werther. Kommentare, Abbildungen, Materialien*, München 1984.

[26] Jäger, *Die Leiden*, S. 27.

[27] Gerth, „Poetik," S. 79.

[28] Gerth, „Poetik," S. 70.

nalen Kräfte[29] jedoch nicht, so sehr er sich auch bemüht, diese in den Argumenten der Gegner zu verankern. Indem er eine Unterscheidung trifft zwischen der Identifikation mit der Individualität des Charakters und der Gesamtaussage des Romans, der selbst warnendes Beispiel sei, legt er den Finger auf die distanzierende Funktion der Ästhetik. Sie gebietet der haltlosen Identifikation Einhalt, damit sich der Leser eben gerade nicht ausschließlich mitreißen läßt. Daß ihm die Spannung zwischen absoluter Identifikation und rationaler Distanzierung ein zentrales Problem ist, läßt sich schon an der die ausführlichen, die kontroversen Positionen wiederholt aneinanderreihenden Argumentationsweise ablesen:

Aber einen Menschen von ihren Gefühlen [Lotte] und ihrer Art zu handeln, in ihrer Gestalt möchte ich sagen, sich für das trefflichste Geschöpf in der Natur entzündet zu sehen, von seinen Schicksalen gerührt, erschüttert, zerfleischt, wie bei allem was wir zu lieben pflegen, seine Empfindungen annehmen, unvermerkt seine Gesinnungen sich zu eigen machen, unterscheiden ein Mädchen voll Seele, voll des zartesten Gefühls ihrer Verhältnisse von der Flitterpuppe, sie vorziehen, ihr zu gefallen suchen, sie verehren, sie anbeten, für sie sterben – wollte Gott daß wir eine Welt voll Werthers bekämen, wir würden uns besser dabei befinden. (981-82)

In der weiteren Argumentation relativiert er diese weitgehende Identifikationsfunktion der Kunst jedoch erneut:

Und ich weiß dem Dichter für kein Geheimnis seiner Kunst größeren Dank, als er eben da wo die Herren das Gift zu finden fürchten, das Gegengift für dies verzehrende Feuer gütig hineingelegt hat, ich meine Beschäftigung des gut gearteten Herzens und der glücklich gestimmten Einbildungskraft. Diese Beschäftigungen werden ihn bald zu ernsthaftern lenken und so wird in seiner Seele die glückliche Harmonie wieder hervorgebracht werden, die aus starken und männlichen Arbeiten und ausgewählten Vergnügungen der Einbildungskraft und der Sinne allezeit unausbleiblich entstehen muß und die Liebe zum Leben gewiß nicht wird auslöschen lassen. Alles das hätte Werther auch – aber Werther ist ein Bild meine Herren, ein gekreuzigter Prometheus an dessen Exempel ihr euch bespiegeln könnt und eurem eigenen Genie überlassen ist, die nützlichste Anwendung davon zu machen. (685)

---

[29] Siehe auch Ingrid Engel, „Werther und die Wertheriaden. Ein Beitrag zur Wirkungsgeschichte" Diss. Universität des Saarlandes 1986, bes. S. 88.

Statt die hierin angelegten Widersprüche aufzulösen, weist Lenz stattdessen auf einen weiteren komplizierenden Aspekt in der Diskussion hin, nämlich auf die wichtige Sensibilisierungsfunktion eines Textes wie *Werther* hin, der die Leser auf eine ihnen unbekannte Welt in ihrem Innern hinweise und ihnen somit einen neuen Empfindungsbereich zugänglich mache. Hier klingt die Debatte um die Freisetzung und Funktion der Phantasie mit ihren emanzipatorischen und stabilisierenden Aspekten an: „Das Individuum vermag sich ‚Welt' ästhetisch anzueignen und seinen ‚Möglichkeitshorizont' zu erweitern, doch kann die Fantasie, da sie Handlungen symbolisch auszuagieren erlaubt, auch zu einem die Verhältnisse stabilisierenden Ventil werden."[30] Lenz erkennt zum einen, daß die Erschließung der eigenen Subjektivität sich jedoch nicht ausschließlich auf die emotional-sensuelle Seite beschränken kann, sondern er vermutet im „gut gearteten Herz[en]" und in der „glücklich gestimmten Einbildungskraft" wohl auch rationale Kräfte, die die Notwendigkeit einer Balance zwischen beiden Seinsweisen erkennen. Hinzu kommt, daß sich die sensibilisierende Erweiterung des Empfindungsbereichs durch die Phantasie nicht ausschließlich passiv manifestieren darf, sondern daß sie auch gleichzeitig das Aktionspotential erhöhen soll. Um nicht zu einem stabilisierenden Ventil zu werden, muß die illusionsfördernde Phantasie beschränkt werden.

Es ist dies eine ästhetische Eingrenzung. Er betont die Qualitäten des *Artefacts*, den Bildcharakter, der sehr wohl der reflektierenden Distanz bedarf: „Bedenkt ihr denn nicht, daß der Dichter nur eine Seite der Seele malen kann die zu seinem Zweck dient und die andere dem Nachdenken überlassen muß." (685) Obwohl Lenz die Macht der absoluten Identifikation des *Werther*-Textes spürt und nachvollzieht, kann er diese als ausschließliche Wirkungsabsicht nicht gelten lassen. Die distanzierte Reflektion des Lesers über seine Affektion durch den Text ist, so können wir annehmen, die Wirkungsabsicht des Texten woraus sich auch das ästhetische Vergnügen ableitet.[31]

Auch in Bezug auf die Funktion der Literatur sieht Lenz zwei gegensätzliche Wirkungsintentionen am Werk. Zum einen erkennt er die

---

[30] Jäger, *Die Leiden*, S. 28.

[31] Lenz geht ebenfalls auf einige formale Mittel der Distanzierung ein; so z.B. die schon erwähnte Unterscheidung zwischen der Individualität des Charakters, dessen Meinungen und Aktionsweisen nicht unbedingt der Gesamtaussage des Textes entsprechen. Ein weiteres Mittel hierzu sieht er in der Unterscheidung zwischen Erzählzeit und erzählter Zeit: „Daß er euch...eine Chronika von 24 Foliobänden schreiben müßte, die gerade so viel Zeit zum Lesen erfoderte [sic], als Werther gelebt und gelitten haben könnte." (2, 685).

Wichtigkeit des *delectare* um ein Publikum anzusprechen, das in erster Linie unterhalten zu werden wünscht, gleichzeitig sieht er jedoch die Notwendigkeit eben dieses Publikum durch die Sensibilisierung letztendlich zu erziehen und es somit auf eine höhere Bewußtseinsstufe zu heben. Obwohl er die Unterhaltungsfunktion der Literatur, die ihrerseits eng mit ihrem spezifischen Identifikationsangebot zusammenhängt, für nützlich hält, lehnt Lenz den Aspekt des *docere* – nicht im Sinne einer spezifischen Belehrung, sondern einer eher allgemeinen Bewußtwerdung – nicht ab:

Ich will Ihnen aber zugestehn, der größte Teil des Publikums der Werthern am begierigsten verschlingt, sei ein Haufe junger Leute ohne Nachdenken und Erfahrung, bereit sich in den ersten besten Abgrund der Leidenschaft hineinzustürzen, mög er hinausführen wohin er wolle. Eben für *diese und ihresgleichen* sind die Leiden des jungen Werthers geschrieben, trotz alle dem was der hochweise Martin philosophiert {S.9}. Für Stutzer und Parteigänger grad wie er sie beschreibt. Und was für ein Buch soll sonst für sie geschrieben sein, sollte sie aufmerksam und fühlbar machen für das was schön edel und gut ist. Die Bibel? die sie nie gelesen haben? Predigten die sie anhören aber nie hören. Philosophisches Allerlei in Taschenbuchformat das sie in der Welt zu gar nichts gebrauchen können. Romane und Komödien aus dem ungeheuren Lande der Ideen, die nie in unsere Welt hinabgekommen sind und deren Unähnlichkeit mit dem was wir erleben, einen Menschen, der sich nach ihnen bildet, gleich beim ersten Eintritt in jede gute Gesellschaft zum Narren stempelt. (681)

Leichtsinnige junge Leute werden durch diesen Roman sensitiviert. Sie lesen ihn, weil er ihnen gefällt, nicht weil sie bekehrt werden wollen. Er gefällt ihnen, so können wir annehmen, weil sie sich mit Werther identifizieren. Die Sensibilisierung erfolgt unbewußt, weil „jeder Roman der das Herz in seinen verborgensten Schlupfwinkeln anzufassen und zu rühren weiß, auch das Herz bessern muß..." (682) Die Erziehungsfunktion des Romans verbirgt sich zunächst hinter dem Moment der unreflektierten Sensitivierung. Ein ästhetisch ungebildetes Publikum muß auf diese Weise auf eine höhere Bewußtseinsstufe gebracht werden. Im folgenden Paragraphen beschreibt Lenz die nächsthöhere, stärker reflektierenden Rezeptionsweise der Literatur wenn er folgert:

Eben darin besteht Werthers Verdienst daß er uns mit Leidenschaften und Empfindungen bekannt macht, die jeder in sich dunkel fühlt, die er aber nicht mit Namen zu nennen weiß. Darin besteht das Verdienst jedes Dichters. (682)

Das Benennen der Empfindungen erfordert einen gewissen Grad der (kritischen) Distanzierung und leistet somit einen Beitrag zur ästhetischen und, in einem weit gefaßten und nichtspezifischen Sinn, moralischen Erziehung des Publikums. Der Leser soll sowohl sensuell als auch rational bewußter gemacht werden. Lenz beugt mit dieser Argumentation darüberhinaus einer Rezeption vor, die Werther in die Rolle der „Trost" und „Erbauung" spendenden „schönen Literatur" als Handlungsersatz drängt, die dann so verharmlost, zu einem „kalkulierbaren Faktor der bürgerlichen Lebensordnung" werden konnte.[32]

Zusammenfassend läßt sich feststellen: Was im Lichte der zeitgenössischen Konvention einer Rezension als problematischer Mangel an Stringenz der Argumentationskette und als widersprüchliches[33] Schwanken zwischen zwei gegensätzlichen Positionen erscheint, indiziert jedoch den Kern der Lenzschen Ästhetik. Einerseits sieht er die Notwendigkeit einer Poetik, die auf einer möglichst starken Identifikation beruht und die daher die Mittel der ästhetischen Distanz zurücktreten läßt. Andererseits verteidigt er die rationalen Kräfte, die einen Lernprozeß einzuleiten vermögen und die über die Sensibilisierung hinausgehend eigene Problematiken im Text zwar zu erkennen, sie jedoch von der Problematik des Protagonisten zu trennen weiß. Durch letztere Erkenntnis wird das Publikum gezwungen, zu eigenen Lösungen zu kommen, statt sich der automatischen Identifikation zu überlassen. Aus einem passiv mitleidenden Publikum soll letztendlich ein aktiv mitfühlendes und mitdenkendes Publikum werden. Die zunächst verwirrend und unklar erscheinende „Verteidigung" des Goetheschen Romans ist lediglich widersprüchlich, wenn man sie als eine solche versteht. Als poetologische Selbstverständigung jedoch, eröffnen die „Werther Briefe" den Dialog um die Funktion und Ästhetik des Romans zwischen illusionsfördernder Identifikation und kritischer Distanz gegenüber dem Romangeschehen. Daher ist die Lenzsche Weigerung, ein Urteil über diesen Text zu geben keine Bescheidenheitsformel, sondern ein Verweis auf seine Intention, die Diskussion um die über die ethischen Kategorien, mit der die zwei grossen Parteien[34] den Roman entweder lobten oder tadelten,

---

[32] Klaus Scherpe, *Werther und Wertherwirkung: Zum Syndrom bürgerlicher Gesellschaftsordnung im 18. Jahrhundert*, Bad Homburg 1970, S. 97.

[33] Scherpe, *Werther*, S. 103.

[34] „... die eine Partei, indem sie den Helden, völlig eingenommen von dessen Empfindsamkeit, uneingeschränkt bewunderte; die andere, indem sie das Buch anstößig fand, weil sie es für eine mehr oder weniger verkappte Verteidigung des Selbstmords hielt." Erika Nolan, „Goethes' *Die Leiden des Jungen Werther* Absicht und Methode," *Jahrbuch der deutschen Schillergesellschaft XXVIII* (1984):

hinausreichenden formalen Grundsatzprobleme zu eröffnen: Identifikation, die auf ein bestimmtes Maß getrieben die ästhetische Distanz zunichte macht, hebt letztendlich den Kunstcharakter auf. Literatur wird so zu einem sich im Sentimentalen verlierenden Ersatzvehikel für das eigene intensive Erleben, das derart ästhetisiert, wieder gefahrlos in die gesellschaftliche Wirklichkeit eingegliedert werden kann. Diesen ethischen, moralisierenden Positionen und der Vereinnahmung in ein sentimentalistisches Paradigma wird eine dritte Möglichkeit zugeordnet, eine präidealistische Position, eine „ästhetische Utopie" wie sie Schiller in der ästhetischen Erziehung des Menschen sieht.[35] Keine dieser drei Positionen läßt sich jedoch als *die* Lenzsche Position bezeichnen. Die eigene Position wird bewußt ausgeklammert. Stattdessen wird eine verunsichernde Leerstelle in den poetologischen Text eingebaut, die den Leser zur Mitarbeit statt zur passiven Rezeption auffordert. In diesem Spannungsfeld eines Selbstklärungsprozesses siedelt er sein *Pendant zu Werthers Leiden* an.

II.

Lenz' Protagonist mit dem sprechenden Namen Herz[36], ein junger Intellektueller wie Werther, zieht sich aufs Land zurück um seinen Gedanken an eine unerreichbare Geliebte nachzuhängen. Lebte Werther in der Idylle einer Frühlingslandschaft seinen Gefühlen, so zieht Herz im Winter in den Odenwald, in eine Hütte aus „Moos und Baumblättern" (I Brief 10). Er legte „seine Bedienung bei der Kanzlei" (I Brief 2) nieder, nachdem er sich in eine Gräfin verliebt hatte, die er lediglich aus Briefen

---

194-95.

[35] Klaus Scherpe sieht in Lenz den frühen Vertreter einer die Positionen der moralischen und sentimentalischen Literaturauffassung überwindenden idealistischen Position im Sinne Schillers: „Die Richtung der Wertherrezeption, die sich über das bürgerliche Moralsystem und die modische Schwärmerei des ‚Werthervolks' hinwegsetzt, ist damit bezeichnet." Scherpe, *Werther*, S. 104. Gegen diese Überwindungstheorie spricht die „widersprüchliche" Widerborstigkeit des Lenzschen Textes. Sieht man *Werther*, die „Werther-Briefe" und den *Waldbruder* als zusammengehöriges Beziehungsfeld, so wird klar, daß Lenz diese drei Positionen mit ihren jeweiligen ästhetischen Auswirkungen zwar thematisiert und problematisiert, sich jedoch keineswegs eindeutig für eine Haltung entscheidet.

[36] Die Anspielung auf Werthers Sensibilität durch dessen wiederholten Verweis auf sein Herz ist deutlich. Siehe auch Clark Muenzers Bezeichnung des *Werther* als „quintessential novel of the heart" Clark S. Muenzer, *Figures of Identity. Goethe's Novels and the Enigmatic Self*, University Park, London 1984, S. 4 und Max Diez, „The Principle of the Dominant Metaphor" in *Publications of the Modern Language Association* (1936) bes. S. 998. Herz scheint eine allen anderen Persönlichkeitsaspekten entkleidete essentielle Wertherfigur zu sein.

seiner Wirtin kannte, und die er sodann auf einem Ball kennengelernt zu haben glaubte. Der Irrtum, eine Fremde für seine Geliebte gehalten zu haben stört ihn jedoch nicht weiter, da er in „ihren Geist, ihren Charakter" (I Brief 5) verliebt sei und nicht in ihre Gestalt. Aus im Roman nicht geklärten Gründen (es liegen lediglich Spekulationen von den verschiedene Korrespondierenden darüber vor) läßt sich die Gräfin malen und Herz leitet ab, daß das Bild für ihn intendiert sei und versucht es in seinen Besitz zu bekommen um mit ihm nach Amerika in den Krieg zu ziehen. Was Herz als sozialen Aufstieg freudig begrüßt, die Karriere im Militär, scheint jedoch lediglich eine Intrige seiner Freunde zu sein, ihn von der Geliebten zu entfernen, die – was Herz nicht bekannt ist – den Vorgesetzten unter dem Herz in den Krieg ziehen will, heiraten wird. Der Roman endet mit einem Brief dieses Verlobten, der die Bildintrige als Versehen von Herz darstellt, der vergessen habe, daß er das Bild an seine neue Adresse geschickt hatte.

In der folgenden Analyse des *Waldbruders* sollen einige exemplarische Aspekte diskutiert werden, in denen Lenz thematisch ähnlichen Konstellationen wie im *Werther* eine andere Wertung verleiht: Die Darstellung der Frau und ihre Signifikation durch ihr Bild, die Rolle der Naturbeschreibung und die Beschreibung der Arbeit. Abschließend sollen die formalästhetischen Veränderung und ihre jeweilige Funktion im Lichte der „Werther-Briefe" diskutiert werden.

Wie die Diskussionen[37] um die Gestalt Lottes zeigen, nimmt ihre Rolle in Bezug auf die Wertherschen Problematik eine wichtige Rolle ein. Ihre relativ detaillierte Ausgestaltung gibt Anlaß zur Diskussion über die Mitschuld oder Unschuld am Geschick Werthers.[38] Ihre Darstellung erschien Lenz zunächst als Repräsentation des weiblichen Ideals per se:

Von dem Enthusiasmus für wirkliche Vorzüge, für weiblichen Wert. Nicht für ein schön Gesicht, nicht für einen schönen Fuß – für den Inbegriff aller sanfteren Reize zusammengenommen, für ein Ideal

---

[37] So z.B. die ausführliche Diskussion der Unterschiede der Lotte-Gestalt in der ersten und zweiten Version des Romans bei Thomas P. Saine, „The Portrayal of Lotte in the Two Versions of Goethe's *Werther*," *Journal of English and Germanic Philology* 80 (1981): 54-77.

[38] So z.B. die Arbeit von Kathleen Warrick, „Lotte's Sexuality and her Responsibility for Werther's Death," *Essays in Literature* 5 (1987): 129-135. Auf eine ausführliche Diskussion der Lotte-Figur und der Sekundärliteratur zu diesem Thema soll jedoch weitgehend verzichtet werden, da der Schwerpunkt meiner Analyse auf Lenzen Einschätzung dieser Figur liegen soll und nicht darauf, welche Funktion sie in Goethes Roman besitzt.

– aber nicht eines wahnwitzigen Augenblicks wie die Ideale gewisser Schriftsteller, sondern einer reifen mit der Welt und ihren Verhältnissen und Einschränkungen durchaus bekannten Überlegung, für ein Ideal wie es jede Tochter Germaniens täglich und stündlich werden kann, ohne ein Haar von dem natürlichen Stempel ihrer Seele zu verlieren, vielmehr sich so ihrer verlernten und verkünstelten Natur allein wieder zurück zu nähern. Und wer wollte nicht Enthusiasmus für ein solches Mädchen haben, wer, der sich nicht auch der Tugend schämt, sich eines solchen Enthusiasmus schämen? („Werther Briefe," 679)

Die Argumentationstruktur verweist auf einige wichtige Punkte, die er in seinem *Waldbruder* radikalisieren wird. Er betont bezeichnenderweise nicht die Charakteristik Lottes, sondern gibt eine Erklärung für Werthers Verliebtsein; er verteidigt seinen „Enthusiasmus," der an sich nicht an eine bestimmte Frau gebunden ist, sondern sich auf „weiblichen Wert" an sich bezieht. Jede „Tochter Germaniens" könnte daher zu diesem Ideal werden, wenn sie sich auf ihre Natürlichkeit besänne. So gesehen kann Lenz die sinnliche Erscheinung Lottes, die Goethes Roman deutlich ausführt, nicht interessieren. Die Frage um Lottes Mitschuld ist für ihn unwichtig. Für Lenz steht nicht Werthers an die Person Lottes gebundene Liebe im Vordergrund, sondern Werthers Lebensgefühl an sich, das sich lediglich am Bild der Frau festmacht, das in ihr ein Objekt findet. Lenz greift daher die formalen Hinweise im *Werther*, die Lotte als Ideal schildern, auf und radikalisiert diese im *Waldbruder*.[39] Hierzu einige Beispiele.

Bevor Werther Lotte kennenlernt, ist er auf Grund seiner psychischen Disposition bereit, sein sehnsuchtsvolles Schweifen auf ein Objekt zu richten, wie sich in dem vielzitierten Brief vom 10. Mai ablesen läßt. Werther findet zunächst in der Frühlingslandschaft ein Objekt für sein schnendes Verlangen. Er spricht von seinen Glücksgefühlen im Angesicht seiner Harmonie mit der Natur um ihn herum und vergleicht das Eins-Mit-Sich-Selber-Sein mit dem Besitzergreifen der Gestalt einer Geliebten:

---

[39] Erika Nolan arbeitet die beiden Ebenen deutlich heraus: Lotte als durch die Augen Werthers geschildertes Ideal und Lotte als selbständige Gestalt. Nolan, „Goethes *Die Leiden*," S. 191-222. Siehe auch Saine: „Goethe allows both Lotte's own feelings and her attitude toward Werther to remain somewhat enigmatic in the first version of the novel....before the editor takes over the narration in the „Herausgeberbericht" towards the end, we see Lotte only through Werther's eyes." Saine, „Portrayal of Lotte," S. 57, während er in Bezug auf die zweite Version feststellt, daß Goethe die Eigenständigkeit der Lotte-Gestalt stärker herausgearbeitet habe.

„wenn's dann um meine Augen dämmert, und die Welt um mich her und der Himmel ganz in meiner Seele ruhn wie die Gestalt einer Geliebten..." (Brief vom 10. Mai) Er assoziiert ein ihm im Zusammenhang mit dem Verliebtsein bekanntes Gefühl der wonnevollen Harmonie. Die intensiven Gefühle suchen sich ein Objekt.[40] Lenz radikalisiert diese Gundbefindlichkeit, indem er die Gefühlswelt seines Protagonisten Herz in den Briefen der Gräfin ein vollständig ideales Objekt finden läßt, das zunächst ohne jegliche korporale Substanz für ihn existiert. Lenz verstärkt genau die Züge an Werther in seinem Charakter Herz, die auf dessen imaginierende Kräfte hinweisen.

Auch im *Werther* wird betont, daß die Außenwelt in erster Linie durch die subjektive Empfindung Werthers paradiesisch erscheint: „Ich weiß nicht, ob täuschende Geister um diese Gegend schweben, oder ob die warme himmlische Phantasie in meinem Herzen ist, die mir alles rings umher so paradiesisch macht." (Brief vom 12. Mai) In der Einsamkeit des ländlichen Daseins lebt Werther in der Intensität seiner eigenen Gefühlswelt: „Ich kehre in mich selbst zurück, und finde eine Welt! Wieder mehr in Ahnung und dunkler Begier, als in Darstellung und lebendiger Kraft." (Brief vom 22. Mai) Ein letzter Hinweis auf die Werthersche Gefühlswelt, bevor er Lotte trifft, soll genügen. Die Erzählung des Bauernburschen in der zweiten Fassung erinnert Werther an eigene Gefühlsintensitäten und er verbindet seinen sehnenden, in Naturbildern Bestätigung und Ausdruck zugleich findenden, Zustand mit der Erinnerung an die Macht des Eros. Zum einen wird durch diese Episode die Prädisposition Werthers, seine Subjektivität auf ein Objekt richten zu wollen, von der Natur zur erotischen Bindung an eine Frau gelenkt, zum anderen wird deutlich, daß die Faszination nicht vom Objekt Frau ausgeht, sondern in der Subjektivität des Imaginierenden liegt. Werther nimmt daher Abstand von dem Plan, die Geliebte des Bauernburschen kennenlernen zu wollen, um sich das ideale Bild nicht zu verderben.[41]

---

[40] Siehe auch die Diskussion bei Brenner, der weitere zentrale Aspekte dieses Naturgefühls behandelt, die in meiner Fragestellung ausgeklammert werden. Brenner, *Krise*, S. 114-117.

[41] „Schelte mich nicht, wenn ich dir sage, daß bei der Erinnerung an diese Unschuld und Wahrheit mir die innerste Seele glüht, und daß mich das Bild dieser Treue und Zärtlichkeit überall verfolgt, und daß ich, wie selbst davon entzündet, lechze und schmachte.
Ich will nun suchen, auch sie eh'stens zu sehn, oder vielmehr, wenn ichs recht bedenke, ich wills vermeiden. Es ist besser, ich sehe sie durch die Augen ihres Liebhabers; vielleicht erscheint sie mir vor meinen Augen nicht so, wie sie

Romantechnisch derart motiviert, könnte man argumentieren, daß Lotte in Bezug auf Werther ausschließlich als Objekt, als Projektionsfläche seiner Gefühle existiert.[42] Trotz dieser Hinweise im Text wird die Liebesbeziehung – darüberhinaus eine Dreierbeziehung – sinnlich ausgestaltet und lädt so zur Identifikation ein, durch die der Roman „gefällt" („Werther-Briefe") und durch die er publikumswirksam wird. Für Lenz scheint diese detaillierte Auskleidung der Beziehung vom eigentlichen Thema – dem Wertherschen Lebensgefühl – abzulenken. Er radikalisiert diese subtile Differenzierung zwischen Lotte als Frau und Lotte als Ideal im *Waldbruder* durch Distanzgewinnung (Verwechslungsepisode) und entkleidet sie somit jeglicher Identifikationsangebote.[43]

Auch im *Waldbruder* wird auf das Moment der unerfüllten Liebe angespielt, wenn der Protagonist über sich selbst sagt: „...[ich] überließ mich so ganz dem Gefühl für einen Gegenstand der's verdient, auch ohne Hoffnung zu brennen." (I Brief 3) Anspielend auf die Thematik der unerreichbaren Frau unterläuft dem Protagonisten jedoch eine signifikante sprachliche Ungenauigkeit bzw. Leerstelle: der „Gegenstand" und das sich darauf beziehende Relativpronomen „der" kann nicht auf die Angebetete bezogen werden, wie ein an *Werther* geschulter Erfahrungshorizont erwarten ließe. Im *Waldbruder* wird deutlich, daß es sich nur auf den ersten Blick um das Thema der unerfüllten Liebe zu einer Frau, für die es sich auch ohne Hoffnung zu brennen lohne (wie der Satz dann eigentlich lauten müßte) handelt. Die menschliche Sehnsucht, das intensive Lebensgefühl, der Anspruch auf Selbstverwirklichung, die auch im *Werther* – wenn auch weit stärker durch die Werthersche Beziehung zu Lotte versinnlicht – im Vordergrund stehen, machen die eigentliche Thematik des Romans aus. Lenz radikalisiert und verstärkt diese, indem er den Phantomcharakter der Frau herausarbeitet statt sie durch eine möglichst sinnlich detaillierte Darstellung zu „verlebendigen". Durch die offensichtliche Reduktion der

---

jetzt vor mir steht, und warum soll ich mir das schöne Bild verderben?" (Brief vom 30. Mai) Werthers intensives Lebensgefühl wird durch dieses schöne Bild verstärkt. Nolan funktionalisiert diesen eben zitierten Schlußsatz folgendermaßen: „In bezug auf Werther ist dieser Schluß ein Fingerzeig auf dessen subjektive Weltsicht überhaupt, ein Wink des Autors hinter dem Rücken des Ich-Erzählers auf Werthers Tendenz, die Dinge seinen Vorstellungen anzupassen." Nolan, „Goethes *Die Leiden*," S. 198.

[42] Muenzer, *Figures of Identity*, S. 21.

[43] Auch das Motiv der Frau zwischen zwei Männern wird seiner publikumswirksamen Faszination enthoben, denn Herz selbst weiß nicht, daß seine Geliebte velobt ist.

Frau auf eine Projektionsfläche für die Sehnsucht des Protagonisten tritt das modellartige Gerüst der Thematik deutlicher in den Vordergrund. Die Unerreichbarkeit Lottes als notwendige Voraussetzung für Werthers persönliche Problematik" wird im *Waldbruder* weit deutlicher gemacht, indem die Angebetete nicht nur als Gräfin sozial unerreichbar ist⁴⁵, sondern auch, so scheint es, nie an ihrer zukünftigen Ehe zweifelt. Durch diese technische Verstärkung wird eine entscheidende Distanzgewinnung erzielt. Dazu kommt, daß die Glorifizierung der idealen Frau ins Absurde gesteigert wird, und der Leser sich daher nicht mit dieser Haltung identifizieren kann. Er muß eine kritische Distanzierung vollziehen. Liebe als Möglichkeit des „sich selbst entfremdeten Menschen[s]," sich an seine „ursprüngliche Seinslage" anzunähern⁴⁶ wird somit ausgeschlossen.

Durch eine Reihe von formalen und inhaltlichen Manövern wertet Lenz Werther-Motive um; so z.B. das Motiv des Schattenrißes, den Werther anfertigt, weil ihm ein Portrait nicht gelingen will: „Daß er hinsichtlich Lotte nicht glücklich im Treffen ist, hängt sicherlich nicht zuletzt damit zusammen, daß die ‚vorgestellte' Lotte und die ‚wirkliche' Lotte nicht zu einer Person zusammenfließen wollen."⁴⁷ Daß auch der Schattenriß deutliche Züge einer Projektionsfläche enthält, man denke an Werthers Umgang mit ihm, ist m.E. unbestreitbar. Lenz arbeitet diese Züge jedoch noch deutlicher heraus. Der Protagonist Herz beschränkt seine Wünsche am Ende ausschließlich auf den Besitz eines Bildes, die Geliebte an sich tritt mehr und mehr in den Hintergrund.⁴⁸

---

⁴⁴ Muenzer, *Figures of Identity*, S. 24.

⁴⁵ Man könnte spekulieren, daß Lenz hier ganz bewußt die beiden Frauengestalten aus Teil 1 (Lotte) und 2 (Fräulein B.) zusammennimmt um sein gesichts- und gestaltloses Ideal der Gräfin zu konstruieren.

⁴⁶ Peter Müller, *Zeitkritik und Utopie in Goethes „Werther"*, Berlin 1969, S. 51.

⁴⁷ Nolan, „Goethes *Die Leiden*," S. 197.

⁴⁸ Selbst der Umgang mit ihrem Bild--es bleibt dabei ungeklärt warum und für wen sich die Gräfin eigentlich malen lassen wollte--weist bizarre Widersprüche auf. Überzeugt davon, daß sie sich für ihn hat malen lassen, will er zunächst mit ihrem Bild in den Krieg, der ihn aus dem „Schulmeisterleben auf die erste Staffel der Ehre und des Glücks" erheben soll: „Mit diesem Talisman in tausend bloße Bajonetter zu stürzen-..." (II Brief 8). Als er jedoch glaubt, „Das Bild Rothe! oder ich bin des Todes - Ich eile ihm immer näher, dem Ort meiner Bestimmung und ohne sie. - Ist mir's doch, als ob ich zum Hochgericht ginge." (IV Brief 2) Am Ende habe er gegen Klettenberg, den Bräutigam geäußert, daß er vergessen habe, daß er es an seine neue Adresse geschickt habe. (VI Brief 5) All dies scheint

Auch die Ausgestaltung des ersten Kennenlernens wird bei Lenz der effektvollen Qualität, die sie im *Werther* besitzt, enthoben. Der Idylle der Brotschneideszene, in der Werther Lotte zum ersten Mal sieht, steht im *Waldbruder* eine bizarre schriftlich vermittelte Art des Kennenlernens gegenüber. Herz bekommt im Haus seiner Wirtin, Witwe Hohl, die Briefe einer Gräfin in die Hände und verliebt sich daraufhin in sie.[49] Nicht sinnliche sondern ihr zugeschriebene geistig menschliche Qualitäten um derentwillen sich Herz in seine Gräfin verliebt, dominieren. Aus ihren Briefen, die wohlgemerkt nicht an ihn gerichtet waren, will er ihren ganzen Charakter erfaßt haben:

Die Erziehung einer Fürstin, das selbstschöpferische Genie eines Dichters, das gute Herz eines Kindes, kurzum alles, alles beisammen, und alle Deine Mühe ist dennoch vergeblich, und alle meine Beschreibungen abgeschmackt. So viel allein kann ich Dir sagen, daß Alt und Jung, Groß und Klein, Vornehm und Gering, Gelehrt und Ungelehrt, sich herzlich wohl befindet wenn sie bei ihr sind, und jedem plötzlich anders wird wenn sie mit ihm redt, weil ihr Verstand in das Innerste eines jeden zu dringen vermag, und ihr Herz für jede Lage seines Herzens ein Erleichterungsmittel weiß. (I Brief 6)

Inhaltlich ähnliche – wenn auch in sich widersprüchlichere – Eigenschaften betonend verfährt Lenz jedoch lediglich abstrakt nennend (Alt und Jung, Groß und Klein usw.), während Goethe sie den Lesern szenisch anschaulich vor Augen führt und ihn so zum emotional Beteiligten macht. Die idyllischen Bilder, die Lotte im Kreise ihrer Geschwister, am Bett ihrer kranken Freundin, als Trost ihres Vaters, als Aufmunterung für den alten Pfarrer, der durch ihren Besuch sichtbar auflebt, zeigen, lassen den Leser zum Zeugen ihrer Eigenschaften werden. Im *Waldbruder* werden zwar die Qualitäten des Ideals selbst nicht in Frage gestellt, der Zuschauer weiß jedoch nicht, ob die Gräfin diese im Grunde widersprüchlichen Eigenschaften besitzt oder nicht. Durch die unrealistische Übertreibung wird der Leser zu einer distanzierenden Reflektion gezwungen.

Auch die beiden Ballszenen, die sich sowohl im *Werther* als auch im *Waldbruder* finden, signalisieren den Lenzschen Widerstand gegen eine zur

---

darauf hinzuweisen, daß der Autor die Beliebigkeit des Gegenstandes, der zum *telos* des Wunschdenkens wird, herausarbeiten wollte und zwar weit deutlicher als dies bei *Werther* der Fall ist.

[49] Es bleibt im ganzen Roman ungeklärt, warum er sie in die Hände bekommt; es liegen lediglich Spekulationen darüber vor.

Identifikation einladende Schreibweise. Die Szene im *Werther* ist hinreichend bekannt. Die stimmungsvolle Ballnacht, die bei Werther in einer kosmisch im Gewitter kulminierenden, durch die kulturellen Impulse (Klopstock)[50] verstärkten erotischen Anziehungskraft resultiert, führt bei Herz zu einer fatalen, eher komischen als kosmischen, Verwechslung. Die Frau, die er auf dem Ball sieht, und durch die er sich scheinbar erotisch angezogen fühlt, ist nicht seine Angebetete, sondern eine andere. Herz reagiert aus derselben wertherisierenden Erwartungshaltung heraus wie der sich mit *Werther* identifizierende Leser. Die Umwertungsmanöver erlauben jedoch keine unreflektierte Rezeption dieser auf den ersten Blick ähnlichen Motive. So ist der Herzsche Ball bezeichnenderweise ein Maskenball und die Begegnung endet keineswegs in einem erhebenden Moment, in dem sich die Seelen berühren, es kommt nicht einmal zu einer Unterredung, sondern lediglich zu einem peinlichen Zufall: die „Angebetete" kommt so dicht vor ihm zu stehen, daß Herz nicht aufstehen kann, um ihr seinen Platz anzutragen. Durch die Umwertung dieser Szene ins Lächerlich, wird der Leser gezwungen, sich den „wahren Sachverhalt" selbst zu konstruieren bzw. zu erkennen, daß die Bedingungsverhältnisse nicht immer klar erkennbar sind, sondern daß die Interdependenzen oft verwirrend und für den Einzelnen undurchsichtig sind. Lenz' Poetik der Bedingungsverhältnisse erschüttert die Hoffnung, durch die Kraft der subjektiven Imagination Freiheit in der reinen Innerlichkeit zu finden. Genau wie Werther als „Liebender wie als Künstler an der eigenen Idealisierung der Umwelt"[51] scheitert, so scheitert Herz in weit deutlicherer, weil weniger suggestiver Weise. Indem er Herz als eine Verkörperung des reinen über äußere Verhältnisse hinwegsehenden „Beisichselbstseins"[52] mit dem sozialen Kontext kontrastiert, diskreditiert er das Absehen von „Beziehungen und Umstände[n], in denen ein Mensch existiert."[53]

---

[50] Alewyn hält die Nennung der Bücher, die das Bäschen Lotte geliehen hatte, für ein Mittel der Charakterisierung, durch das Lotte auf eine bestimmte Bildungs- und Geschmacksstufe festgelegt wird. Die Nennung des Dichternamens Klopstock und Werthers Reaktion darauf, weisen beide als Angehörige einer gleichgesinnten Gemeinde aus, die eines bestimmten Erlebnisses fähig sind, das sie durch die Dichtung und „durch den Dichter, bei dem sie dies zu erleben gelernt" haben, kennenlernten. Richard Alewyn, „Klopstock!'," *Euphorion* 73 (1979) in passim S. 358 und S. 360.
[51] Scherpe, *Werther*, S. 67.
[52] Ralph-Rainer Wuthenow, „Subjekt und Subjektivität. Beitrag zu einer Begriffsgeschichte," *Subjekt der Geschichte* Hrsg. Manfred Hahn und Hans Jörg Sandkühler, Köln 1980, S. 65.
[53] Wuthenow, „Subjekt," S. 65.

Darüberhinaus zeichnet sich jedoch noch eine umfassendere Poetik der Bedingungsverhältnisse ab. Herausgefordert durch die Innovationen des Romans im *Werther* entwirft Lenz nicht nur ein Kräftefeld der zeitgenössischen Reaktion auf den Roman in Form der „Werther-Briefe", sondern setzt dieses auch in Beziehung zu seinem *Pendant zu Werthers Leiden*. Sein Briefroman ist weder als Nachfolge im Sinne einer affirmierenden Weiterführung des Romans, noch als Kritik im Sinne der rationalistisch und utilitaristisch orientierten aufklärerischen Position, noch als deren idealistische Überwindung zu sehen, sondern als deren Problematisierung. Der perspektivistischen Offenheit des *Waldbruder*, dem jede wertende Orientierungsposition fehlt, entspricht die Ausklammerung eines eindeutigen Standpunktes in den „Werther-Briefen". Die drei in sich selbst schon äußerst komplexen Texte werden somit zu einem sich teilweise entsprechenden, widersprechenden oder relativierenden Diskursgeflecht um die Ästhetik des Romans seiner Zeit.

J.M.R. Lenz' ‚Der neue Menoza'
Die Unmöglichkeit einer Geschlossenheit

Henry J. Schmidt (Columbus, USA)[1]

Kein anderer deutscher Schriftsteller des achtzehnten Jahrhunderts riß den Schleier der Diskretion vom Schreib- und Denkprozeß so vehement ab wie Lenz. In seinen „Anmerkungen übers Theater" thematisierte er seine ungelöste, selbsthinterfragende Art der Konzeptualisierung. Er wendet darin großen Mühe auf, um den autoritären Gestus des theoretischen Diskurses zu unterminieren: er gibt zu, daß er einiges noch nicht zuende gelesen habe, er vergißt, was er sagen wollte, er will abbrechen, weil er müde sei und er schließt seinen letzten Satz nicht ab. Der Effekt ist natürlich sehr modern und weckt Skepsis an geschlossenen philosophischen Systemen und Selbstreflexivität gegenüber dem eigenen Diskurs. Es ist unmöglich, genau festzustellen wie geplant oder spontan sein unterbrochener Stil war, der zwischen Metaphysik und Empririzismus zu vermitteln suchte. Diese Sprachkrise manifestierte sich ebenfalls in seinen Dramen, wie Helga Madland detailliert nachwies. Sein Mißtrauen gegenüber tradierten Diskursformationen überschnitt sich mit seinen Zweifeln gegenüber etablierten generischen Formen. Seine diesbezüglichen Experimente erreichten ihren Höhepunkt in der „Neue Menoza," Deutschlands erstem postmodernen Drama.

Das Stück gibt sich abwechselnd als soziale Komödie am Rande der Tragödie, als Märchen, als didaktische Kritik an der westlichen Zivilisation und als Drama der gewaltigen Leidenschaften und feudalen Intrigen und endet in einem Schluß, der nichts mit alledem zu tun hat. Lenz entschuldigte sich aus gutem Grund bei zahlreichen Gelegenheiten für seine

---

[1] Der vorliegende Sammelband zu Lenzens 200. Todestag soll meinem verehrten Doktorvater und geschätzten Mentor Prof. Dr. Henry J. Schmidt (Ohio State University), der 1990 nach kurzer schwerer Krankheit unerwartet verstarb, gewidmet sein. Durch eines seiner kenntnisreichen und faszinierenden Seminare zur Arbeit über Lenz angeregt wurde auch der vorliegende Band in Gesprächen mit ihm konzeptualisiert. Sein Fragment gebliebener letzter Aufsatz soll daher diesen Band abschließen. Der vorliegende Vortrag wurde in einer ersten Fassung bei der Jahrestagung der *American Society for Eighteenth Century Studies* in Minneapolis 1989 bei der ersten Sitzung des Lenz- Sturm und Drang-Kreises gehalten. Der unerwartete Tod des Autors ließ keine weitere Überarbeitung mehr zu. Der Aufsatz soll hier trotzdem, auch ohne kritischen Apparat, mitaufgenommen werden. Aus dem Amerikanischen von Karin A. Wurst.

Widersprüchlichkeit und seinen fragmentierten Zustand. Er erklärte seine Dramen stets für unfertig obwohl sie in einigen Fällen schon veröffentlicht waren: „Alle meine Stücke sind große Erzgruben die ausgepocht ausgeschmolzen und in ‚Schauspiele' erst verwandelt werden müssen, so daß alle die Handlungen [ein] aneinander hängendes Bild machen". (I, 750-51) Einen Text im Druck einzufrieren stand offenbar im Widerspruch zu seinem Wunsch, ununterbrochen mit seinem Publikum zu kommunizieren. Seine Dramen entstanden aus spontanen Beobachtungen, die im Widerspruch zu vorgefertigten Vorstellungen von Totalität standen. Die soziale Realität, die er um sich herum spürte, stand im Gegensatz zum aufklärerischen Glauben an progressive Perfektibilität; die einzig mögliche ästhetische Mediatisierung einer solch unordentlichen Welt lag daher in der Form des Fragments, im Schnappschuß der gegenwärtigen Konditionen, die scheinbar ohne Bezug zu den historischen Kontinuitäten standen.

Unter diesen Umständen ist es äußerst schwierig, die Mechanismen des Abschließens (*closure*) in Lenz' wichtigsten Dramen zu analysieren. Ein konventionelles Denuement ist ein einzigartiges Ereignis, das sich logisch aus einer Reihe anderer Ereignisse entwickelt; die Lenzschen Dramenschlüsse dagegen sind eher multiple, simultane and willkürliche. Lenz' Kunst war zu einem zum damaligen Zeitpunkt unerhörten Grad mit seiner instabilen persönlichen Situation, seinen Frustrationen und Idealen verbunden. Auf der Suche nach Struktur in Lenzens Leben und Kunst, nennen die Kritiker gewöhnlich einige wichtige Strömungen in seinem Werk und untersuchen ihre Querverbindungen. Der einzige Weg, dem Dilemma der Lenzschen Dramenschlüsse gerecht zu werden, scheint mir, dieses zu thematisieren, d.h. seine charakteristischen Nicht-Linearität nachzuahmen und zwar durch die Gegenüber- und Nebeneinanderstellung der dramaturgischen Themen und Methoden. Ich werden mich hierbei auf Beispiele aus dem „Neuen Menoza" beziehen.

Kasuistische Szenen

In seiner „Rezension des neuen Menoza, von dem Verfasser selbst aufgesetzt" besteht Lenz darauf, daß seine Porträts nicht aus der Luft gegriffen seien, sondern aus „der halbe[n] Authentizität ‚eines Geschichtsschreibers'" stammten. (II, 701) Diese primäre, mimetische Ebene korrespondiert mit dem, was er in den „Anmerkungen übers Theater" als die erste Quelle der Poesie bezeichnet: nämlich die Nachahmung der göttlichen Schöpfung. Nach dem kreativen Akt jedoch folgt die beunruhigende Leibnizsche Erkenntnis, daß „die Welt keine Brücken hat" und daß der Wunsch die Totalität zu erfassen, nicht erfüllt werden kann. (II, 645-46)

Wenn man mit einer Vielzahl von Fragmenten konfrontiert ist, tendiert man, so Lenz, zur Vereinfachung und Generalisierung; gleichzeitig jedoch ist er ebenfalls an der Beibehaltung der Unmittelbarkeit des Details interessiert. Das immerwährende Bestreben des Schriftstellers „all unsere gesammelten Begriffe wieder auseinander zu wickeln und durchzuschauen, sie anschaulich und gegenwärtig zu machen," wird daher als zweite Quelle der Dichtung bezeichnet. Entsprechend scheint sich auch in den Dramen jede Szene autonom im Sinne ihrer eigenen Logik zu entwickeln anstatt von einem zentralen Plan auszugehen. Die Schwungkraft der jeweiligen Szene ist zentrifugal statt zentripetal, wie im aristotelischen Drama. Handlungsstränge entwickeln sich parallel mit wenigen offensichtlichen „Brücken". Die Lenzschen Charaktere weisen ebenso offensichtlich irrelevante Aspekte ihrer Persönlichkeiten auf, wie im wirklichen Leben. Er verwendet unvorhersagbare Ablenkungen und Umwege, Banalitäten des täglichen Lebens als Agens der dramatischen Aktion und Charakterisierung. Die Leidenschaften seiner Figuren sind ebenso intensiv wie die der anderen Sturm und Drang-Helden, sie sind jedoch nicht monomanisch zentriert. Sie wenden sich mit komischer Plötzlichkeit von einer Zwangsvorstellung zur nächsten. (Die Lenzsche Vaterfiguren, sind besonders anfällig für solche Willkürlichkeiten.) Die Charaktere scheinen daher die Szenen und somit „ein bedingtes Gemälde...von Sachen wie sie da sind" (II, 675) zu erschaffen. Im „Hofmeister" spricht Wenzeslaus von einer kasuistischen Predigt, die er eben gehalten hat, d.h. von einer Rede, die auf eine bestimmte Situation zugeschnitten ist. Obwohl die Lenzsche Verwendung von „kasuistisch" and dieser Stelle nicht unironisch ist, so umreißt dieser Begriff doch das formale Prinzip seiner Szenenkonstruktion: jede Szene spricht eine bestimmte Verhaltensweise in einer spezifischen Situation an. Sie ist dabei so lang oder so kurz, wie nötig und sie rangieren im „Neuen Menoza" von einem gesprochenen Satz bis hin zu langen philosophischen Debatten. Die Szenen sind eher filmische als theatrale Einheiten. Die Handlung bewegt sich in unvermittelten „Schnitten" (*cuts*) von einem Schauplatz zum nächsten. Lenz impliziert von vornherein, schon zu Beginn des Stücks, daß die Struktur des „Neuen Menoza" die Aristoteliker beleidigen wird: „Der Schauplatz ist hie und da." Synchrone und diachrone Verbindungen zwischen den Episoden scheinen oft willkürlich. Er selbst gab zu, daß er als Dramatiker ungern Geschichten auf der Bühne erzähle – mit anderen Worten, daß er ein Dramatiker war, der Expositionen haßte. Diese Antipathie macht sich in der oftmals unverständlichen Handlungsführung des „Neuen Menoza" bemerkbar.

Wie aber kann eine auf Diskord basierende Ästhetik Geschlossenheit und einen eindeutigen Dramenschluß erreichen?

Melodrama Plus

Der Anfang des „Neuen Menoza" ist äußerst konventionell: Zuhause in Naumburg stellt Herr von Biederling einen geehrten Gast, Prinz Tandi, seiner Frau und seiner Tochter Wilhelmine vor. Noch bevor diese kurze Szene zuende ist, wird Wilhelmine ohnmächtig auf dem Boden liegen. Als der Prinz aufgefordert wird, von seiner Vergangenheit zu berichten, erzählt er von seiner ungerechten Inhaftierung im Pyramiedenturm. Aus seinem sarggroßen Gefängnis machte er einen Sprung in den Abgrund, in dem er „nichts [sah] als mich selbst und die Bewegung die ich machte zu springen. Ich sprang – – "; an diesem Punkt fällt Wilhelmine, die bisher noch nichts sagte, in Ohnmacht; die Geschichte des Prinzen bleibt buchstäblich in der Luft stecken und wird nicht wieder aufgenommen.

Ohnmachtsanfälle sind endemisch in den Lenzschen Dramen. Diese plötzlichen Schocks wurden von Walter Hinck als die Explosion eines intensiven Gefühls zum Zeitpunkt einer niedrigen Widerstandsfähigkeit interpretiert, die die jeweilige Figur von einem emotionalen Extrem zum anderen katapultiert. In der Regel sind die Lenzschen Protagonisten durch das soziale Dekorum gehemmt und ihnen fehlt das Sicherheitsventil des promethischen Helden, nämlich die hyperbolische Rhetorik. Der exzessive Stress führt daher den abrupten Zusammenbruch herbei. Im Gegensatz zum sprichwörtlichen Kleistschen Ohnmachtsanfall – ein dramatischer Klimax, der dann eintritt, wenn ein Charakter von widersprüchlichen Ansprüchen oder Wünschen übermannt wird, erscheinen die Lenzschen Ohnmachtsanfälle als übertriebene Reaktion, als psychologischer Zusammenbruch von solch melodramatischen Ausmaßen, daß sie als komisch unangemessen erscheinen. In „Der neue Menoza" wird die Ohnmacht sogar einer Parodie von Herrn von Biederling unterzogen, nachdem Prinz Tandi (!) von der seinigen genesen ist:

HERR VON BIEDERLING: ...(*Legt seine Hände beiden auf die Stirn.*) Prinz! Es geht mir wie Ihnen, der Henker holt mir die Sprache und es wird nicht lang währen, so kommt die verzweifelte Ohnmacht auch...(*Mit schwacher Stimme.*) Frau wirst du mich wecken? (*Fällt hin.*)
FRAU VON BIEDERLING: Gott was ist...(*Hinzu.*)
HERR VON BIEDERLING: (*Springt auf.*) Nichts, ich wollte nur Spaß machen. Ha, ha, ha, euch Weibern kann man doch umspringen wie man will.

Der Witz geht ebenfalls auf Kosten des Zuschauers, der nie sicher sein kann, in welchem Genre Lenz operiert. Diese Simultaneität widersprüchlicher Stimmungen ist eine der wichtigsten Innovationen der Lenzschen

Dramaturgie. Die Situationen, die er schafft, sperren sich gattungsmäßiger Klassifizierung, denn er versucht das traditionellen Elitäre dieser Kategorien zu überwinden. In seiner „Rezension des neuen Menoza" behauptete Lenz, daß die Komödie, das Genre des Volks, von den Post-shakespearschen Ästhetikern auf das Komische reduziert wurde. Indem er die Umstände, die er darstellt, nicht valorisiert, d.h. indem er keine Signale in seine Texte einbaut, die eine „korrekte" Interpretation in Übereinstimmung mit einer Hierarchie der ästhetischen Erfahrung, die mit dem sozialen Status verbunden ist, vorschlagen, präsentiert er offene Konzeptionen, die nicht mit konventionellen Genre-Erwartungen übereinstimmen und deshalb nicht passiv konsumiert werden können. Ohne solche vorhersehbaren Stereotypen und Emotionen sind die Zuschauer verpflichtet, sich als kritische Beobachter zu rekonstituieren, wollen sie Lenz' Kunst verstehen.

In gewisser Hinsicht dramatisiert Lenz „Wirklichkeit" von innen und außen, d.h. intensive Emotionen werden subjektiv als real geschildert; gleichzeitig jedoch können diese je nach Kontext, objektiv lächerlich sein. Diese Dramaturgie tragi-komisch zu nennen, wie Karl Guthke dies tut, ist unbefriedigend, denn Lenz verbindet diese Genretypen nicht einfach, sondern erlaubt ihnen zu koexistieren und den Zuschauer dadurch zu zwingen, die tragischen und komischen Implikationen einer Handlung zu erfassen - gleichsam wie in einem Hologram, das sich je nach Perspektive des Anschauenden ändert. Was die Charakterisierung anbelangt, so betont Lenz die Zerbrechlichkeit des Subjekt, das als unbestimmtes Kompositum aus freiem Willen und Konditionierung der Einstellung erscheint. Die Umwelt des Individuums bietet keinen Trost; sie bringt Leiden hervor, sie reflektiert es jedoch nicht. Lenz erhöht und klärt den Konflikt durch Karikatur und Melodrama, zugleich kompliziert er die Interpretation des Konflikts indem er die Tragödie des Pathos und die Komödie des Gelächters beraubt. Seine Dramen schaffen es irgendwie sich selbst gegen den Strich zu dramaturgisieren und entlassen ihr Publikum mit schwankenden, unsicheren Urteilen.

Wenn die dramatische Handlung nicht gattungsspezifisch differenziert werden kann und wenn sie, wie die Charaktere einem melodramatischen Kollaps zuneigen, können dann traditionelle Kategorien der Geschlossenheit auf sie angewendet werden?

Bewegliche Ideologeme

In seiner *Theorie des bürgerlichen Trauerspiels im achtzehnten Jahrhundert* analysiert Peter Szondi drei Paradigmen einer bürgerlichen Existenz im europäischen Drama des achtzehnten Jahrhunderts: der Kaufmann, der Familienvater und das Opfer. Letzteres wird von Läuffer aus dem „Hofmeister" symbolisiert, der zur Selbstverstümmelung getrieben wird von einer Gesellschaft „dessen Bürger lieber den Revolutionär als den Diktator umbringen." Als historisches und ästhetisches Zeichen der Unterdrückung ist das Bild des kastrierten Domestiken tatsächlich ein machtvolles; die Lenzsche Dramaturgie jedoch tendiert dazu, solche Konzeptualisierungen der Wirklichkeit zu unterwandern. Er relativiert potentielle Ideologeme oder Teile einer ideologischen Struktur, um sie quasi ihrer künstlichen Aura zu entkleiden, indem er sie stattdessen als alltägliche Zufälle präsentiert, die irgendwie hingenommen werden müssen. Indem er Verfremdungs-Techniken im Gegensatz zu der im vorigen Abschnitt besprochenen Technik benutzt, entmelodramatisiert Lenz Ereignisse, die konventionellerweise eine hohe emotionale Intensivität hervorrufen. Kurz nachdem die Neuvermählten Prinz Tandi und Wilhelmine zu ihrem Entsetzen entdeckten, daß sie Geschwister sind, erscheint der pedantische Magister Beza und behauptet, daß Inzest nicht gegen die Heilige Schrift verstoße. Statt sich der allgemeinen Klage anzuschließen, reitet er mit Herrn von Biederling nach Leipzig um die Meinung eines Experten in dieser Sache einzuholen. Das tragische Gewicht der dramatischen Krise wird durch Argumente und Gegenargumente so abgeschwächt, bis das Dilemma plötzlich und unerwarteterweise durch Babets melodramatische Eröffnung der adligen Geburt von Wilhelmine gelöst wird. Im „Hofmeister" und im „Neuen Menoza" entlarvt Lenz festgefahrene theologische/philosophische Konzeptionen über Kastration und Inzest durch eine komische Wende. Was normalerweise als Schicksalsschlag angesehen wird, der mit Resignation hingenommen zu werden verdient, wird als zufällig und offen für ständige Neuinterpretation entlarvt. Diejenigen, die trotzdem an konventionellen Überzeugungen festhalten, wie Wilhelmine und Prinz Tandi, leiden am meisten.

Wenn konventionelle Zeichen sich so schnell ändern können, wie kann die dramatische Struktur dann stark genug sein, um das Gewicht des Schlusses zu tragen?

Selbst-Reflexivität

Das Ende des „Neuen Menoza" ist mit Sicherheit eines der ungewöhnlichsten in der Geschichte des europäischen Dramas. Nachdem Prinz Tandi und Wilhelmine wiedervereinigt sind und Graf Chameleon seine verdiente Strafe bekam, werden die zwei letzten Szenen einem unwichtigen Charakter (Zierau) und seinem Vater (der Bürgermeister, der zum ersten Mal auftritt) übergeben. Im Gegensatz zu den Forderungen der klassischen

Ästhetik, stellt das Ende nicht nur einen neuen Charakter vor, sondern ein ganz neues Thema, nämlich das Stück selbst. Das Drama wird selbst-reflexiv; die ersten Worte des Bürgermeisters „Schöne Historien! schöne Historien" können als Hinweis auf das, was das Publikum gerade gesehen hat, gewertet werden. Jetzt jedoch will er eine „Rekreation": das Püppelspiel. Seinem klassenspezifischen Geschmack, der Hanswurstiaden vorzieht, werden die ausführlichen Abhandlungen seines Sohnes über den guten Geschmack und die drei aristotelischen Einheiten entgegengehalten. Lenz rekapituliert hier (auf einer weiteren Ebene der Selbst-Reflexivität) seinen Disput mit den Theoretikern des aristotelischen Dramas seiner Zeit. Der Bürgermeister verspricht grollend auf die drei Einheiten und die Nachahmung der schönen Natur während der Abendunterhaltung zu achten. Nach seiner Heimkehr jedoch verprügelt der Bürgermeister (Lenz?) seinen Sohn (die Kritiker?), weil er sein Vergnügen zerstört habe, indem er ihn zu einem zu bewußten fehlerfindenden Zuschauer gemacht habe. Dieses farcenhafte Ende erinnert selbst an ein Kaspertheater, das seine Argumente weniger durch Worte, sondern durch komische Effekte hervorbringt. Im Nachhinein klärt die Ästhetik des Püppelspiels die amorphe Struktur des ganzen Dramas: die komisch melodramatische Stilisierung bildet ein Gegengewicht zur zentrifugalen Tendenz zu einer extremen Individualisierung. Das Werk definiert sich als unverklemmte, die Konvention frech zur Schau tragende, antiautoritäre Unterhaltung für die Massen, mit starken Leidenschaften, breiter Komik und gespickt mit nützlicher Weisheit. Für Lenz waren die Kulturkritiker so elitär geworden in ihrer Unterscheidung zwischen „hohen" und „niedrigen" Kunstformen, daß eine Tracht Prügel offensichtlich der einzige Weg war, um ihnen die Augen für das vernachlässigte dramatische Potential der ehrbaren Volkstradition zu öffnen. Durch das Püppelspiel geht Lenz auf das Theater der Zukunft zu.

Es gibt einen alternativen Schluß zu „Der Neue Menoza": Lenz schrieb einen definitiveren Schluß für die Chameleon-Diana Handlung. Ich kenne keine andere Szene im Sturm und Drang-Drama, die aristokratische Perversion und Gewalt, die Lessing in „Emilia Galotti" lediglich andeuten konnte, so graphisch darstellte. Während er sich von der Stichwunde, die ihm Donna Diana zugefügt hatte, erholt, bittet der Graf sie um Verzeihung und erklärt ihr seine Liebe, jedoch nur um sie gleichzeitig dazu zu manipulieren ihm Wilhelmine zuzuführen, die natürlich nicht nur verheiratet, sondern darüberhinaus auch seine Verwandte ist. Die wutentbrannte Donna reißt ihm den Verband ab „kratzt mit den Nägeln an seiner Wunde," nennt ihn einen Sodomiten, unterdrückt seine Schreie mit einem Taschentuch und läßt ihn sterben als der Vorhang fällt. Lenz bestand in seiner „Rezension des Neuen Menoza" darauf, daß er weit davon entfernt sei, die

Porträts der Aristokraten zu übertreiben, er habe sie vielmehr abgeschwächt, um sein Publikum nicht zu beleidigen. Was wie konventionelle Feuer- und Schwefel Dramaturgie erscheint, erweist sich als eine weitere Art der Verhaltensdokumentation: für Lenz gleicht das Leben der verschwendungssüchtigen oberen Klassen, einem schlechten Melodrama. Sie mögen so niederträchtig, wie die Aristokraten im „Macbeth" und „King Lear" sein, ihnen mangelt es jedoch an Größe. Lenz schloß seine Augen nicht vor dem Widerspruch, daß dies die Klasse war, von der er sich die aufgeklärte Führung in einer Sozialreform erhoffte.

Eine letzte Mehrdeutigkeit in „Der Neue Menoza" ist die Tatsache, daß es unmöglich ist mit Sicherheit festzustellen, ob diese Szene vor oder nach der Veröffentlichen geschrieben wurde.

Anti-Dramen-Schlüsse

Lenz Dramenschlüsse neigen dazu, einen kurzen Blick auf eine utopische Zukunft zu werfen, bevor gerechtfertigte Zweifel an den unrealistischen Schlüssen, den Geschlechtsstereotypen usw. entstehen können. Das *happy-end* des „Hofmeisters" und des „Neuen Menoza" können wohl durch die anderen Stränge des jeweiligen Stücks relativiert werden, sie werden jedoch nicht negiert oder aufgehoben. Das höchste Ziel, das das Drama erreichen kann, sei, wie Lenz einmal sagte, eine „Aussicht. . .von der Art, daß unsere ganze Seele sich darüber erfreut und in ein Wonnegefühl gerät das sie vorher nicht gespürt hat" zu bieten. Die glückliche Vereinigung von Prinz Tandi und Wilhelmine und die Paarbildungen am Ende des „Hofmeisters" sind Verwirklichungen der Wünsche der Lenzschen Charaktere, sowie des Publikums und seiner eigenen. Natürlich verändert keine der utopischen Lösungen die Struktur der Gesellschaft, in der sie sich ereignen. Solange Lenz seinen Blick auf das Individuum konzentriert statt auf soziale Beziehungen, sind glückliche Dramenschlüsse noch möglich. Die ungelösten sozialen und ästhetischen Kontroversen, dringen in diese märchenhafte Atmosphäre ein. Während er den Idealismus bejaht, negiert Lenz feste Konzeptionen und ideologische Stasis, indem er impliziert, daß egal, was bisher schon erreicht wurde, immer die Notwendigkeit besteht, „davon einandermal [zu] sprechen," wie der Geheime Rat am Ende des „Hofmeisters" sagt. Die vielschichtige, offene Struktur seiner Texte vermittelt eine rohe, unzensierte Subjektivität, die gegen jegliche Finalität rebelliert. Seine hologramatische Dramaturgie, die Vorurteile durch ständigen Wechsel der Perspektive ausradiert, problematisiert die Konzeptionen von Klasse und Geschlecht, sowie von Genre, Handlung, Charakterisierung und Dramenschlüssen. Die Lenzsche Katharsis ist immer nur eine partielle, die immer von einem Gefühl der mangelnden Dauerhaftigkeit begleitet wird. Seine sozialen Dramen erwecken den Eindruck als könnten sie endlos umgeschrieben werden mit einer Reihe von verschiedenen Szenen und wechselnden Dramenenden. Sein Naturell versagte sich der Geschlossenheit, wenn immer diese auf Apathie beruht. Seine Ablehnung der Geschlossenheit verhärtete sich jedoch nie zu einer Ideologie der Offenheit, d.h. zu einer grundsätzlich relativierenden und daher entpolitisierten Ästhetik. Seine Weltanschauung hatte eine feste moralische Basis und seine Verortung des Subjekts zwischen Autonomie und Determiniertheit hatte seine Wurzeln in der sozialen Wirklichkeit seiner Zeit. Er mag ein Kenner der tieferen Frustrationen gewesen sein, die von Gemeinschaften ohne die nötige Identität erfahren werden, ohne die ein erfolgreiches revolutionäres Denken nicht beginnen kann, wie Alan Leidner meint, aber genau diese Sensibilität kann als vitales Gegenstück zum systematischen Theoretisieren gesehen werden. Eine disjunktive, statt einer synthetisierender Methode, wie die von Lenz, ist offen für das nicht-integrierte Detail, für den unerwarteten Umstand, die keine Theorie, wie differenziert sie auch sein mag, vorherzusehen vermag.

„Es ist zweifellos ungewohnt, daß Stücke lehren, indem sie selber erst lernen," schrieb Ernst Bloch in *Das Prinzip Hoffnung*, daß ihre Menschen und deren Handlungen fragend-untersuchend gewendet und auch umgewendet werden." Er klassifiziert „Dramen mit mehreren möglichen Fassungen, Wertungen des Verlaufs, des Ausgangs" als Modelle für ein Theater, das ständig neue Alternativen zu den konventionellen Vorstellungen und Handlungen sucht. Obwohl er Lenz in diesem Zusammenhang nicht nennt, glaube ich, daß Lenz' soziales Drama genau die Blochsche Kategorie der Dramen, die „Proben aufs zu suchende Exempel" sind, repräsentiert, die etablierte Vorstellungen einer Prüfung auf ihren Wert hin unterziehen.

Bibliographie:

Die nachfolgende Bibliographie möchte die Literatur zu J.M.R. Lenz einschließlich der Editionen in kompakter Form bieten. Der Zeitraum erstreckt sich von 1971 (dem Erscheinungsjahr der Bibliographie David Price Benselers, die die Literatur bis 1970 einschließt) bis zum Redaktionsschluß des vorliegenden Bandes. Vollständigkeit wurde nicht angestrebt. Zusammengestellt von Uwe Kooker.

a) Bibliographie:

Benseler, David Price. „Jakob Michael Reinhold Lenz. An Indexed Bibliography with an Introduction on the History of the Manuscripts and Editions." Diss. phil. University of Oregon, 1971.

b) Ausgaben:

J.M.R. Lenz. *Anmerkungen übers Theater. Shakespeare-Arbeiten und Shakespeare-Übersetzungen.* Hrsg. Hans-Günther Schwarz. Stuttgart: Reclam, 1976.

Jakob Michael Reinhold Lenz. *Belinde und der Tod. Carrikatur einer Prosepopee.* Basel: Erasmushaus, 1988.

Jakob M. R. Lenz. *Der Engländer. Der tugendhafte Taugenichts. Die Aussteuer. Dramen und Gedichte.* Hrsg. Bettina Hohoff, Ulrich Hohoff. Frankfurt/M.: Dağyeli, 1986.

J.M.R. Lenz. *Dramen des Sturm und Drang.* Hrsg. und mit einem Nachwort von Erich Unglaub. Serie Piper. Band 801. München: Piper, 1988.

J.M.R. Lenz. *Erzählungen. Zerbin. Der Waldbruder. Der Landprediger.* Hrsg. Friedrich Voit. Stuttgart: Reclam, 1988.

Jakob Michael Reinhold Lenz. *Erzählungen und Briefe.* Hrsg. und mit einem Essay von Joachim Seyppel. Berlin: Der Morgen, 1978.

J.M.R. Lenz. *Der Hofmeister. Synoptische Ausgabe von Handschrift und Erstdruck.* Hrsg. Michael Kohlenbach. Basel, Frankfurt/M.:Stroemfeld/ Roter Stern, 1986.

Jakob Michael Reinhold Lenz. *Werke und Briefe in drei Bänden.* Hrsg. Sigrid Damm. München: Hanser, 1987.

Komödien und Satiren des Sturm und Drang. Goethe, Lenz, Klinger, Wagner, Maler Müller, Schiller. Hrsg. und mit Einleitung und Anmerkungen von Wolfgang Stellmacher. Leipzig: Reclam, 1976.

Lenz. *Werke in einem Band.* Auswahl, Textrevision und Anmerkungen von Helmut Richter, Einleitung von Rosalinde Gothe. Fünfte Auflage. Berlin, Weimar: Aufbau, 1991.

Sturm und Drang. Dichtungen und theoretische Texte. Hrsg. Heinz Nicolai. Mit Anmerkungen von Elisabeth Raabe und Uwe Schweikert. Bände. München: Winkler, 1971.

Sturm und Drang. Weltanschauliche und ästhetische Schriften. Hrsg. Peter Müller. 2 Bände. Berlin, Weimar: Aufbau, 1978.

c) *Forschung:*

Albert, Claudia. „Verzeihungen, Heiraten, Lotterien. Der Schluß des Lenzschen ‚Hofmeisters'." *Wirkendes Wort* 39 (1989): 63-71.

Apel, Friedmar. „Komische Melancholie, lustige Entfremdung. Zur Stuktur der Komik im neueren Lustspiel." *Sprache im technischen Zeitalter* Heft 70 (1979): 145-170.

Arendt, Dieter. „Georg Büchner über Jakob Michael Lenz oder: ‚die idealistische Periode fing damals an'." *Zweites Internationales Georg Büchner Symposium 1987. Referate.* Hrsg. Burghard Dedner, Günter Oesterle. *Büchner-Studien* 6. Frankfurt/M.: Hain, 1990. 309-332.

Bauer, Roger. „Die Komödientheorie von Jakob Michael Reinhold Lenz, die älteren Plautus-Kommentare und das Problem der ‚dritten' Gattung." *Aspekte der Goethe-Zeit.* Hrsg. Stanley Corngold, Michael Curschmann, Theodore Ziolkowski. Göttingen: Vandenhoeck & Ruprecht, 1977. 11-37.

---. „‚Plautinisches' bei Jakob Michael Reinhold Lenz." *Europäische Komödie.* Hrsg. Herbert Mainusch. Darmstadt: Wissenschaftliche Buchgesellschaft, 1990. 289-303.

Becker, Peter. „Aspekte der Lenz-Rezeption in Bernd A. Zimmermanns Oper ‚Die Soldaten'." *Musiktheater heute.* Hrsg. Helmut Kühn. Mainz, London, New York, 1982. 94-104.

Becker-Cantarino, Barbara. „J.M.R. Lenz: ‚Der Hofmeister'." *Dramen des Sturm und Drang. Interpretationen.* Stuttgart: Reclam, 1987. 33-56.

Bertram, Mathias. „Zum Lenz-Bild Ludwig Tiecks." *Zeitschrift für Germanistik, Leipzig* 8 (1987): 588-591.

Blunden, Allan. „A Case of Elusive Identity: the Correspondence of J.M.R. Lenz." *Deutsche Vierteljahrsschrift für Literaturwissenschaft und Geistesgeschichte* 50 (1976): 103-126.

---. „A Study of the Role of Language in Personal Relationships in the Major Works of J.M.R. Lenz." Phd. Diss. Cambridge, 1973.

---. „Jakob Michael Reinhold Lenz." *German Men of Letters.* Hrsg. Alex Natan, Brian Keith-Smith. Vol. 6. London: O. Wolff, 1972. 209-240.

---. „J. M. R. Lenz and Leibniz: A Point of View." *Sprachkunst* 9 (1978): 3-18.

---. „Language and Politics: the Patriotic Endeavours of J.M.R. Lenz." *Deutsche Vierteljahrsschrift für Literaturwissenschaft und Geistesgeschichte. Sonderheft.* (1975): 168-189.

---. „Lenz, Language, and Love's Labour's Lost." *Colloquia Germanica* (1974): 252-274.
Boëtius, Henning. „Jakob Michael Reinhold Lenz." *Deutsche Dichter. Leben und Werk deutschsprachiger Autoren. Band 4: Sturm und Drang, Klassik.* Hrsg. Gunter E. Grimm, Frank Rainer Max. Stuttgart: Reclam, 1989. 175-188.
---. *Der verlorene Lenz. Auf der Suche nach dem inneren Kontinent.* Frankfurt/M.: Eichborn, 1985.
Bohnen, Klaus. „Irrtum als dramatische Sprachfigur. Sozialfall und Erziehungsdebatte in Lenz' ‚Hofmeister'." *Orbis Litterarum* 42 (1987): 317-331.
Borries, Ernst und Erika von. *Aufklärung und Empfindsamkeit, Sturm und Drang. Deutsche Literaturgeschichte. Band 2.* München: Deutscher Taschenbuch Verlag, 1991. 205, 254-262.
Braendlin, Hans P. „The Dilemma of Luxury and the Ironic Structures of Lessing's ‚Emilia Galotti' and Lenz's ‚The Soldiers'." *Transactions of the Fourth International Congress on The Enlightenment. Studies on Voltaire and the Eighteenth Century.* Vol. 151. 1976. 353-362.
Brunkhorst, Martin. *Shakespeares „Coriolanus" in deutscher Bearbeitung. Sieben Beispiele zum literarästhtischen Problem der Übersetzung und Vermittlung Shakespeares.* Komparatistische Studien 3. Berlin: de Gruyter, 1973. 23-33.
Burger, Heinz Otto. „Jakob M. R. Lenz innerhalb der Goethe-Schlosserschen Konstellation." *Dialog. Literatur und Literaturwissenschaft im Zeichen deutsch-französischer Begegnung. Festgabe für Josef Kunz.* Hrsg. Rainer Schönhaar. Berlin: Schmidt, 1973. 95-126.
Burke, Ilse. „‚Man muß die Menschheit lieben.' Georg Büchner und J.M.R. Lenz. Ein Beitrag zur Rezeptiongeschichte." Diss. Michigan State University, 1986.
Butler, Michael. „Character and Paradox in Lenz's *Der Hofmeister*." *German Life and Letters* 32 (1978/79): 95-103.
Catholy, Eckehard. „Sturm und Drang. Das Komische als Strukturelement der Wirklichkeit." *Das deutsche Lustspiel von der Aufklärung bis zur Romantik.* Stuttgart, Köln, Berlin, Mainz: Kohlhammer, 1982. 110-135.
Chamberlain, Timothy. „Rhetoric and the Cultural Code of the ‚Sturm und Drang': J.M.R. Lenz's Speech ‚Über Götz von Berlichingen'." *Teaching Language through Literature* 22, 2 (1988): 24-33.
Chantre, Jean-Claude. *Les considérations religieuses et esthétiques d'un ‚Stürmer und Dränger'. Etude des écrits théoriques de J.M.R. Lenz (1751-1792).* Publications universitaires européennes. Ser. I. Vol. 507. Berne, Francfort/M.: Lang, 1982.
Dahnke, Hans-Dietrich. „Brecht und Lenz - Erbeaneignung und aktuelle Literaturfunktion im Spiegel des *Hofmeister*-Stückes." *Brecht 78. Brecht-Dialog. Kunst und Politik, 10.-15. Februar 1978. Dokumenta-*

tion. Schriften des Brecht-Zentrums der DDR. Band 1. Berlin: Henschverlag Kunst und Gesellschaft, 1979. 109-113.

Damm, Sigrid. „Georg Büchner und Jakob Lenz." *Georg Büchner. Revolutionär, Dichter, Wissenschaftler. Ausstellung Mathildenhöhe. Darmstadt 2. August bis 27. September 1987. Der Katalog*. Basel, Frankfurt/M.: Stroemfeld/Roter Stern, 1987. 258-261.

---. „Lenz in Sankt Petersburg." *Neue Deutsche Literatur* 33, 6 (1985): 98-112.

---. „Lenz und Oberlin." *Diskussion Deutsch* 20 (1989): 296-301.

---. „Schreibauskunft. Interview mit Achim Roscher." Neue Deutsche Literatur 33,6 (1985): 113-116.

---. „Unruhe. Anläßlich der Verleihung des Lion-Feuchtwanger-Preises 1987." *Sinn und Form* 40 (1988): 244-248.

---. *Vögel, die verkünden Land. Das Leben des Jakob Michael Reinhold Lenz*. Berlin, Weimar: Aufbau, 1985.

Dedert, Hartmut. *Die Erzählung im Sturm und Drang. Studien zur Prosa des achtzehnten Jahrhunderts*. Germanistische Abhandlungen 66. Stuttgart: Metzler, 1990. 36-95.

Dedert, Hartmut, Hubert Gersch, Stephan Oswald, Reinhard Spiess. „J. F. Oberlin: *Herr L......* Edition des bisher unveröffentlichten Manuskripts. Ein Beitrag zur Lenz- und Büchner-Forschung." *Revue des langues vivantes* 42 (1976): 357-385.

Diffey, Norman R. *Jakob Michael Reinhold Lenz and Jean-Jaques Rousseau*. Studien zur Germanistik, Anglistik und Komparatistik. Band 104. Bonn: Bouvier, 1981.

---. „Lenz, Rousseau, and the Problem of Striving." *Seminar* 10 (1974): 165-180.

Duncan, Bruce. „The Comic Structure of Lenz's ‚Soldaten'." *Modern Language Notes* 91 (1976): 515-523.

---. „A ‚Cool Medium' as Social Corrective: J. M. R. Lenz's Concept of Comedy." *Colloquia Germanica* (1975): 232-245.

Durzak, Manfred. „Das bürgerliche Trauerspiel als Spiegel der bürgerlichen Gesellschaft." *Aufklärung und Romantik 1700-1830*. Propyläen Geschichte der Literatur. Band 4. Berlin: 1983. 118-139.

Eibl, Karl. „‚Realismus' als Widerlegung von Literatur. Dargestellt am Beispiel von Lenz' ‚Hofmeister'." *Poetica* 6 (1974): 456-467.

Emmel, Hildegard. *Geschichte des deutschen Romans*. Band 1. Bern, München: Francke, 1972. 162-167.

Engel, Ingrid. *Werther und die Wertheriaden. Ein Beitrag zur Wirkungsgeschichte*. Saarbrücker Beiträge zur Literaturwissenschaft 13. St. Ingbert: Röhrig, 1986. 88-89, 181-182, 212-213.

Fertig, Ludwig. *Der Hofmeister: ein Beitrag zur Geschichte des Lehrerstandes und der bürgerlichen Intelligenz*. Stuttgart: Metzler, 1979.

Fingerhut, Karlheinz. „So könnte es gewesen sein - Angebote an die Vorstellungskraft. Gespräch mit Sigrid über ihre dokumentarischen Roman-Biographien." *Diskussion Deutsch* 20 (1989): 313-317.

---. „War Lenz wahnsinning? Tatsachenorientiertes Schreiben im Dienste historischer Selbstverständigung. Zu Sigrid Damms "Vögel, die verkünden Land." *Diskussion Deutsch* 20 (1989): 302-313.

Frank, Richard A. „Lenz contra Wieland: An Episode in 18th Century Polemics." Diss. Rice University, 1972.

Furst, Lilian R. „The Dual Face of the Grotesque in Sterne's *Tristam Shandy* and Lenz's *Der Waldbruder*." *Comparative Literature Studies* 13 (1976): 15-21.

„Lenz." *Geschichte der deutschen Literatur vom Ausgang des 17. Jahrhunderts bis 1789*. Von einem Autorenkollektiv. Berlin: Volk und Wissen, 1979. 612-622.

Gerth, Klaus. „,Vergnügen ohne Geschmack'. J.M.R. Lenz' ,Menoza' als parodistisches ,Püppelspiel'." *Jahrbuch des Freien Deutschen Hochstifts* (1988): 35-56.

Giese, Peter Christian. *Das „Gesellschaftlich-Komische". Zu Komik und Komödie am Beispiel der Stücke und Bearbeitungen Brechts*. Stuttgart: Metzler, 1974. 175-199, 266-268.

Girard, Réné. „Lenz Ou L'inquietante étrangété." *Etudes Germaniques* 43 (1988): 15-24.

--. „Théatre et Vie Quotidienne: ,Les Soldats' de J.M.R. Lenz." *Revue D'Allemagne* 3 (1971): 293-304.

---. „Die Umwertung des Tragischen in Lenzens Dramaturgie unter besonderer Berücksichtigung der ,Soldaten.'" *Dialog. Literatur und Literaturwissenschaft im Zeichen deutsch-französischer Begegnung. Festgabe für Josef Kunz*. Hrsg. Rainer Schönhaar. Berlin: Schmidt, 1973. 127-138.

Glaser, Horst Albert. „Drama des Sturm und Drang." *Deutsche Literatur. Eine Sozialgeschichte Band 4*. Hrsg. Horst Albert Glaser. „Zwischen Absolutismus und Aufklärung: Rationalismus, Empfindsamkeit, Sturm und Drang 1740-1786." Reinbek bei Hamburg: Rowohlt, 1980. 299-323.

Görisch, Reinhard. *Matthias Claudius und der Sturm und Drang. Ein Abgrenzungsversuch. Vergleiche mit Goethe, Herder, Lenz, Schubart und anderen am Beispiel eschatologischer Vorstellungen im Kontext des Epochenbewußtseins*. Europäische Hochschulschriften. Reihe I. Band 357. Frankfurt/M.,Bern, Cirencester/U.K.: Lang, 1981. 396-408, 445-467.

Gothe, Rosalinde. „Einleitung." *Lenz. Werke in einem Band*. Dritte Auflage. Bibliothek deutscher Klassiker. Berlin, Weimar: Aufbau, 1980. v-xxviii.

Herbst, Hildburg. *Frühe Formen der deutschen Novelle im 18. Jahrhundert*. Philologische Studien und Quellen 112. Berlin: Schmidt, 1985. 102-109.

Hill, David. „‚Das Politische' in ‚Die Soldaten'." *Orbis Litterarum* 43 (1988): 299-315.

Hinck, Walter. „Produktive Rezeption heute: Am Beispiel der sozialen Dramatik von J.M.R. Lenz und H.L. Wagner." *Sturm und Drang. Ein literaturwissenschaftliches Studienbuch*. Durchgesehene Neuauflage. Athenäums Studienbücher Literaturwissenschaft. Frankfurt/M.: Athenäum, 1989. 257-269.

---. „Vom Ausgang der Komödie. Exemplarische Lustspielschlüsse in der europäischen Literatur." *Zwischen Satire und Utopie. Zu Komiktheorie und zur Geschichte der europäischen Komödie*. Frankfurt/M.: Suhrkamp, 1982. 126-183.

---, Hrsg. *Sturm und Drang. Ein literaturwissenschaftliches Studienbuch*. Durchgesehene Neuauflage. Athenäum Studienbücher Literaturwissenschaft. Frankfurt/M.: Athenäum, 1989.

Hinderer, Walter. „Gesellschaftskritik und Existenzerhellung: ‚Der Hofmeister' von Jakob Michael Reinhold Lenz." *Über deutsche Literatur und Rede*. München: Fink, 1981. 66-94.

---. „Lenz - Der Hofmeister." *Die deutsche Komödie*. Hrsg. Walter Hinck. Düsseldorf: Bagel, 1977. 66-88, 370-373.

Hörisch, Jochen. „Oberlin oder die Verbesserung von Europa." *Georg Büchner. Revolutionär, Dichter, Wissenschaftler. Ausstellung Mathildenhöhe. Darmstadt 2. August bis 27. September 1987. Der Katalog*. Basel, Frankfurt/M.: Stroemfeld/Roter Stern, 1987. 262-266.

Hohoff, Curt. *Jakob Michael Reinhold Lenz mit Selbstzeugnissen und Bilddokumenten dargestellt von Curt Hohoff*. Rowohlts Monographien. Band 259. Reinbek bei Hamburg: Rowohlt, 1977.

---. *Johann Wolfgang von Goethe. Dichtung und Leben*. München: Langen Müller, 1989. 82-91, 242-245.

Hor, Peter. „Epoche in der Literaturgeschichtsschreibung." *Zwischen Absolutismus und Aufklärung: Rationalismus, Empfindsamkeit, Sturm und Drang 1740-1786. Deutsche Literatur. Eine Sozialgeschichte Band 4*. Hrsg. Horst Albert Glaser. Reinbek bei Hamburg: Rowohlt, 1980. 330-345.

Huyssen, Andreas. *Drama des Sturm und Drang. Kommentar zu einer Epoche*. München: Winkler, 1980. 111-121, 157-173, 233, 237-238.

---. „Gesellschaftliche und literarische Form: J.M.R. Lenz' Komödie ‚Der Hofmeister'." *Monatshefte* 71 (1979): 131-144.

Inbar, Eva Maria. „Goethes Lenz-Porträt." *Wirkendes Wort* 28 (1978): 433-429.

---. *Shakespeare in Deutschland. Der Fall Lenz*. Studien zur deutschen Literatur. Band 67. Tübingen: Niemeyer, 1982.

---. „Shakespeare in der Diskussion um die aktuelle deutsche Literatur, 1773-1777: Zur Entstehung der Begriffe ‚Shakespearisierendes Drama' und ‚Lesedrama'." *Jahrbuch des Freien Deutschen Hochstifts* (1979): 1-39.
Jacobi, Walter. „Die Entwicklung der bürgerlichen Gesellschaft im Spiegel ausgewählter Dramenliteratur." *Diskussion Deutsch* 6 (1975): 26-37.
Jørgensen, Sven-Aage, Klaus Bohnen, Per Øhrgaard. *Aufklärung, Sturm und Drang, Frühe Klassik 1740-1789*. Geschichte der deutschen Literatur von den Anfängen bis zur Gegenwart. Begründet von Helmut de Boor und Richard Newald. Band 6. München: Beck, 1990. 464-472.
Käser, Rudolf. *Die Schwierigkeit, ich zu sagen. Rhetorik der Selbstdarstellung in den Texten des ‚Sturm und Drang'. Herder-Goethe-Lenz.* Bern, Frankfurt/M., New York: Lang, 1987.
Kaiser, Gerhard. „Lenz." *Aufklärung, Empfindsamkeit, Sturm und Drang*. Zweite, erweiterte und vollständig überarbeitete Auflage. München: Francke, 1976. 221-230.
Keller, J. „Les Sociétés Culturelles à Strasbourg vers 1770." *Revue D'Allemagne* 3 (1971): 223-235.
Keller, Mechthild. „Verfehlte Wahlheimat: Lenz in Rußland." *Russen und Rußland aus deutscher Sicht: 18. Jahrhundert, Aufklärung*. Hrsg. Mechthild Keller. München: Fink, 1987. 516-535.
Kieffer, Bruce. *The Storm and Stress of Language. Linguistic Catastrophe in the Early Works of Goethe, Lenz, Klinger, and Schiller*. University Park and London: The Pennsylvania State University Press, 1986. 59-81, 147-181.
King, Janet K. „Lenz Viewed Sane." *Germanic Revue* 49 (1974): 146-153.
Kitching, Laurence Patrick Anthony. *„Der Hofmeister": A Critical Analysis of Bertolt Brecht's Adaption of Lenz's Drama*. München: Fink, 1976. 37-58.
Knopf, Jan. „Der Hofmeister. Von Jakob Michael Reinhold Lenz. Bearbeitung." *Brecht-Handbuch. Theater. Eine Ästhetik der Widersprüche*. Stuttgart: Metzler, 1980. 292-304.
---. „Noch einmal: Pätus. Zur Vaterschaft in Lenz' *Hofmeister*." *Deutsche Vierteljahrsschrift für Literaturwissenschaft und Geistesgeschichte* (1980): 517-519.
Koneffke, Marianne. *Der „natürliche" Mensch in der Komödie „Der neue Menoza" von Jakob Michael Reinhold Lenz*. Europäische Hochschulschriften. Reihe I. Band 1196. Frankfurt/M.: Lang, 1990.
Kopfermann, Thomas. *Bürgerliches Selbstverständnis: J.M.R. Lenz: ‚Der Hofmeister', Gotthold Ephraim Lessing: ‚Emilia Galotti', Friedrich Schiller: ‚Kabale und Liebe'. Anregungen für den Literaturunterricht*. Stuttgart: Klett, 1988.

---. *Soziales Drama: Georg Büchner: ‚Woyzeck', Gerhart Hauptmann: ‚Die Weber', J.M.R. Lenz: ‚Die Soldaten', Friedrich Wolf: ‚Cyankali'.* Anregungen für den Literaturunterricht. Stuttgart: Klett, 1986.

Krämer, Herbert. *J.M.R. Lenz' Die Soldaten. Erläuterungen und Dokumente.* Stuttgart: Reclam, 1974.

Kreutzer, Leo. „Der Klassiker und ‚ein vorübergehendes Meteor': Jakob Michael Reinhold Lenz." *Mein Gott Goethe. Essays.* Das neue Buch 136. Reinbek bei Hamburg: Rowohlt, 1980. 81-101.

---. „Literatur als Einmischung: Jakob Michael Reinhold Lenz." *Sturm und Drang. Ein literaturwissenschaftliches Studienbuch.* Durchgesehene Neuauflage. Athenäums Studienbücher Literaturwissenschaft. Frankfurt/ M.: Athenäum, 1989. 213-229.

Labisch, Thomas. „Literatur als Gestaltung von Wirkungsgeschichte: Untersuchungen zu Aufbau und Struktur von Gert Hofmanns Novelle ‚Die Rückkehr des verlorenen Jakob Michael Reinhold Lenz nach Riga'." *Literatur in Wissenschaft und Unterricht* 20 (1987): 426-439.

Lamport, F. J. *German Classical Drama. Theatre, Humanity and Nation 1750-1870.* Cambridge, New York, Port Chester, Melbourne, Sydney: Cambridge University Press, 1990.

Lappe, Claus O. „Noch einmal zur Vaterschaftsfrage in Lenz' ‚Hofmeister'." *Deutsche Vierteljahrsschrift für Literaturwissenschaft und Geistesgeschichte* 54 (1980): 520-521.

---. „Wer hat Gustchens Kind gezeugt? Zeitstruktur und Rollenspiel in Lenz' *Hofmeister.*" *Deutsche Vierteljahrsschrift für Literaturwissenschaft und Geistesgeschichte* 54 (1980): 14-46.

Leidner, Alan C. „The Dream of Identity: Lenz and the Problem of ‚Standpunkt'." *German Quarterly* 59 (1986): 387-400

---. „A Titan in Extenuating Circumstances: Sturm und Drang." *Publications of the Modern Language Association of America* 104 (1989): 178-189.

Liebman Parrinello, Guili. *Morale e società nell'opera di J.M.R. Lenz.* Napoli: Intercontinentalia, 1976.

---. „Werther fra impegno morale e autonomia estetica nei *Briefe über die Moralität der Leiden des jungen Werthers* di J.M.R. Lenz." *Instituto Universitario Orientale.* Annali. Sezione *Germanica.* Studi Tedeschi 18,1 (1975): 1-18.

Liewerscheidt, Dieter. „J. M. R. Lenz: ‚Der neue Menoza', eine apokalyptische Farce." *Wirkendes Wort* 33 (1983): 144-152.

Lützeler, Paul Michael. „J.M.R. Lenz: ‚Die Soldaten'." *Dramen des Sturm und Drang. Interpretationen.* Stuttgart: Reclam, 1987. 129-159.

Lyman, Linda Marian. „J.M.R. Lenz and the development of modern tragicomedy." Diss. phil. Oregon, 1975.

Madland, Helga. „The Changing Concept of Mimesis from Bodmer and Breitinger to Lenz." *Eighteenth-Century German Authors and their Aesthetic Theories: Literature and the Other Arts.* Hrsg. Richard

Critchfield, Wulf Koepke. Studies in German Literature, Linguistics, and Culture. Vol. 34. Columbia, S. C.: Camden House, 1988. 29-43.
---. „A Question of Norms: The Stage Reception of Lenz' ‚Hofmeister'." Seminar 23 (1987): 98-114.
---. „Gesture as Evidence of Language Skepticism in Lenz' ‚Der Hofmeister' and ‚Die Soldaten'." German Quarterly 57 (1984): 546-557.
---. „Lenz and Wieland: The Dialectics of Friendship and Morality." Lessing-Yearbook 18 (1986): 197-208.
---. Non-Aristotelian Drama in 18th Century Germany and its Modernity: J.M.R. Lenz. European University Studies. Ser. I. Vol. 621. Bern, Frankfurt/M.: Lang, 1982.
Mahoney, Dennis F. Der Roman der Goethezeit (1774-1829). Sammlung Metzler. Band 241. Stuttgart: Metzler, 1988. 22-27.
Mandelkow, Karl Robert. Goethe in Deutschland. Rezeptionsgeschichte eines Klassikers. Band 1: 1773-1918. München: Beck, 1980.
---. Goethe in Deutschland. Rezeptionsgeschichte eines Klassikers. Band 2: 1919-1982. München: Beck, 1989.
Mann, Grant Thomas. „J.M.R. Lenz and Georg Büchner. A Comparative Study.„ Diss. phil. University of Michigan, 1979.
Martin, G. M. „A Note on the Major Plays by M.R. Lenz." German Life and Letters 31 (1977/78): 78-87.
Martini, Fritz. „Die Poetik des Sturm und Drang. Versuch einer Zusammenfassung." Deutsche Dramentheorien. Beiträge zu einer historischen Poetik des Dramas in Deutschland. Hrsg. Reinhold Grimm. Frankfurt/M.: Athenäum, 1971. 123-166.
Matt, Peter von. ...fertig ist das Angesicht. Zur Literaturgeschichte des menschlichen Gesichts. Literatur als Kunst. Hrsg. Walter Höllerer. München, Wien: Hanser, 1983. 63-82.
Mattenklott, Gert. „Briefroman." Zwischen Absolutismus und Aufklärung: Rationalismus, Empfindsamkeit, Sturm und Drang 1740-1786. Deutsche Literatur. Eine Sozialgeschichte Band 4. Hrsg. Horst Albert Glaser. Reinbek bei Hamburg: Rowohlt, 1980. 185-203.
Mayer, Dieter. „Vater und Tochter. Anmerkungen zu einem Motiv im deutschen Drama der Vorklassik. Lessing: Emilia Galotti; Lenz: Die Soldaten; Wagner: Die Kindermörderin; Schiller: Kabale und Liebe." Literatur für Leser 2 (1980): 135-147.
Mayer, Mathias. „‚Die Liebe auf dem Lande'. Ein Lenz-Zitat bei Hofmannsthal." Germanisch-Romanische Monatsschrift 38 (1988): 338-343.
McInnes, Edward. „‚Die Regie des Lebens'. Domestic Drama and the Sturm und Drang." Orbis Litterarum 32 (1977): 269-284.
---. J.M.R. Lenz: Die Soldaten. Text, Materialien, Kommentar. Reihe Hanser Literaturkommentare. München, Wien: Hanser, 1977.

---. „The Sturm und Drang and the Development of Social Drama." *Deutsche Vierteljahrsschrift für Literaturwissenschaft und Geistesgeschichte* 46 (1972): 61-81.

---. „*Ein ungeheures Theater*". The Drama of the Sturm und Drang. Studien zur Deutschen Literatur des 19. und 20. Jahrhunderts. Band 3. Frankfurt/M., Bern, New York, Paris: Lang, 1987. 15-34, 54-73, 127-131.

Menhennet, Alan. „Freedom in Literature (II): Schiller and Lenz." *Order and Freedom. Literature and Society in Germany from 1720 to 1805.* London: Weidenfeld & Nicolson, 1973. 160-173, 250-251.

Menke, Timm R. *Lenz-Erzählungen in der deutschen Literatur.* Germanistische Studien und Texte 18. Hildesheim, Zürich, New York: Olms, 1984.

Menz, Egon. „Lenzens Weimarer Eselei." *Goethe-Jahrbuch* 106 (1989): 91-105.

Michel, Willy. „Sozialgeschichtliches Verstehen und kathartische Erschütterung. Lenz' Tragikomödie ‚Der Hofmeister'." *Die Aktualität des Interpretierens.* Medium Literatur 11. Heidelberg: Quelle & Meyer, 1978. 34-57.

Morton, Michael. „Exemplary Poetics: The Rhetoric of Lenz's ‚Anmerkungen übers Theater' and ‚Pandaemonium Germanicum'." *Lessing Yearbook* 20 (1988): 121-151.

Müller, Maria E. „Die Wunschwelt des Tantalus. Kritische Bemerkungen zu sozial-utopischen Entwürfen im Werk von J.M.R. Lenz." *Literatur für Leser* 6 (1984): 148-161.

Müller, Peter. „Einleitung." *Sturm und Drang. Weltanschauliche und ästhetische Schriften.* Hrsg. Müller. Band 1. Berlin, Weimar: Aufbau, 1978. xi-cxxix.

Müller, Udo. *Der Hofmeister, oder Vorteile der Privaterziehung. Eine Komödie. Mit Materialien.* Stuttgart: Klett, 1980.

---. *Die Soldaten. Ein Schauspiel. Mit Materialien.* Stuttgart: Klett, 1980.

---. *Stundenblätter Lenz/Brecht: Der Hofmeister. Lenz/ Kipphardt: Die Soldaten.* Stuttgart: Klett, 1980.

Murat, Jean. „Le ‚Pandaemonium Germanicum'." *Revue D'Allemagne* 3 (1971): 255-266.

Niesz, Anthony J. *Dramaturgy in German Drama: from Gryphius to Goethe.* Reihe Siegen. Band 16. Heidelberg: Winter, 1980. 127-159.

Oehlenschläger, Eckart. „Jakob Michael Reinhold Lenz." *Deutsche Dichter des 18. Jahrhunderts. Ihr Leben und Werk.* Berlin: Schmidt, 1977. 747-781.

Osborne, John. „Anti-Aristotelian Drama from Lenz to Wedekind." *The German Theatre. A Symposium.* Hrsg. und Einl. Ronald Hayman. London: Oswald Wolff. New York: Barnes & Noble Books, 1975. 87-105.

---. „Exhibitionism and Criticism: J.M.R. Lenz's ‚Briefe über die Moralität der Leiden des jungen Werthers'." *Seminar* 10 (1974): 199-212.
---. „From Pygmalion to Dibutade. Introversion in the Prose Writings of J.M.R. Lenz." *Oxford German Studies* 8 (1973): 23-46.
---. *J.M.R. Lenz: The Renunciation of Heroism*. Palaestra 262. Göttingen: Vandenhoeck & Ruprecht, 1975.
---. „Lenz, Zimmermann, Kipphardt: Adaptation as Closure." *German Life and Letters* 38 (1985): 385-394.
---. „The Postponed Idyll. Two Moral Tales by J.M.R. Lenz." *Neophilologus* 59 (1975): 68-83.
Parkes, Ford Britton. *Epische Elemente in J.M.R. Lenzens Drama „Der Hofmeister"*. Göppinger Arbeiten zur Germanistik. Band 105. Göppingen: Kümmerle, 1973.
Pastoors-Hagelüken, Marita. *Die „übereilte Comödie". Möglichkeiten und Problematik einer neuen Dramengattung am Beispiel des „Neuen Menoza" von J.M.R. Lenz*. Literarhistorische Untersuchungen. Band 16. Frankfurt/M., Bern, New York, Paris: Lang, 1990.
Pausch, Holger A. „Zur Widersprüchlichkeit in der Lenzschen ‚Dramaturgie'. Eine Untersuchung der ‚Anmerkungen übers Theater'." *Maske und Kothurn. Internationale Beiträge zur Theaterwissenschaft* 17 (1971): 97-107.
Pelzer, Jürgen. „Das Modell der ‚alten' Komödie. Zu Lenz' ‚Lustspielen nach dem Plautus'." *Orbis Litterarum* 42 (1987): 168-177.
Perels, Christoph. „Die Sturm und Drang-Jahre 1770 bis 1776 in Straßburg." *Sturm und Drang. Ausstellung im Frankfurter Goethe-Museum: 2. Dezember 1988 - 5. Februar 1989, Goethe-Museum Düsseldorf: 26. Februar 1989 - 9. April 1989*. Frankfurt/M.: Freies Deutsches Hochstift, Frankfurter Goethe-Museum, 1988. 56-62.
Petrich, Rosemarie Erna. „Die Funktion der Komödie in den Dramen ‚Der Hofmeister' und ‚Die Soldaten' von J. M. R. Lenz." Diss. Columbus, Ohio, 1974.
---. „Religion und Komödie: *Der Hofmeister* von J.M.R. Lenz." *Wege der Worte. Festschrift für Wolfgang Fleischhauer anläßlich seines 65. Geburtstages und des 40. Jahres seines Schaffens an der Ohio State University*. Köln, Wien: Böhlau, 1978. 277-287.
Pope, Timothy, F. „The Concept of Action in the Works of Lenz." Diss. University of British Columbia, Canada, 1980.
---. „J.M.R. Lenz' ‚Literarischer Zirkel' in Strasbourg." *Seminar* 20 (1984): 235-245.
Preuß, Werner Hermann. „Drei unbekannte poetische Werke von J.M.R. Lenz. Die Elegie ‚Ernstvoll in Dunkel gehüllt...', die Posse ‚Der Tod der Dido' und der lukianische Dialog ‚Der Arme kömmt zuletzt doch ebenso weit'." *Wirkendes Wort* 35 (1985): 257-266.
---. „‚Lenzens Eseley': ‚Der Tod der Dido'." *Goethe-Jahrbuch* 106 (1989): 53-90.

---. *Selbstkastration oder Zeugung neuer Kreatur. Zum Problem der moralischen Freiheit in Leben und Werk von J.M.R. Lenz.* Abhandlungen zur Kunst-, Musik- und Literaturwissenschaft 344. Bonn: Bouvier, 1983.

Quabius, Richard. *Generationsverhältnisse im Sturm und Drang.* Literatur und Leben. Neue Folge. Band 17. Köln: Böhlau, 1976.

Rector, Martin. „Götterblick und menschlicher Standpunkt. J.M.R. Lenz' Komödie *Der neue Menoza* als Inszenierung eines Wahrnehmungsproblems." *Jahrbuch der deutschen Schillergesellschaft* 33 (1989): 185-209.

---. „Grabbe von Lenz her zu verstehen." *Grabbe und die Dramatiker seiner Zeit. Beiträge zum II. Internationalen Grabbe-Symposium 1989.* Im Auftrag der Grabbe-Gesellschaft herausgegeben von Detlev Kopp und Michael Vogt, und Mitwirkung von Werner Broer. Tübingen: Niemeyer, 1990. 26-44.

---. „LaMettrie und die Folgen. Zur Ambivalenz der Maschinenmetapher bei Jakob Michael Reinhold Lenz." *Willkommen und Abschied der Maschinen. Literatur und Technik: Bestandsaufnahme eines Themas.* Hrsg. Erhard Schütz, unter Mitwirkung von Norbert Wehr. Essen: Klartext, 1988. 23-41.

Richmond, C. „Characterization through Language: Lenz' Dramatic Technique in ‚Der neue Menoza'." Diss. University of Chicago, 1974.

Rizzo, Roberto. *Strutture, linguaggio e caratterizzazionitipologiche bel teatro di Lenz e Büchner. Proposte per un'analisi comparativa.* [Bologna]: A. Forni, 1976.

Rouse, John. *Brecht and the West German Theatre. The Practice and Politics of Interpretation.* Ann Arbor, London: University of Michigan Research Press, 1989. 63-80, 199-200.

Rühmann, Heinrich. „‚Die Soldaten' von Lenz. Versuch einer soziologischen Betrachtung." *Diskussion Deutsch* 2 (1971): 131-143.

Spiewok, Wolfgang. „Lenz, Jakob Michael Reinhold: *Der Waldbruder.* (Fragment)."*Der deutsche, österreichische und schweizerische Roman. Von den Anfängen bis zum Ende des 19. Jahrhunderts.* Von einem Autorenkollektiv unter Leitung von Wolfgang Spiewok. Berlin: Volk und Wissen, 1972. 257-258.

Sato, Ken-Ichi. „Über ‚Der neue Menoza' von J.M.R. Lenz. Volkstheater als Provokation." *Doistu bungaku* Heft 82 (1989): 92-101.

Sauder, Gerhard. „Die deutsche Literatur des Sturm und Drang." *Neues Handbuch der Literaturwissenschaft.* Hrsg. Klaus von See. Band 12: Europäische Aufklärung. II. Teil. Wiesbaden: Aula, 1984. 327-378.

Scherpe, Klaus R. „Dichterische Erkenntnis und ‚Projektemacherei'. Widersprüche im Werk von J.M.R. Lenz." *Goethe-Jahrbuch* 94 (1977): 206-235.

---. „Historische Widersprüche in der Gattungspoetik des 18. Jahrhunderts." *Germanisch-Romanische Monatsschrift* 34 (1984): 312-322.

Schmidt, Jochen. *Die Geschichte des Genie-Gedankens in der Deutschen Literatur, Philosophie und Politik 1750-1945.* Band 1: Von der Aufklärung bis zum Idealimus. Darmstadt: Wissenschaftliche Buchgesellschaft, 1985. 175-178.

Schmidt-Neubauer, Joachim. *Die Bedeutung des Glückseligkeitsbegriffes für die Dramentheorie und -praxis der Aufklärung und des Sturm und Drang.* Europäische Hochschulschriften. Reihe I. Band 511. Bern, Frankfurt/M., Las Vegas: Lang, 1982. 96-112, 133-137.

Schoeps, Karl H. „Zwei moderne Lenz-Bearbeitungen." *Monatshefte* 67 (1975): 437-451.

Scholz, Rüdiger. „Eine längst fällige historisch-kritische Gesamtausgabe: Jakob Michael Reinhold Lenz." *Jahrbuch der Deutschen Schillergesellschaft.* Im Auftrag des Vorstands herausgegeben von Wilfried Barner, Walter Müller-Seidel, Ulrich Ott. 34. Jahrgang. Stuttgart: Kröner, 1990. 195-229.

Scholz, Wolfgang. *Abbildung und Veränderung durch das Theater im 18. Jahrhundert.* Germanistische Texte und Studien. Band 10. Hildesheim, New York: Olms, 1980. 68-97.

Schreiber, Michael. „Literarische Ortsbesichtigungen im Elsaß." *Neue Deutsche Hefte* 30 (1983): 78-90.

Schulz, Gudrun. „Klassikerbearbeitungen Bertolt Brechts." *Text und Kritik. Sonderband Bertolt Brecht II.* Hrsg. Karl Ludwig Arnold. München: Boorberg, 1973. 138-151.

Schwarz, Hans-Günther. „Büchner und Lenz. Paradigmen des Realismus im modernen Drama." *Momentum dramaticum. Festschrift für Eckehard Catholy.* Ed. Linda Dietrick, Linda G. John. Waterloo: University of Waterloo Press, 1990. 195-208.

---. *Dasein und Realität. Theorie und Praxis des Realismus bei J.M.R. Lenz.* Studien zur Germanistik, Anglistik und Komparatistik. Band 116. Bonn: Bouvier, 1985.

---. „Lenz, Herder und die ästhetisch-poetologischen Folgen der Shakespearerezeption." *Ein Theatermann: Theorie und Praxis: Festschrift zum 70. Geburtstag von Rolf Badenhausen.* Hrsg. Ingrid Nohl. München: (Vertrieb) Ingrid Nohl, 1977. 225-230.

---. „Lenz und Shakespeare." *Deutsche Shakespeare-Gesellschaft West. Jahrbuch 1971.* Herausgegeben im Auftrage der Gesellschaft von Herman Heuer unter Mitwirkung von Ernst Theodor Sehrt und Rudolf Stamm. Heidelberg: Quelle & Meyer, 1971. 85-96.

Sørensen, Bengt-Algot. *Herrschaft und Zärtlichkeit: der Patriarchalismus und das Drama im 18. Jahrhundert.* München: Beck, 1984. 142-161, 219-221.

Stephan, Inge, Hans-Gerd Winter. „Ein vorübergehendes Meteor"? *J.M.R. Lenz und seine Rezeption in Deutschland.* Stuttgart: Metzler, 1984.

Stötzer, Jürgen. „Lenz - Schatten nur einer ungesehenen Tradition'? Aspekte der Rezeption J.M.R. Lenz' bei Christoph Hein." *Zeitschrift für Germanistik, Leipzig* 9 (1988): 429-441.

Sturm und Drang. Ausstellung im Frankfurter Goethe-Museum: 2. Dezember 1988 - 5. Februar 1989, Goethe-Museum Düsseldorf: 26. Februar - 9. April 1989. Frankfurt/M.: Freies Deutsches Hochstift, Frankfurter Goethe-Museum, 1988.

Unglaub, Erich. „*Das mit den Fingern deutende Publicum*": das Bild des Dichters J.M.R. Lenz in der literarischen Öffentlichkeit 1770-1814. Europäische Hochschulschriften. Reihe I. Band 600. Frankfurt/M., Bern: Lang, 1983.

---. „Ein neuer Menoza? Die Komödie ‚Der neue Menoza' von Jakob Michael Reinhold Lenz und der *Menoza*-Roman von Erik Pontoppidan." *Orbis Litterarum* 44 (1989): 10-47.

---. „Werkimmanente Poetik als Dramenschluß. Zur Frage nach dem ursprünglichen Schluß der Komödie ‚Der neue Menoza' von J.M.R. Lenz." *Text und Kontext* 15 (1987): 182-187

Voit, Friedrich. *J.M.R. Lenz: Der Hofmeister oder Vorteile der Privaterziehung. Erläuterungen und Dokumente.* Stuttgart: Reclam, 1986.

Vonhoff, Gert. *Selbstkonstitution in der Lyrik von J.M.R. Lenz. Mit einer Auswahl neu herausgegebener Gedichte.* Historisch-kritische Arbeiten zur deutschen Literatur. Band 9. Frankfurt/M.: Lang, 1990.

---. „Unnötiger Perfektionismus oder doch mehr? Gründe für historisch-kritische Ausgaben." *Jahrbuch der Deutschen Schillergesellschaft.* Im Auftrag des Vorstands herausgegeben von Wilfried Barner, Walter Müller-Seidel, Ulrich Ott. 34. Jahrgang. Stuttgart: Kröner, 1990. 419-423.

Wacker, Manfred. „Einleitung." *Sturm und Drang.* Ed. Manfred Wacker. Wege der Forschung. Band 559. Darmstadt: Wissenschaftliche Buchgesellschaft, 1985. 1-15.

Waldeck, Peter B. „J. M. R. Lenz: ‚Der Hofmeister'." *The Split Self: from Goethe to Broch.* Lewisburg: Bucknell University Press. London: Associated University Presses, 1979. 46-61.

Weber, Beat. *Die Kindermörderin im deutschen Schrifttum von 1770-1795.* Abhandlungen zur Kunst-, Musik- und Literaturwissenschaft. Band 162. Bonn: Bouvier, 1974.

Werner, Franz. *Soziale Unfreiheit und ‚bürgerliche Intelligenz' im 18. Jahrhundert. Der organisierende Gesichtspunkt in J.M.R. Lenzens Drama ‚Der Hofmeister oder Vorteile der Privaterziehung'.* Saarbrücker Beiträge zur Literaturwissenschaft. Band 5. Frankfurt/M.: R. G. Fischer, 1981.

Wiessmeyer, Monika. „Gesellschaftskritik in der Tragikomödie: ‚Der Hofmeister' (1774) und ‚Die Soldaten' (1776) von J. M. R. Lenz." *New German Review* 2 (1986): 55-68.

Winter, Hans-Gerd. „Antiklassizismus: Sturm und Drang." *Geschichte der deutschen Literatur vom 18. Jahrhundert bis zur Gegenwart.* Band I/1. Hrsg. Viktor Žmegač. Frankfurt/M.: Athenäum, 1978. 194-256.

---. *J.M.R. Lenz.* Sammlung Metzler. Band 233. Stuttgart: Metzler, 1987.

---. „Lenz, Jakob Michael Reinhold." *Metzler Autoren Lexikon. Deutschsprachige Dichter und Schriftsteller vom Mittelalter bis zur Gegenwart.* Hrsg. Bernd Lutz. Stuttgart: Metzler, 1986. 410-412.

Wirtz, Thomas. „„Halt's Maul'. Anmerkungen zur Sprachlosigkeit bei J.M.R. Lenz." *Der Deutschunterricht* 41,6 (1989): 88-107.

Wittkowski, Wolfgang. „Aktualität der Historizität: Bevormundung des Publikums in Brechts Bearbeitungen." *Brechts Dramen. Neue Interpretationen.* Hrsg. Walter Hinderer. Stuttgart: Reclam, 1984. 343-368.

---. „Lenz (ev.)." *Neue Deutsche Biographie.* Herausgegeben von der Historischen Kommission der Bayrischen Akademie der Wissenschaften. 14. Band: Laverrenz-Lochner-Freuler. Berlin: Duncker & Humblot, 1985. 226-231.

Wurst, Karin A. „Überlegungen zur ästhetischen Struktur von J.M.R. Lenz' Der Waldbruder Ein Pendant zu Werthers Leiden." *Neophilologus* 74 (1990): 70-86.

Zeissig, Gottfried. *Die Überwindung der Rede im Drama.* Vergleichende Untersuchung des dramatischen Sprachstils in der Tragödie Gottscheds, Lessings und der Stürmer und Dränger. Hrsg. Hans H. Hiebel. Bielefeld: Aisthesis, 1990.

Zerinscheck, Klaus. „J.M.R. Lenz' Werke auf dem modernen Musiktheater. Ein Beitrag zur Strukturbestimmung des Opernlibrettos." Diss. phil. Universität Innsbruck, 1981.

Zimmer, Reinhold. „Jakob Michael Reinhold Lenz, ‚Der Hofmeister'." *Dramatischer Dialog und außersprachlicher Kontext. Dialogformen in deutschen Dramen des 17. bis 20. Jahrhundert.* Palaestra. Band 274. Göttingen: Vandenhoeck & Ruprecht, 1982. 105-120, 251-253.

Zimmermann, Rolf Christian. „Marginalien zur Hofmeister-Thematik und zur ‚Teutschen Misere' bei Lenz und Brecht." *Drama und Theater im 20. Jahrhundert. Festschrift für Walter Hinck.* Hrsg. Hans Dietrich Irmscher und Werner Keller. Göttingen: Vandenhoeck & Ruprecht, 1983. 213-227.